귀신들을 눈으로 보며 쫓아내며 살고 싶은 분의 책

귀신들을 눈으로 보며 쫓는 사람들

강요셉 지음

"우리의 씨름은 혈과 육을 상대하는 것이 아니요 통치자들과 권세들과 이 어둠의 세상 주관자들과 하늘에 있는 악의 영들을 상대함이라"(엡6:12)

성령

귀신들을 눈으로 보며
쫓는 사람들

성령

들어가는 말

"귀신들을 눈으로 보며 쫓는 사람들" 이라고 하니까, 좀 이해하기가 난해한 분들도 계실 것입니다. 하나님은 육체적이면서 신적인 존재인 크리스천들이 신적인 세계, 귀신들의 세계를 밝히 알고 보고 쫓아내기를 원하십니다. 사람의 모든 문제가 신들의 세계와 결부가 되어있기 때문에 신들의 세계, 즉 귀신들의 세례를 알고 보지 못하고 쫓아내지 못하면 인생의 삶이 고통인 것입니다. 크리스천이 신적인 세계를 모르고 보지 못하고 생활하는 것은 시각장애인이 서울 시내를 걸어 다니는 것과 같습니다. 생각해 보시기를 바랍니다. 시각장애인이 서울 시내를 혼자 다닌다면 얼마나 불안하고 답답하겠습니까? 예수를 믿고 죽고 성령으로 거듭나 예수님의 인생을 살아가는 크리스천은 먼저 신적인 세계를 알고 보고 대처하는 식견이 열려야 합니다.

하나님은 예수를 믿고 성령으로 거듭난 성도가 영적인 눈이 열려 신적인 세계를 알고 영적 전쟁을 하여 이 땅에 하나님의 나라를 이루기를 원하십니다. 신적인 세계에는 성령이 계시고, 마귀 귀신이 있고, 하나님을 시중드는 천사가 있고, 성령으로 거듭난 성도가 거합니다. 성령은 예수를 영접한 사람의 영 안에만 주인으로 임재하여 거하십니다. 그러나 마귀 귀신은 들어오라고 초청하지 않아도 혈과 육을 통하여 들어와 좌정하고 있습니다. 그것은 아담의 죄악으로 옛 사람, 육은 마귀 귀신의 종이기 때문입니다. 그래서 마귀 귀신은 저같이 나름대로 성령으로 충만하고 능력이 있다는 사람도 생각이 세상으로 향하다가 육체적으로 행동을 하게 되면 지체 없이 들어옵니다. 그러므로 신적인 세계는 한 마디로 영적 투쟁의 세계입니다. 그래서 우리는 신적인 세계를 알고 신들을 눈으로 보고 대비하여 자신의 귀중한 영을 지켜야 하는 것입니다. 그래서 예수를 믿고 성령으로 거듭난 우리는 우리의 대적 마귀 귀신의 전술을 알아야 하는 것입니다. 손자병법에도 지피지기(知彼知己)이면 백전무퇴(百戰無退)라고 했습니다. 여기서 '피'는 상대, '기'는 자신을 뜻합니다. '알지'자를 붙이면, '상대를 알고 나를 안다'라는 뜻이 되겠고, 일백 백, 싸울 전, 없을 무, 물러날 퇴 입니다. 여기서 '무'는 없다는 뜻 보다는 아니한다는 뜻에 가깝습니다. '백번 싸워서 물러나지 않는다' 입니다. '상대를 알고 나를 알면 백번 싸워서 물러나지 않는다' 우리도 우리의 대적인 마귀 귀신의 능력을 알아야 하고, 자신이 가지고 있는 권세를 알아야 하나님의 군사로서 백전백승할 수가 있습니다. 예수를 믿어 성령으로 거듭나 하나님의 영으로 인도함을 받는 성도는 하나님의 군사입니다. 하나님의 군사라면 하나님이 자신에게 주신 권세(카리스마)를 알아야 합니다. 그리고 주신 카리스마를 사용할 줄 알아야 군사로서 임무를 제대로 감당할 수가 있습니다. 필자는 원래 군인이었습니다. 그래서 군대 여러 보수교육 과정에서 전략과 전술에 대하여 많이 배우고 실습을 했습니다. 그래서 인지는 몰라도 목회자가 되어서도 하나님이 저에게 주신 권세(카리스마)도 알고 싶었습니다. 또, 저의 적인 사단 마귀 귀신에 대하여도 알고 보고 대처하고 싶었습니다. 그리고 하나님이 주신 권세(카리스마)를 어떻게 사용하는 지도 알고 싶어서 많이 노력을 했습니다. 그래서 제가 지금까지 목회와 성령 치유 사역을 하면서 체험한 신적인 세계에 대하여 이론을 적립하여 말씀을 정립하게 되었습니다.

　크리스천에게 하나님께서 주신 텍스트 성경은 신적인 존재와 신적인 세계에 대해 적 난하게 설명하는 책입니다. 세상에 그 많은 책들 중에 보이지 않는 신적 존재와 신적 세계를 체계적으로 다루는 책은 성경뿐입니다. 하나님은 보이지 않는 분이시나, 그가 보내신 예수 그리스도를 통해 하나님의 실존을 보여주셨고, 천사는 눈에 보이지 않으나, 그들의 활동을 통해 천사의 위치와 그 사역을 보여주셨습니다. 또한 인간의 영혼은 눈에 보이지 않으나 성령의 감동을 혼에 전달하여 순종하게 하는 일들을 통하여 그 실존을 알게 하셨습니다. 이 모든 것을 때로는 비유로 때로는 실상으로 우리에게 그 영적 실상들을 보여주는 것이 성경입니다.

　독자 여러분, 이 책을 통하여 귀신들을 눈으로 보며 쫓아내는 기술을 터득하여 살아계신 하나님과 친밀하게 지내면서 하나님께서 자신에게 주신 권능을 가지고 귀신들의 역사를 성령의 권능으로 제압하며 잘 풀리는 삶을 살아가시기를 바랍니다.

주후 2025년 11월 03일
충만한 교회 성전에서
저자 강요셉목사

세부적인목차

들어가는 말 -3

1부 귀신들을 눈으로 보는 비결을 개발해야 할까요?
1장 귀신들을 눈으로 보는 비결을 왜 개발해야 할까요?-8
2장 눈을 열어 귀신들의 실체를 알고 보고 장악하라. -23
3장 눈을 열어 귀신들의 실체를 바르게 보고 대처하라.-37
4장 귀신들을 눈으로 보지 못하고 무지하면 당하는 고통.-51
5장 신적인 존재들이 세상과 사람을 점령해 가는 술책들 -64

2부 눈으로 귀신들을 보는 눈을 개발하는 비결
6장 귀신들을 눈으로 보고 싶으면 이렇게 해보세요 -78
7장 집 안에 역사하는 귀신들을 보는 눈을 열어가는 비결 -91
8장 눈을 열어 사람의 배후에 역사하는 귀신들을 보는 비결 -97
9장 눈으로 귀신들을 보면서 대적하며 쫓아내는 비결 -107
10장 눈으로 귀신들을 한 차원 높게 보고 대적하는 비결 -119
11장 눈으로 귀신들의 역사와 인간의 역사를 식별하는 비결 -130
12장 눈으로귀신들이좋아하는행동을하는사람을식별하는비결-138
13장 눈으로 밖에서 역사하는 마귀 귀신을 식별하는 비결-145
14장 눈으로 마귀 귀신의 여러 가지 전술을 식별하는 비결-153
15장 눈으로 마귀와 귀신의 존재를 보며 쫓아내는 비결-167
16장 귀신들을 보는능력을말씀과 성령으로 배가시키는비결-178
17장 오감의 느낌으로 마귀 귀신의 접근을 알고 방어하는 비결-186

3부 귀신 역사를 눈으로 보는 비결을 개발하는 비결

18장 눈으로 마귀 귀신이 사람에게 역사하는 실태를 보는 비결 -198
19장 눈에 보이는 귀신이 침입하면 느끼고 일어나는 일을 찾는 비결 -209
20장 눈이 보이는 귀신이 잠복했을 때 나타나고 일어나는 현상 -220
21장 눈으로 식별 가능한 귀신의 영향을 받을 때 현상 -230
22장 눈으로 식별가능한 귀신들의 속임수는 이렇지요. -237
23장 눈으로 보며 몸속에 숨어있는 귀신을 폭로하게 하는 비결 -247
24장 눈에 보이고 감지되는 귀신이 모여 있는 덩어리의 형태 -257
25장 귀신들을 눈으로 보며 제압 쫓아내는 새로운 비결 -267
26장 눈으로 귀신이 도망하고 떠나갈 때 현상을 보는 비결. -280

4부 눈으로 귀신들을 보고 대처하는 비결을 개발하라.

27장 눈으로 마귀귀신이 일으키는 역사를 식별하고 대적하는 비결 -289
28장 눈으로 신들을 알고 보고 대처하는 능력을 개발하는 비결 -297
29장 눈으로 나태하게 하는 신들을 식별 퇴치하는 비결 -304
30장 온몸의 느낌으로 신들을 식별하는 능력을 개발하는 비결 -313
31장 눈으로 점치게 하는 교활한 신들을 찾아내는 비결 -324
32장 눈으로 신적인 눌림의 현상을 찾아내고 치유하는 비결 -331
33장 눈으로 자신의 신적인 상태를 보고 치유하는 비결 -337
34장 눈으로 영적 게으름의 마귀 귀신을 보고 치유하는 비결 -345
35장 눈으로 신들을 보고 식별하는 범위를 넓히는 비결 -354
부록: 출간된 저서 안내 -363

1부 귀신들을 눈으로 보는 비결을 개발해야 할까요?

1장 귀신들을 눈으로 보는 비결을 왜 개발해야 할까요?

　예수를 믿고 성령으로 거듭난 성도들은 육적이면서 신적인 존재들입니다. 신적인 존재들이 귀신들을 눈으로 볼 줄 모른다면 눈은 뜨고 있으나 시각장애인과 같기 때문입니다. 하나님께서는 예수를 믿는 하나님의 자녀들이 신들을 보는 눈을 갖기를 원하십니다. 눈에 보이지 않는 신의 세계와 눈에 보이는 인간세계가 뒤섞여서 살아가고 있기 때문입니다. 신들을 보는 눈을 개발하려면 매사를 보이는 면만 가지고 판단하지 말아야 합니다. 보이는 면의 배후에 있는 신적인 존재들을 보려고 해야 합니다. 한마디로 사고가 신적으로 바뀌어야 합니다.

　요즈음 성도들이라 해도 보이면 면만 가지고 판단하려는 사고가 고정되어 있어 신적인 눈이 열리지를 않는 것입니다. 한 단계 깊은 신의 차원으로 보고 판단하기 시작하면 자신도 모르는 사이에 신적인 세력을 눈으로 보게 될 것입니다. 신적인 세력을 보려고 관심을 갖기 때문입니다. 사람을 볼 때 보이는 면만 보려고 하지 말고 배후에 역사하는 신을 보려고 해야 신들을 보는 눈이 열립니다. 세상에서 살아갈 때도 마찬가지입니다. 신적인 세력을 보려고 해야 신들을 보는 눈이 열립니다. 교회 예배당에서 생활 간에도 마찬 가지 입니다. 교회 예배당에 성령으로 충만한 사람들만 모여 있다고 생각하면 생각이 고정되어 정확한 신적인 상태를 볼 수가 없습니다. 교회 예배당 안에도 다른 신들의 영향을 받는 사람이 있을 수 있다고 생각해야 합니다. 그런 상태에서 교회 예배당에서 생활하는 한 사람, 한 사람의 신적인 상태를 보려고 해야 사람들에게 역사하는 신들을 정확하게 볼 수가 있는 것입니다. 신적인 일은 관심이 중요합니다. 자꾸 신적인 세력을 눈으로 보려고 관심을 갖다가 보니 자신도 모르는 사이에 신들을 볼 수 있는 눈이 열리는 것입니다. 왜 사람이 신들을 보는 눈이 되어야 할까요?

첫째, 보이지 않는 신의 세계가 보이는 인간세계를 지배하기 때문입니다. 신적인 세계를 바르게 알아야 세상의 삶에서 성공할 수가 있습니다. 제가 그동안 목회와 세상 삶을 살아가다가 체험한 사실로는 신적인 세계를 모르면 아무것도 안 된다는 것입니다. 왜 그렇습니까? 세상이 악한 자 안에 처해 있기 때문입니다. "또 아는 것은 우리는 하나님께 속하고 온 세상은 악한 자 안에 처한 것이며 (요일5:19)" 그래서 필자가 신적인 세계에 대하여 관심을 갖다가 그동안 체험한 바를 글로 쓰게 된 것입니다.

성령께서 이렇게 말씀하십니다. 2차원인 짐승이 1차원의 식물을 지배하고, 3차원의 인간은 2차원의 짐승을 지배하고, 4차원의 초인적인 마귀의 세계는 3차원의 인간을 지배하고, 5차원인 초자연적인 성령은 4차원인 초인적인 마귀의 세계를 지배하면서 여러 가지 눈에 보이는 기적을 행하는 것이라고 말씀하십니다. 그래서 인간은 3차원에 속합니다. 마귀 귀신은 4차원의 초인적인 세계에 속합니다. 성령은 5차원의 초자연적인 세계에 속합니다. 모든 인간은 육체적인 동시에 신적인 존재입니다. 예수를 영접하지 않은 채, 그리스도 밖에 있는 모든 남녀는 어느 누구든지, 그들의 죄로 인해 신적으로 죽은 상태이기 때문에 5차원의 성령의 세계를 체험할 수 없습니다. 그들이 그리스도를 영접하여 성령으로 거듭나지 않고서는 성령께서 역사 하시는 5차원의 초자연적인 세계에 거할 수 없습니다.

사람은 신적 존재이므로 구원받지 못한 사람이나, 구원받고 거듭 난 사람이나 할 것 없이 모두가 자신이 속한 신적 세계의 지배를 받습니다. 사람의 신은 악령의 세계에 속하든지, 아니면 예수 그리스도를 영접하여 예수 안에서 삶을 안내하고 도와주는 성령의 세계에 속해 있습니다. 절대로 아무런 신적인 세력의 지배 없이는 살아갈 수가 없습니다. 아무리 자신이 무신론을 주장해도 그의 영은 마귀 귀신의 지배하에 있는 것입니다. 왜냐하면 사람은 신적인 동시에 육적인 존재이기 때문입니다. 그래서 우리는 신적인 세계를 잘 알고 대처해야 하는 것입니다.

그리고 예수를 주인으로 영접하지 않아 구원받지 못한 사람들의 영은 하나님의 복과 능력이 아닌, 사탄이 주는 허구적인 능력과 평안을 갖게 하는 어떤 환영과 그런 류의 잡신인 신적 세계를 경험함으로써 신적인 세계와 가까워지려고 노력합니다. 왜냐하면 사람은 육적인 존재인 동시에 신적인 존재이기 때문입니다. 자신이 추구하는 신적 세계에 따라서 마귀 귀신에게 속할 수도 있고 성령에 속할 수도 있는 것이 사람입니다. 그러나 마귀 귀신은 성령으로 거듭난 사람은 지배할 수가 없습니다. 성령은 초자연적으로 역사하는 하나님의 신이시고, 마귀 귀신은 한 차원이 낮은 초인적인 힘을 가진 존재이기 때문입니다.

그래서 우리가 정확하게 알아야 할 것은 3차원의 인간의 힘과 능력으로는 4차원의 마귀 귀신을 이길 수가 없습니다. 3차원의 인간의 힘만으로는 4차원인 마귀 귀신을 이길 수가 없어 마귀 귀신의 지배하에 종 노릇하면서 살아가는 것입니다. 왜 그렇게 되었습니까? 아담이 하나님의 말씀에 순종하지 못하고 마귀의 미혹에 속아서 선악과를 먹으므로 사람의 권위가 마귀의 아래로 내려간 것입니다.

그래서 성경 누가복음 11장에 보면 예수님께서 말을 못하게 하는 귀신에게 눌려서 말을 못하며 고생하는 사람에게서 5차원의 성령의 권능으로 귀신을 쫓아내시니 귀신이 나갔습니다. 그러니까 말을 못하던 사람이 말을 하기 시작했습니다. 이는 말을 못하게 하는 배후에는 귀신이 있었다는 것입니다. 4차원인 말을 못하게 하는 귀신이 3차원의 사람의 언어를 지배하니까 말을 하지 못한 것입니다. "예수께서 한 말 못하게 하는 귀신을 쫓아내시니 귀신이 나가매 말 못하는 사람이 말하는지라 무리들이 놀랍게 여겼으나(눅11:14)" 이 소문이 퍼지자 바리새인들이 예수님을 비방합니다. 예수님이 귀신의 왕 바알세불을 힘입고 귀신을 쫓아낸다는 것입니다. 이는 바리세인들이 알고 있는 인간적인 지식으로는 사람의 능력으로는 귀신을 쫓아내지 못한다는 것입니다. 귀신을 쫓아내려면 다른 신적인 세력의 힘을 빌려야 되는데 예수님은 귀신의 왕 바알세불의 힘을 입고 귀신을 쫓아낸다고 말하는 것입니다.

이 바리새인들이 말한 대로 사람의 힘만으로는 귀신을 쫓아내지 못하는 것이 맞습니다. 왜냐하면 3차원의 인간이 4차원의 귀신을 지배할 수가 없기 때문입니다. "바리새인들은 듣고 이르되 이가 귀신의 왕 바알세불을 힘입지 않고는 귀신을 쫓아내지 못하느니라 하거늘(마12:24)" 이와 같이 3차원인 사람이 4차원에 속한 귀신을 쫓아내지 못하는 것입니다. 4차원에 속한 귀신보다 강한 5차원의 능력을 가져야만 귀신을 쫓아낼 수가 있는 것입니다. 그러므로 3차원의 사람이 4차원에 속한 귀신을 쫓아내려면 5차원인 성령의 능력을 힘입어야 가능한 것입니다. 3차원의 인간은 4차원인 마귀의 지배를 당하고 살아가기 때문입니다. 그래서 성도는 영적인 세계를 알아야 하는 것입니다. 그런데 바리새인들이 예수님을 비방하는 말을 주님이 아시고 예수님은 이렇게 반박을 하십니다.

"예수께서 그들의 생각을 아시고 이르시되 스스로 분쟁하는 나라마다 황폐하여지며 스스로 분쟁하는 집은 무너지느니라. 너희 말이 내가 바알세불을 힘입어 귀신을 쫓아낸다 하니 만일 사탄이 스스로 분쟁하면 그의 나라가 어떻게 서겠느냐(눅11:17-18)" 이 말씀은 예수님이 귀신의 왕 바알세불을 힘입고 귀신을 쫓아낸다면 사탄이 스스로 분쟁하는 것이니 어떻게 사단의 나라가 서겠느냐고 반박을 하십니다. 이는 예수님이 귀신의 왕 바알세불을 힘입고 귀신을 쫓아내는 것이 아니라는 것입니다. 그러면서 예수님은 제자들에게 이렇게 말씀을 하십니다.

"그러나 내가 하나님의 성령을 힘입어 귀신을 쫓아내는 것이면 하나님의 나라가 이미 너희에게 임하였느니라(마12:28)" 예수님이 성령님의 능력을 힘입어 귀신을 쫓아낸다는 것입니다. 그러므로 하나님의 나라가 이미 제자들에게 임했다는 것입니다. 예수님은 당시 성령의 인도를 받으면서 사역을 하셨습니다. 그러므로 예수님이 5차원인 초자연적인 성령님의 권능을 힘입어 귀신을 쫓아내는 것입니다.

그래서 3차원인 사람이 4차원인 귀신을 제압할 수가 없고, 5차원인 성령의 능력을 힘입어야 귀신을 쫓아낼 수가 있는 것입니다. 그러므로 마귀 귀신은 어떻게 하든지 성도가 성령으로 충만하지 못하도록 기를 쓰고 방해하는 것입니다.

그러니까 사람이 5차원의 성령의 능력으로 귀신을 쫓아낸다면 이미 그 심령에 하나님의 나라가 임했다는 것입니다. 성령은 하나님의 신이시기 때문입니다. 성령은 예수를 영접한 사람의 마음 안에 거하시는 것입니다. 그래서 여기서 말씀하시는 하나님의 나라는 사람의 마음 안을 말하는 것입니다. 성령의 능력으로 귀신을 쫓아내는 사람의 마음 안에는 하나님의 나라가 임한 것입니다. 왜냐하면 성령의 능력은 사람의 마음 안에서 올라오기 때문입니다. 그러면서 예수님은 이렇게 알려주십니다. "강한 자가 무장을 하고 자기 집을 지킬 때에는 그 소유가 안전하되 더 강한 자가 와서 그를 굴복시킬 때에는 그가 믿던 무장을 빼앗고 그의 재물을 나누느니라(눅11:21-22)" 이 말씀은 귀신을 쫓아내려면 귀신보다 더 강한 자가 와야 만이 가능하다는 말씀입니다. 귀신보다 강한자가 자신을 지배하면 귀신은 얼씬도 못한다는 것입니다.

그러므로 4차원인 귀신을 쫓아내려면 5차원인 성령의 능력을 힘입어야 가능한 것입니다. 귀신을 눈으로 보면서 쫓아내려면 예수를 믿고 성령으로 세례를 받고 성령으로 거듭나야 가능한 것입니다. 고로 3차원인 인간이 4차원에 속한 귀신을 쫓아내지 못합니다. 반드시 5차원인 성령의 능력을 힘입어야 가능한 것입니다. 그래서 3차원에 속한 인간은 4차원에 속한 마귀 귀신의 지배를 받고 살아가는 것입니다.

그리고 예수를 주인으로 영접하지 않아 구원받지 못한 사람들의 영은 하나님의 복과 능력이 아닌, 사탄이 주는 허구적인 능력과 평안을 갖게 하는 어떤 환영과 그런 류의 잡신인 신적 세계를 경험함으로써 영적인 세계와 가까워지려고 노력합니다. 이런 무리의 최고 경지에 이른 사람들은 악마의 지배권에 속한 동양의 신비주의 같은 데서 자주 그러한 경험을 하게 됩니다. 그들은 사탄이 주는 허구적인 환영과 정신적 영상으로 3차원에 속한 자신의 육체를 지배합니다. 그러나 이들은 5차원인 성령에 의하여 능력이 제한 받고, 예수를 영접한 5차원의 성령의 사람에게는 제한된 능력을 행사할 수밖에 없습니다.

왜냐하면 성령의 사람이라도 육체를 가지고 있기 때문입니다. 사람은 육체를 가지고 있기 때문에 5차원의 성령으로 충만하지 않으면 성령으로 장악되지 않은 성도의 육체에 마귀 귀신이 역사할 수가 있다는 것입니다. 그러나 성도가 성령으로 충만하면 마귀 귀신이 성도를 지배할 수가 없습니다. 그래서 이들은 성도가 성령으로 충만해지는 것을 방해하는 것입니다. 그리고 성령의 역사에 대하여 두려움을 갖습니다. 성도에게서 성령의 역사가 일어나면 떠나가야 하기 때문입니다.

　일본에서 온 일련종정(일명 '남묘호랭객교'라고도 함)은 사탄 마귀 귀신의 지배에 속한 더러운 미신인 것입니다. 이것은 필자가 시화에서 목회할 때 우리 교회에 등록하여 다니는 성도의 간증을 듣고 알게 된 사실입니다. 이 성도가 하는 말이 자신이 예수를 믿게 된 동기는 몸이 하도 많이 아프고 가정의 여러 가지 환란과 풍파가 있어 고통을 당하는 데, 옆집에 살던 예수 믿는 성도가 와서 예수를 믿으면 모든 문제가 예수 이름으로 해결된다고 하여 예수를 믿었습니다. 그런데 예수를 믿고 교회를 열심히 다녀도 아픈 몸을 치유되지 않았답니다. 그러는 즈음에 '남묘호랭객교'를 믿는 사람이 자신의 처지를 알고 찾아와서 자꾸 자기가 다니는 곳에 한 번만 같다 오면 병이 낫는다고 자꾸 설득을 하는 바람에 그 사람을 따라서 '남묘호랭객교'를 믿는 사람들이 모여 있는 신전에 갔답니다.

　두 번에 걸쳐서 가서 기도를 받았는데 병이 나아 버린 것입니다. 이는 허구적인 치료입니다. 며칠 있다가 다시 아프기 시작했다는 것입니다. 그래서 계속 다니다가 예수님 외에는 구원이 없다는 것을 깨닫게 되어, 내가 여기 계속 다니다가는 지옥에 간다는 생각이 들어서 다시 교회에 와서 예수를 믿기 시작했다는 것입니다. 그래서 제가 단단하게 주의를 시키고 회개를 하게 하고 다시는 그런 일이 없게 하라고 하고 남묘호랭객교의 귀신을 축사하고 이 말씀을 가슴에 새기라고 알려주었습니다. "한 번 빛을 받고 하늘의 은사를 맛보고 성령에 참여한 바 되고 하나님의 선한 말씀과 내세의 능력을 맛보고도 타락한 자들은 다시 새롭게 하여 회개하게 할 수 없나니 이는 그들이 하나님의 아들을 다시 십자가에 못 박아 드러내 놓고 욕되게 함이라(히6:4-6)" 이렇게 이방 신들도 병을 고치는 신유의 역사를 일으킵니다. 병 고치려고 아무 곳에나 가면 절대로 안 됩니다. 특히 기 치료는 위험한 사탄의 역사입니다. 그래서 우리는 신적인 세계를 바로 알고 대처해야 하는 것입니다.

그러나 이들은 육신에 속한 3차원의 사람에게만 능력을 행사할 수 있습니다. 그러니까 우리 성도들도 성령으로 충만하지 못하고 하나님을 멀리하고 세상을 사모하고 세상을 향하여 있게 되면 이들에게 침입을 당할 수가 있습니다. 그래서 마귀 귀신의 능력 수준을 보면 사람보다 약간 강한 4차원인 초인적인 수준 밖에 되지 못하는 것입니다. 성령께서 우리에게 저들이 사악한 신들에 의해 여러 가지 이적을 행하는 것은 출애굽기에 나오는 애굽의 마술사들이 모세의 이적을 흉내 낸 것과 같은 방식임을 알려 주셨습니다.

"모세와 아론이 바로에게 가서 여호와께서 명령하신 대로 행하여 아론이 바로와 그의 신하 앞에 지팡이를 던지니 뱀이 된지라. 바로도 현인들과 마술사들을 부르매 그 애굽 요술사들도 그들의 요술로 그와 같이 행하되 각 사람이 지팡이를 던지매 뱀이 되었으나 아론의 지팡이가 그들의 지팡이를 삼키니라(출7:10-12)" 애굽의 바로 왕의 수하에 있던 현인들과 마술사들이 요술로 뱀을 만들었으나 아론의 지팡이로 만든 뱀이 그들의 지팡이로 만든 뱀을 삼켜 버렸습니다. 이렇게 사탄 마귀 귀신의 역사는 5차원인 하나님의 초자연적인 역사에는 힘을 발휘하지 못합니다. 고로 성령은 마귀 귀신에게 능력을 행사할 수 있지만, 마귀 귀신은 성령에 역사에 아무런 능력도 행사할 수 없습니다. 또 사람이 성령으로 거듭나지 아니하면 마귀 귀신을 대적할 수도 마귀 귀신의 세계를 지배할 수도 없습니다. 마귀 귀신을 대적할 힘도 능력도 없어서 마귀 귀신에게 매일 지배를 당하면서 종으로 살아가게 됩니다. 하나님께서는 예수 그리스도를 믿음으로 거듭난 사람들에게는 하나님의 자녀가 되는 권세를 주셨습니다. "영접하는 자 곧 그 이름을 믿는 자들에게는 하나님의 자녀가 되는 권세를 주셨으니(요 1:12)"

창조주 하나님의 자녀는 5차원인 초자연적인 성령의 세계에 속하므로 불신자들보다 더 위대한 권세가 있는 것입니다. 불신자는 최고의 경지에 이르러도 사탄 마귀 귀신의 능력을 초과할 수 없습니다. 모세의 지팡이로 만든 뱀이 바로 왕 술객들이 만든 뱀을 삼킨 것을 보면 압니다. 하나님을 찬양합시다! 우리는 하나님의 자녀들이기 때문에 성령 안에서 창조적인 삶을 살 수 있습니다. 예수를 믿고 5차원의 성령으로 충만한 우리는 4차원의 마귀 귀신의 세계와 3차원의 환경을 다스리며 큰 권능을 행사할 수 있습니다. 이 모든 일은 우리 안에 계신 성령의 능력에 의해서 되는 것입니다. 우리가 귀신에게 속지 않고, 지배당하지 않고, 대적하여 승리하기 위해서는 신적 세계를 잘 알고 성령으로 거듭나서 대처해야 합니다.

고로 우리가 살고 있는 세계는 보이는 3차원의 인간세계와 물질 세계와, 보이지 않는 신적인 세계로 구분 됩니다. 4차원 이상의 신적인 세계는 인간의 감각, 이성으로 접촉할 수 없는 세계를 말합니다. 반드시 성령으로 거듭나야 볼 수가 있는 신적인 세계입니다.

반면 3차원인 물질세계와 인간세계는 인간의 감각과 이성으로 접촉할 수 있는 눈에 보이며 만져지는 현존 세계를 말합니다.

이 두 구분된 세계는 분리되어 있지만 서로 밀접하게 연관되어 있습니다. 사람들은 대부분 물질세계와 인간세계에 많은 관심을 가지고 있습니다. 세대에 따라 약간의 차이는 있으나, 특히 현대인은 물질계에 더 많은 관심을 가지고 있습니다. 믿음에 따라 물질계→인간계→영계→하나님 나라로 관심이 부여됩니다. 옛 사람인 육의 사람은 돈이 제일이다 하고 돈에만 관심을 쓰다가 어느 정도 나이가 들면 사람과의 관계에 관심을 가집니다. 그러다 문제가 생기면 신적인 것에 신경을 쓰게 됩니다.

예수를 믿는 사람은 처음에는 돈에 관심을 갖다가 사람에 관심을 갖습니다. 그러다가 신적인 세계에 관심을 갖다가 신적인 세계를 보는 눈이 열리니 하나님 나라(천국)에 관심을 갖게 됩니다. 구분된 세계는 공통적인 질서가 형성되어 있으며 상호 작용의 법칙과 원리가 있습니다. 인류는 인간세계와 물질(자연)계의 원리와, 이에 따른 상호 관계 작용의 법칙(과학, 물리학, 의학 등의 현대과학)을 발견하는데 모든 시간을 바쳤으며, 그로 인하여 물질계를 어느 정도 다스리는데 성공하였고, 인류는 그 혜택을 누리고 있습니다.

그러나 아무리 인간이 연구 발전시킨 것으로 그 혜택을 누려도 예수를 영접하지 않아 성령으로 장악당하지 않은 사람들은 모두 사탄 마귀 귀신의 지배하에 있다는 것을 명심해야 합니다. 그래서 사탄 마귀 귀신에게 메여서 종으로 살아가는 것입니다. 필자의 체험으로 말한다면 신적인 세계를 모르면 박사도 어찌할 수 없이 사탄 마귀 귀신에게 당한다는 것을 그동안 성령 사역을 통하여 알게 하셨습니다. 박사도 귀신에게 눌려서 고통을 당하다가 필자에게 와서 귀신을 축사하고 치유 받고 간 성도가 여러 명이 됩니다.

둘째, 신적 세계와 인간 세계와의 관계성을 알아야 합니다. 인간이 행할 수 있는 범위와 한계를 넘어 초자연적이면서 초인간적인 능력을 베풀 수 있는 두 권위를 가진 세력이 있습니다. 그들은 하나님과 사탄입니다. 두 존재는 초자연적이며 초인간적인 능력을 베풀 수 있는 존재이나 서로 동일하지 않습니다. 인간의 눈으로 볼 때, 사단 마귀 귀신은 굉장한 능력을 소유하였지만, 그들은 인간처럼 하나님으로부터 창조된 피조물이며 제한된 존재입니다. 사단은 현재 세력을 행사하지만 이미 십자가에서 패배한 존재이며 멸망당할 존재들입니다. "통치자들과 권세들을 무력화하여 드러내어 구경거리로 삼으시고 십자가로 그들을 이기셨느니라(골 2:15)"

사단은 하나님의 일을 방해 할 수 있습니다. 사단은 하나님이 다니엘에게 보낸 천사를 막아 하나님의 일을 방해하려 했으나 천사장 미가엘의 도움으로 다니엘에게 하나님의 응답을 21일이 지난 후에 전달했습니다.

"그가 내게 이르되 다니엘아 두려워하지 말라 네가 깨달으려 하여 네 하나님 앞에 스스로 겸비하게 하기로 결심하던 첫날부터 네 말이 응답 받았으므로 내가 네 말로 말미암아 왔느니라. 그런데 바사 왕국의 군주가 이십일 일 동안 나를 막았으므로 내가 거기 바사 왕국의 왕들과 함께 머물러 있더니 가장 높은 군주 중 하나인 미가

엘이 와서 나를 도와주므로 이제 내가 마지막 날에 네 백성이 당할 일을 네게 깨닫게 하러 왔노라 이는 이 환상이 오랜 후의 일임이라 하더라(다니엘 10:12-14)" 이로보아 기도는 응답을 받을 때까지 하는 것이 정상입니다. 사단을 포함하여 천사들은 하나님의 창조 질서에 있어서 인간보다 하위에 있었습니다. 하나님은 인간을 천사보다 뛰어나게 지으셨으며, 모든 피조물 중에 유일하게 인간만을 하나님의 형상을 따라 만드셨습니다. "하나님이 이르시되 우리의 형상을 따라 우리의 모양대로 우리가 사람을 만들고 그들로 바다의 물고기와 하늘의 새와 가축과 온 땅과 땅에 기는 모든 것을 다스리게 하자 하시고 하나님이 자기 형상 곧 하나님의 형상대로 사람을 창조하시되 남자와 여자를 창조하시고 하나님이 그들에게 복을 주시며 하나님이 그들에게 이르시되 생육하고 번성하여 땅에 충만하라, 땅을 정복하라, 바다의 물고기와 하늘의 새와 땅에 움직이는 모든 생물을 다스리라 하시니라(창1:26-28)"

하나님이 에덴을 창설하시고 거기 살도록 하면서 인간이 지켜야 할 법을 주셨습니다. "여호와 하나님이 그 사람을 이끌어 에덴동산에 두어 그것을 경작하며 지키게 하시고 여호와 하나님이 그 사람에게 명하여 이르시되 동산 각종 나무의 열매는 네가 임의로 먹되 선악을 알게 하는 나무의 열매는 먹지 말라 네가 먹는 날에는 반드시 죽으리라 하시니라(창2:15-17)"

그러나 하와가 하나님의 말씀을 믿지 못하고 마귀의 꾀임에 속아 이 법을 지키지 못하고 타락하고 말았습니다. "그런데 뱀은 여호와 하나님이 지으신 들짐승 중에 가장 간교하니라 뱀이 여자에게 물어 이르되 하나님이 참으로 너희에게 동산 모든 나무의 열매를 먹지 말라 하시더냐? 여자가 뱀에게 말하되 동산 나무의 열매를 우리가 먹을 수 있으나 동산 중앙에 있는 나무의 열매는 하나님의 말씀에 너희는 먹지도 말고 만지지도 말라 너희가 죽을까 하노라 하셨느니라. 뱀이 여자에게 이르되 너희가 결코 죽지 아니하리라. 너희가 그것을 먹는 날에는 너희 눈이 밝아져 하나님과 같이 되어 선악을 알 줄 하나님이 아심이니라. 여자가 그 나무를 본즉 먹음직도 하고 보암직도 하고 지혜롭게 할 만큼 탐스럽기도 한 나무인지라 여자가 그 열매를 따먹고 자기와 함께 있는 남편에게도 주매 그도 먹은지라(창3:1-6)"

이렇게 인간이 사단의 말을 믿고 선악과를 먹으므로 타락한 후, 사단 마귀에게 인간의 권위를 빼앗겼기에 능력 면에 있어서 하위로 내려왔으나, 예수 그리스도의 십자가 보혈의 공로로 예수를 믿고 하나님의 자녀가 되면서 우리는 타락 이전의 지위를 되찾게 되었습니다. 따라서 신적인 권위의 서열 이동이 있어 예수를 믿은 우리의 권위가 올라가게 됩니다. 우리가 예수를 믿기 전에는 하나님 → 천사(사단) →인간의 순위에 있었습니다. 그러나 예수를 믿은 후 하나님→인간→천사(사단의 세력)순으로 원래의 지위가 회복되고 있습니다. 그래서 인간이 본래의 권위를 회복하려하니 마귀 귀신이 가만두지를 않는 것입니다. 성도가 성령으로 세례를 받으면 영적인 전쟁은 필연코 일어나는 것입니다.

우리가 예수를 믿고 불같은 성령세례를 체험하면 그때부터 마귀 귀신과의 일전이 시작이 됩니다. 이는 피할 수 없는 일전입니다. 예수님도 성령으로 세례를 받고 40일 동안 주리시면서 마귀와 일전을 치루셨습니다. 그러나 예수님은 말씀과 성령이 충만함으로 세 번의 마귀의 시험을 이기셨습니다. 그러므로 예수를 믿고 성령으로 세례를 받은 우리도 마귀 귀신과의 일전을 치러야 하는 것입니다. 이는 우리의 권위가 회복되어 본래의 지위가 회복되면 성령의 권능에 의하여 마귀 귀신이 사람에게 지배를 당해야 하니 결사적으로 막고 방해하는 것입니다. 그것도 가장 가까운 사람을 통해서 방해하는 것입니다. 그러므로 우리는 신적인 세계를 알고 눈으로 보고 대처 할 줄 알아야 하는 것입니다.

그러나 우리가 초자연적인 5차원의 성령의 인도를 받으며 초인적이고 4차원인 마귀 귀신과 일전을 치루기 때문에 종국에는 우리가 마귀 귀신을 이기게 되는 것입니다. 그러므로 우리는 마귀 귀신의 시험이 아무리 강해도 굴복하지 말고 끝까지 싸워야 하는 것입니다. 그런데 필자가 지금까지 성령 사역을 하면서 임상적으로 경험한 바로는 끝까지 인내하면서 싸워서 승리하는 성도가 그렇게 많지 않다는 것입니다. 참으로 안타까운 일입니다. 그래서 우리는 마귀 귀신을 이기기 위하여 항상 성령님을 찾고 구하고 성령님을 나의 주인으로 모시고 성령의 인도에 순종해야 하는 것입니다. 그래야 하나님의 권세(카리스마)로 마귀 귀신을 밟으며 하나님의 일을 할 수가 있는 것입니다. 하나님은 크리스천들이 건강하게 장수하면서 하나님의 나라를 건설하기 원하십니다.

2장 눈을 열어 귀신의 실체를 알고 보고 지배하라.

하나님은 신적인 존재인 크리스천들이 신적인 세계를 밝히 알고 보고 지배하며 대처하기를 원하십니다. 크리스천이 신적 세계를 모르고 생활하는 것은 시각장애인이 서울 시내를 걸어 다니는 것과 같습니다. 생각해 보시기를 바랍니다. 시각장애인이 서울 시내를 혼자 다닌다면 얼마나 불안하고 답답하겠습니까? 크리스천은 먼저 신적 세계를 보는 식견이 열려야 합니다.

하나님은 예수를 믿고 성령으로 거듭난 성도가 영적인 눈이 열려 신적인 세계를 알고 영적 전쟁을 하여 이 땅에 하나님의 나라를 이루기를 원하십니다. 신적인 세계에는 성령이 계시고, 마귀 귀신이 있고, 하나님을 시중드는 천사가 있고, 성령으로 거듭난 성도가 거합니다. 성령은 예수를 영접한 사람의 마음 안에만 주인으로 임재하여 거하십니다. 그러나 마귀 귀신은 들어오라고 초청하지 않아도 혈과 육을 통하여 들어와 좌정하고 있습니다. 그것은 아담의 죄악으로 옛 사람, 육은 마귀의 종이기 때문입니다. 그래서 마귀 귀신은 저같이 나름대로 성령으로 충만하고 능력이 있다는 사람도 생각이 세상으로 향하다가 육신적으로 행동을 하게 되면 가차 없이 들어옵니다. 그러므로 신적인 세계는 한 마디로 신적 투쟁의 세계입니다. 그래서 우리는 신적인 세계를 알고 보고 대비하여 자신의 귀중한 영을 지켜야 하는 것입니다. 그래서 예수를 믿고 성령으로 거듭난 우리는 우리의 대적 마귀의 전술을 알아야 하는 것입니다. 손자병법에도 지피지기(知彼知己)이면 백전무퇴(百戰無退)라고 했습니다. 여기서 '피'는 상대, '기'는 자신을 뜻합니다. '알지' 자를 붙이면, '상대를 알고 나를 안다'라는 뜻이 되겠고, 일백 백, 싸울 전, 없을 무, 물러날 퇴 입니다. 여기서 '무'는 없다는 뜻 보다는 아니한다는 뜻에 가깝습니다. '백번 싸워서 물러나지 않는 다' 입니다. '상대를 알고 나를 알면 백번 싸워서 물러나지 않는 다' 우리도 우리의 대적인 마귀 귀신의 능력을 알아야 하고, 자신의 권세를 알아야 하나님의 군사로서 백전백승할 수가 있습니다. 예수를 믿어 성령으로 거듭나 하나님의 신으로 인도함을 받는 성도는 하나님의 군사입니다. 하나님의 군사라면 하나님이 자신에게 주신 권세(카리스마)를 알아야 합니다. 그리고 주신 카리스마를 사용할 줄 알아야 군사로서 임무를 제대로 감당할 수가 있습니다. 저는 원래 군인 이였습니다. 그래서 군대 여러 보수교육 과정에서 전략과 전술에 대하여 많이 배우고 실습을 했습니다. 그래서 인지는 몰라도 목회자가 되어서도 하나님이 저에게 주신 권세(카리스마)도 알고 싶었습니다. 또, 저의 적인 사단에 대하여도 알고 싶었습니다. 마귀 귀신들을 눈으로 보기를 원했습니다. 그리고 하나님이 주신 권세(카리스마)를 어떻게 사용하는 지도 알고 싶어서 많이 기도하며 노력을 했습니다. 그래서 제가 25년이 넘도록 성령 치유 사역을 하면서 세상 생활을 하면서 경험한 신적 세계에 대하여 이론을 적립하여 글을 쓰게 되었습니다.

 크리스천에게 하나님께서 주신 텍스트 성경은 신적 존재와 신적 세계에 대해 적 난하게 설명하는 책입니다. 세상에 그 많은 책들 중에 보이지 않는 신적 존재와 신적 세계를 체계적으로 다루는 책은 성경뿐입니다. 하나님은 보이지 않는 분이시나, 그가 보내신 예수 그리스도를 통해 하나님의 실존을 보여주셨고, 천사는 눈에 보이지 않으나, 그들의 활동을 통해 천사의 위치와 그 사역을 보여주셨습니다. 또한 인간의 영혼은 눈에 보이지 않으나 성령의 감동을 혼에 전달하여 순종하게 하는 일들을 통하여 그 실존을 알게 하셨습니다. 이 모든 것을 때로는 비유로 때로는 실상으로 우리에게 그 신적인 실상들을 보여주는 것이 성경입니다.

성경은 우리에게 하나님, 천사, 인간, 이 세 영적 존재의 위치와 역할 및 상호관계를 말해줍니다. 사람들은 하나님과 하늘을 동일시하여 하늘을 바라보며 막연히 머릿속에 어떤 신을 떠올리기도 합니다. 또 흰옷을 입고 날개 짓을 하고 있는 아름다운 아기 천사를 떠올리기도 합니다. 그러면서도 하나님이나 천사에 대해 영적 존재라고는 생각지 않습니다. 아직도 많은 그리스도인들이 여전히 하나님을 관념적 존재로 여기고 있고, 천사를 숭배할 대상으로 생각하고 있는 것입니다. 결국 신적으로 분명해야 할 하나님과의 관계가 불분명하고, 적극적으로 부리고 사용해야 할 종인 천사들의 도움을 받지 못하다 보니, 신앙생활 자체가 관념적이고 무능력할 수밖에 없습니다. 하나님의 자녀가 마귀 귀신에게 당하면서 살아가는데 정작 자신은 이유를 알지 못한다는 것입니다.

신적인 세계를 모르면 눈은 떠있으나 소경이나 마찬가지입니다. 개척목회자가 신적인 세계를 모르면 개척 목회가 힘들어집니다. 목회는 성령께서 직접 하시는 일이기 때문입니다. 성령의 임재와 역사를 알지 못하고 목회를 할 수가 없습니다. 성령의 역사를 보지 못하고 모르면 살아계신 하나님을 증명할 수가 없습니다. 개척교회는 살아계신 하나님의 역사가 일어나야 개척교회가 자립하고 성장할 수가 있습니다. 개척교회만이 아니고 성도들의 가정도 마찬가지입니다. 살아계신 하나님의 역사가 일어나야 가정이 천국을 누리며 영적 정신적 육체적 축복을 받으면서 살아갈 수가 있는 것입니다. 가정에 살아계신 하나님의 역사가 일어나지 않으니 가정에 귀신들의 역사로 우환과 환란과 풍파와 부부불화가 일어나는 것입니다. 크리스천은 무엇보다도 생명의 말씀과 성령으로 신적인 세계를 보고 지배하는 눈이 열려야 합니다.

영원하신 하나님은 우리가 성령으로 영적인 눈을 열어 신적인 세계에 대하여 바르게 알고 분별하여 대적하고 쫓아내기를 소원하십니다. 유일하신 하나님은 우리가 신적 세계를 알고 실제로 체험하고 5차원의 성령의 권능으로 4차원 이상의 영적인 세계와 3차원의 인간세계와 물질세계를 지배하기를 원하십니다. 5차원의 영적 세계에는 두 가지 형태의 영이 존재합니다. 하나님의 성령과 성령으로 거듭난 사람입니다. 4차원의 세계에는 타락한 마귀 귀신의 영이 거합니다. 하나님의 일반 은총으로 누구나 사용하면서 살아가는 인간세계, 물질세계는 3차원에 속합니다. 3차원은 보이는 세계입니다. 인간계 물질계입니다. 그렇다면 3차원의 인간세계와 물질세계를 지배하는 것은 무엇입니까?

5차원의 성령의 세계와 4차원에 속한 신의 세계입니다. 저는 이 책에서 편의상 물질세계와 인간세계를 3차원이라고 지정하여 부르고, 신적인 세계를 5차원의 성령의 세계와 4차원의 마귀 귀신의 세계라고 지정하여 부르겠습니다.

필자가 지정한 1차원, 2차원, 3차원, 4차원, 5차원을 좀 더 세부적으로 자세하게 설명하겠습니다. 1차원은 식물 세계를 말합니다. 2차원은 동물 세계를 말합니다. 3차원을 인간세계와 물질세계를 말합니다. 영적인 세계는 보이지 않는 세계로서 4차원인 마귀의 세계와 5차원인 성령의 초자연적인 세계를 말하는 것입니다. 다른 표현으로는 사람(3차원)입니다. 마귀와 귀신인 초인적인(4차원) 존재가 있습니다. 하나님=성령님은 초자연적인(5차원)입니다. 이렇게 두 가지로 이해하시고 책을 읽어 가시기를 바랍니다. 그래서 1차원인 식물은 2차원인 동물이 지배하고 살아갑니다. 2차원인 동물 세계는 3차원인 인간이 지배하고 다스리며 살아갑니다. 그리고 3차원의 인간세계와 물질세계는 4차원인 타락한 마귀의 세계에 지배를 당하고 살아가는 것입니다.

4차원의 타락한 마귀의 세계는 5차원인 성령님과 성령으로 거듭난 크리스천에게 지배당하고 살아가는 것입니다. 그래서 3차원의 세계에 속한 성령으로 거듭나지 못한 인간(자연인)이 4차원의 마귀 귀신의 세계를 지배할 수가 없는 것입니다. 왜 그렇습니까, 아담이 마귀의 미혹에 속아서 선악과를 먹음으로 사람의 영적인 지위가 마귀 아래로 내려갔기 때문입니다. 그래서 예수를 믿지 않는 인간은 4차원에 속한 마귀를 이길 수가 없고, 마귀의 종이 되어 마귀의 지배를 당하며 살아가는 것입니다. 그래서 예수를 믿지 않는 세상 사람들은 모두 마귀의 종으로 살아가는 것입니다. 세상 사람들은 마치 이스라엘 백성들이 애굽에서 바로 왕의 수하에 속해서 종살이를 하면서 살아가는 것같이 마귀의 종으로 살아가는 것입니다. 그래서 세상 사람들이 환란과 풍파를 당하면 인간 스스로 해결할 수가 없다는 것을 알고 무당이나 신접한 잡신들을 찾아가는 것입니다. 그래서 그들에게 무엇을 얻어서 환란과 풍파를 면해 보려고 하지만 할 수가 없고 물질을 빼앗기면서 고통만 더 당하면서 살아가는 것을 신문 지면과 매스컴을 통하여 우리는 잘 알 수가 있는 것입니다. 그러나 인간이 예수를 믿고 성령으로 세례 받으면 영적인 권위가 5차원으로 승격되는 것입니다. 그래서 성령으로 거듭난 크리스천이 4차원의 마귀 귀신을 지배하고 살아갈 수가 있는 것입니다. 우리 크리스천이 마귀와 귀신으로부터 자유 함을 누리려면 성령으로 세례를 받아야 합니다. 성령으로 세례를 받으려면 성령 세례에 대하여 관심을 가져야 하고 성령으로 세례를 받은 목회자가 목회하는 장소에 가서 예배들 드리고 기도하며 안수를 받아야 합니다. 그리고 성령의 인도와 지배를 받아야 합니다. 그래야 영육의 자유 함을 누리며 살아갈 수가 있는 것입니다.

그러면 신의 세계는 어떤 세계입니까? 보이지 않는 신의 세계입니다. 그러나 실존하는 세계입니다. 살아서 역사하는 세계입니다. 신적 세계가 인간세계(3차원)를 지배합니다. 하나님의 성령과 마귀와 성령으로 거듭난 사람의 영이 거하는 보이지 않는 신적인 세계입니다. 이 보이지 않는 신의 세계가 보이는 인간세계와 물질세계를 지배하는 것입니다. 좀 더 깊이 있게 설명하면 우리가 성령을 요청할 때 어떻게 기도합니까? 성령이여 임하소서라고 기도합니다. 이는 성령이 임해야 보이는 세계가 성령으로 지배되기 때문입니다. 다시 말해서 인간세계의 문제나 환란과 풍파가 성령에게 장악을 당해야 해결되는 것입니다. 왜냐하면 보이는 세계에 일어나는 악의 문제의 배후에는 4차원의 영적 존재인 마귀 귀신이 지배하고 있기 때문입니다. 그래서 신들을 눈으로 볼 수가 있어야 한다는 것입니다.

마귀 귀신보다 강한 5차원의 성령이 임하여 장악해야 성령의 역사로 문제나 환란과 풍파가 떠나가고 사람의 눈에 보이는 하나님의 창조물이 생겨나는 것입니다. 이것은 성경에 잘 기록되어 있습니다. 창세기 1장2절부터 3절만 읽어보면 이해가 되는 것입니다. "땅이 혼돈하고 공허하며 흑암이 깊음 위에 있고 하나님의 영은 수면 위에 운행하시니라. 하나님이 이르시되 빛이 있으라 하시니 빛이 있었고(창1:2-3)" 땅이 공허하며 흑암이 깊음 위에 있었는데 하나님의 영(성령)은 수면에 운행을 했다고 했습니다. 이는 하나님의 영(성령)이 공허하고 흑암이 깊은 곳을 장악하니 하나님의 말씀대로 빛이 있으라 하시니 빛이 생겨났다고 말씀하고 있습니다.

이는 성령이 혼동하고 공허한 세상을 장악하고 하나님의 말씀이 떨어지면 하나님의 말씀대로 창조물이 생겨난다는 것입니다. 신의 세계는 말로서 보이는 형상이 나타나는 것입니다. 그러므로 성도는 말을 잘해야 합니다. 말이 씨가 되는 것입니다. 성령으로 거듭난 성도가 말한 그대로 이루어지는 것입니다. 그래서 하나님이 천지를 창조하실 때 성령으로 천지를 장악하시고 말씀으로 천지를 창조하신 것입니다. 그리고 성령으로 거듭난 성도가 아니더라도 신의 세계의 영향을 받아 우상을 숭배하는 신비 종교들도 말로서 보이는 형상을 이루어 내는 것입니다.

　이는 애굽의 현인들과 마술사들을 보면 잘 알 수가 있는 것입니다. "모세와 아론이 바로에게 가서 여호와께서 명령하신 대로 행하여 아론이 바로와 그의 신하 앞에 지팡이를 던지니 뱀이 된지라. 바로도 현인들과 마술사들을 부르매 그 애굽 요술사들도 그들의 요술로 그와 같이 행하되 각 사람이 지팡이를 던지매 뱀이 되었으나 아론의 지팡이가 그들의 지팡이를 삼키니라(출7:10-12)" 이렇게 마술사들도 지팡이로 뱀을 만듭니다. 그러나 아론의 지팡이가 그들의 지팡이를 삼켰다고 했습니다. 그러므로 마술사들이 만들어 내는 형상은 미혹하는 허구에 불과한 것입니다. 그러므로 우리는 신적인 눈을 열어 신적인 세력을 보고 신적인 세계를 분별해야 합니다. 그럼 원래 사람이 마귀의 지배아래 있었습니까? 아닙니다. 하나님은 아담보고 에덴동산을 지키고 가꾸라고 했는데 아담이 에덴동산을 지키지 아니했었습니다. 왜냐하면 마귀가 마음대로 출입하도록 내버려 두었습니다. 마귀는 에덴동산에 조그마한 제재도 없이 마음대로 들락날락 했습니다. 하나님이 아담에게 에덴동산을 지키라고 했는데 안 지켰습니다. "여호와 하나님이 그 사람을 이끌어 에덴동산에 두어 그것을 경작하며 지키게 하시고(창2:15)" 분명히 하나님이 지키라고 하셨습니다. 우리들도 성령의 지배가운데 하나님의 축복을 지켜야 합니다. 그런데 안 지킨 것은 아담의 잘못인 것입니다. 그리고 마귀의 유혹에 찬 말에 귀를 기울였습니다. 마귀가 나쁜 것을 알면서도 마귀와 대화하고 마귀의 유혹에 귀를 기울였다는 이 자체가 대단히 잘못된 것입니다.

창세기 3장 4절로 5절에 "뱀이 여자에게 이르되 너희가 결코 죽지 아니하리라. 너희가 그것을 먹는 날에는 너희 눈이 밝아져 하나님과 같이 되어 선악을 알 줄 하나님이 아심이니라"고 선악과를 따먹으라고 유혹해서 하와가 따먹고 아담에게도 주어서 아담도 먹고 하나님을 반역하고 그들은 마귀의 종이 돼 버리고 만 것입니다. 그러므로 사람은 성령을 힘입지 않고는 4차원의 마귀를 지배할 수가 없습니다. 그리고 마귀는 하나님으로부터 창조된 피조물이므로 초자연적으로 역사하는 5차원인 성령을 지배할 수가 없습니다. 왜 그렇습니까? 성령은 하나님이십니다. 성령은 세상에 초자연적으로 역사하는 삼위일체 하나님이십니다. 고로 성령 하나님이 이 천지 만물을 지배합니다.

창세기 1장 2절에 "땅이 혼돈하고 공허하며 흑암이 깊음 위에 있고 하나님의 영은 수면 위에 운행하시니라."고 말씀하시므로 성령께서 보이는 세계를 장악하시는 것으로 묘사되어 있습니다. 그러므로 성령께서는 하나님의 모든 능력을 실제로 행하시고 역사하시는 영원한 차원의 세계에 속한 분입니다. 그러나 성령은 예수를 영접한 사람에게만 내주 하십니다. 절대로 강압적으로 인간의 영을 지배하지 않습니다. 반드시 예수를 영접한 사람의 영 안에 내주 하십니다. 그러나 마귀는 그렇지 않습니다. 옛 사람(예수를 영접하지 않은 아담 안에 있는 사람)은 마귀의 종이였기 때문에 마음대로 인간을 점령하는 것입니다. 그리고 사탄에 의해 지배되는 악령의 세계인 흑암도 사람보다 강한 초인적인 힘으로 영적인 세계에 능력을 행사하지만, 그것은 진정한 의미의 신적인 세계가 아닙니다.

이는 성령의 세계와는 전적으로 다른 것입니다.

그래서 5차원인 성령의 역사가 일어나면 마귀 귀신은 떠나가야 하는 것입니다. 그러나 애굽의 마술사들이 하나님의 능력을 모방한 것과 같이 악령의 세계에도 일시적이고 허위 적인 치료와 기적들이 일어나기도 합니다. 사탄은 이러한 허위적이고 특이한 기적의 사건들을 일으키면서 이에 속아 현혹되고 미혹된 사람들을 끌어들입니다. 사탄은 예수 그리스도 안에서 성령으로 거듭나지 않더라도 영적인 체험을 할 수 있다고 사람들을 속이고 미혹합니다.

그러나 우리가 여기서 똑바로 기억해야 할 점은 사탄이 사람들을 미혹하기 위해 아무리 하나님의 능력을 모방한다 하더라도, 그 능력은 역시 하나님의 권세 아래 제한되어 있다는 점입니다. 사람을 변화시키고 살리는 진정한 능력과 권세는 전능하신 하나님께 속한 것입니다. 영원한 삶의 변화를 일으키는 성령의 영원한 세계에 사탄의 제한된 능력이 절대로 관여할 수 없습니다.

첫째, 영적인 눈을 열어 신적인 세계를 보라. 그래서 우리는 성령의 능력을 받아 영적인 눈을 열어 신적인 세계를 보고 마귀 귀신과 영적인 전쟁을 하여 지금까지 빼앗겼던 것을 되찾아와야 합니다. 그래서 베드로가 요엘 선지자의 글을 인용하여 설교한 것입니다. "이는 곧 선지자 요엘을 통하여 말씀하신 것이니 일렀으되 하나님이 말씀하시기를 말세에 내가 내 영을 모든 육체에 부어 주리니 너희의 자녀들은 예언할 것이요 너희의 젊은이들은 환상을 보고 너희의 늙은이들은 꿈을 꾸리라 (행2:16-17)" '너희의 자녀들은 예언할 것이요.'란 성령으로 하나님 말씀을 읽고 알아듣는 것을 말합니다. 너희의 젊은이들은 환상을 보고란 하나님이 자신에게 예비해 놓은 축복을 성령이 열어준 환상으로 바라보니 마귀 귀신이 가지고 있습니다.

 그래서 성령의 권세를 가지고 마귀 귀신을 대적하여 몰아내고 지금까지 마귀 귀신에게 빼앗겼던 것을 마귀 귀신에게 빼앗아 오는 것을 말합니다. 성령으로 환상이 열린 성도는 마귀 귀신과 영적인 전쟁을 해서 지금까지 마귀 귀신에게 빼앗겼던 모든 것을 되찾아와야 되는 것입니다. 너희의 늙은이들은 꿈을 꾸리라는 말씀의 영적인 뜻은 믿음으로 하나님이 나에게 주시기로 작정한 축복, 즉, 아브라함, 야곱, 요셉 등이 꿈에 본 것이 이루어지는 것을 보고 마음으로 누리는 것을 말하는 것입니다. 하나님이 보여주신 것이 이루어진 것을 보고 달려가는 믿음입니다. 그래서 성령으로 열린 환상으로 마귀 귀신과 영적인 전쟁을 해서 승리해야 평안한 하나님의 나라가 이루어지는 것입니다.

 그러나 성령으로 환상이 열린 성도는 마귀 귀신과 수많은 영적인 전쟁을 해야 되는 것입니다. 이것은 누구나 피할 수 없는 일전입니다. 그러나 우리는 초자연적인 5차원의 성령님이 도우시면서 함께하시기 때문에 승리하는 것입니다. 여러분 성령으로 환상으로 열어 마귀 귀신과의 신적인 전쟁에서 승리하여 지금까지 마귀 귀신에게 빼앗겼던 모든 것을 되찾아 회복하시기를 바랍니다.

 여기서 마귀 귀신과의 신적인 전쟁에 대하여 우리가 바로 알아야 할 것은 사단은 아담으로부터 물질세계에 대한 권리를 넘겨받았습니다. 사단은 세상의 부귀와 권세를 가지고 있습니다. 그러기 때문에 성령의 권세로 빼앗아 와야 한다는 것입니다. "이르되 이 모든 권위와 그 영광을 내가 네게 주리라 이것은 내게 넘겨 준 것이므로 내가 원하는 자에게 주노라(눅 4:6)" "또 아는 것은 우리는 하나님께 속하고 온 세상은 악한 자 안에 처한 것이며(요일 5:19)" 그러므로 성도들의 이 세상의 삶은 영적인 전쟁터인 것입니다.

그래서 우리가 신적인 세계를 알고 확실하게 대처해야 하나님께서 원하시는 인생을 살아가며 성공한다는 것입니다. 그런데 우리 성도가 세상을 살아가면서 마귀 귀신과 전쟁을 끝없이 해야 하는데 우리 인간의 힘으로는 마귀 귀신을 이길 수가 없으므로 항상 성령으로 충만하고 깨어있어야 하는 것입니다. "술 취하지 말라 이는 방탕한 것이니 오직 성령으로 충만함을 받으라(엡 5:18)"

둘째, 신적인 세계는 인간영역과 밀접한 관계가 있다. 신적인 세계가 인간 세계와 밀접한 관계가 있기 때문에 성령으로 영적인 눈을 열어 신적인 존재들을 보고 대처해야 합니다. 아담이 죄를 짓자, 죄는 인간 영역에서 발생했지만, 죄의 파급은 신적인 세계와 연결되어, 하나님과의 관계, 계약이 파괴되고, 인간 세계와 영적 세계와의 질서가 파괴됩니다. 원래 인간은 자연계와 신적세계의 지배 권한을 가지고 있었으나, 아담의 타락으로 인하여 영성을 소멸함으로 신적 세계의 지배권을 마귀 귀신에게 양도 당하게 되었습니다. 그래서 우리는 문제를 해결할 때 한 차원 더 깊은 수준으로 영적인 배후를 분별하여 문제의 원인을 찾아 해결해 하는 것입니다.

그러므로 우리가 문제를 해결하려면 하나님의 권능이 와야 문제의 배후에 역사하는 마귀 귀신을 이길 수가 있는 것입니다. 이는 모세가 손을 들고 기도할 때, 아말렉 군대와의 전쟁에서 승리했습니다. 하나님의 힘을 받으니 이스라엘이 이긴 것입니다. "여호수아가 모세의 말대로 행하여 아말렉과 싸우고 모세와 아론과 훌은 산 꼭대기에 올라가서 모세가 손을 들면 이스라엘이 이기고 손을 내리면 아말렉이 이기더니 모세의 팔이 피곤하매 그들이 돌을 가져다가 모세의 아래에 놓아 그가 그 위에 앉게 하고 아론과 훌이 한 사람은 이쪽에서, 한 사람은 저쪽에서 모세의 손을 붙들어 올렸더니 그 손이 해가 지도록 내려오지 아니한지라. 여호수아가 칼날로 아말렉과 그 백성을 쳐서 무찌르니라(출17:10-13)" 하나님이 도와야 우리가 마귀 귀신과 싸워 이길 수가 있습니다. 하나님과 인격적인 관계가 되시기를 바랍니다.

성경에 보면 이스라엘의 불순종이 전쟁과 기근과 온역으로 연결되었습니다. "여호와께서 네 재앙과 네 자손의 재앙을 극렬하게 하시리니 그 재앙이 크고 오래고 그 질병이 중하고 오랠 것이라. 여호와께서 네가 두려워하던 애굽의 모든 질병을 네게로 가져다가 네 몸에 들어붙게 하실 것이며(신28:59-60)" 사울이 하나님께 불순종하자 사울에게 악귀가 들어왔습니다. "사울이 그 말에 불쾌하여 심히 노하여 이르되 다윗에게는 만만을 돌리고 내게는 천천만 돌리니 그가 더 얻을 것이 나라 말고 무엇이냐 하고 그 날 후로 사울이 다윗을 주목하였더라. 그 이튿날 하나님께서 부리시는 악령이 사울에게 힘 있게 내리매 그가 집 안에서 정신없이 떠들어대므로 다윗이 평일과 같이 손으로 수금을 타는데 그 때에 사울의 손에 창이 있는지라. 그가 스스로 이르기를 내가 다윗을 벽에 박으리라 하고 사울이 그 창을 던졌으나 다윗이 그의 앞에서 두 번 피하였더라. 여호와께서 사울을 떠나 다윗과 함께 계시므로 사울이 그를 두려워한지라(삼상 18:8-12)" 무엇이든지 땅에서 풀면 하늘에서 풀리며, 땅에서 묶으면 하늘에서도 묶입니다. "진실로 너희에게 이르노니 무엇이든지 너희가 땅에서 매면 하늘에서도 매일 것이요 무엇이든지 땅에서 풀면 하늘에서도 풀리리라(마18:18)"

우리는 하나님을 주인으로 모시고 의지해야 합니다. 하나님의 도움이 없이는 문제를 해결할 장사가 없고 문제에 눌려서 마귀 귀신의 종으로 살아가게 되는 것입니다. 성령으로 기도합시다. 영적인 세계가 열리게 해달라고 기도합시다. 하나님은 우리의 기도에 응답하십니다. "진실로 다시 너희에게 이르노니 너희 중의 두 사람이 땅에서 합심하여 무엇이든지 구하면 하늘에 계신 내 아버지께서 그들을 위하여 이루게 하시리라(마18:19)" "우리 하나님 여호와께서 우리가 그에게 기도할 때마다 우리에게 가까이 하심과 같이 그 신이 가까이 함을 얻은 큰 나라가 어디 있느냐(신 4:7)" 신적인 세계를 보고 알아서 마귀 귀신에게 속지 말아야 합니다. 마귀 귀신의 미혹에 속지 말고 하나님의 축복을 보존하는 크리스천이 되어야 합니다. 신적인 권세(카리스마)를 회복하여 마귀 귀신을 나와 나의 가정, 직장, 교회 예배당, 세상에서 몰아냅시다.

3장 눈을 열어 귀신의 실체를 바르게 보고 대처하라

하나님은 예수를 믿고 성령으로 거듭난 성도들이 말씀과 성령으로 영적인 눈을 열어 신적인 세계를 보고 성령으로 지배하라고 하십니다. 우리가 신적인 세계를 지배하려면 마귀 귀신의 궤계를 모르고는 안 됩니다. 오늘날 사람들은 눈에 마귀 귀신이 안 보이니깐 마귀 귀신이 어디에 있느냐 그런 미신 같은 소리하지 말라고 하는 것입니다. 오늘날 과학도 모두 다, 미세한 세계에, 눈에 보이지 않는 세계를 가지고서, 승패를 겁니다. 눈에 보이는 것은 잠깐이요, 눈에 보이지 않는 것은 영원한 것입니다. 눈을 열어 신들을 알고 보고 제압해야 합니다.

우리 눈에 보이지 않는 세계에는 하나님과 성령의 역사와 사탄과 귀신의 역사가 우리 주위에 있는 것을 알아야 하는 것입니다. 그러므로 마귀 귀신의 궤계를 우리는 오늘날 분명히 깨달아 알아 마귀 귀신과 대적해야 되는 것입니다. 신적인 세계에서는 끊임없는 우리가 싸움을 하고 있습니다. 마귀는 와서 귀신과 오히려 우리에게 하나님의 말씀을 의심하게 만드는 것입니다. 영적으로 자꾸 하나님의 말씀이 거짓되고 참되지 않다고 의심하게 만듭니다.

첫째, 인간 세계에 미치는 신적 세계의 영향. 인간 세계에서 일어나는 일들이 단순히 물질세계와 인간세계의 관계에 의해 일어나기보다는 물질(자연)세계와 인간세계와 신적인 세계 차원의 관계성에 의해 발생합니다. 그래서 우리는 문제를 해결하려고 할 때 보이는 현상만 가지고 문제를 해결하려고 하면 안 된다는 것입니다. 성령으로 눈을 열어 한 단계 더 깊은 신적인 차원으로 문제의 원인을 찾아 해결 방법을 강구해야 하는 것입니다. 그래서 우리의 주변에서 일어나고 있는 일들을 분석하고 결정하고 해결하는데 있어서, 단순히 인간적이고 물질적인 영역에서 벗어나서, 한 차원 더 깊은 신적 차원에서 살펴보는 자세를 지녀야 합니다. 이는 습관이 되어야 합니다. 문제를 해결하려 할 때, 신적인 문제가 무엇이 있는지를 볼 줄 알고 분별할 줄 알고 대적할 수 있어야 합니다. 그래야 문제의 원인을 바르게 알고 바르게 처방할 수가 있는 것입니다. 즉, 신적인 세계를 볼 줄 아는 영적인 눈이 열려야 합니다. 예수를 믿고 불같은 성령으로 세례 받은 성도는 영적인 눈을 열어 신적인 세계를 분별하고 바라보고 대적할 줄 알아야 합니다.

그러므로 인간의 제반사를 계획하고 결정함에 있어 신적 차원의 요소들을 함께 다루지 않는 동기, 결정은 불완전하며 실패의 요인이 되기 쉽습니다. 반드시 신적인 자원의 요소를 함께 다루어야 합니다. 하나님의 뜻을 구하여 행동에 옮겨야 한다는 것입니다. 그리고 한 개인이 신적 세계와 갖은 관계는, 다음 세대로 계속 이어져 그 후손에게 전달되며, 신적인 관계는 그 관계를 청산하기까지 다음 세대로 이어집니다. 그러기 때문에 우리가 예수를 믿고 교회에 들어오면 먼저 말씀을 듣고 불같은 성령으로 세례를 받고 세상에서 육신의 몸으로 살아갈 때 들어온 상처와 악한 혈통을 타고 역사하는 마귀 귀신을 축사해야 하는 것입니다. 이를 해결하지 않으니까, 예수를 30년을 믿었는데 아직도 마귀 귀신의 영향에서 완전하게 벗어나 자유를 찾지 못하고 여러 가지 이유 모를 문제를 당하면서 살아가는 것입니다.

"그것들에게 절하지 말며 그것들을 섬기지 말라 나 네 하나님 여호와는 질투하는 하나님인즉 나를 미워하는 자의 죄를 갚되 아버지로부터 아들에게로 삼사 대까지 이르게 하거니와 나를 사랑하고 내 계명을 지키는 자에게는 천 대까지 은혜를 베푸느니라(출 20:5-6)" 우리가 구약 성경을 보면 한 개인이 신적 세계와 어떤 관계를 맺고 있느냐는 그가 가진 영향력 범위에 큰 영향을 준다는 것을 알 수 있습니다. 하나님께 순종하는 다윗과 같은 왕이 나라를 다스릴 때, 온 이스라엘이 축복과 안정된 삶을 누렸으며, 반대로 아합 왕과 같이 왕이 패역하고 우상을 섬겼을 때, 백성들은 그로 인해 많은 고통을 받았습니다. 그러므로 우리는 영적인 세계를 알고 바르게 대처하고 하나님과 바른 관계를 맺어야 합니다. 그리고 나라를 영도하는 대통령을 뽑을 때도 영적인 면을 고려하여 뽑아야 됩니다. 뽑고 난 다음에도 하나님을 두려워하고 바르게 하나님을 섬기게 해달라고 기도해야 되는 것입니다.

신적인 관계는 물질, 재산과 같은 물질세계의 영역에도 영향을 끼치게 됩니다. 예를 들어서 하나님과 관계가 밀접했던 아브라함에게 은과 금이 풍부했습니다. 욥은 마귀가 시기하여 온갖 고난을 당했지만 믿음으로 신적인 눈 하나님을 보는 눈을 열고 승리하여 욥의 재산을 회복했습니다. 그러나 이세벨을 아내로 삼은 아합 왕 시절에는 이스라엘 나라 전역에 삼 년 반 기근이 찾아와 고통을 당하다가 엘리야가 갈멜산에서 이세벨의 상에서 먹던 450명의 선지자들과 아세라 상에서 먹던 400명의 선지자들과 영적 대결을 승리하고 모두 기손 시냇가에서 죽이고 기도하자 이스라엘 나라에 비가 내리고 기근이 사라졌던 것을 잘 알고 있습니다.

둘째, 하나님과 사탄의 차이점. 하나님은 공개적, 정당함, 공의, 정직, 질서, 진리로써 역사 하시며, 계획이 변하지 않는 일관성 있는 행동을 하시고 약속을 지키시는 성품을 갖고 계십니다. 그래서 하나님은 거짓말을 못하는 것입니다. 하나님은 신실하십니다. 그래서 우리가 하나님과 하나님의 말씀을 믿는 것입니다. 그러나 반대로 사탄 마귀 귀신은 속임수, 기만, 비겁함, 거짓, 위장을 통하여 자신의 일을 진행해 나갑니다. "이것은 이상한 일이 아니니라 사탄도 자기를 광명의 천사로 가장하나니(고후11:14)" 그래서 우리가 말씀과 성령으로 영적인 눈을 열어 분별력을 가지고 마귀 귀신의 미혹을 분별하여 속지 말아야 하는 것입니다. 그리고 하나님은 자신을 따르는 자에게 축복과 은혜를 주십니다. 그리고 진리 안에서 자유 하도록 하십니다. 반대로 사탄은 저주와 속박을 줍니다. 사단은 어찌하든지 사람들을 공갈과 협박과 저주로서 두려움을 주어 사단을 섬기도록 하는 속성이 있습니다. 이는 사람을 자신으로 종으로 삼아서 복종하게 하기 위하여 그러는 것입니다. "도둑이 오는 것은 도둑질하고 죽이고 멸망시키려는 것뿐이요 내가 온 것은 양으로 생명을 얻게 하고 더 풍성히 얻게 하려는 것이라(요10:10)" 그래서 사탄을 섬기는 자들은 사단의 비위를 맞추는데 급급하며 살아가는 것입니다. 하나님은 자신을 믿고 순종하는 자에게, 하나님 자신의 영인 성령으로 우리에게 오셔서 함께 거하시면서, 은사와 성령의 열매를 맺게 하십니다. 사단은 자신의 졸개인 마귀 귀신들을 사람에게 거하게 하여 악하고 더러운 열매를 맺게 합니다.

그리고 하나님은 영원하시며 참된 것을 주시지만, 사단은 모조이며, 거짓 위장된 것, 순간적인 것을 줍니다. 사단은 하나님이 주시는 것을 위조하여 우리에게 진품인 것처럼 다가옵니다. 그래서 사단의 소리를 듣고 따라가면 순간은 잘되는 것 같지만 종국에는 멸망의 구렁텅이에 빠지는 것입니다.

셋째, 어떻게 신적인 세계와 관계를 맺는 가? 인간이 어떤 신적 능력과 권세를 소유하고, 누릴 수 있는 것은 신적 세계의 존재와 관계를 맺음으로 가능하며, 이 관계는 충성과 순종함으로 이루어집니다. "너희 자신을 종으로 내주어 누구에게 순종하든지 그 순종함을 받는 자의 종이 되는 줄을 너희가 알지 못하느냐 혹은 죄의 종으로 사망에 이르고 혹은 순종의 종으로 의에 이르느니라(롬 6:16)" 그러므로 우리는 말씀과 성령으로 바른 분별력을 가지고 하나님만을 주인으로 섬겨야 합니다. 그러나 하나님은 우리가 예수를 믿다가 마귀 귀신에게 가도 무어라고 말하지 않습니다. 그것은 하나님이 인간에게 자유의지를 부여했기 때문입니다. 그래서 우리는 자신을 위하여 하나님만을 섬기려고 의지적인 노력을 해야 하는 것입니다.

1)예수님은 제자들에게 모든 귀신과 질병을 제어할 수 있는 권세와 능력을 부여 하셨습니다. "예수께서 열두 제자를 불러 모으사

모든 귀신을 제어하며 병을 고치는 능력과 권위를 주시고 하나님의 나라를 전파하며 앓는 자를 고치게 하려고 내보내시며(눅 9:1-2)" "내가 진실로 진실로 너희에게 이르노니 나를 믿는 자는 내가 하는 일을 그도 할 것이요 또한 그보다 큰 일도 하리니 이는 내가 아버지께로 감이라. 너희가 내 이름으로 무엇을 구하든지 내가 행하리니 이는 아버지로 하여금 아들로 말미암아 영광을 받으시게 하려 함이라(요 14:12-13)" 절대로 예수님은 그냥 세상에 가서 하나님의 나라를 만들라고 하지 않으십니다. 반드시 성령의 권세를 가지고 세상에 나가 마귀 귀신의 진을 훼파하고 하나님의 나라를 만들라고 하십니다. "오직 성령이 너희에게 임하시면 너희가 권능을 받고 예루살렘과 온 유대와 사마리아와 땅 끝까지 이르러 내 증인이 되리라 하시니라(행1:8)" 이는 성령의 권능이 없이는 세상에 나가 하나님의 나라를 만들 수가 없기 때문에 반드시 성령의 권능을 받으라고 하십니다. 여러분 불같은 성령으로 세례를 받고 성령의 권능으로 세상에 나가 마귀 귀신들을 눈으로 보면서 쫓아내고 하나님의 나라를 만드는 하나님의 군사가 되시기를 바랍니다.

2)반면에 사단도 자신을 추종하는 자들에게 자신의 능력을 줄 수 있습니다. 예를 든다면 점치는 능력이나 초능력과 마술하는 것과 신비술을 전이 시킬 수가 있습니다. 그래서 무당들이 신령하다는 무당에게 신을 받으려고 노력하는 것입니다. 여러분 신은 전파가 됩니다. 바르게 알고 대비하시기를 바랍니다.

실례로 최근에 이런 일이 있었습니다. 한 유명한 탤런트가 "무당 연기하다 신 내림"을 겪었다고 신문에 보도된 적이 있습니다.

그는 "무당 연기를 한 후에 이상한 꿈을 자주 꾼다고 합니다." 무당 역을 맡은 다음부터 신 내림과 비슷한 경험을 했다고 밝혔습니다. 이 탤런트는 표독한 무당으로 출연했다고 합니다. 이분은 원래 독실한 크리스천이어서 무당 캐릭터를 맡고 적지 않은 고민을 했다고 합니다. 하지만 좋은 연기를 위해 함경도 굿을 하는 무당을 찾아가 굿과 칼춤을 배웠습니다. 자료 테이프를 보며 공부를 한 덕분에 무당 선생님으로부터 "재능이 있다"는 칭찬까지 들었으나 막상 촬영에 들어가면서 이상한 경험을 하게 됐다는 것입니다.

탤런트는 최근 제작발표회에서 "칼춤을 추며 굿판을 펼치는 신에서 갑자기 이유 없이 눈물이 쏟아졌다고 합니다. 나중에 알았는데 내가 울 때 모니터도 꺼졌었다고"고 공개했습니다. 이밖에도 무당 연기를 준비하면서 살이 갑자기 찌기 시작했습니다. 또한 캐스팅 후 무속 신앙인들이 꿈에 나오고 가위에 눌리는 경험을 하기도 했습니다. 이 탤런트는 무당 연기를 하면서 자신에게 이상한 일이 생기자 걱정이 돼 두 돌이 안 된 아이와 원치 않는 '별거'를 하기도 했다고 했습니다. 이와 같이 신들의 전파는 생각지도 못하는 곳에서 일어납니다. 이 탤런트는 성령으로 세례를 받음과 동시에 내적 치유와 축귀를 받아야 합니다. 만약에 내적 치유와 축귀를 받지 않고 그냥 지내면 건강할 때는 문제가 생기지 않지만 스트레스를 많이 받아 영적 육체적 정신적 체력이 떨어질 때, 악한 기운에 사로잡혀 귀신의 종인 무당 같은 행동을 할 수도 있습니다. 이런 경우는 빠른 시간에 전문 사역자를 찾아서 성령세례와 내적치유와 축사를 받아 예방하는 것이 중요합니다.

3)신적인 능력은 사물, 장소, 물건에까지 전달 될 수 있습니다. 즉 장소와 물건이 바쳐지는 대상에 의하여 신적인 권능이 나타납니다. 하나님의 언약궤, 성전, 예수님의 옷자락, 바울의 손수건에서는 하나님의 능력이 나타납니다. 반면에 우상물, 제물, 부적에서는 마귀 귀신의 역사가 나타납니다. 실제로 필자가 군대에 있을 때 이런 일이 있었습니다. 믿음이 좋은 여 집사님이 군인 아파트에 이사를 온 다음부터 이상하게 꿈에 뱀들이 집안에 돌아다니는 꿈을 연속적으로 한 달 이상을 꾸었습니다. 그러다가 불면증에다가 우울증까지 발전을 했습니다. 그래서 군대 목사님이 그 가정에 가서 심방을 하고 성가대 연습을 아무리 해도, 그러한 꿈을 계속해서 꾸었습니다. 그러다가 집사님이 집안을 청소하기로 작정하고 집안 구석구석을 청소했습니다. 그런데 거실에 있던 장식장을 열어보니 그 속에 부적들이 말도 못하게 많이 붙어있는 것입니다. 그래서 부적들을 다 떼어내고 불에 태우고 물로 씻어내고 목사님을 청해 다가 심방을 하고 나니 뱀 꿈이 꾸어지지 않고 우울증과 불면증에서 해방이 되었습니다. 마귀 귀신은 이런 신적인 물건을 통해서도 역사합니다. 만약에 이사를 가시거든 모든 부분을 다 열어보고 확인하고 신적인 청소를 하고 성령의 역사를 일으키고 예배를 드리면서 성령 충만하게 지내시기를 바랍니다.

4)신적 존재가 인간의 영역에서 행할 수 있는 일의 범위, 능력의 정도는 이들이 인간으로부터 받는 협조와 깊은 연관성이 있습니다. 하나님과 사단은 인간 영역에서 자신의 계획을 이루어 나갈 때, 인간의 협조 없이 마음대로 하지 않고, 인간의 자유의지를 통

해서 일합니다. 인간은 하나님으로부터 자유 의지를 부여받았으며, 하나님은 스스로 부여하신 질서를 지키십니다. "너희 자신을 종으로 내주어 누구에게 순종하든지 그 순종함을 받는 자의 종이 되는 줄을 너희가 알지 못하느냐 혹은 죄의 종으로 사망에 이르고 혹은 순종의 종으로 의에 이르느니라(롬6:16)" 인간의 의지는 사용의 용도에 따라, 하나님의 선물인 영생을 받을 수도, 거절할 수도 있습니다. 하나님은 모든 사람이 구원받기를 원하십니다. 그러나 많은 사람들이 하나님의 뜻을 따르지 않으므로 스스로 멸망의 길을 선택하여 지옥으로 가는 것입니다. 하나님은 자신의 교회와 성도들이 모두 성령 충만하기를 원합니다. 그러나 많은 교회가 하나님의 뜻을 수용하지 못하고 있습니다. 인간의 교만함으로 말미암아 예수를 믿지 않음으로 구원받지 못하는 것입니다. 반면에 사단의 가장 큰 계략은, 하나님의 계획이 인간들에게 이루어지지 못하도록 인간의 자유 의지를 교묘히 이용하여, 이기적-세속적-물질적-근시안적으로 만들어서 하나님의 구원 계획이 우리에게서 이루어지지 못하게 합니다. "그 중에 이 세상의 신이 믿지 아니하는 자들의 마음을 혼미하게 하여 그리스도의 영광의 복음의 광채가 비치지 못하게 함이니 그리스도는 하나님의 형상이니라(고후 4:4)"

5) 하나님과 사탄은 인간의 충성과 순종을 통해 권리를 행사할 수 있습니다. "그런즉 너희는 하나님께 복종할지어다 마귀를 대적하라 그리하면 너희를 피하리라(약 4:7)" 사람이 하나님 또는 사탄에게 순종할 때, 그렇지 않은 때보다 더 많은 능력과 영향력을 그 순종하는 사람 안에서 행사할 수 있게 됩니다. 하나님은 사탄보다

월등히 높으시고, 능력의 정도가 비교될 수 없습니다. 그러나 인간 측에서 하나님에게 불순종하고, 사탄의 속삭임에 순종할 때, 하나님은 그 사람에게 아무 일도 하실 수 없게 되는 것입니다. "그들이 믿지 않음으로 말미암아 거기서 많은 능력을 행하지 아니하시니라 (마 13:58)" 사람은 필연적으로 영적 공백 상태는 없으며, 인간은 운명적으로 신적 세계의 지배를 받게 되며, 신적 세계는 영원한 하나님의 세계의 지배를 받게 됩니다. 노아의 순종으로 하나님께서 자신의 계획을 진행하실 수 있었으며, 아브라함의 순종으로 이스라엘 민족을 이루셨고, 마리아의 순종으로 태를 빌려 메시아를 이 땅에 태어나게 할 수 있었습니다.

6)불순종은 하나님의 계획을 무산시키게 됩니다. 열 명의 정탐꾼의 인간적이고 부정적인 보고에 영향을 받은 이스라엘 민족의 불순종은 하나님의 계획에 차질을 주었으며 이스라엘 백성은 불순종에 대한 대가를 받게 되었습니다. 불순종은 인간과 관계를 맺고 있는 존재와의 관계를 파기하지 않지만, 교제는 점점 멀어지게 하며 권리와 능력을 잃게 합니다. 불순종을 빨리 회개하면 회복되지만, 그렇지 않을 경우 계속 깊어지며, 깊어질수록 다시 회복되기에 더 많은 시간과 노력을 요하며 그에 따른 대가가 자신에게 주어집니다.

7) 기독교의 의식으로 거룩한 산재 물이 되어 영과 진리로 예배를 드리고, 성령 치유 집회에 참석하거나 성령 안에서 깊은 기도와 예수 이름으로 하는 봉사와 헌금은 하나님의 능력을 강화시 킵니다. 의식은 약속을 이행하는 행위로서 의식을 진정과 성실로 드릴 때 하나님은 존귀함을 받으시며, 이로 인하여 마귀 귀신은 뒤로 물

러나며 세력을 잃게 됩니다. "아버지께 참되게 예배하는 자들은 영과 진리로 예배할 때가 오나니 곧 이 때라 아버지께서는 자기에게 이렇게 예배하는 자들을 찾으시느니라(요 4:23)"

계명을 지키며 순종하며 감사하는 삶은 하나님을 기쁘시게 하는 행위입니다. "너희가 나를 사랑하면 나의 계명을 지키리라(요 14:15)" 하나님의 나라로 살아야 합니다.

8) 인간은 육신적 존재이면서 신적 존재이므로, 신적 존재인 성령 하나님 또는 귀신이 사람 안에 거주할 수 있습니다. 하나님과 사탄의 거주에는 차이가 있습니다. 첫째 성령은 사람이 성령을 인식, 의식, 인정하고 의지를 통하여 초청할 때 우리에게 들어오십니다. 그러나 마귀 귀신은 이러한 경로를 통해서도 들어오지만 의도적인 초청이 아니라도 죄를 통해 들어옵니다. 마치 더러운 병균에 감염되는 경로와 같습니다. 우리가 바르게 알아야 할 것이 있습니다. 많은 분들이 성령님은 인격이시기 때문에 인격적으로 장악(역사)을 하시는 것으로 이해하고 있습니다. 그러나 그렇지 않고 반대의 현상이 일어날 수가 있습니다. 자신이 마음을 열고 성령님을 주인으로 모시면 성령께서 비인격적으로 자신을 장악하십니다. 왜냐하면 자신을 하나님의 나라가 되게 해야 하기 때문입니다. 성령님의 초자연적인 살아계신 역사가 자신을 장악하기 때문에 이해하지 못하는 현상이 나타날 수도 있습니다. 진동이 오고, 두렵고 떨리고, 어지럽고 머리가 아플 수도 있습니다. 이는 지금까지 자신의 주인 노릇을 하던 세상에 물러가면서 일어나는 현상입니다. 두려워 말고 조금 지나면 평안한 상태가 됩니다. 그런데 귀신은 처음에

살랑살랑 점령해 나가기 시작을 합니다. 마음을 열게 하기 위하여 인격적으로 역사를 합니다. 그러다가 점령이 되면 비인격적으로 역사를 합니다. 그래서 조현병 환자나 우울증환자나 자신의 의지대로 행동을 하지 못하는 것입니다. 귀신이 의지를 장악했기 때문입니다. 우리는 신적인 세계에 대하여 바르게 알고 바르게 대처해야 합니다. 인간적으로 합리적으로 생각하면 이해가 되지 않는 부분이 신적인 세계의 현상입니다. 반드시 생명의 말씀과 성령의 역사가 있어야 바른 분별이 가능합니다. 사람의 이론으로는 해석이 불가능합니다. 반드시 성령의 인도를 받으면서 말씀으로 직접 분별해야 합니다.

9) 하나님과 사탄은 다양한 방법으로 사람에게 신적 능력을 전달 할 수 있습니다. 가장 많이 사용되는 수단은 말, 기도, 접촉, 안수, 능력을 지닌 물체를 소유함으로 능력을 전달합니다. 그러므로 항상 자기의 신적인 관리를 해야 합니다.

10) 사람은 섬김의 대상을 바꿀 수 있으며 하나님과 사단 마귀와 귀신을 동시에 섬길 수도 있습니다. 사탄에게 깊이 빠져있던 사람도 하나님께 돌아오면 하나님은 과오를 묻지 않으시고 용서하십니다. 그러나 그 사람에게 깊이 심겨져 있는 마귀 귀신의 세력은 다른 사람의 도움을 받아서 제거해야 합니다. 반드시 자기가 범한 죄를 하나님에게 회개한 후에 성령으로 충만한 사역자에게 안수기도를 받아 귀신을 축사해야 합니다. 예를 들어 사울 왕의 악귀를 다윗이 수금을 탈 때 떠나갔습니다. 다메섹 도상에서 예수님을 만나 눈이 보이지 않던 사울의 눈은 성령으로 세례를 받은 아나니아가 안

수로 뜨게 됩니다. 그러므로 자신에게서 잘못된 마귀 귀신의 역사가 일어나거든 성령 충만한 전문성이 있고 임상 경험이 많은 사역자의 도움을 받아 내적 치유하고 축사하시기를 바랍니다.

11) 귀신은 인간 또는 짐승에게 붙어서 살려고 합니다. 귀신은 항상 인간에게 붙어서 살려고 합니다. 귀신은 인간을 떠나있으면 괴로워서 떠나질 못합니다. 귀신이 사람을 떠나면 마치 물 없는 사막으로 돌아다니는 것 같습니다. 그러므로 귀신은 어찌하든지 사람에게 붙어서 사람을 악마화 시키려고 하는 것입니다. 귀신이 가지고 있는 성격과 질병 등 모든 것을 사람에게 전이시켜 점차 귀신의 인격을 닮아가게 하는 것입니다. 사람에게 붙어있지 못하겠으면 짐승들에게라도 들어가려고 하는 것입니다. 거라사인의 지방에 군대 귀신들린자의 귀신을 예수님이 쫓아내시니, 귀신이 돼지에게 들어가매 이천 마리가 되는 돼지가 모두 다 뛰어 들어가서 바다에 몰살해 죽은 것이 기록되어 있는 것입니다.

12) 사단 마귀 귀신은 지역을 장악하고 역사하기도 합니다. 중남미의 과테말라 까벨레로스 목사님의 간증입니다. 목사님은 시내 한복판에 있는 땅을 사서 교회를 짓기 시작했는데 얼마 지나지 않아 난관에 봉착했습니다. 갑자기 경제 사정이 나빠져 우리나라의 IMF처럼 되었습니다. 그래서 은행 금리가 턱없이 올라가 교회는 기둥과 지붕만 겨우 올려놓은 상태에서 건축이 중단되고 목사님은 여러 달 동안 고난 속에 금식하며 철야 하며 하나님의 도움을 간절히 기도하며 구했습니다. 그러던 어느 날 목사님이 기도하는 중에 환상이 탁 나타났습니다. 길이가 약 10미터에 굵기가 30센

티 정도 되는 큰 뱀이 성전 부지에 또 아리를 틀고 고개를 들고서 혀를 날름대고 있더랍니다. "교회를 짓다가 못 짓고서 이런 낭패에 처한 것은 바로 교회 부지 안에 있는 또 아리를 틀고 있는 뱀이 반대를 하는구나! 사탄의 일이구나!" 그래서 그는 예수 이름으로 그 마귀 귀신을 꾸짖고 온 교인이 모여서 마귀 귀신을 내어 쫓는 대적 기도를 했습니다. 온 교회 성도들이 모여서 대적 기도를 계속했습니다. 그러자 갑자기 상황이 변화되었습니다. 문제가 풀리기 시작하는데 성전 부지를 원금 2배를 주고 사겠다는 사람이 생겨났습니다. 그래서 원금의 2배를 받고서 성전 부지를 팔고 12배나 더 넓은 땅을 사고 그 땅에 아름다운 성전도 건축하고 기독교 학교도 지었습니다. 나중에 알고 보니 옛날 그곳에 마야족이라는 원주민이 살았는데 그들은 날개 달린 뱀을 수호신으로 모시고 있던 신전이 있던 바로 그 자리였습니다. 그런데 그 자리에 마야족 속들이 섬기던 날개 달린 그 뱀을 예수 이름으로 쫓아내고 물리치려고 하니까 장소를 장악하고 있던 마귀 귀신이 잘못하면 떠나가야 하게 생겼으니 자신을 심봉하는 동족을 통해서 그 땅을 사게 한 것입니다. 장소를 장악하고 있는 마귀 귀신과 대적하여 영적 전쟁을 하니 하나님의 축복이 다가오게 된 것입니다. 경제적인 문제 뒤에는 마귀 귀신이 있을 수 있습니다. 성령으로 분별하고 대적 기도를 하여 마귀 귀신을 몰아내고 경제를 회복하는 체험이 있으시기를 바랍니다.

4장 귀신들을 눈으로 보지 못하고 무지하면 당하는 삶의 고통

하나님은 크리스천들이 성령으로 눈을 열어 신적인 세계에 대하여 박식하기를 원하십니다. 필자가 25년이 넘도록 성령 치유 목회를 하면서 체험한 바로는 우리 크리스천들이 신적인 세계에 대하여 무지하여 당하는 고통이 많더라는 것입니다. 신적인 세계에 대하여 조금만 알았더라면 그런 불필요한 고생을 하지 않았을 것입니다. 예수를 믿었다고 하나 보이는 면만 가지고 판단하고 조치하여 불필요한 고생을 하다가 찾아오셔서 순간 적으로 기적같이 치유되고 해결되는 사례가 많았습니다. 그런데 필자가 처음부터 이렇게 신적인 면을 깨달은 것이 아닙니다. 성령 치유 사역과 삶을 살아오면서 상당한 시간이 흐르고, 고통도 받고 시행착오도 했습니다. 그러다가 성령 치유 사역이 마음대로 되지 않고 삶이 어려워서 원인을 알아내기 위하여 성경을 읽고, 여러분들의 기록한 신적인 서적들을 읽고, 왜 성령치유 사역이 필자의 마음대로 되지 않고, 어떤 성도는 쉽게 치유되고, 어떤 성도는 아무리 애를 써서 말씀을 전하고 안수 기도를 하면 치유가 되는가 싶다가 재발하고, 왜 완전히 치유가 되지를 않는 것인가 하고 고민을 많이 했습니다.

그러다가 어느 성도를 치유하는데 안수기도를 하면 며칠은 괜찮은데 다시 재발을 하는 것입니다. 몇 번을 기도를 해주고 치유가 되었다고 믿었는데 또 재발하고, 도저히 완전 치유가 되지 않고 계속 재발을 하는 것입니다. 그래서 성령 하나님에게 기도를 했습니다. 아니 왜 이렇게 열심히 힘을 들여서 안수기도를 하고 축사를 해도 며칠이 지나면 다시 재발하는 것입니까? 그러면서 기도를 많이 했습니다. 그러자 이런 감동이 왔습니다. 나보다 이런 사역을 많이 하신 분에게 물어보자, 하고 이리 저리 수소문을 하여 영적인 사역을 하는 목사님을 찾았습니다. 그래서 그 목사님에게 봉고차를 4시간을 몰고 가서 집회에 참석하고 상당액의 헌금을 하고 상담을 요청하여 질문을 했습니다. 목사님 왜 안수기도를 하면 며칠은 괜찮은데 다시 재발을 하는 것입니까? 하고 물었더니 목사님 그것을 터득하시려면 상당한 시간이 경과 되어야 하고 많은 시행착오를 겪어야 알게 되는 것입니다.

그러면서 모든 인간의 문제는 원인이 있습니다. 원인이 무엇인지를 알고 원인을 제거해야 완전 치유가 되는 것입니다. 원인은 성령님에게 기도를 하면 알려주십니다. 제가 이렇다고 하면 그렇게만 하시니까, 사역을 하시는 동안 계속적으로 성령님과 대화를 하십시오. 그러면 성령님께서 그 때 그 때 필요한 레마(치유를 하는데 꼭 필요한 성령님이 알려주시는 말씀이나 조치사항)를 주실 것입니다. 성령님이 알려주시는 레마(말씀의 검)를 가지고 성령 치유나 축사 사역을 하다가 보면 배후에 신적인 세계가 결부되어 있다는 것을 알게 될 것입니다. 그렇다고 꼭 배후에 신적인 문제만 있는 것이 아니고, 정신적인 문제도 있을 수 있고, 마음의 상처도 있을 수 있습니다. 그러면 그 원인을 제거하고 성령 치유를 해야 하고, 축사를 해야 하는 것입니다.

그러니까 성령 치유 사역이나 축사사역은 능력이 있다고 아무나 다하는 것이 아니고, 먼저 자신이 치유를 받아보아야 하고, 여러 가지 영적인 원리와 내적치유도 혈통의 대물림의 치유도 알아야 합니다. 그래서 제가 그 때 직감적으로 떠오르는 생각이 아 모든 문제 뒤에는 원인이 있다. 원인이 무엇인지를 알고 원인을 하나님이 주신 권세를 사용하면 치유가 쉽게 되겠구나 생각하여 신적세계에 관심을 가지고 연구하기 시작을 한 것입니다. 그래서 바르게 알고 사역을 하려고 내적치유도 일 년이나 받으러 다니고, 이곳저곳으로 능력을 받으러 다닌 것입니다. 그러다가 성령의 강한 불도 받고 여러 가지 신적인 체험도 했습니다. 이렇게 신적인 세계를 깨닫고 보니 필자가 그때까지 성령 치유 사역을 한 것은 엉터리 사역을 한 것이라는 것을 깨닫게 되었습니다. 그래서 삶에도 어려움이 있었다는 것을 깨닫게 되었습니다.

성도님이나 목회자나 할 것 없이 신적인 세계를 모르면 안 됩니다. 신적인 세계를 모르니까, 모든 문제를 세상 사람들과 같이 보이는 현상만을 가지고 해결하려고 하니, 풀리지도 않고 치유도 되지를 않는 것입니다. 우리는 보이는 현상만 가지고 문제를 해결하려고 하면 안 됩니다. 반드시 한 차원 더 깊은 보이지 않는 배후의 신적인 세계를 염두에 두고 문제를 해결하려고 하는 모두가 되시기를 바랍니다. 부디 이 책을 통하여 신적인 세계가 열리고 신적인 세계를 알아서 하나님의 군사답게 성령의 권능을 가지고 백전백승하시기를 바랍니다. 그럼 우리 성도가 왜 신적인 세계를 알면 성공할 수 있는 가 하나하나 생각하여 보기로 하겠습니다.

첫째, 르비딤 사건을 예로 들 수가 있습니다. 예수를 믿는 우리는 하나님의 권능을 받아야 마귀 귀신과 싸워서 승리할 수가 있습니다. 모세의 인도를 받아 3백만 이스라엘 백성이 430년 동안 종살이하던 애굽에서 해방되어 나왔습니다. 우리 그리스도의 복음은 해방의 복음입니다. 하나님은 우리를 끊임없이 속박 가운데서 해방시켜 주시는 것입니다. 430년 동안 애굽의 종살이에서 온갖 고통과 괴로움을 당하던 이스라엘 백성이 하나님께 부르짖으니 하나님이 모세를 보내어서 그들을 해방시켜서 그들을 이끌어 젖과 꿀이 흐르는 가나안 땅으로 가던 중에 르비딤이라는 곳에 이르렀습니다. 르비딤에 이르자 그 곳에 있는 아말렉 사람들이 나와서 이스라엘을 쳤습니다(출8:8-14). 가나긴 사막의 길을 여행하는 동안 지치고 피곤하고 목마르고 괴로웠는데 이제 아말렉이 와서 치니 이스라엘 사람들이 당황할 수밖에 없습니다. 그때 모세는 여호수아에게 말하기를 "너는 군대를 동원해서 내일 평지에 나가서 아말렉을 대적해서 싸워라! 나는 아론과 훌을 데리고 그 전쟁터가 내려다보이는 산에 올라가서 지팡이를 들고 손을 들어 기도할테니 싸워라" 했습니다. 모세는 하나님의 권능이 있어야 아말렉을 이길 수가 있다는 것을 알았습니다. 그 다음날 여호수아는 군대를 거느리고 아말렉을 대적하여 평지에 나가서 전쟁이 붙었습니다. 그때 모세는 아론과 훌을 데리고 그 들판이 내려다보이는 산 위에 올라가서 하늘을 향하여 높이 지팡이를 들고 손을 들어 기도했습니다.

모세가 기도하자 하늘 문이 열리고 하늘에서 강한 바람 같은 하나님의 권능의 역사가 임하여 여호수아와 이스라엘의 군대들은 용기가 백배하여 큰 힘을 얻어 나아가 아말렉을 밀고 밀쳐서 승리했습니다. 그러나 모세가 팔이 아파서 팔을 내리고 기도를 쉬자, 아말렉이 다시 힘을 얻어 이스라엘에 진을 치매 이스라엘 백성이 후퇴하고 많은 손해를 입었습니다. 모세가 손을 들면 이스라엘이 이기고 손을 내리면 졌습니다. 이것이 몇 번이나 계속 되었습니다. 그럴 때마다 전쟁터에는 아비규환의 비극적인 장면이 일어났습니다. 그러자 아론과 훌이 모세를 돌 위에 앉혀놓고 한쪽 팔은 아론이 들고 다른 팔은 훌이 들고 해가 질 때까지 계속 손을 들고 하나님을 향하여 부르짖으매 하나님의 성령이 계속 이스라엘을 위해서 역사하니까, 아말렉이 져서 이스라엘은 큰 승리를 얻어 전리품을 가지고 의기양양하게 진으로 돌아올 수 있었다는 이야기가 있습니다.

이스라엘 백성이 원수와 대적한 싸움의 승패는 그들이 전쟁을 얼마나 잘 하느냐 무기가 얼마나 좋았느냐에 있지 않고, 그들 배후에 기도가 마귀 귀신의 힘을 이겼느냐 이기지 않았느냐, 여기에 달려있었습니다. 그렇기 때문에 바울 사도는 말하기를, 우리의 씨름은 혈과 육, 즉 인간에 대항하는 것이 아니요 통치자와 권세와 이 세상 어둠의 주관자들과 공중의 권세 잡은 악의 영들에게 대함이라고 말한 것입니다. 우리의 힘만으로는 마귀 귀신을 이길 수가 없습니다. 모세와 같이 손을 들어 기도하여 하나님의 권능이 나에게 와야 마귀 귀신과 싸워서 이길 수가 있습니다.

둘째, 욥의 고난과 비극을 통해서 이해 할 수가 있습니다. 욥의 비극을 보십시오. 욥의 비극은 현실적인 것입니다. 그러나 욥의 비극의 현실은 바로 그 배후에 영적인 사건이 일어났다는 것을 볼 수 있습니다. 큰 바람이 불어서 욥의 자녀들이 맏형의 집에서 잔치를 벌이고 있다가 집이 무너져 몰사했습니다. 일곱 아들과 세 딸이 한꺼번에 죽었으니 욥이 당한 비극은 말로 다 할 수 없습니다. 이것은 꿈이 아닙니다. 현실적인 사건이었습니다. 그뿐 아니라 적들이 공격해 와서 짐승들을 빼앗고 벼락으로 양떼를 다 잃었습니다. 3천 마리의 약대가 적군들에게 다 빼앗기고 5백 겨리의 소와 5백 겨리의 암나귀도 적들이 와서 다 빼앗아 갔습니다. 그리고 양을 치는데 갑자기 먹구름이 다가오더니 소나기가 쏟아지며 벼락이 떨어져서 양 3천 마리가 순식간에 불타버리고 만 것입니다. 비극에 비극이 다가왔습니다. 거기에다가 설상가상으로 욥은 온 몸이 병들었습니다. 그래서 모든 의원과 모든 약이 소용이 없었습니다.

그는 동네에서 쫓겨났습니다. 그는 무더기에 앉아서 혼자서 기왓장으로 그 병든 몸을 긁고 있었습니다. 그럴 때 그 아내가 와서 말했습니다. "너는 하나님을 저주하고 죽어라!" 이것은 마귀가 아내를 이용하여 욥을 시험한 것입니다. 그리고 그 친지들이 와서 욥을 온갖 말로 괴롭혔습니다. 이러한 것들은 현실적인 것입니다. 그러나 성경은 그 배후에 이러한 일들이 일어나도록 한 사건을 보여주고 있으니 마귀가 하나님 앞에 나아와서 욥을 참소한 결과, 욥을 마귀에게 내어주매 마귀가 와서 욥을 치매 욥에게 이와 같은 비참한 일들이 일어난 것입니다. 그러므로 현실적으로 욥에게 일어난 이 비극적인 사건은 눈에 안 보이는 배후의 마귀의 도적질하고 죽이고 멸망시키는 역사가 있었다는 사실을 알 수 있는 것입니다.

그러므로 우리는 현실에 다가오는 여러 가지 문제를 현실로써 해결하려고 해서는 안 됩니다. 현실의 배후에 있는 마귀와 귀신들의 방해 역사를 우리가 기도와 믿음으로 제거하지 않으면 안 됩니다. 우리의 싸움은 혈과 육에 대한 것이 아닙니다. 기도하는 사람이 이깁니다. 하나님께 부르짖는 사람이 이깁니다.

신적인 전쟁에서 마귀를 제압하는 사람은 현실적인 세계에서 하나님의 성령의 도우심과 하나님의 천사들의 도움을 통해서 승리하게 되는 것입니다. 이렇기 때문에 우리들은 신적인 싸움을 싸워서 먼저 이겨내지 않으면 안 됩니다. 현실적으로 환경을 원망하고 사람을 원망하고 역사의 진행을 탄식한다고 해서 문제가 해결되는 것이 아닙니다. 현실은 눈에 보이지 않는 신적인 세계가 탄생시키고 신적인 세계가 현실을 조성시켜 나가는 것입니다. 이러므로 우리는 예수 그리스도를 믿고 영안이 밝아져서 오늘날 현실적인 우리의 삶과 역사가 배후에 있는 큰 세력이 이것을 조정한다는 것을 알게 될 때 우리의 싸움은 현실의 육과 혈에 대한 싸움이 아니고 기도와 믿음의 싸움이라는 것을 알게 되고 기도와 믿음에 우리는 전력투구하게 될 것입니다.

셋째, 아합왕 시절의 삼년반 기근을 통하여 알 수가 있습니다.
엘리야는 아합 왕이 이방신을 섬기는 여자 이세벨을 데려다가 결혼하고 온 북 이스라엘로 하여금 바알과 아세라를 섬기는 신앙으로 가득하게 만들었습니다. 여호와의 선지자들을 다 잡아 죽이고 여호와의 제단을 헐어 버렸습니다. 그 결과로 하나님의 진노가 이스라엘에 임하게 되었습니다.

엘리야가 아합 왕을 만나서 내 입에서 말이 떨어지기 전에 이 땅에 우로가 없을 것이라고 했습니다. 그 결과로 3년 6개월 동안 북 이스라엘에 우로가 없었습니다. 그러므로 기근이 막심하고 사람들이 굶어죽고 짐승들이 다 죽고 처참하게 되었습니다. 그 후에 엘리야가 아합 왕을 만나서 우리 결단을 내리자. 여호와가 참 하나님인지, 바알이 참 하나님인지, 시험을 해 보자. 온 바알의 선지자와 이스라엘 대표들을 갈멜산으로 모아 와서, 그곳에서 여호와가 참 하나님인지 바알이 참 하나님인지 우리가 시험을 하자고 했습니다.

그래서 아합 왕이 갈멜산으로 바알의 선지자 450명과 아세라 상에서 먹는 선지자 400명과 모든 이스라엘의 대표들을 다 모았습니다. 거기에서 엘리야가 이런 제안을 했습니다. 우리가 단 두 개를 쌓되 바알의 단도 있고 여호와의 단도 있는데 바알의 단이나 여호와의 단에 각각 송아지 한 마리를 잡아서 각을 떠서 얹어 놓고 기도해서 불로 응답하는 신이 참 신으로 하자. 바알은 그 제사장 수가 450명이 되니 먼저하라, 그래서 바알의 제사장들이 단을 쌓고 장작을 펼쳐놓고 송아지를 각을 떠서 얹어 놓고 단 주위에 뛰고 춤추며 바알이여, 바알이여, 불을 주소서 불을 주소서, 고함을 치고 오전 때가 되어도 불이 임하지 않습니다.

그러니 엘리야가 나와서 조롱을 합니다. 더 고함을 쳐라 너희 신이 잠에 들었나보다 깨워라, 혹은 여행을 갔는가 보다 빨리 돌아오게 하라, 그러니 바알의 선지자가 답답하니깐 칼로써 자기 몸을 찢으며 피를 흘리고서 부르짖어도 응답이 없습니다. 저녁에 엘리야의 차례가 왔습니다. 엘리야는 사람들에게 모여 오라 이스라엘의 무너진 제단을 수축했습니다. 이스라엘의 12자녀의 이름대로 12개의 돌을 취해서 제단을 만들고 그 위에 송아지의 각을 떠서 얻고 난 다음 물 세 동이를 가지고 와서 부으라고 하십니다.

부으니깐 물이 제단과 도랑에 가득했습니다. 두 번째 도 부어라 세 번째도 그리하라, 그러고 난 다음 하나님 앞에 꿇어 엎드려서 하나님 아버지여 여호와께서 하나님이신 것과 내가 하나님의 종인 것과 이렇게 하는 것이 하나님의 뜻인 줄 알게 하여 주옵소서. 하나님께서는 유일한 하나님이요, 이 백성으로 하여금 마음을 돌이켜 여호와를 섬기게 하는 줄로 알게 하여 주시옵소서. 내 기도에 응답하시고 불을 내리소서, 불을 내리소서 하니, 마른하늘에 불이 제단에 떨어지면 제단이 바싹 다 타버렸습니다. 온 제물도 타고 물도 다 타고 돌도 다 탔습니다. 그러자 사람들이 엎드려 여호와 그는 참 하나님이라 여호와는 참 하나님이라고 고함을 칠 때에 엘리야는 말하기를 바알이 선지자를 다 잡아라, 군종들이 일어나서 450명을 잡으니 그를 시냇가에 내려가서 엘리야가 칼을 빼서 450명 바알의 선지자들의 목을 다 쳤습니다. 그리고 시냇물로 모두 씻어서 떠내려 보냈습니다.

그리고 난 다음에 그는 갈멜산에 올라가서 하나님께 비를 달라고 기도할 때에 얼마나 간절히 기도했던지 배가 무너져서 두 다리 사이에 들어갔습니다. 그러면서 자기 종보고 산꼭대기에 올라가서 증거가 있는지 보라, 처음 올라가서 아무 것도 안 보입니다. 일곱 번까지 올라가라 일곱 번째에 가보니 손바닥만한 구름이 떴습니다. 그러자 **빨리** 아합 왕에게 가서 비에 막히지 않게 병거를 준비하고 **빨리** 이스라엘로 들어가라 그러자 곧장 하늘을 덮고 비가 쏟아지는데 억수같이 쏟아집니다. 하나님의 성령이 엘리야에게 임하매 그는 내내 병거 앞에서 뛰어서 이스라엘까지 들어갔다는 이야기가 있습니다. 이 이야기는 위대한 승리를 의미하는 것입니다. 오랫동안 우상 숭배하던 북 이스라엘에 하나님의 선지자 엘리야가 여호와의 이름으로 위대한 승리를 가져온 기록인 것입니다. 이것이 우리에게 가르치는 많은 교훈이 있습니다. 그러므로 한 나라에 기근이 찾아오는 것도 신적인 세계의 영향으로 기근이 찾아오는 것입니다. 엘리야가 바알의 선지자를 다 죽이고 하나님에게 기도하니 이스라엘 나라에 비가 내려 기근이 사라진 것입니다.

넷째, 다니엘의 기도 응답을 보면 영적인 세계를 알 수가 있습니다. 다니엘의 21일 동안의 기도를 우리는 너무나 잘 알 수 있습니다. 바벨론에 포로로 잡혀간 다니엘이 자기 민족과 역사를 위해서 불타는 마음이 있어 강가에 나와서 그는 금식하며 기도하기 시작한 것입니다. 그의 친구들과 함께 일주일 동안 열렬히 했는데 일주일 동안 기도해도 아무런 응답도 없고 역사도 없으매 많은 친구들이 떨어져 나갔습니다. 그 다음 이주일 째 계속 기도를 했습니다. 이젠 배고프고 지칩니다. 또 많은 친구들이 떨어져 나갔습니다. 나중엔 다니엘 혼자 남았습니다. 그는 3주간 째 기도합니다. 19일, 20일, 기도해도 아무 역사가 일어나지 않습니다. 그러나 다니엘이

21일 째 기도하자 갑자기 하늘 문이 열리고 영광의 천사가 다니엘에게 나타나서 말했습니다. "다니엘아! 네가 기도할 때 첫날에 너의 기도가 상달되어서 하나님이 응답으로 나를 보냈으나 파사를 지배하는 영적인 세력인 마귀의 군대가 나를 막으므로 나를 대적해서 20일 동안 싸우므로 내가 공중에서 내려오지 못했으나 21일 만에 군장 미가엘이 와서 나를 도우매 그 벽을 허물고 너에게 내려 왔다"고 말했습니다. 다니엘은 그가 기도할 때 그의 기도하는 기도를 통해서 하늘에서 전쟁이 일어나 군장 미가엘이 와서 사자들이 원수 마귀의 진을 훼파하고 있다는 것을 알고 있었습니다. 그러므로 우리의 기도의 응답도 마귀 귀신이 오지 못하도록 방해 한다는 것입니다. 그렇기 때문에 그는 낙심하지 아니하고 마귀 귀신의 집이 무너질 때까지 일주일을 기도하고 이 주일을 기도하고 3주일을 버틴 것이었습니다. 오늘날도 우리는 다니엘 기도를 한다고 합니다. 그래서 21일 동안 다니엘 기도를 아침에 하든지 저녁에 하든지 하는데 기도는 응답이 올 때까지 해야 합니다. 이와 같이 우리가 끊임없이 낙심하지 않고 마음에 큰 인내심을 가지고 기도하는 것은 마귀 귀신의 진을 훼파하는 중대한 능력이 되는 것입니다. 예수님께서는 기도를 조금만 하지 말고 인내를 가지고 하라는 것을 여러 번 우리에게 권면했습니다. 그러기 때문에 우리가 기도하는 기도대로 응답이 되지 않는 것은 배후에 마귀 귀신이 방해할 수가 있다는 것입니다. 그러므로 기도는 응답이 될 때까지 인내심을 가지고 성령으로 충만한 가운데 해야 되는 것입니다.

다섯째, 우리가 사소하게 생각하는 것들의 배후에도 신적인 세계가 결부되어 있는 경우가 많습니다. 예를 든다면 습관적인 유산의 경우입니다. 필자가 그동안 병원 전도와 성령치유 사역 간 만난 습관적인 유산을 하는 분들의 대부분이 두려움의 영의 영향으로 유산이 된다는 것입니다. 어느날 병원에 전도를 갔습니다. 산부인과 병동에 가면 함부로 들어갈 수가 없습니다. 분밖에 서서 여기 목사에게 안수 받고 싶은 분 없습니까? 그랬더니 저요! 하는 것입니다. 잠시만 기다리세요. 기다리다가 들어오세요. 하여 들어갔습니다. 나이가 33세인 여성이 이렇게 말하는 것입니다. 목사님! 저는 임신 3개월 만에 유산을 3번하고, 지금 4번째 임신을 했는데 또 유산기가 있어서 입원하였습니다. 두 번째는 영력이 있다는 권사님이 기도하면 유산이 되지 않는다고 하여 교회에 가서 기도하다가 유산이 되었습니다. 원인을 제거하지 않고 기도만 한 결과입니다. 무조건 기도만 하면 문제가 해결이 되는 것이 아닙니다. 다음에 임신을 했는데 또 유산을 했습니다. 목사님! 그런데 임신을 하고 2달이 지나면 여지없이 불안이 찾아옵니다. 유산하면 어쩌나 하는 불안입니다. 이번에 네 번째인데 유산되지 않았으면 좋겠습니다. 그래서 이렇게 말했습니다. 걱정하지 마세요. 안수를 받으면 불안하게 하는 요소들이 떠나가고 출산하게 될 것입니다. 그렇게 안심을 시키고 3번을 찾아가 안수기도를 해주었습니다. 그 결과 귀여운 딸을 출산했다고 연락이 왔습니다. 우리가 알아야 할 것은 첫째를 일곱 달에 출산하면 둘째도 육 개월이 지나면 서서히 자궁 아래로 내려옵니다. 예수 이름으로 기도하면 정상적인 분만을 합니다.

　필자가 시화에서 목회할 때의 일입니다. 시골에서 시화로 이사 온 가정을 인도하였습니다. 심방 예배를 드리고 나니 시어머니께서 하시는 말씀이 아주 영력이 있는 목사님이시라고 아주 좋아했습니다. 예배를 드리고 사정 이야기를 들어보니 첫째 아이를 7달 만에 출산하여 '인큐베이터'에서 2달 동안 있다가 나와서 지금 2살이었습니다. 둘째를 임신하여 4개월이 된 상태였습니다. 우리 교회에 출석하여 예배를 드리기 시작했습니다.

　그런데 주일날 예배를 드리러 오지 않는 것입니다. 제가 월요일 아파트 전도를 하면서 방문했습니다. 사정이 생긴 것입니다. 아기가 자궁에서 내려앉아서 산부인과에 가서 초음파를 해보니까, 밖으로 나오려고 내려앉은 것입니다. 그렇다고 꼼짝하지 말고 집에 있으라고 했다는 것입니다. 그래서 교회에 나오지 못한 것입니다. 필자가 안수했습니다. "성령이여 임하소서. 내가 나사렛 예수님의 이름으로 명하노니 아기야 자궁에 정상적으로 올라앉을지어다. 정상적으로 10달이 되면 세상으로 나올지어다." "내가 나사렛 예수님의 이름으로 명하노니 아기야 자궁에 정상적으로 올라앉을지어다. 정상적으로 10달이 되면 세상으로 나올지어다." 이렇게 기도했습니다. 큰아이가 7달에 세상으로 나오니 둘째도 7달에 세상으로 나오려고 한다는 것입니다. 그렇게 기도하고 수요일 날 다시 방문했습니다. 성도가 하는 말이 아기가 정상적으로 자궁에 정착하고 앉았다는 것입니다. 할렐루야! 감사할 일입니다. 그렇게 해서 10달이 지난 다음에 정상적으로 출산을 했습니다.

5장 귀신들이 사람과 가정과 세상을 점령해 가는 술책들

영적인 싸움을 하기 전에 꼭 짚고 넘어가야 할 것이 있습니다. 즉, 신적 싸움을 할 수 있는 자격이 먼저 되어야 합니다. 자격은 신적인 원리와 자신에게 하나님에 주신 권세가 무엇인지 알고 사용하는 것을 말합니다. 또한 무엇을 해야 된다는 부담이 아니라, 안식과 평안함으로 신적인 싸움을 싸워 나아갈 수 있어야 합니다. 하나님이 주신 신적 권세를 가진 성도는 반드시 승리하게 됩니다. 하늘의 축복을 받습니다. 그러므로 성도들은 불신자들을 압도하고 리더 하는 신적인 힘이 있어야 합니다. 오늘날 성도들이 너무 힘을 잃어가고 있습니다. 왜 일까요, 너무 신적인 면에 무지하기 때문입니다. 신적인 면에 무지하여 방심할 그 때에 문제가 오게 됩니다. 기독교는 예방의 신앙입니다. 문제를 당하기 전에 성령으로 기도하여 알고 예방하는 것입니다. 하나님은 성령으로 기도하는 신령한 성도들에게 문제를 당하기 전에 알려주셔서 미리 예방하게 하신다는 것을 아시기를 바랍니다. "주 여호와께서는 자기의 비밀을 그 종 선지자들에게 보이지 아니하시고는 결코 행하심이 없으시리라(암3:7)" 성령으로 기도하여 미리 예방하시는 분들이 되시기를 바랍니다. 신적인 세계에 눈이 열리시기를 축원합니다.

그리하여 아브라함의 아들, 이삭에게 불신자들이 찾아와서 여호와께서 너와 함께 있어서 복을 받은 자 라고 말했습니다. 우리도 모든 불신자들이 우리를 찾아와서 하나님께서 당신과 함께 있어서 복을 받고 있습니다. 라는 고백을 할 정도가 되어야 합니다. 마귀 귀신은 우리가 이렇게 하나님의 축복을 받는 것을 시기하여 온갖 방법을 동원하여 우리를 공격합니다. 그래서 우리는 영혼을 스스로 지켜야 합니다. 내 영은 내가 지켜야 합니다. 이 시간에 전하는 옛 통치자와 권세와 세상 주관자에 대한 신적인 지식은 우리가 세상을 살아가는 모든 곳에 적용이 됩니다. 가정에도 적용되고, 나에게도 적용되고, 교회 예배당에도 적용되고, 직장에도 적용되고, 사업장에도 적용이 됩니다. 적용을 잘하여 마귀 귀신의 궤계를 몰아내시기를 축원합니다. 우리가 옛 통치자와 권세와 세상 주관자를 잘 알아야 하는 것은 이렇습니다.

첫째, 신적인 존재에 대해 알고 속지 마라. 하나님이 주신 축복과 영혼을 지키기 위하여 옛 통치자와 권세에 대하여 잘 알고 속지도 말고 싸워 이겨야 합니다(엡 6:12).

1)통치자라는 것은 정부를 말하는 것입니다. 나라를 말하는 것입니다. 예수님도 마태복음 12장 26절에 만일 사탄이 사탄을 쫓아내면 스스로 분쟁하는 것이니 그리하고야 어떻게 그의 나라가 서겠느냐 마귀가 나라가 있어요. 나라에 대통령이나 수상이 있는 것처럼 마귀도 나라가 있어서 통치자는 흑암의 나라에 임금인 것입니다.

2)그 다음에는 그 밑에 권세가 있습니다. 권세는 오늘날 정부의 조직에 장관들이 있지 않습니까? 마귀 귀신의 나라에도 장관이 있어 그 장관들이 온 마귀 귀신의 세계를 다스리고 돌보고 있는 것입

니다. 조직이 있습니다. 누가복음 4장 6절에 이르되 이 모든 권
위와 그 영광을 내가 네게 주리라 이것은 내게 넘겨 준 것이므로
내가 원하는 자에게 주노라 고 해서 예수님이 사탄에게 절하면
예수님에게 하늘나라에 장관 자리 하나 주겠다고 말한 것입니다.
만왕의 왕, 만주의 주인 예수를 보고 사탄이 자기 나라 장관자리
주겠다고 그런 터무니없는 소리를 하는 것이 마귀 귀신의 일인 것
입니다.

   3)그리고 마귀 귀신은 세상 주관자, 세상의 여러 가지 어두움의
조직을 가지고 있습니다. 세상에 마귀 귀신은 오늘날 지사가 있고
시장이 있고 군수가 있고 면장이 있는 것처럼 그런 조직을 가지고
있습니다. 그래서 모든 리 단위까지 개인 가정까지 사탄은 조직을
하고서 자기 조직 관리를 하고 있는 것입니다. 요한일서 5장 19절
에 또 아는 것은 우리는 하나님께 속하고 온 세상은 악한 자 안
에 처한 것이며 라고 했습니다. 온 세상은 악한자의 이와 같은 세
상 주관하는 조직 속에 들어있는 것입니다. 에베소서 2장 2절에
그 때에 너희는 그 가운데서 행하여 이 세상 풍조를 따르고 공중의
권세 잡은 자를 따랐으니 곧 지금 불순종의 아들들 가운데서 역사
하는 영이라 고 말한 것입니다.

   4) 마귀는 왕으로 앉아있고 그 밑에 권세들인 장관들이 있고, 그
다음 세상에 모든 조직이 있어 면 단위까지 개인 가정 단위까지 전
부 얽어매고 악의 세력으로 꽉 잡고 세상 풍속을 따르게 하고 하나
님을 못 따르게 하고 점점, 점점, 멀리멀리 세속에 빠지게 하는 운
동을 전개하고 있습니다. 마귀는 굉장히 조직적으로 일하고 있는

것입니다. 그리고 악의 영들 마귀는 군사들을 가지고 있습니다. 군사들을 가지고 동원해서 총공격을 하고 싸우는 것입니다.

요한계시록 12장 4절에 그 꼬리가 하늘의 별 삼분의 일을 끌어다가 땅에 던지더라 용이 해산하려는 여자 앞에서 그가 해산하면 그 아이를 삼키고자 하더니 마귀가 타락할 때 하늘 천사 3분의 1을 같이 타락시켜서 마귀의 군사로써 땅에 던진 것입니다. 요한계시록 12장 9절에 큰 용이 내쫓기니 옛 뱀 곧 마귀라고도 하고 사탄이라고도 하며 온 천하를 꾀는 자라 그가 땅으로 내쫓기니 그의 사자들도 그와 함께 내쫓기니라 용이 쫓겨나갈 때 그 사자 타락한 천사들도 함께 세상으로 쫓겨났다고 말한 것입니다. 이것들이 하나님의 형상을 입은 우리들을 공격하는 것입니다. 그래서 우리의 싸움은 혈과 육의 싸움이 아니라 통치자와 권세와 이 어두움의 세상 주관자들과 하늘에 있는 악의 영들과 싸워야 하는 것입니다. 통치자와 권세와 이 어두움의 세상 주관자들과 하늘에 있는 마귀 귀신들을 절대 두려워 마시기를 바랍니다. 우리에게는 우리를 돕는 하나님이 군대가 있기 때문에 마귀 귀신들을 분별하고 속지 말고 영적인 전쟁을 하여야 합니다. 이렇게 인간 세계의 배후의 세력으로써 마귀는 엄청난 조직을 가지고 임금과 장관들과 지사들과 시장들과 군수들과 면장들처럼 이런 면밀한 조직을 가지고 우리에게 다가오는 것입니다.

그렇기 때문에 우리가 마귀 귀신을 쉽게 생각하면 안 되는 것입니다. 마귀 귀신은 이렇게 조직을 가지고 우리가 영적인 생활을 잘 못하고 마귀 귀신이 의도하는 방향으로 가게 하려고 많은 영적 정신적 육체의 문제가 발생하게 합니다. 지금도 많은 성도들이 영적 정신적 육체의 문제로 고통을 당합니다. 그러나 우리는 두려워 할 필요가 없습니다. 예수님이 통치자와 권세를 밝혀내시고 십자가에서 승하셨습니다. "통치자들과 권세들을 무력화하여 드러내어 구경거리로 삼으시고 십자가로 그들을 이기셨느니라(골2:15)"

하나님의 천사들이 우리를 둘러 진치고 우리를 도와주고 우리의 기도를 통해서 마귀 귀신과 싸워서 승리를 갖다 주시는 것입니다. 우리는 외롭게 혼자 있는 것이 아닙니다. 하나님께서는 천군과 천사들을 우리에게 보내어서 우리를 위해서 역사하고 싸워 주시고 보호해 주시고 지켜 주시는 것입니다.

둘째, 영적 정신적 육체의 문제로 고통당하는 이유. 성도가 영적 정신적 육체의 문제로 고통당하면서도 해결하지 못하는 이유는 이렇습니다.

1)성도들이 그리스도의 권세를 깨닫지 못하기 때문입니다. "영접하는 자 곧 그 이름을 믿는 자들에게는 하나님의 자녀가 되는 권세를 주셨으니 이는 혈통으로나 육정으로나 사람의 뜻으로 나지 아니하고 오직 하나님께로부터 난 자들이니라(요1:12-13)" 하나님의 자녀의 권세를 가지고도 사용하지 못하는 것입니다. 우리가 하나님의 자녀의 권세를 활용하지 못하면 마귀 귀신의 미혹에 속아서 하나님에게서 떨어질 지도 모릅니다. "형제들아 너희는 삼가 혹 너희 중에 누가 믿지 아니하는 악한 마음을 품고 살아 계신 하나님에게서 떨어질까 조심할 것이요(히3:12)"

경각심을 가지시기를 바랍니다. 예수님은 "이를 내게서 **빼앗는** 자가 있는 것이 아니라 내가 스스로 버리노라 나는 버릴 권세도 있고 다시 얻을 권세도 있으니 이 계명은 내 아버지에게서 받았노라 하시니라(요10:18)" 예수님은 하나님의 자녀를 **빼앗는** 자가 있는 것이 아니라 스스로 버린다고 하십니다. 하나님의 자녀는 하나님의 음성을 알고 따릅니다(요 10:3-5). 주님의 음성을 듣고 주님과 가까이 지내시기를 바랍니다. 그러면 주님이 우리를 보호하여 주십니다. 주님이 마귀의 통치자와 권세를 이기시고 승리하셨습니다. "우리를 거스르고 불리하게 하는 법조문으로 쓴 증서를 지우시고 제하여 버리사 십자가에 못 박으시고 통치자들과 권세들을 무력화하여 드러내어 구경거리로 삼으시고 십자가로 그들을 이기셨느니라(골 2:14-15)" 예수님은 마귀의 일을 멸하러 오셨습니다. "죄를 짓는 자는 마귀에게 속하나니 마귀는 처음부터 범죄함이라 하나님의 아들이 나타나신 것은 마귀의 일을 멸하려 하심이라(요일 3:8)" 마귀의 역사를 알고 예수 이름으로 대적하여 나의 귀한 영혼을 지키시기를 바랍니다.

2) 신적인 것에 너무 무지하기 때문입니다. 신적인 세계를 바르게 보고 알고 대적해야 인생에서 성공할 수 있습니다(눅 10:19-21). 신적인 세계를 알고 보고 대처하려고 하기를 바랍니다. 한마디로 신적인 눈을 뜨라는 것입니다. 신적인 분별력을 기르라는 말입니다. 말씀과 성령으로 영적인 눈을 여시라는 것입니다. 세상의 모든 문제와 행위에는 배후에 신적인 세계가 결부되어 있기 때문입니다. 신적인 세계를 분별하여 하나님의 군사로서의 사명을 감

당하시기를 바랍니다.

3) 신적인 세계를 잘 이해하지 못하기 때문입니다. 신적인 세계에는 하나님의 성령과 마귀와 그리고 천사와 성령으로 거듭난 사람의 영이 거합니다. "우리의 씨름은 혈과 육을 상대하는 것이 아니요 통치자들과 권세들과 이 어둠의 세상 주관자들과 하늘에 있는 악의 영들을 상대함이라(엡6:12)"

신적인 세계에는 옛 통치자와 권세가 있습니다. 옛 통치자와 권세라는 것은 한 지역을 붙들고 있는 귀신의 조직을 의미합니다. 악한 영도 등급이 있고 지위가 있습니다. 그래서 개인에게 역사하는 것도 있고 가정이나 지역이나 문화, 사람, 조직들을 붙들고 있는 것들도 있습니다. 지역, 조직, 군중들을 붙들고 있는 것들이 바로 옛 통치자와 권세입니다. 이런 것들은 우리에게 어떠한 영향을 미치는가에 대해서는 의아한 사람들이 있을 것입니다.

셋째, 악한 통치자와 권세와 세상 주관자는 세상을 장악하고 지배하기 위해 어떻게 역사하는 가?

1) 지도자들을 통해 우리에게 역사합니다. 카리스마를 가진 사람에게 권위를 부여하고 그 휘하 사람들의 생각을 조정합니다. 그래서 한 조직의 일원들을 모두 지배하고 마귀의 생각대로 움직이게 합니다. 이것은 무슨 이야기냐 하면 마귀 귀신의 조종을 받고 있는 사람이, 단체의 권위자로 군림하고 있어 휘하에 약한 자들은 어쩔 수 없이 따라갈 수밖에 없게 한다는 말입니다. 영적인 분별력이 없는 사람들이 잘못된 종파에 속해서도 분별력이 없어서 영적

권위자 자의 카리스마만 보고 잘 가고 있는 줄 알고 순종하며 따라가는 사람들을 의미합니다. 악한 통치자와 권세는 직장의 상사, 교회의 목사나 장로, 심지어는 믿는 부모나 불신의 부모. 믿는 남편이나 불신의 남편. 아내를 이용하기도 합니다. 또 자녀를 이용하기도 합니다. 고로 성령으로 분별력을 길러서 속지 말아야 합니다.

왕상16장에 이스라엘 아합 왕이 이방 여인 이세벨을 아내로 맞이하여 이세벨의 영으로 인하여 이스라엘 전체가 오염되었습니다(레18:3-4). 옛날 말에 장을 잘못 담그면 일 년을 고생하고 배우자를 잘못 만나면 평생을 고생하고, 종교를 잘못 선택하면 영원히 고행하는 것입니다. 친구도 잘 만나야 되고 배우자도 믿음 안에서 잘 만나야 합니다. 특별히 예수님을 만나야 합니다. 성령으로 분별력을 달라고 기도하시기를 바랍니다.

성도는 사람을 잘 만나야 된다는 것입니다. "너희 자신을 종으로 내주어 누구에게 순종하든지 그 순종함을 받는 자의 종이 되는 줄을 너희가 알지 못하느냐 혹은 죄의 종으로 사망에 이르고 혹은 순종의 종으로 의에 이르느니라(롬6:16)" 그래서 마귀 귀신은 곳곳에서 지도자들의 생각을 공격하고 그들의 생각을 조정해서 마귀 귀신이 시키는 대로 그 구성원들을 움직이게 하려고 혈안이 되어 있습니다. 그래서 하나님은 성도들에게 늘 지도자들을 위해서 기도하라고 하시는 것입니다.

교회의 목사들의 생각을 바꾸어 놓으면 그 교회의 모든 구성원들은 성령을 쫓지 않고, 인본적인 생각을 쫓는 것이 당연하다고 생각하고, 그들은 그것이 그리스도의 일을 잘하고 있다고 생각하고 따라갑니다. 목사님이 장로가 교회에서 영향력을 행사하여 성도들의 신앙생활을 통제하고 잘못된 곳으로 이끌면서 자신은 그 잘못을 모르고 행동하는 경우가 많습니다. 이렇게 통치자와 권세는 지도자와 지도자를 돕는 참모들에게 역사하고, 그 자신도 모르는 경우가 많습니다. 그러므로 모든 성도는 신적인 눈이 열려야 합니다.

가정에 악한 마귀 귀신이 사람을 통하여 침입하여 그 가정을 파탄의 길로 이끌고 갑니다. 예를 들어 악한 마귀 귀신의 수하에 있는 마귀 귀신의 자녀가 그 가정에 침입하여 약한자를 공략하여 자기가 의도하는 방향으로 이끌고 가서 필경은 가정이 망합니다. 사람을 잘 만나고 사람을 잘 들여야 합니다. 그래서 불신 결혼을 하지 말라는 것입니다. 이세벨이 아합왕에게 시집와서 이스라엘 전체가 오염된 것을 기억해야 합니다.

2) 통치자와 권세와 세상 주관자는 둘째, 조직을 통해 역사합니다. 권위를 가진자가 조직을 만들고, 자신의 심복을 조직의 장으로 임명하여 조직을 이끌면서, 조직에 권위에 행사하여 강압적으로 이끌고 가는 것을 의미합니다. 통치자와 권세가 조직의 우두머리인 지도자의 생각을 공격하는 이유는 조직의 장을 장악하여 조직을 마귀 귀신들이 원하는 방향으로 이끌고 가기 위함입니다. 하는 일은 조직원들에게 통일된 생각을 부여하게 하려는 목표, 이슈와 강압을 제공한다는 것입니다. 마귀는 조직을 만들고 조직들이 그것을 잘 관리하려고 합니다. 그래서 이러한 조직에 한번 매이면 조직에 끌려 다니는 수밖에 없습니다. 그래서 성령의 역사에 의하여 통제되고 성령의 자유로움보다는 조직의 숨이 막히는 사람과 마귀

귀신의 역사에 자신이 갇혀 버리는 것입니다.

예수 그리스도의 매임은 사람을 영적으로 만들어 성장시키지만, 잘못된 마귀 귀신의 조직은 신앙의 순수성을 상실시키고 성령의 역사를 막고 카리스마를 가진 지도자를 추종하고 잘못된 길 인 줄도 모르고 따라갑니다. 하나님과 사람 사이에 지도자가 끼어서 하나님의 영광을 가로채면서 자신이 하나님 인양 행세하게 됩니다. 그래서 조직은 개인에게 유언 무언의 폭력을 가하고 권위를 행사하고 자신만이 하나님의 심임을 받은 종이라고 세뇌 공작을 하여 분별력이 없는 성도들이 따라갈 수밖에 없게끔 하고, 그 휘하에 충성된 사람들을 둡니다. 그리고 감시를 하며 조직을 통해 그들을 다른 생각을 갖지 못하게 통제합니다. 그리고 새 뇌를 통하여 자신만이 최고로 능력이 있다고 주입시켜 다른 동업종의 다른 사람들을 은연중에 무시하고 시시하게 보게 합니다. 자신의 집단의 권위자가 제일 최고 다고 생각하게 주입식으로 교육합니다.

3) 분위기, 문화, 유행 지역의 특이성, 공동의 이익 등을 이용하여 사람들 혹은 단체를 통하여 역사 합니다. 즉 먹고사는 문제를 잡고 통제하여 그곳의 분위기에 휩싸이게 합니다. 가정이나 개인에게 역사 하는 영 말고, 우리가 속한 지역과 공동체 안에 역사 하는 영을 꾸준히 대적해야 합니다. 한 번 기도해서는 안 됩니다. 계속 기도해야 합니다.

넷째, 악한 권세와 싸워 승리하라. 통치자와 권세와 세상 주관자와 싸워 승리하기 위해서는 이렇게 하시기를 바랍니다.

1) 영적인 잠에서 깨어나 성령 충만을 받아야 합니다(엡 5:14-18). 의지적으로 성령의 충만을 받으라는 말입니다. 성령 충만하면 성령으로 분별력이 생기는 것입니다.

2) 말씀의 지식과 성령의 분별력을 받아야 합니다.

① 외식하지 말아야 합니다. "그러나 성령이 밝히 말씀하시기를 후일에 어떤 사람들이 믿음에서 떠나 미혹하는 영과 귀신의 가르침을 따르리라 하셨으니, 자기 양심이 화인을 맞아서 외식함으로 거짓말하는 자들이라(딤전4:1-2)"

② 말씀의 지식이 많아야 하고 말씀으로 분별해야 합니다. "하나님의 말씀은 살아 있고 활력이 있어 좌우에 날선 어떤 검보다도 예리하여 혼과 영과 및 관절과 골수를 찔러 쪼개기까지 하며 또 마음의 생각과 뜻을 판단하나니 지으신 것이 하나도 그 앞에 나타나지 않음이 없고 우리의 결산을 받으실 이의 눈앞에 만물이 벌거벗은 것 같이 드러나느니라(히4:12-13)"

③ 예수님은 "아침에 하늘이 붉고 흐리면 오늘은 날이 궂겠다 하나니 너희가 날씨는 분별할 줄 알면서 시대의 표적은 분별할 수 없느냐(마 16:3)"고 말씀하십니다.

④ 지금 세상에 거짓선지자가 많이 나와 있습니다. 분별해야 합니다. "사랑하는 자들아 영을 다 믿지 말고 오직 영들이 하나님께 속하였나 분별하라 많은 거짓 선지자가 세상에 나왔음이라. 이로써 너희가 하나님의 영을 알지니 곧 예수 그리스도께서 육체로 오신 것을 시인하는 영마다 하나님께 속한 것이요, 예수를 시인하지 아니하는 영마다 하나님께 속한 것이 아니니 이것이 곧 적그리스

도의 영이니라 오리라 한 말을 너희가 들었거니와 지금 벌써 세상에 있느니라(요일4:1-3)" 예수를 믿고 성령으로 거듭난 성도는 어디를 가더라도 거기 가서 분별할 수 있는 영적 분별력이 있어야 합니다. 현장에서 처음 받는 인상이 중요합니다. 조금 지나면 적응되어 분별이 불가능하게 됩니다. 귀신의 영향으로 분별이 되지 않기 때문입니다.

  3) 해결책을 자신이 정하라는 것입니다. 자신이 고쳐나갈 수 있다고 생각하면 고쳐나가고, 그렇지 않으면 자신이 깨닫고 분별하고 행동을 결정해야 합니다. "그러나 어리석은 변론과 족보 이야기와 분쟁과 율법에 대한 다툼은 피하라 이것은 무익한 것이요 헛된 것이니라(딛 3:9)" 마귀 귀신은 통치자와 권세들을 통해 공동체 전체를 마귀 귀신의 도구로 쓰려고 하기 때문에 우리 개인이 이러한 공동체 속에서 그 공동체를 바꾸는 것은 거의 불가능합니다. 계란으로 바위를 치는 결과이기도 합니다. 이것은 불교라는 커다란 통치자와 권세의 도구가 이미 되어버린 공동체에서 불교 전체를 없애려고 하는 시도와 같습니다.

  그렇기 때문에 자신이 속한 공동체가 이미 마귀 귀신의 도구가 되어 도저히 가망이 없다면 스스로 물러나거나 떠나는 것이 좋습니다. 아니면 자신도 물들고 적응되어 잘못된 마귀 귀신의 도구가 되기 쉽습니다. 그러나 권세에 도전은 금물입니다. 권세는 하나님에게서 왔기 때문입니다. "각 사람은 위에 있는 권세들에게 복종하라 권세는 하나님으로부터 나지 않음이 없나니 모든 권세는 다 하나님께서 정하신 바라. 그러므로 권세를 거스르는 자는 하나님의 명을 거스름이니 거스르는 자들은 심판을 자취하리라(롬13:1-2)"

하나님은 한 나라의 왕도 하나님이 세우시고 폐위하시기도 하십니다. "여호와께서 그에게 이르시되 너는 네 길을 돌이켜 광야를 통하여 다메섹에 가서 이르거든 하사엘에게 기름을 부어 아람의 왕이 되게 하고 너는 또 님시의 아들 예후에게 기름을 부어 이스라엘의 왕이 되게 하고 또 아벨므홀라 사밧의 아들 엘리사에게 기름을 부어 너를 대신하여 선지자가 되게 하라. 하사엘의 칼을 피하는 자를 예후가 죽일 것이요 예후의 칼을 피하는 자를 엘리사가 죽이리라(왕상19:15-17)"

권세에 대적하지 말고 자신이 판단하라는 것입니다. 조용하게 조치하라는 것입니다. 내가 오래 전에 서울 광진구 구의동에서 목회하시던 목사님이 당한 일입니다. 교회를 개척하여 열심히 전도하고 성령의 역사를 일으키고 귀신을 쫓아내고, 병을 고치고 하여 2년 정도 지나니 성도가 약 150여명이 되었답니다. 그러던 어느 날 장로 2명이 찾아와 전에 다니던 교회에서 문제가 생겨 나왔는데 예배드릴 곳이 마땅치 않다고 교회에 와서 예배를 드리게 해달라고 사정을 했다고 합니다. 그래서 처음에는 거절을 했는데 자꾸 와서 사정을 하여 승인하여 주었는데 처음 와서 몇 달은 아주 착실하게 열심히 신앙생활을 하더니 어느 정도 신임을 얻고 나니까, 이 사람 저 사람을 식사를 사주고, 집에도 찾아가고 하여 사람들을 포섭한 다음에 한 일 년이 지나니 자신들의 세력이 커지니까, 목사님의 약점을 가지고 목사님을 사임하게 하여 결국 일산으로 가서 다시 교회를 개척했다고 합니다.

이렇게 통치자와 권세는 힘 있는 자를 통하여 교회를 자신들이 원하는 교회로 만들려고 교회에 들어와 진을 치고 있으니 분별력을 가지고 대처하지 않으면 안 됩니다. 성도가 교회에서 목사님을 잘못 만나 잘못되는 경우가 있습니다. 또 교회에 목사님을 잘 못 들여서 모든 분이 잘못되는 경우가 많습니다. 율법주의 목사님이 지도하면 율법주의자가 될 수 있습니다. 성령 역사를 무시하는 말씀 주의 목사님에게 지도 받으면 심령이 갑갑한 말씀 주의 성도가 될 수밖에 없습니다.

4) 자신이 해결책을 정했으면 그곳을 떠나 예수 이름으로 대적해야 합니다. 자신에게 이미 와 있는 영적 세력이 있다는 것을 인정하고 성령의 권능을 힘입고 대적해서 끊어 내야 합니다. "이르시되 기도 외에 다른 것으로는 이런 종류가 나갈 수 없느니라 하시니라(막 9:29)" 이런 유는 영어로 kind로 종류를 뜻합니다.

마귀 귀신도 종류가 많은데 귀신들도 기도나 금식을 해야만 나가는 좀 센 것이 있다는 말씀입니다. 주님이 가르쳐주신 방법은 귀신도 센 것들은 깊은 기도와 금식을 해야 나가니, 금식기도를 하는 등 성령으로 기도를 많이 해야 나간다고 가르치시는 것입니다. 그래서 우리의 문제의 배후에 있는 마귀 귀신 영들이 떠나가야 문제가 해결되는데, 단순한 기도로 안 되면 그것은 우리의 기도의 강도를 높여야 된다는 말씀입니다. 마귀 귀신의 역사로 문제가 일어나고 있다고 생각되면 성령의 도움을 구하고 기도하여 대적해서 몰아내야 합니다.

2부 눈으로 신들을 보는 능력을 차원 높게 하는 비결

6장 귀신들을 눈으로 보고 지배하고 싶으면 이렇게 해보세요

성령으로 영적인 눈을 열어 예수님으로 하나 되어 귀신들을 눈으로 보면서 쫓아내며 살아가려면 예수님을 믿어야 합니다. 예수님을 주인으로 영접하면 믿는 순간 예수님으로 죽고 다시 사신 예수님으로 살아서 성령의 인도를 받으며 예수님의 인생을 살면 성령께서 주인으로 임재하십니다. 계속 예배를 드리면서 기도하고 찬송하면 성령으로 세례를 받게 됩니다. 성령으로 세례를 받으면 성령의 인도로 말씀을 깨닫게 됩니다. 말씀을 깨달으면서 신령한 영적인 눈이 열려서 신령한 신의 세계를 보게 됩니다. 성령께서 인도하시면서 신적인 사람으로 바꾸는 일을 하십니다.

눈으로 신들을 보는 영적인 눈이 열리는 것에 대하여 의문점이 풀리도록 서두에 정리하여 알려드립니다. 잘 이해하시고 오해하거나 혼동하지 말기를 바랍니다. 영들을 보는 것은 첫째로 실제 눈으로 보는 것입니다. 이는 두 가지로 생각할 수가 있습니다. 먼저는 항상 눈에 영물들이 보이는 분들이 있습니다. 이는 심령 상태가 정상이 아닌 분들입니다. 이분들은 영적으로 정신적으로 문제가 있는 분들입니다. 이분들은 성령으로 세례를 받고, 내적인 상처를 치유 받은 후, 귀신을 축귀 해야 합니다. 본인이 이를 인정하고 지속적으로 진리의 말씀과 성령으로 치유를 받으면 필자의 체험으로 보아 더 이상 보이지 않습니다. 영적 정신적 육체적 기능이 정상이 되면 더 이상 영물들이 보이지 않는 다는 말입니다. 다음은 축귀 사역 간이나 대화할 때 보이는 경우입니다. 이는 상대방에 역사하는 귀신을 축귀하여 자유하게 하라고 성령님이 보여주시는 것입니다. 상대방에 이런 귀신이 역사하니 경각심을 가지라고 성령께서 알려주시는 것입니다. 즉 귀신을 축귀 하라고 보인다는 말입니다. 자기를 잘 돌보라고 보여주시는 것입니다. 종합하면 축귀 능력이 없는 분들에게 영물들이 보이는 것은 정상적이 되지 못한 것으로 치유 받아야 합니다.

둘째로 성령께서 깨닫게 하시는 말씀으로 보는 것입니다. 성령으로 세례를 받고 성령께서 열어준 눈으로 성경에 보면 신적인 세계에 대하여 적나하게 설명하고 있습니다. 삼위일체 하나님과 사단, 마귀, 귀신에 대하여 상세하게 기록되어 있습니다. 말씀에 비추어 영들을 보는 것입니다. 말씀은 영적인 세계에 대하여 설명하는 책입니다. 셋째로 성령으로 보는 것입니다. 축귀 사역을 하든지, 내적 치유를 하든지, 상담을 하든지, 세상에서 생활을 할 때에 성령께서 그때그때 알려주셔서 대처하도록 하시는 것입니다. 이는 성령께서 성도를 보호하려는 은혜의 활동입니다.

넷째로 믿음의 눈으로 보는 것입니다. 위에 설명한 모든 방법을 동원하여 사역이나 생활하면서 마귀 귀신들을 믿음의 눈으로 보고 대처하는 것입니다. 많은 분들이 이렇게 믿음의 눈으로 영들을 보고 조치하고 있습니다. 우리가 알아야 할 것은 마귀 귀신들이 보이면 반드시 조치를 해야 한다는 것입니다. 귀신을 보면서 쫓아내기 위하여 우리는 눈으로 신들을 보고 대적할 수 있는 권능을 길러야 합니다. 눈으로 신들을 보면서 쫓아내려면 이렇게 해야 합니다.

첫째, 예수님을 주인으로 영접해야 한다. 영적인 눈을 열어 신의 세계를 보고 하나 되어 신답게 살아가려면 기본이 먼저 예수님을 주인으로 영접해야 합니다. 예수님을 주인으로 영접할 때 죄인이던 아담은 예수님과 함께 십자가에서 죽고 다시 사신 예수님으로 태어나 성령의 인도를 받는 권세와 능력이 있는 하나님의 자녀로 살아가게 되기 때문입니다. 성경은 "영접하는 자 곧 그 이름을 믿는 자들에게는 하나님의 자녀가 되는 권세를 주셨으니 이는 혈통으로나 육정으로나 사람의 뜻으로 나지 아니하고 오직 하나님께로부터 난 자들이니라"(요1:12~13).

1) 예수 그리스도 안에만 구원이 있기 때문입니다. 인류는 죄로 인해 하나님과의 관계가 단절되었습니다(로마서 3:23). 예수 그리스도는 우리의 죄를 대신하여 십자가에서 죽으심으로써, 하나님과의 관계를 회복할 수 있는 길을 열어주셨습니다. 그를 믿음으로 죄가 사해지고 구원받는다는 사실은 우리에게 절실한 필요입니다.

2) 죄가 단번에 사해져서 하나님과의 화해가 이루어지기 때문입니다. 예수 그리스도는 우리의 중보자가 되십니다(히 9:15). 예수님은 죄를 단번에 해결하시어 하나님과 우리 사이의 다리를 놓아주셨습니다. 믿음을 통해 우리는 하나님과의 화해를 경험하고, 그분의 은혜를 누리게 됩니다.

3) 하나님 사랑의 확증이기 때문입니다. 하나님은 우리를 사랑

하셔서 독생자 예수를 이 땅에 보내셨습니다(요 3:16). 예수님의 희생은 하나님의 사랑의 극치로, 그 사랑을 믿음으로 받아들이는 것이 진정한 관계의 시작입니다.

4) 하나님과 교통하는 새로운 피조물로 회복시켜 주셨기 때문입니다. 예수를 믿음으로 우리는 새로운 피조물이 되었습니다(고후 5:17). 이전의 죄악된 삶에서 벗어나 새로운 정체성을 갖게 되는 것은 믿음의 큰 축복입니다. 이는 우리 삶의 방향과 목적을 변화시킵니다.

5) 성령이 영원토록 거주하시기 때문입니다. 주 예수를 믿으면 성령이 우리 안에 거하십니다(요 14:16-17). 성령은 우리의 삶을 인도하고, 힘을 주며, 진리를 깨닫게 하십니다. 성령님은 신의 세계를 보게 하시고 대처하며 신답게 살게 하십니다. 믿음은 성령의 충만한 역사 속에서 이루어집니다.

6) 영원한 생명을 주시기 때문입니다. 예수 그리스도를 믿는 자는 영원한 생명을 주십니다(요 5:24). 세상의 것들은 결국 사라지지만, 예수 그리스도 안에서 영원한 생명은 우리의 궁극적인 소망입니다.

7) 영의 눈이 열려서 성령으로 진리를 깨달으며 영원한 진리 안에서 살아가기 때문입니다. 예수는 "나는 길이요 진리요 생명이다"라고 말씀하셨습니다(요14:6). 그를 믿는 것은 진리 안에서 살아가는 것이며, 세상의 거짓으로부터 자유로워지는 길입니다.

8) 고난 속에서도 영원한 동반자가 있기 때문입니다. 예수를 믿는 삶은 고난이 동반될 수 있지만(롬 8:17), 성령님은 우리의 고난

을 함께 지고 가십니다. 고난 속에서 우리는 그의 위로와 힘을 경험하게 됩니다. 예수님은 믿으면 성령께서 인도하시면서 신적인 사람으로 바꾸는 일을 하십니다.

둘째, '성령 세례'를 받아야 합니다. 성령세례는 성령의 역사를 몸과 마음으로 느끼고 체험하는 실제적인 역사입니다. 필자는 성령세례는 자신 안에 주인으로 오신 성령께서 폭발하여 자신의 전인격이 느끼고 체험하게 하시는 사건이라는 것입니다. 많은 사람들이 단지 예수님을 주인으로 영접하는 신앙을 고백한다는 사실 하나만으로 이미 성령을 받은 것이라고 자신 있게 주장합니다. 그러나 이러한 주장에는 성경 적인 근거가 전혀 없습니다. 진실한 믿음이 없어도 얼마든지 신앙을 고백을 할 수 있습니다. 마음의 진실은 오직 하나님만이 정확하게 판단하실 수 있으십니다.

첫째로 성령의 세례를 받아야 '거룩한 구원'을 받을 수 있습니다. 세례요한은 일찍이 예수님을 가리켜서 성령과 불로 '세례(洗: 씻을 세, 禮:법식례)'를 주시는 분이라고 증거를 한 바 있습니다. 물세례(洗禮)를 준다는 것은 '물로 씻는다.'라는 뜻입니다. 모든 부정하고 더러운 것에서 깨끗하게 씻어준다는 의미입니다. 물세례는 사람에게 받습니다. 그러므로 물세례로는 자신이 바뀌지 못합니다. 고로 자신에게 역사하던 세상 신이 물러가지 않는 것입니다. 성령세례는 성령께서 마음이 열고 받아들이는 성도의 전인격을 성령의 불로 지배하고 장악하기 시작한다는 것으로 이해하시면 됩니다. 성령으로 세례를 받은 이때부터 자신에게 역사하던 귀신이 떠나가기 시작하는 것입니다. 그러므로 성령의 세례를 받으면 무엇보다도 영혼과 양심이 정결하게 됩니다. 성령님이 지배하고 장악하기 때문입니다. 성령의 세례를 받았다 하면서 여전히 죄와 욕심 가운데 행하고 있다면, 그 사람은 거짓말을 하고 있거나 심각한 착각 속에서 살고 있는 것입니다. 성령 세례란 영광의 성령께서 구원해 주시는 영으로서 한 영혼에게 '최초로 찾아오시는 사건'을 가리킵니다. 성령의 세례를 받아야 그때부터 영혼이 온전히 거듭나고 구원받게 됩니다. 성령의 세례를 받지 못하면 하나님 나라에 들어갈 수 없습니다.

이 때에 예루살렘과 온 유대와 요단 강 사방에서 다 그에게 나아와 자기들의 죄를 자복하고 요단강에서 그에게 세례를 받더니 요한이 많은 바리새인과 사두개인이 세례 베푸는 데 오는 것을 보고 이르되 "독사의 자식들아, 누가 너희를 가르쳐 임박한 진노를 피하라 하더냐? 그러므로 회개에 합당한 열매를 맺고 속으로 아브라함이 우리 조상이라고 생각지 말라. 내가 너희에게 이르노니 하나님이 능히 이 돌들로도 아브라함의 자손이 되게 하시리라. 이미 도끼가 나무뿌리에 놓였으니 좋은 열매 맺지 아니하는 나무마다 찍어 불에 던지우리라."(마3:5~10). "나는 너희로 회개케 하기 위하여 물로 세례를 주거니와 내 뒤에 오시는 이는 나보다 능력이 많으시니 나는 그의 신을 들기도 감당치 못하겠노라 그는 성령과 불로 너희에게 세례를 주실 것이요, 손에 키를 들고 자기의 타작마당을 정하게 하사 알곡은 모아 곡간에 들이고 쭉정이는 꺼지지 않는 불에 태우시리라."(마3:11-12). 세례요한이 성령의 세례를 증거 할 때의 상황을 유심히 살펴보기 바랍니다. 세례요한은 '회개를 이루기 위하여' 물로 세례를 주지만, 예수님께서는 성령과 불로 세례를 주신다고 증거 하였습니다. 세례요한은 '세례의 목적'을 분명히 제시한 것입니다. 물세례 가지고는 이러한 목적을 온전히 성취할 수 없었습니다. 물세례는 지정된 사람이 집례 하는 것입니다.

물세례는 사람의 것만 씻는 것이기 때문입니다. 반대로 성령세례는 예수를 영접할 때 임재하신 예수님이 주시는 세례입니다. 그렇기 때문에 물세례와 성령세례는 전적으로 비교되지 않는 영적인 역사입니다. 예수님께서 성령으로 세례를 주실 때 하나님의 사람으로 거듭나는 다시 태어나는 것입니다.

둘째로 성령의 세례를 받아야 주님의 몸 된 교회 성전의 참된 지체가 될 수 있다. 성령의 세례를 받아야만 죄와 마귀 귀신으로부터 구원을 받을 수 있고 참된 하나님의 자녀가 될 수 있습니다. 성령의 권능으로 마귀 귀신이 떠나가야 하나님의 사람으로 다시 태어나는 것입니다. 성령의 역사가 일어나야 자신 안에 역사하는 세상신인 마귀 귀신이 물러가기 시작하는 것입니다. 하나님께서 영이시며 초자연적으로 역사하시기 때문입니다. 성령세례를 받음으로 영이신 하나님을 깨달아 알아가는 것입니다. 그렇다면 과연 누가 예수 그리스도의 몸 된 교회 성전의 참된 일원이라 할 수 있겠습니까? 성령으로 세례를 받은 사람만이 교회의 참된 지체가 될 수 있습니다. "우리가 유대인이나 헬라인이나 종이나 자유자나 다 한 성령으로 세례를 받아 한 몸이 되었고 또 다 한 성령을 마시게 하셨느니라."(고전12:13). 교회란 어떤 곳입니까? 교회는 그리스도의 몸이요, 그리스도는 몸 된 교회의 머리가 되십니다. 그리고 이 교회는 성도 한 사람 한 사람을 말하며 살아계신 하나님의 성전이며 그리스도의 몸이며 교회의 각 지체들입니다.

그러므로 성도 한 사람 한 사람은 머리 되신 그리스도의 뜻을 즐거이 순종하는 사람들이어야 합니다. 다시 말하면, 성도 한 사람 한 사람은 그리스도의 성품과 긴밀하게 일체화된 사람이 되어야 한다는 뜻입니다. 성도는 그리스도의 성품 속으로 일체화되어 들어 온 사람입니다. 이것이 가능할 수 있게 해주는 것이 무엇입니까? 그것이 바로 영이신 예수님이 행하시는 성령의 세례입니다.

성령의 세례를 받을 때에 진정으로 하나님의 뜻을 즐거워할 수 있게 되고, 하나님의 뜻을 실제로 온전히 이루는 삶을 살 수 있게 됩니다. 성령의 세례를 받을 때에 하나님 아버지의 본질 속으로 들어오게 되는 것입니다. 한 성령을 마신 성도들이 모인 교회야말로 참된 교회라 할 수 있는 것입니다.

셋째로 성령 세례는 신약의 성도에게 약속해 주신 하나님의 가장 크고 놀라운 선물이다. 예수께서 대답하여 가라사대 "이 물을 먹는 자마다 다시 목마르려니와 내가 주는 물을 먹는 자는 영원히 목마르지 아니하리니 나의 주는 물은 '그 속에서 영생하도록 솟아나는 샘물'이 되리라."(요4:13-14). 명절 끝 날 곧 큰 날에 예수께서 서서 외쳐 가라사대 "누구든지 목마르거든 내게로 와서 마시라! 나를 믿는 자는 성경에 이름과 같이 그 배에서 '생수의 강'이 흘러 나리라!"하시니 이는 그를 믿는 자의 받을 성령을 가리켜 말씀하신 것이라(요7:37~39). 성령의 세례를 받아야 내면에서 성화(거룩함)가 일어나고 성령의 내주(內住)가 시작되고 인(印)침이 이루어짐니다. 즉 하나님의 나라가 되니 지금까지 자신을 주장하던 세상 신인 마귀 귀신이 떠나가기 시작하는 것입니다. 성령세례를 받을 때 귀신이 떠나가기 시작한다는 말입니다. 성령의 세례를 받음이 없이 그리스도와 연합할 수도 없으며 성령의 보증을 얻을 수도 없습니다. 예수님의 인격으로 변화될 수도 없는 것입니다. 마음의 상처나 질병이나 정신적인 문제가 성령세례를 받음과 동시에 치유되기 시작하는 것입니다. 성령의 역사는 마음의 상처나 질병이나 정신적인 문제보다 한 차원 강한 역사이기 때문입니다. 성령의 세례를 이렇게 깨달을 수가 있습니다. 성령의 세례는 요한복음 4장 14절에서 예수님께서 말씀하신 "내가 주는 물을 마시는 자는 영원히 목마르지 아니하리니 내가 주는 물은 그 속에서 영생하도록 솟아나는 샘물이 되리라."가 실제적으로 체험적으로 이루어지는 체험입니다. 성령의 세례로 전인격이 성령의 지배로 예수님의 살아계심을 체험하는 것입니다. 자신 안에서 주인으로 살아계심을 체험하는 것입니다. 성령님께서 영적-정신적-육체에 주인으로 역사하심으로 하나님의 나라가 이루어지기 시작하는 것입니다. 신약 시대 최대의 선물이 되시는 성령께서는 구약 시대와 같이 특별한 사람에게만 약속 되어진 것이 아닙니다. 오히려 '신약의 모든 보편적인 성도들을 위하여' 약속된 하나님의 가장 크고 놀라운 선물이십니다. 예수님께서는 '신약의 모든 성도에게' 이 귀하신 하나님의 선물을 받게 하시려고 십자가에서 피 흘려 죽으신 것입니다. 이 선물이 최초로 임하는 때가 언제입니까? 예수님을 믿고 예배하며 기도하다가 성령의 세례가 부어지는 때입니다. 성령의 세례를 받으면,

그 후로는 성령께서 '성도의 내면'에 주인으로 거하십니다. 이때부터 성령의 권능으로 귀신이 떠나가기 시작합니다. 이것은 놀라운 은혜가 아닐 수 없습니다. 천지를 창조하신 하나님께서 피조물인 인간 안에 친히 거처(居處)를 정하십니다. 성령님께서는 성도의 영혼 안에서 친히 영원하신 생명과 거룩의 원리로서 그 영혼을 인격적으로 장악하십니다. 우주보다 크신 하나님께서 우주 안의 티끌보다 더 작은 한 인간의 영혼 안에 거룩한 불을 불태우시면서 친히 영원한 거처를 삼으시다니요. 이것은 구약 시대에는 감히 상상하거나 생각해 보지도 못했던 놀라운 하나님의 은혜입니다. 성령의 세례를 받으면 성령께서 택자의 내면에 좌정하시고 그 시간 이후로 거처를 영원히 떠나지 않으십니다. 그는 그의 안에 계신 성령으로 말미암아 하나님의 도우심과 보호하심을 입어서 끝까지 믿음과 주님을 향한 정절을 지키게 됩니다.

신약 시대는 성령을 아주 풍성하게 부어주시는 '은혜의 때'입니다. 성령의 세례란 그저 손으로 물을 조금 묻혀서 부어주는 정도가 아니라 큰 은혜의 하수(河水)가 밀려들어옴 같이 자신 안에서 성령이 부어지는 것을 의미합니다. 예수님은 요한복음 7장 37-39절에서 "명절 끝날 곧 큰 날에 예수께서 서서 외쳐 이르시되 누구든지 목마르거든 내게로 와서 마시라 (38) 나를 믿는 자는 성경에 이름과 같이 그 배에서 생수의 강이 흘러나오리라 하시니 (39) 이는 그를 믿는 자들이 받을 성령을 가리켜 말씀하신 것이라." 예수님은 이렇게 말씀을 하셨습니다. "그러므로 너희는 가서 모든 민족을 제자로 삼아 아버지와 아들과 성령의 이름으로 세례를 베풀고 (20) 내가 너희에게 분부한 모든 것을 가르쳐 지키게 하라 볼지어다 내가 세상 끝날까지 너희와 항상 함께 있으리라 하시니라"(마 28:19-20). 예수님은 다시 당부하셨습니다. "사도와 함께 모이사 그들에게 분부하여 이르시되 예루살렘을 떠나지 말고 내게서 들은 바 아버지께서 약속하신 것을 기다리라 (5) 요한은 물로 세례를 베풀었으나 너희는 몇 날이 못되어 성령으로 세례를 받으리라 하셨느니라."(행 1:4-5). 이 말씀을 듣고 순종한 성도들이 성령세례를 받습니다. "홀연히 하늘로부터 급하고 강한 바람 같은 소리가 있어 그들이 앉은 온 집에 가득하며 (3) 마치 불의 혀처럼 갈라지는 것들이 그들에게 보여 각 사람 위에 하나씩 임하여 있더니 (4) 그들이 다 성령의 충만함을 받고 성령이 말하게 하심을 따라 다른 언어들로 말하기를 시작하니라."(행 2:2-4). 예루살렘을 떠나지 않고 일심으로 순종하며 기도하는 사람들에게 예수님께서 약속하신 대로 성령의 세례가 임합니다. 순종하는 사람만 성령세례를 받았습니다. 우리가 성령의 세례를 사모할 때에 이와 같이 풍성하고도 흡족히 부어주시는 은혜를 구해야 할 것입니다. 하지만 성령세례로 만족하지 말고 예수님으로부터 성령의 불세례를 받아야 합니다.

셋째, 성령 충만을 받아야 합니다. '성령 세례'는 택한자가 거듭날 때 최초로 한 번 받는 것입니다. 그러나 '성령 충만'은 성령의 세례를 이미 받은 성도가 그의 남은 일생 동안 계속적으로 사모하면서 영원한 천국에 갈 때까지 받아야 할 은혜입니다. 사도행전 2장을 보면 예수님 부활 후 첫 오순절에 제자들이 최초로 성령의 세례를 받는 장면이 나옵니다. 그리고 그 이후에 수많은 반대와 핍박에도 불구하고 담대히 복음을 전하고 기도하다가 성령의 충만을 받는 장면을 발견할 수 있습니다(행 4:23~31). 사도행전을 보면 제자들이 주로 기도와 찬송 중에 성령의 충만을 받는 모습을 발견할 수 있습니다(행 4:23~31). 성령세례를 받는 일이 없었는데도 불구하고 감히 성령 충만하다고 함부로 말하는 사람들을 (타 교회에서) 종종 볼 수 있었습니다. 이것 보고 관념적인 신앙생활을 하는 것이라고 할 수가 있습니다. 알기만 하는데 실제 체험이 없다는 것입니다. 단순히 기분이 좋다는 표현을 성령 충만하다는 식으로 농담으로 표현하는 사람도 있었습니다. 성령님은 삼위일체의 제3위가 되시는 하나님이십니다. 하나님의 거룩하신 이름이 들어가는 단어를 진지하고 신중하게 사용해야 합니다.

성령 충만하다는 것은 '그리스도의 영으로 충만해진 상태'를 말하는 것입니다. 그리스도의 거룩하심과 뜨거운 사랑으로 충만해지는 것입니다. 주님의 거룩하신 성품과 사랑과 말씀과 지혜와 능력으로 충만해지는 것을 말합니다. 성령 충만한 사람은 이기적 욕심이 완전히 죽고 성령님께서 인도하시는 이타적 삶으로 인도함을 받게 되어있습니다. 세상이 줄 수도 없고 알 수도 없는 평안과 기쁨이 충만합니다. 세상의 염려와 걱정을 하나님께 내어 맡기고 담대히 자신이 짊어져야 할 '십자가의 사명 (하나님께서 주신 이타적 사명)'을 지고 즐거이 주님을 따르는 삶을 살게 됩니다. 성도라고 한다면 예수님으로부터 성령의 불세례를 받아 성령이 차고 넘치는 충만함으로 성령의 기름부으심으로 살아야 합니다. 많은 성도들과 목회자들이 성령 체험, 성령세례, 성령 충만, 기름 부음을 혼용하고 정확하게 알고 있지 못합니다. 성령 체험은 성령님이 살아계시고 성령의 역사가 이런 것이구나 하고 단회적으로 체험하는 것입니다. 성령세례는 성령으로 온몸이 사로잡히는 것입니다. 자신도 온몸으로 느끼고 알고 옆에 있는 다른 사람들도 눈으로 보고 알게 됩니다. 이 때 귀신이 정체를 폭로하기도 합니다. 성령 충만은 성령으로 세례를 받고 성령으로 온몸으로 깊은 기도를 할 때마다 성령께서 온몸을 충만하게 채우고 사로 잡는 것을 말합니다. 성령 충만이란 한 마디로 보이지 않지만 살아계시는 성령님이 차고 넘치게 역사하시는 것입니다. 성령의 기름부음은 성령 충만과 같은 것입니다. 이제 우리는 성령으로 세례를 받은 것으로 만족하지 말고 성령으로 충만하고 말씀을 성령으로 깨닫는 수준이 되어야 합니다. 그래야 하나님을 눈으로 볼 수가 있습니다. 성령으로 율법과 복음을 구분할 줄을 알아야 합니다. 성경 말씀은 성령으로 기록하신 것입니다. "예언은 언제든지 사람의 뜻으로 낸 것이 아니요. 오직 성령의 감동하심을 받은 사람들이 하나님께 받아 말한 것임이라(벧후 1:21)" 분명하게 다릅니다. 율법은 하나님께서 직접 기록하신 것이요, 사람의 눈으로 보고 알수 있는 율법이요, 진리의 말씀, 즉 복음은 성령의 감동하심을 받은 사람들이 받아 기록한 것입니다. 성령의 감동을 받아 기록한 말씀은 육체적인 눈과 머리로는 깨달을 수가 없는 것입니다. 반드시 성령으로 깨달아야 합니다.

성령에 대하여 바르게 알고 싶으신 분은 [성령의 불받는 법]과 [성령의 불 받을 때 느낌 체험] 책을 참고 하시기를 바랍니다.

7장 집 안에 역사하는 신들을 보는 눈을 열어가는 기술

하나님은 우리 성도들이 신들을 보는 눈을 열어 귀신의 역사를 분별하여 속지 말고 대처하기를 원하십니다. 귀신의 영향을 받는 사람은 자신이 그것을 구분하기란 결코 쉽지 않습니다. 초기에는 영적 지식이나 경험이 없기 때문에 구분하지 못하며, 그 후에는 귀신이 이미 자신 속에 잠재되어 있기 때문에 스스로 떨쳐낼 수 없습니다. 귀신이 눈에 보이지 않기 때문입니다. 귀신 들림의 초기 단계인 영향을 받는 단계는 대수롭지 않게 여길 수 있지만 이것이 위험하며, 그대로 방치하면 귀신 들리는 불행한 결과가 오는 것입니다. 귀신의 영향을 받는 사람은 성령의 권능으로 귀신을 축귀하는 능력을 지닌 사람에게 가면, 그 증상이 나타나기 시작합니다. 지금 일부 교회에서는 귀신 역사의 사실조차 알지 못하며, 이런 분야를 이단시하고 관심조차 없기 때문에 귀신의 영향을 받는 사람뿐만 아니라, 육체의 질병이 들거나 마음에 상처를 지닌 사람들이 고아처럼 버려진 상태에 있는 것입니다.

집안이나 건물이나 장소에 머무는 귀신이 있습니다. 집안이나 장소나 건물에 머무는 귀신은 무엇인가? 앞에 기거하던 사람이 모시던 신인데 이사갈 때 따라가지 못한 귀신들입니다. 이들이 뒤에 이사온 사람들이 자신을 섬기지 않으니 마땅한 거처를 찾지 못하고 방황하는 귀신들입니다. 이들이 자신들을 섬기라고 영육간에 문제를 일으키는 것입니다. 만약에 당신의 집안에 머무는 귀신이 있다면 자기와 체질적으로 맞는 사람을 찾지 못했거나 주변 여건이 맞지 않아서 사람에게 침입하여 접신을 하지 못한 것입니다. 이 귀신들은 집안에 있는 사람에게 언제라도 들어갈 준비가 되어있습니다. 이 귀신들로 인하여 집안에 피해를 입습니다. 특별히 이사를 간 직후에 일어납니다. 교통사고가 빈번하게 일어납니다. 제가 병원에 능력 전도 다닐 때 이사 온지 6개월이 되었는데 교통사고를 세 번이나 당한 사람도 만났습니다. 교통사고에 놀라 심장병이 발생하여 병원에 입원했다가 저에게 안수기도 받고 치유되어 퇴원한 성도도 있습니다.

또 이사 온지 석 달이 되었는데 아이들 둘이 번갈아 병이 발생하여 두 번이나 병원에 입원 했다가 저에게 안수기도 받고 치유 되어 퇴원한 경우도 있었습니다. 매사가 잘 안 풀립니다. 집안에 우환이 생기게 합니다. 까닭 없이 부부간에 자주 싸우고, 이유 없이 자녀가 가출을 하거나, 부모 말에 순종하지 않고 반항하며, 부모와 싸우게 합니다. 또 컴퓨터 게임에 빠지는 등 이해가 되지 않는 행동을 하기도 합니다. 특히 잠을 자고 일어나면 머리가 아프고, 숙면을 취하지 못해 몸이 나른하고, 피곤할 뿐만 아니라, 악몽을 꿉니다. 그리고 가위에 눌립니다. 원인이 없는 문제는 없는 법입니다. 집안에 귀신이 머물고 있으면 음산한 기운 때문에 건강이 나빠지고, 언제 가족에게 침입하여 들어올지 모르므로 항상 위험을 안고 사는 것입니다. 이사를 갔는데 원인 모를 이상한 일들이 반복적으로 일어납니다.

제가 우리 교회 권사님의 집에서 실제로 이런 일이 일어난 것을 체험했습니다. 전도를 하러갔는데 권사님 집을 방문하라고 성령께서 감동하시는 것입니다. 그래서 권사님의 집을 방문했습니다. 아파트 2층이기 때문에 집에 도착하여 초인종을 눌렀더니 권사님이 누구냐고 합니다. 강 목사입니다. 하고 집 안으로 들어갔습니다. 차를 주시기에 받아서 마시고 있었습니다.

권사님이 이러시는 것입니다. 목사님! 저의 남편 집사님이 어제 화장실에서 볼일을 보다가 가위눌림을 두 번을 당했습니다. 막 숨도 제대로 쉬지 못하고, 소리를 지르지 못하다가 제가 이상해서 화장실 문을 열었더니 도망을 쳤습니다. 참으로 이상합니다.

그래서 제가 화장실에 귀를 기우리고 차를 마시면서 들으니까, 화장실에서 버스럭 버스럭 하는 소리가 나는 것입니다. 성령께서 저의 귀로 듣도록 역사하여 주신 것입니다. 화장실 문을 열고 성령이여 임하소서! 내가 나사렛 예수 이름으로 명하노니 화장실에서 역사하는 귀신은 떠나갈지어다. 명령했더니…. 권사님이 하시는 말씀이 아~ 이제 알았습니다. 목사님! 우리 아들이 이 아파트에 이사 오기 전날 밤에 청소를 하고 잠을 자는데 부스럭 부스럭 하는 소리 때문에 밤새 싸우느라고 잠을 자지 못했답니다.

그런데 그것이 우리 집사님 목을 누른 것 같습니다. 그래서 식구들을 모아놓고 예배를 드리면서 성령의 임재를 충만하게 하고 귀신들을 몰아낸 일이 있습니다. 그 후 한 번도 그와 같은 잘못된 일이 일어나지 않았습니다. 만약 당신의 가정에 이런 일이 일어난다면 지체하지 말고 성령이 충만한 예배를 드리면 떠나가는 것입니다. 반드시 성령의 역사를 일으켜 귀신을 몰아내야 합니다.

건물(장소)에 귀신이 있을 때 이런 일이 일어납니다. 사람이 들어오지 않았는데 문이 열렸다가 닫히기도 합니다. 갑자기 찬바람이 불어와 어깨를 스치기도 합니다. 교회에서 기도를 하는데 여성의 우는 소리가 들리기도 합니다. 누전으로 정전이 잘 됩니다. 사람들과 의견 다툼이 자주 일어납니다. 부스럭부스럭 거리는 소리가 자주 납니다. 수도관이 잘 터집니다. 보일러가 자주 고장이 납니다. 이런 현상이 일어날 때는 성령으로 충만한 예배를 자주 드려야 합니다. 그러면 대부분 물러갑니다. 마귀 귀신은 끊임없이 우리의 생각 속에 하나님과 어긋나는 생각들 즉 이기적이고 탐욕적인 생각들을 불어넣습니다. 그런데 이것이 교묘하게 위장될 뿐만 아니라, 타당한 근거를 지닌 내용처럼 보이기 때문에 속기 쉬운 것입니다. 하나님의 말씀으로 판단의 기초를 제대로 갖추지 못하면 우리는 그런 부분에서 마귀 귀신의 유혹에 휘말리게 됩니다. 우리의 그릇된 분별과 판단을 이용하여 마귀 귀신은 자신들이 하고자 하는 일을 하게 됩니다. 마귀 귀신은 각 그룹마다 자신들의 독특한 특징을 지닙니다. "종교의 영"은 거짓 종교체계를 따르도록 우리를 유혹하며, "발람의 영"은 권세와 물질을 더 좋아하게 만들며, "이세벨의 영"은 우상을 숭배하게 만듭니다.

그 밖에 "게으른 영"은 모든 것을 내일로 미루도록 만들며, "분리의 영"은 항상 부정적으로 비판하게 만들어 분리하게 합니다. "다툼의 영"은 사소한 일도 크게 만들어 다툼이 일어나며, 이런 영을 가진 사람이 모임에 들어오면 반드시 싸움이 생깁니다.

수많은 영적 기능들이 있는데 이 마귀 귀신들이 접근함에 따라서 우리의 생각이 그 특성을 드러내기 시작하는 것입니다. 마귀 귀신은 우리 영속에 자신들의 특성적인 신호를 보내면 우리의 지각은 이것을 분석하여 받아들이게 됩니다. 말씀에 미약한 사람은 이 신호를 분별하지 못하고 자신의 생각인 것으로 여겨 그대로 행동하게 되는 것입니다. 떠오르는 생각 가운데 우리 영의 생각, 성령의 생각, 천사의 생각, 마귀 귀신의 생각이 있습니다. 이처럼 우리의 생각은 온갖 영의 생각들이 복잡하게 드러나는 싸움터입니다. 이런 생각들의 출처를 확실하게 구분할 줄 아는 것이 영적 분별력이며, 기술이기 때문에 배워서 익혀야 합니다. 우리의 생각을 멋대로 내버려 두어서는 안 됩니다. 하나님의 말씀으로 무장하고 분별력을 높여 하나님의 음성을 더 잘 듣도록 노력합시다.

귀신은 우리의 육체를 점령하여 그 가운데 거처를 삼고자 기회를 엿봅니다. 마음의 상처나, 고통 스런 사건을 경험하여 심령이 극심하게 허약해져 있어 분별력이 없을 때 침투하게 됩니다.

극심한 사건이 없다 하더라도 영이 강건하지 못한 경우, 귀신은 접근을 시도합니다. 우리가 영적인 일에 무지하고 믿음이 약할 때 역시 공격을 시도하는데 귀신의 공격 목표는 우리의 육신입니다. 그러므로 귀신이 접근하면 먼저 우리의 영이 이 사실을 깨닫게 되며, 그 신호를 육체에게 보냅니다. 육체가 느끼는 다양한 신호 가운데 가장 많이 나타나는 것이 소름이 끼치는 것입니다.

가슴이 조여들고 현기증이 나고 불쾌한 생각이나 두려운 생각, 썩은 냄새, 머리카락이 서는 강한 공포 등의 신호를 우리 감각기관에 보냅니다. 검은 물체가 보이거나, 어두운 분위기와 짓누르는 것 같은 압박감 등도 나타나며, 어둡고 불쾌하며 두려운 생각이 짓누르고 가위눌려 몸을 움직이지 못하게 되며, 악몽에 시달리며, 짐승들의 울부짖는 것과 같은 소리가 날카롭게 들립니다.

방언이 거칠고 날카롭게 나오며, 짐승 소리 비슷하게 변합니다. 공중에서 급하게 바람이 휘몰아 가는 것 같은 느낌이 들며, 날카로운 바람 소리가 들립니다. 무당들이 점을 칠 때 내는 독특한 휘파람 소리 같은 소리가 스쳐지나 가며, 뱀이 낙엽 위로 사삭거리면서 지나가는 것과 같은 소리와 느낌이 듭니다. 때로는 발자국 소리가 들리기도 하고 문이 열려 있어서 냉기가 스며드는 것 같아 누가 문을 열어두었나 하고 살피게 됩니다. 귀신은 공포를 동반하는데 이 모든 것이 일차적으로는 우리의 영이 우리 자신에게 알려주는 신호입니다. 귀신은 자신의 존재를 나타내려고 하지 않지만, 우리의 주인이신 성령은 이 사실을 알기 때문에 이런 다양한 신호를 우리에게 보냅니다. 귀신이 자신에게 접근해 오면 우리의 영이 이를 알고 느끼기 시작하며, 때로는 성령께서 이 사실을 우리에게 알게 해 주십니다. 마귀와 귀신의 접근은 마치 감기처럼 누구에게나 오는 것입니다. 우리의 몸과 영은 이 두 차원의 악한 존재들로 인해서 항상 싸움터가 되며, 이 영적 전쟁에서 이기기 위해서는 깨어 기도해야 합니다. 마귀 귀신은 우리가 하나님의 사랑을 더 많이 받을 수 있는 길목을 지키다가 적당한 때가 이르면 모조품을 먼저 우리 앞에 내어놓습니다. 마귀 귀신은 우리의 약점을 너무도 잘 압니다.

성령께서는 자신의 약점이 무엇인지를 알기 원하십니다. 누구든지 한 가지 이상의 약점을 지니고 있으며, 그 약점은 우리가 하나님 앞에서 겸손하게 하기 위한 은혜의 수단이기도 합니다.

8장 신적인 역사를 보고 배후의 영을 보고 쫓아내는 기술

하나님은 예수를 믿고 성령으로 거듭난 성도들이 신들에 대하여 바르게 알고 대처하기를 원하십니다. 하나님의 인도와 그분의 지시는 모두 사람의 마음 안에 있는 영 안에서 이루어집니다. 사람이 영적인 기능을 모른다면 결코 하나님의 성령과 동역할 수 없습니다. 하나님께서 영이시기 때문입니다. 더욱이 성령께서 자신의 안에서 나타나는 것인지, 밖에서 임재 하는 것인지를 구분할 수 없게 된다면, 결국 성령을 좇아 행하지 못하고 혼을 좇아 귀신이 좋아하는 것을 행하게 됩니다. 많은 분들이 성령께서 밖에서 임재하는 것으로 알고 있습니다. 그래서 밖에서 성령을 받으려고 하기 때문에 자신의 마음 안에 관심이 없습니다. 그래서 영적으로 변화되지 못하는 것입니다. 하나님의 말씀 가운데서 우리는 영의 생명이 무엇인지, 또 그 안에서 어떻게 행하는지를 알게 됩니다. 고린도전서 2장 11절은 "사람의 사정을 사람의 속에 있는 영외에는 누가 알리요"라고 말합니다. 그러므로 오직 사람의 마음 안에 영만이 사람의 사정을 알 수 있습니다. 하나님의 사정도 성령 님만이 아십니다. "오직 하나님이 성령으로 이것을 우리에게 보이셨으니 성령은 모든 것 곧 하나님의 깊은 것까지도 통달하시느니라"(고전 2:10).

그래서 하나님을 알 수 있는 사람이 없고, 오직 하나님께로부터 오신 성령님 만이 사람의 영의 중간 역할을 통해 하나님과 그분의 마음을, 믿는 이에게 나타내 보일 수 있습니다. 사람의 영은 성령을 받아들이는 사람의 기관입니다. 성령은 사람의 영을 통해 생각 속에 진리를 나타내시고 하나님을 알도록 사람을 가르치십니다. 성령은 사람의 마음 안에 있는 영에서 나타나는 것입니다. 또한 바울은 "우리가 세상의 영을 받지 아니하고"(고전 2:12)라고 말합니다. 대부분 사람들은 세상에도 세상의 영이 있다는 것을 모릅니다. 그들은 세상을 물질적인 것으로만 생각할 뿐 세상에도 세상의 영인 마귀 귀신이 있다는 것을 모릅니다. 우리 속에 하나님의 성령이 일하시지 않으면 '세상의 영'과 '그릇된 영' 등 마귀 귀신의 명(命)을 좇는 귀신의 영들이 일하게 됩니다. 사람의 마음은 영을 담는 그릇이기 때문입니다. 성령이든 마귀 귀신의 영이든 사람의 마음에 좌정하는 것입니다. 성령은 예수를 믿고 마음에 영접을 해야 좌정하십니다. 그러나 마귀 귀신은 영접의 과정이 없어도 아담의 죄악으로 사람의 마음에 좌정하는 것입니다. 하나님의 사정에 대하여 성령과 동역하는 방법을 모르고서야 어찌 악한 마귀 귀신의 영들을 대적할 수 있으며, 어찌 그것들이 우리 영안에 들어오지 못하게 할 수 있단 말입니까? 사람이 자신의 생각을 걸어 잠그고 세상적인 사상과 관념을 상관치 말아야 하듯이, 세상의 영을 거절하고, 그것의 영향이 영에 미치지 않게 해야 합니다.

그러므로 크리스천이 자신의 마음 안에 있는 영의 기능을 바르게 알아야 영들을 바르게 분별할 수가 있습니다. 종말이 가까워져 올수록 귀신들도 자신들의 마지막이 끼워왔음을 알고 더욱 악랄하게 날뛰고 있기 때문입니다. 그러나 세상의 교회는 귀신들의 정체나 공격에 대해 무지하고, 마귀 귀신들에 대하여 알려고 관심조차 두지 않는 실정입니다. 보이지 않기 때문입니다. 그래서 수많은 하나님의 자녀들이 마귀 귀신의 포로가 되어 불행에 빠져 고통을 당하고 영혼과 생명을 사냥당하고 있습니다. 예수를 믿고 교회에 들어와 믿음 생활을 하는 데 영적인 면에 무지하여 귀신들의 공격으로 우울증이나 불면증, 정신 문제, 재정문제, 육체의 질병, 귀신 들림 등의 현상으로 고통당하는 크리스천이 많습니다.

그들을 그대로 방치한다면 그들의 영혼의 운명을 아는 것은 어렵지 않습니다. 그리 머지않은 장래에 유황불이 활활 타는 지옥에서 그들의 울부짖는 소리를 듣게 될 것입니다. 물론 무지한 크리스천들이 마귀 귀신들에게 속아 포로가 된 이유는 자신들의 영적인 무지와 어리석음 때문입니다. 자신의 영적인 상태를 볼 수가 없기 때문입니다. 그러나 교회의 지도자들이 귀신의 공격에 대해 아무런 가르침이나 교훈이 없었기에 속수무책으로 당한 것입니다. 우리 한국교회에 말씀을 해석하여 설교하고 교육하는 것은 발전이 되어있습니다. 그러나 영적인 역사에 대하여는 전무한 상태라고 해도 과언이 아닐 것입니다. 왜 이렇게 되었을까요? 영적인 역사는 보이지 않기 때문에 관심을 갖지 않은 연고입니다. 영적인 분야에 관심을 가지고 책을 낸다든지, 집회를 한다든지 하면 생소하게 때문에 받아들이지 않고 대적하는 것이 보통이기 때문입니다.

신병이라고 하는 병이 있습니다. 이병은 조상에 흐르는 무당의 귀신들로 인하여 발생합니다. 그런데 병원 치유와 정신과 약을 먹어도 효과가 없다는 것입니다. 귀신에 의하여 발생한 질병이기 때문에 정신과 치료만 매달리지 말고 예수를 믿고 성령으로 세례를 받고 성령 안에서 전문인의 도움을 받으면서 영적-정신적-육체적 치료를 해야 효과가 나타나는 것입니다. 그런데 질문을 하시는 분들이 왜 예수를 믿고 교회에 다녀도 치유가 되지 않느냐는 것입니다. 짧게 말해서 예수를 믿고 교회에 다녀도 온몸이 성령의 지배하에 들어가지 못하면 귀신이 떠나가지 않기 때문에 치료가 되지 않는 것입니다. 성령으로 세례를 받아야 귀신이 떠나가기 시작하니 치유가 되기 시작하는 것입니다. 성도는 하나님의 군사입니다. 하나님은 영이십니다. 영이신 하나님의 군사가 영적인 역사에 무지하니 어찌 하나님의 군사가 되겠으며 영적인 전쟁을 할 수 있겠습니까? 그래서 이 장에서 성령께서 역사하시는 기적과 귀신들이 일으키는 이적에 대한 분별의 잣대에 대해 생각해 보고 싶습니다.

  많은 이들이 놀라운 이적을 일으키는 사건만 생기면 죄다 성령의 역사라고 생각하기 십상입니다. 그만큼 영적인 분야에 무지하기 때문입니다. 성령의 역사와 귀신의 역사를 분별하는 기준이 명확하기 않기 때문입니다. 한마디로 살아있는 영적인 역사의 체험이 있는 목회자가 많지 않기 때문입니다. 바르게 알아야 할 것은 귀신들도 놀라운 이적과 기적을 일으킬 수 있습니다. 성경을 보세요. 모세가 지팡이를 던져 뱀이 되게 하자, 바로의 주술사들도 자신들의 지팡이를 던져 뱀으로 변하게 하였습니다. 모세가 애굽의 강을 피로 물들이자 자신들도 따라 했으며, 먼지로 이를 만드는 것까지 집요하게 따라 하고 있습니다. 그렇다면 이들도 하나님의 능력만큼은 아니지만, 상당한 경지의 영적 능력을 가지고 있음이 틀림없습니다. 그러므로 기적과 이적을 일으킨다고 죄다 성령의 역사라고 생각했다면, 꼼짝없이 이들의 속임수에 넘어갈 것입니다.

필자는 26년간 성령 사역을 했습니다. 성령 사역 간 성령의 임재가 되어 영적인 상태에 이르면 귀신 역사와 성령의 역사가 비슷하게 일어 납니다. 일어나는 역사가 비슷하여 일반적인 사역자나 성도는 구분하기가 쉽지 않습니다. 쉽게 설명한다면 점치는 무당집에 가면 과거의 일을 소상하게 알고 있는 것, 그리 놀랄 만한 일이 아닙니다. 그리고 굿을 하고 푸닥거리를 통해 환자를 낫게 하며, 무당이 버선발로 시퍼렇게 날이 선 작두를 타는 광경은 보는 이는 입을 다물지 못하게 합니다. 우리나라만 그런 게 아닙니다. 힌두교의 축제나 서아프리카 부두교의 축제에 가보면 사람들이 쇠갈고리로 살에 꿰어 공중에 매달리거나, 활활 타는 숯불 위를 맨발로 밟고 지나가기도 한다고 합니다. 그래서 이들은 화상을 입지 않거나 피가 뚝뚝 떨어져도 고통을 전혀 느끼지 못한다고 합니다. 그렇다면 이들의 능력은 어디에서 오는 것입니까? 당연히 마귀 귀신이 주는 기적과 이적의 현상입니다. 그러므로 기적이나 이적이 죄다 성령께서 일으키시는 전용물이라는 착각을 하지 말아야 합니다.

그렇다면 성령이 행하는 기적과 귀신이 행하는 이적은 똑같을까요? 아닙니다. 성령이 행하는 이적은 영혼 구원과 하나님의 영광을 드러내며, 하나님의 나라를 확장하는 일에 한정되어 있습니다. 성령의 역사를 체험하면 할수록 성도가 성령의 이끌림을 받으면서 영적으로 변화된다는 것입니다. 예수님이나 사도들과 제자들이 복음을 전하면서 죽은 자를 살리고, 귀신을 쫓아내고 맹인의 눈을 뜨게 하고 앉은뱅이를 일으키고 수많은 불치병을 고쳤습니다. 그러나 이는 죄다 영혼 구원에 한정된 기적일 뿐입니다.

그에 반해 귀신들이 일으키는 기적과 이적들은 영혼 구원과 하나님의 나라를 확장하는 것이 아니라, 사람들의 호기심을 불러일으키고 놀라게 하는 일들입니다. 성령께서 베푸시는 예언은 주변 사람들의 시시콜콜한 상황을 알려주시거나 유익을 구하는 일에 대해 결코 말씀하시지 않습니다. 필자는 성도들이나 목회자들이 예언을 들려달라고 하면 직접 자신 안에 임재하신 성령님께 문의하여 알아내라고 합니다. 예언을 필자에게 들어도 다시 본인이 자신 안에 계신 성령님께 문의 하여 확증을 해야 하기 때문입니다.

우리가 바르게 알아야 할 것은 호기심을 만족시키거나 세속적인 유익을 말하는 예언들은 죄다 귀신들이 하는 분야입니다. 그러나 귀신들은 목회자나 기도원 원장 등의 머리를 타고 앉아 속여서 마귀 귀신들이 자신들의 말을 귀에 넣어주고 있습니다. 말하자면 이들이 바로 거짓 예언자인 셈입니다.

요즘 집회에서 성령이 운행하는 현상으로 사람들이 뒤로 넘어지게 하는 퍼포먼스를 하고 있는 곳이 있습니다. 그러나 이 같은 현상으로 영혼이 구원되는 일도 없고, 하나님의 나라가 확장되지도 않습니다. 필자는 성령사역을 26년간 했습니다. 이런 현상을 일으키고 체험한다고 성도가 변화되지 못합니다. 성령의 역사와 생명의 말씀으로 성도가 영적으로 변화되는 것입니다. 바르게 알아야 할 것은 자신이 진리의 말씀의 비밀을 깨닫는 만큼씩 영적으로 깊어진다는 것입니다. 이런 이상한 역사는 죄다 호기심을 만족하고 놀라게 하는 일에 불과합니다. 당연히 이는 성령의 능력이 아니라, 다른 마귀 귀신의 역사라고 볼 수 있습니다. 예배 시에 금가루가 떨어지며, 집회 시에 보석이 떨어지고, 금이빨이 아말감으로 변하는 사건이 사실이라면 성령의 역사가 아닌 다른 영의 역사가 분명합니다. 그 외에도 귀신들은 놀라운 이적과 기적의 현상을 얼마든지 일으킬 수 있습니다. 그러나 이 같은 사건들은 죄다 사람들을 놀라게 하고, 호기심을 충족시키는 사건일 뿐입니다. 그뿐만이 아닙니다. 귀신들도 질병에 대한 치유도 일으킵니다. 그러나 이는 진정한 치유가 아니라, 그들의 포로로 잡아두기 위한 덫일 뿐입니다.

또한 귀신을 축귀하는 것에만 치중하면 안 된다는 것입니다. 성령이 역사하시면 귀신을 축출하는 사건도 벌어질 수가 있습니다. 그러나 입에서 나오는 기침이나 침, 하품, 구토, 트림 등은 약한 귀신들이 나가는 현상이고, 얼굴을 찌그러뜨리거나 몸을 뒤틀거나 소리를 지르면서 나가는 것들도 있을 수 있습니다. 그러나 피사역자가 영적으로 변하여 하나님의 말씀의 비밀을 깨닫는 만큼씩 귀신이 떠나간다는 것을 알아야 합니다. 이런 현상을 체험하는 것이 만족한다면 영적인 앉은뱅이가 될 소자가 다분합니다. 절대로 가시적인 현상에 치우치면 성도의 영혼은 파리하여 집니다. 왜냐하면 자신이 기도하다가 또는 안수를 받다가 자신이 추구하던 영적인 현상이 일어나면 다된 것으로 착각하기 때문입니다. 형상에 치우치면 그리스도의 장성한 분량까지 자라지를 못한다는 뜻입니다. 생명의 말씀과 살아계신 성령의 역사에 의하여 이성과 육체가 성령의 역사에 순복하는 영성이 되어야 합니다. 자신의 영 안에 계신 성령의 소욕을 이성과 육체가 가감 없이 받아들여 순종하는 영성이 되도록 훈련해야 합니다. 이처럼 귀신들도 자신만의 방식으로 기적을 행하고 이적을 보여줍니다. 더러는 성령이 하는 것을 교묘하게 흉내 내어 속이기도 하지만, 대부분은 자신만의 방식으로 이적을 일으킵니다. 그들만의 방식은 영혼을 구원하고 하나님의 나라를 확장하는 것이 아니라, 사람들을 놀라게 하고 호기심을 충족시키고 세속적인 유익을 챙겨주는 행위 등입니다. 그러나 성령은 절대 그런 분야의 기적을 일으키는 법이 없습니다.

성령은 전지전능한 하나님이시지만, 우리의 영혼을 지옥에 던져 넣을 수 있는 두려운 분이십니다. 더더욱 사역자의 꼭두각시가 되는 일은 절대 없습니다. 마치 성령을 앞세워 자신의 의를 드러내거나 자랑거리로 삼는 사역자가 있다면, 성령이 아니라, 귀신의 포로가 된 사람일 것입니다. 생명의 말씀과 성령의 역사가 성도들을 장악하여 영적으로 변화되는 것에 목적을 두고 사역을 해야 합니다. 바른 성령의 역사와 진리의 말씀을 들으면 성도가 하나님께서 원하시는 영적인 사람으로 변화되게 되어있습니다. 영적으로 변화되면 귀신은 떠나가게 되어있습니다. 기사와 이적을 일으키고 체험한다고 하나님께서 원하시는 영적인 상태로 변화되지 못합니다. 필자는 성령 집회를 할 때 말씀을 전하고 안수하여 성령의 역사가 일어나게 합니다. 계속적으로 생명의 말씀을 듣고 성령으로 기도하니 목회자나 성도가 영적으로 변화되는 것을 본인들이 체험하고 다른 사람이 눈으로 보고 느끼게 됩니다. 넘어지게 한다든지, 이상한 소리를 낸다든지, 붕붕 뛰지 않고 이상한 현상 일으키지 않아도 모두 영적으로 변화되었습니다. 필자가 말하고 싶은 것은 성도들을 현혹시키는 사역을 하지 말라는 것입니다. 성도들이 영적으로 변화되는 사역을 해야 합니다.

그래서 기사와 이적의 역사는 반드시 분별이 되어야 합니다. 성령 사역자와 귀신이 조종하는 좀비를 구별하는 가장 중요한 잣대는, 그에게서 거룩한 성품이 드러나는가를 날카롭게 살펴보는 것입니다. 즉, 열매로 분별이 되는 것입니다. 마귀 귀신들은 자신의 의를 드러내고 자랑하는 일을 즐깁니다. 그러므로 자신의 은사를 자랑하거나 보여주는 것을 즐긴다면 볼 것 없이 귀신의 꼭두각시입니다. 또한 자신의 말을 듣지 않거나 순종하지 않는 사람들에게, 하나님의 저주를 운운하거나 벌이 내려올 것이라고 겁을 주고 두려움을 주는 이들도 귀신의 좀비들입니다. 하나님은 그런 방식을 저주나 벌을 주시지 않습니다. 신약시대에 하나님의 벌은 어두움에 내버려 두는 것입니다. 그래서 회개하지 않으면 지옥으로 던져 넣는 게 하나님의 처벌 방식입니다.

그러나 귀신의 사역자들은 신체적인 질병이나 불행한 사건을 운운하며, 저주나 벌을 내린다고 하여 겁을 주고 공포심을 줍니다. 때로는 거액의 헌금을 강요하기도 합니다. 헌금은 성령께서 감동하시면 하는 것입니다. 누가 강요한다고 헌금하지 말고 자진 해서 일정한 한 도내에서 하는 것이 좋습니다. 치유 받고 치유 받으려고 자진해서 헌금을 해야지요. 헌금을 해야 사역하는 장소도 유지할 수가 있지 않습니까? 변호사에게 상담을 받으려면 일정한 금액을 지불해야 합니다. 무조건 헌금을 하라고 한다고 잘 못된 것이 아님을 알아야 합니다. 종말이 가까워져 올수록 마귀 귀신들은 광명한 천사로 속여, 각종 이적과 기적을 보여주며 하나님의 자녀들을 넘어뜨리고 있습니다. 그러나 성령이 주시는 지혜가 없으며, 마귀 귀신들에 대해 무지하고 어리석어서, 수많은 하나님의 자녀들이 마귀 귀신이 쳐놓은 덫을 밟고 마귀 귀신에게 걸려서 영혼과 생명을 사냥당하고 있는 실정입니다. 나 자신도 성령이 주시는 지혜인 분별력이 없다면 순식간에 이들의 포로가 될지 모르는 일입니다. 그러므로 정신 차리고 깨어서, 항상 기도하며 이들의 공격을 막아내야 할 것입니다.

예수를 믿고 성령으로 거듭난 성도는 영적인 분별력이 무엇보다도 중요합니다. 성도는 영적인 존재입니다. 영이신 하나님의 군사들입니다. 하나님의 군사이며 영적인 존재인 성도가 영들을 보지 못하고 분별하지 못한다면 살았다고 하나 죽은 사람이나 다름이 없는 것입니다.

9장 눈으로 신들을 보면서 대처하며 쫓아내는 기술

하나님은 자녀들이 신적인 존재답게 신들을 보면서 신적인 전쟁을 승리하기를 소원하십니다. 그런데 이제까지 주님을 섬겨 오면서 예수님의 몸 된 교회가 영들을 보고 대처하는 일에 있어서 하나님께서 원하시는 수준에 도달하지 못하고 있다는 것입니다. 실제로 영분별이라고 불리어지는 것의 대부분은 교회를 자유롭게 하기보다, 오히려 사람들에게 의심과 두려움, 비난과 같은 씨를 뿌려 놓았다고 볼 수 있습니다. 성령께서 우리에게 음성을 들려주시고 환상을 보여 주시지만, 또한 마귀(귀신)도 우리에게 거짓 음성을 들려주고 거짓 환상을 보여 줍니다. 마귀도 인간 앞에서 하나님의 흉내를 냅니다. 따라서 음성을 들었거나 환상을 보았을 때에는 그것이 하나님에게서 온 것인지, 마귀 귀신에게서 온 것인지 인간의 생각과 마음에서 온 것인지를 정확하게 분별해 내어야 합니다. 또한 우리의 모든 삶이 신적인 것과 연관되어 있는데 그 삶의 과정 속에서 배후에 역사하는 어둠의 역사들을 분별해 내어야 할 것입니다. 그리고 영적 조치를 해야 합니다.

첫째, 영적 전쟁과 영분별. 단 10장에서 우리는 다니엘이 한 천사와 만나는 장면을 읽을 수 있습니다. 그는 이스라엘을 위하여 3주 동안 금식 기도를 하고 있었습니다. 천사는 다니엘이 기도를 시작할 때 이미 하나님께서 그 기도를 들으셨다고 말하고, 응답이 늦은 이유는 바사를 지배하고 있는 신적인 세력과 전쟁을 해야 했기 때문이라고 말합니다. 이 천사의 설명에서 보이는 물질적인 세계의 이면에서 보이지 않는 신적인 전쟁이 벌어지고 있음을 알 수 있습니다. 영적 전쟁 과정이란 경우에 따라서는 지도자가 겪는 사역 갈등의 주요인과 그 본질이 주로 초자연적인 것에 기인하는 것을 말합니다. 지도자가 이 문제를 해결하는 데 있어서 전적으로 하나님의 능력을 의지함으로써 지도 역량이(특히 그의 영적 권위) 드러나고 확대됩니다. 이 과정은 지도자가 영을 분별하는 성령의 은사를 소유 했는가 그렇지 않은가를 판별합니다. 영적인 분별력을 지닌 지도자는 자연히 신적 실체를 보다 빨리 보고, 그것이 신적인 전쟁 상황임을 파악할 수 있습니다. 모든 지도자들은 일상 속에서 영적 실체를 분별하는 기량이 있어야 하며, 신적인 싸움을 수행할 특수한 능력으로 성령의 권능이 있어야 합니다.

어떤 지도자들은 도가 지나쳐서 모든 갈등과 문제를 모두 영적 싸움으로 몰아갑니다. 그들은 모든 삶의 배후에는 신적인 세력이 있다고 봅니다. 반면 영적 실체에 대하여 장님처럼 인간의 배후에 존재하는 신적 세력은 없다고 주장하는 지도자들도 있습니다. 성경은 이 두 극단적 견해를 잘 조정해 줍니다.

마16:13-23절의 사건들은 정상적인 인간의 배후에 영적 실체가 미묘하게 도사리고 있음을 보여 줍니다. 엡6:10-20절은 인간의 배후에 있는 영적 실체를 분별하는 데 유념하라고 경고하고 있습니다. 12절에서 "우리의 씨름은 혈과 육(인간)에 대한 것이 아니요 통치자와 권세와 이 어두움의 세상 주관자들과 하늘에 있는 악의 영들에게 대함이라"고 했습니다. 이 말씀을 성령으로 깨닫고 보면 영적 전쟁에 대한 중요 원리를 알 수 있습니다. 즉 육적인 상황은 영적인 존재에서 비롯되고, 조정되며, 조장된다는 것입니다.

이제 우리는 영적인 전쟁 상황에서 영분별이 필요하다는 것을 알았으며, 극단적인 태도를 피해야 한다는 것도 알았을 것입니다. 두 극단에서 역동적인 균형을 유지하는 데도 분별력이 필요합니다. 지도자는 영적 전쟁 과정에서 두 가지 점을 조심해야 합니다. 모든 상황의 배후에 있는 영적 싸움에 대해 과소평가도 과대평가도 해서는 안 됩니다. 하나님께서는 지도자가 배우려는 자세만 갖춘다면 필요한 분별력을 주실 것입니다.

분별력 자체만으로는 영적 전쟁 문제를 다루기에 충분하지 않습니다. 지도자는 권능을 소유해야 합니다. 이 권능은 분별력을 확대시켜 주며 영적 전쟁에 대한 해결책을 제시해 줍니다.

둘째, 영들 분별함이란? 고전12:10에서 KJV는 '영들 분별함'이라 했고, NIV는 '영들 사이에 구별함'이라 번역했습니다. 분별함에 대한 헬라어는 '판단하다'라는 동사인 헬라어 'krino'에서 온 '분별(diakrisis)'입니다. 그것은 넓은 범위를 포함합니다. 그것은 예를 들어 귀신과 같은 보이지 않는 것을 볼 수 있는 은사가 아니라, 선악을 분변하는(히5:14) 판단 능력을 말합니다. 생각은 선과 악을 판단하여 분리합니다. 분별(diakrisis)이란 단어의 형태가 다음의 예와 같이 쓰입니다.

① 그 형제간 일을 판단하는 것(고전6:5).
② 우리 자신을 판단하는 것(고전11:31).

③ 예언을 판단하는 것(고전14:29).

그러나 영들 분별함의 은사와는 하등의 관계가 없습니다. 같은 어원이지만 식별해야 합니다. 예언을 듣는 사람들은 반드시 예언에 대해 식별해야 한다고 말하고 있습니다(고전14:29). 이때에는 항상 분별의 은사가 필요치는 않습니다. 하지만 이 은사 없이는 실수를 저지를 수 있고, 그리고 환영받아야 할 것을 힐난할 수가 있습니다. 영분별의 은사는 무엇이 영적으로 악한 것인지를 단순히 인식하는 것뿐만이 아니라, 또한 영적으로 선한 것도 인식하는 것입니다. 분별 혹은 영들 판단하는 능력은 교회의 몸을 통해 매우 분명하게 있어야 합니다. 고전 12:10에서 바울이 사용한 단어는 영들 가운데 다른 점을 구별 짓는 것을 의미합니다.

"사랑하는 자들아 영을 다 믿지 말고 오직 영들이 하나님께 속하였나 시험하라 많은 거짓 선지자가 세상에 나왔음이니라. 하나님의 영은 이것으로 알지니 곧 예수 그리스도께서 육체로 오신 것을 시인하는 영마다 하나님께 속한 것이요, 예수를 시인하지 아니하는 영마다 하나님께 속한 것이 아니니 이것이 곧 적그리스도의 영이니라 오리라 한 말을 너희가 들었거니와 이제 벌써 세상에 있느니라."(요일4:1-3).

1) 회화를 포함한 각종 예술의 세계에서는 정의 내릴 수 없는 어떤 사상들을 즉각 본능적으로 인식하는 '직관'이라는 것이 있습니다. 영분별의 은사는 이와 유사한 - 이성을 초월한 - 방식으로 성령의 역사를 통해 작용하는 것입니다.

2) 방언의 은사가 통역의 은사와 짝을 이루고 있는 것과 마찬가

지로, 영분별의 은사는 흔히 예언의 은사, 권능의 은사와 짝을 이루고 있는 것으로 생각되고 있습니다. 그러나 통역은 방언의 은사와만 관련되지만 영분별의 은사는 보다 광범위하게 적용될 수 있습니다.

3) 하나님의 말씀으로 무장한 그리스도인이라면 누구든지 선악을 분변할 수 있습니다(히5:14). 귀신들린 자들이 선한 영을 분별할 수 있습니다. 이에 대한 가장 두드러진 예로서는 군대 귀신 들린 자가 그리스도께서 진정 어떠한 분이신가를 알았던 것(막5:7)과 귀신 들린 여종 하나가 바울에게 소리를 지르면서 괴롭혔던 일(행16:17)을 들 수 있습니다. 심하게 귀신 들린 사람들의 경우에는, 거의 모든 사람들이 그들에게 역사하고 있는 악령의 세력을 감지할 수 있습니다(막5:2-5). 그러나 우리는 영분별의 은사가 그 이상의 것이라고 믿고 있습니다. 그것은 하나님께로부터 오는 계시적인 은사이기 때문입니다. 예수님은 우리 정상인이 육안으로는 바라볼 수 없는 것을 통찰할 수 있는 분별력을 가지고 계셨습니다. "예수는 그 몸을 저희에게 의탁지 아니하셨으니 이는 친히 모든 사람을 아심이요 또 친히 사람의 속에 있는 것을 아시므로 사람에 대하여 아무의 증거도 받으실 필요가 없음이니라"(요2:24-25). 영들을 분별하는 능력은 말씀과 성령으로 분별하는 것입니다. 영들을 분별하려면 성령으로 충만하려고 노력해야 합니다.

셋째, 분별의 필요성(능력). "악한 사람들과 속이는 자들은 더욱 악하여져서 속이기도 하고 속기도 하나니"(딤후3:13). "이것이 이상한 일이 아니라 사단도 자기를 광명한 천사로 가장하나니 그러므로 사단의 일꾼들도 자기를 의의 일꾼으로 가장하는 것이 또한 큰 일이 아니라. 저희의 결국은 그 행위대로 되리라"(고후11:14-15). 악마는 이렇게 교모하게 위장합니다. 적그리스도가 그리스도로 위장을 합니다. 거짓 선지자가 참 선지자로 위장을 합니다. 거짓 종이 참 종으로 위장을 합니다. 가라지가 알곡으로 위장을 합니다. 양의 옷을 입은 이리가 선한 양으로 위장을 합니다. 삯꾼이 신실한 일꾼으로 위장을 합니다. 악령이 성령과 거룩한 천사로 위장을 합니다.

반대로 성도들을 교모한 말로 속입니다. 그리스도에 대해 적그리스도로, 참 선지자에 대해서 거짓 선지자로, 참 종에 대하여 거짓 종으로, 알곡에 대하여 가라지로, 양에 대해서 양의 옷을 입은 이리로, 신실한 일꾼을 삯꾼으로, 성령과 거룩한 천사에 대해서 악령으로 알도록 속이기도 합니다. 그래서 바른 길(예수)를 따라가지 못하게 미혹합니다. 이와 같이 위장된 것에서 우리는 어떻게 진짜를 찾겠는가? 이러한 이유 때문에 우리는 분별력과 능력을 필요로 합니다. 성경은 영적인 세계의 존재를 명확히 가르치고 있습니다. 악마는 영적인 존재이고, 형체가 없고, 볼 수 없고, 똑똑하고, 강하고, 비열하고, 타락하고, 약간은 부자유스럽고, 저주를 받았고, 하나님의 반대자이고, 하나님의 하신 일을 훼방하고, 인간의 압제자입니다. 제가 능력전도를 하면서 병원을 다녀본 결과 불행하게도 비기독교 세계는 교회보다도 영적인 세계에 대한 신념을 더 많이 갖고 있는 것 같았습니다. 한국에서만도 3만 명이상의 점

성가(무술인, 무당)가 있고, 대중매체(신문, 잡지) 등에서도 많은 부분을 차지하고 있습니다. 요술이 널리 행해지고 있으며, 죽은 사람과의 대화, 강령술, 엉터리 방언, 환청, 환상, 자동기록술, 통역술, 심령술, 신들림, 점괘, 정신 조절법, 기 수련, 요가, 손금, 사주, 관상, 굿, 부적, 주술, 고사, 제사, 최면술, 뉴에이지 등등이 그것입니다. 하나님의 말씀에 의해서 신앙인은 어떤 형태의 악령들에 종사하는 사람들과도 거래하는 것이 금지되어 있습니다(신18:10-14).

악령이 유혹해서 이루어진 어떤 형태의 거짓 종교와는 당연히 대항해서 싸워야 합니다. 이와 같은 거짓 가르침을 성경은 '귀신의 가르침'이라고 하였습니다(딤전4:1).

악령의 놓여진 목적은 구약 성경에서 언급한 대로 속이는 것입니다. 성경은 이것을 "우리의 씨름은 혈과 육에 대한 것이 아니요 통치자와 권세와 이 어두움의 세상 주관자들과 하늘에 있는 악의 영들에게 대함이라"(엡6:12)고 말하고 있습니다. 신앙인이 초자연적인 문제에 부딪혔을 때 그는 초자연적인 것과 신적인 것을 동일하게 생각하지도 않고 이렇게 해서 모든 악령을 무비판적으로 받아들이지도 않습니다. 그리고 그는 예언을 멸시하고 성령을 소멸할 정도로 너무 비판적이지도 않습니다(살전5:19-20)

요일4:1 말씀과 같이 신적인 말이 포함되어 있다거나, 영적인 능력을 소유하고 있다고 하는 모든 주장을 바로 믿을 것이 아니라 먼저 시험해야 합니다.

넷째, 기타 영역에서의 영분별의 은사의 사용

1) 영분별의 은사는 괴로워하거나, 우울증에 걸렸거나, 고통을 받고 있거나, 귀신들린 사람들을 구원하는 사역에 사용됩니다(왕하5:26의 게하시의 경우) .

2) 영분별의 은사는 엘루마 같은 악령의 하수인의 정체를 드러내는 데 사용됩니다(행13:10). 바울의 전도여행지인 구브로 섬에서 바울은 복음을 총독에게 전파했는데, 엘루마라고 하는 박수에 의해서 많은 방해를 받았습니다. 그러나 분별의 은사를 가진 성령이 가득찬 바울은 박수를 꾸짖었고, 엘루마는 얼마동안 눈이 멀게 되었던 것입니다(행13:10-11). 빌립보에서 점하는 귀신들린 여종 하나가 있었는데, 그녀는 점으로 그 주인에게 많은 돈을 벌어다 주는 자였습니다. 이 귀신들린 자가 바울을 여러날 따라다니면서 괴롭게 하자 바울은 그녀에게 붙은 귀신을 예수님의 이름으로 쫓았던 것을 볼 수 있습니다(행16:16-22).

에베소 교회는 자칭 사도라 고백하는 거짓된 자들을 구별하였기 때문에 칭찬을 받았습니다(계2:2). 버가모 교회와 두아디라 교회는 발람의 교훈과 거짓 선지자 이세벨의 교훈을 구별해서 제거하지 않았기 때문에 책망을 받았습니다(계2:14,20).

하나님이 부여해 준 능력을 가진 사람들에게는 신적인 것과 마귀 귀신적인 것, 그리고 진리와 비 진리를, 참과 거짓을 구별한다는 것이 얼마나 필요하겠습니까? 거짓교사, 위선, 독선, 탈법이 판을 치는 이 시대에 이러한 일들이 지지 되어서는 결코 안 될 것입니다. "누구든지 이 교훈을 가지지 않고 너희에게 나아가거든 그를 집에 들이지도 말고 인사도 말라"(요이10).

이 분별의 은사는 모든 시대를 걸쳐서 거짓 교사들이면서 천사의 빛을 띠고 변형한 사탄의 간계에서 교회를 보호하는 것이므로 오늘날까지도 이 은사는 절실하게 필요합니다.

3) 영분별의 은사는 믿는 자들로 하여금 실족하게 만드는 어떠한 원인을 밝혀내는 데 사용됩니다. 베드로가 예수님의 신성을 긍정했을 때 예수님은 베드로가 선언한 것이 하나님에게서 나온 것이라고 칭찬라시며 인정했습니다(마16:17). 그 후에 베드로가 예수님의 장차 올 죽음에 대해서 예수님을 만류할 때 예수님은 곧 베드로가 한 말이 사탄 적인 근원에서 나온 것임을 알아차렸습니다(마16:23). 베드로가 가진 분별의 은사는 아나니아와 삽비라의 속임을 바르게 꿰뚫어 보게 했는데, 이들은 그들의 땅을 팔아서 전액을 다 가져왔다고 가장했지만, 실제로는 사도들에게 얼마를 숨기고 가져온 것임을 베드로는 알았던 것입니다(행5:1-10).

또한 사마리안 시몬이 신앙을 고백할 때 세례를 받았으나 그 후 시몬은 돈을 주고 성령의 권능을 사고져 할 때 베드로가 시몬의 마음속에 악함이 가득차 있음을 분별하고 책망을 했던 것입니다(행8:20-23).

4) 영분별의 은사는 "모든 능력과 표적과 거짓 기적과, 멸망하는 자들에게 임할 불의 모든 속임"을 밝혀내는 데 필요합니다(살후2:9-10).

5) 그리스도께서 나다나엘을 알아보셨던 것처럼(요1:47), 영분별의 은사는 어떤 사람 안에 있는 선한 영을 분별하는 데 사용됩니

다. 시편기자는 이를 "깊은 바다가 서로 부르며"(시42:7)라고 표현하고 있습니다.

6) 영분별의 은사는 어떤 다른 사람의 영적인 상태를 분별하는 데 사용됩니다.

7) 이 분별의 은사를 가진 사람은 어떤 종교적인 서적을 읽고, 그 가운데서 교활한 오류를 찾아 낼 수도 있고, 그는 어떤 설교를 듣고 진리에 어떤 결함이 있다는 것도 찾아낼 수 있습니다. 그는 진리와 오류가 복합되어 있는 새로운 의식의 교훈을 들으면 그런 것들을 받아들일 수 없는 것이라는 사실을 곧 알아차릴 수 있습니다. 그는 예배의 분위기가 단순한 감정인지, 또는 성경적인 진리를 기초로 하고 있는지를 알 수 있습니다.

다섯째, 분별의 도구. 이것을 분별해 내는 도구로는 세 가지로서 영분별은사, 성경말씀, 분별에 대한 임상적인 경험입니다.

1) 영분별의 은사: 영분별의 은사를 받기 위해서는 다른 은사의 경우와 마찬가지로 이 은사를 간절히 사모하며 쉬지 않고 기도하는 수밖에 없습니다. 마음으로 예수님만을 그리워하고, 예수님만을 생각하고, 예수님만을 바라보며, 예수님만으로 내 마음을 꽉 채울 때, 예수님께서는 내게 능력으로 역사하심으로 우리는 영을 분별하게 됩니다. 이 영 분별의 은사는 성령을 받은 사람, 성령 충만한 상태에 있는 사람에게는 어느 정도까지는 다 임해 있는 은사입니다. 믿는 사람에게 이 분별의 능력이 없다는 것은 물건을 사는 사람에게 진짜 상품과 가짜 상품을 식별하는 능력이 없는 것과 같

은 것입니다. 음성이나 환상을 분별하는 것뿐만 아니라, 성령의 역사와 사단의 역사를 분별하는 것도 이 은사이며, 또 성경의 잘못된 해석과 바른 해석을 분별하는 것도 이 은사인 것입니다.

 2) 성경 말씀 : 성경 66권의 말씀은 모든 분별의 기준이며 절대적인 잣대입니다. 하나님께서 주시는 모든 음성이나 환상의 내용은 반드시 성경적입니다. 그러나 마귀 귀신이 주는 것은 반성경적, 비성경적입니다. 그런데 한 가지 명심해야 할 것은 마귀 귀신도 성경말씀을 이용한다는 사실입니다. 광야에서 예수님을 시험할 때도 마귀는 성경 말씀을 인용해서 시험했습니다. 마귀는 성경 말씀을 교묘하게 변질시켜서 우리를 미혹하려듭니다. 그러므로 성경을 바르게, 깊이 깨달아 알아 성경을 이용하는 마귀 귀신의 미혹에도 빠지지 말아야 합니다.

 3) 분별에 대한 경험: 분별을 할 때 과거에 분별을 했던 경험을 살려 분별하는 것입니다. 이 세 가지 분별의 도구는 서로 상호 보완 관계를 가지며, 그 어느 하나를 빼도 온전한 분별을 하기가 어렵다고 볼 수 있습니다. 영분별의 은사를 받았다고 해도 성경말씀에 대한 바른 깨달음이 없이는 올바른 분별을 하기가 어렵습니다. 그러나 동시에 성경을 많이 읽고 그것을 깊이 연구했다고 해도 영분별의 은사가 없으면 바른 분별을 하기가 어렵습니다.

 영분별의 은사가 없으면 성경 말씀 자체만 가지고 음성이나, 환상이나, 하나님으로부터 온 참 계시냐 마귀에게서 온 거짓 계시냐 하는 것을 분별하기란 어려운 것입니다. 또 영분별의 은사가 있고, 성경 말씀을 깊이 깨닫고 있다고 해도 거듭된 여러번의 분별의 경험이 없다면 그 분별이 과연 올바른 분별인지에 대해 확신을 가질 수 없습니다.

성경 말씀은 분별을 위한 검(칼)입니다. 말씀이야 말로 마귀를 대적해서 싸워 이길 수 있는 최상의 명검입니다. 그런데 우리는 이 좋은 검을 갖고도 때때로 마귀 귀신에게 넘어가는 수가 있습니다. 그것은 명검(神劍)을 쓰는 방법을 모르거나 안다고 해서 서둘기 때문입니다. 이 검을 쓰는 방법, 즉 검술이 바로 영분별의 은사(능력)인 것입니다. 하나님께서 주신 신검인 성경말씀, 역시 하나님께서 주신 신묘한 검술인 영분별의 은사(능력) 여기에 백전노장의 전투 경험이 있으면 마귀 귀신의 시커먼 거짓 탈을 벗겨 버릴 수 있는 것입니다.

여섯째, 영분별의 은사를 나타내기 위해서는? 영들 분별의 은사는 지혜의 말씀, 지식의 말씀 혹은 예언과 마찬가지로, 필요할 때 일하시는 성령님의 나타내심입니다. 그것은 어떻게 올까요? 다른 것과 마찬가지로 말씀과 성령의 역사에 의하여 환상에 의해, 꿈에 의해, 하나님의 말씀에 의해 자발적으로, 가끔은 인식하지 못한 사이에 옵니다.

짧게 말해서 성령님께서는, 우리를 지적으로 우수하게 만드는 것이 아니라, 하나님의 자녀들의 마음과 혼을 보호하심으로써 진리 가운데로 인도하십니다. 그분께서 가끔 하시는 수단이 바로 영들 분별함입니다. 하나님은 성도들의 영적인 수준을 높이기 위하여 영들을 분별하는 은사를 주십니다.

10장 눈으로 신들을 한 차원 높게 보고 쫓아내는 기술

하나님께서는 예수를 믿고 성령으로 거듭난 성도들이 하나님과 같은 한 차원의 깊은 신적으로 바뀌기를 소원하십니다. 왜냐하면 일반적으로 성도들이 영적이지 못하기 때문입니다. 그러나 대부분 교회에 다니는 성도들이 모두 영적이라고 생각을 합니다. 그런데 하나님의 눈에는 영적이지 못합니다. 영적이라는 것은 사고와 행위가 하나님과 같이 바뀐 것을 말합니다. 보이는 육적인 것만 보고 판단하는 것이 아니라 영적인 눈을 열어 자신의 대적 귀신을 보면서 쫓아낼 수 있어야 합니다. 하나님은 성도들이 영을 분별하여 바른 길(예수)을 따라가기를 원하십니다. 고린도전서 12장에 나타난 은사들 중 "영들 분별함" 즉, 영분별의 은사라고 하는 것은 어떤 은사일까? 어떤 의미가 있고 어떤 중요성이 있을까? 분별의 가장 핵심적인 잣대인 성경 말씀으로의 분별과는 어떤 차이점이 있을까? 물론 이 은사에 대해 글을 쓴, 저보다 깊은 통찰과 경험을 가지신 분들이 교회 안에 적지 않을 줄 압니다. 그러나 아직 성령의 은사에 대해 잘 모르거나 은사를 사모하며 기도하는 분들 역시 많다고 느끼기에 이 은사에 대해 함께 나누는 글을 써 보고자 합니다.

첫째, 성령의 임재를 느끼는 것. 영분별의 은사는 하나님의 영인 성령님의 임재를 느끼고 성령의 감동하심을 인식하는 능력입니다. 어떤 일에 예를 들어, 예배 중에 하나님께서 그 자리에 임재 하여 계시는 것을 느껴 보신 일이 있으십니까? 하나님의 거룩하심과 그분의 사랑과 은혜를 깊이 맛보신 일이 있으십니까? 성령의 감동하심이란 말씀을 몸소 체험해 보았습니까? 이것을 영적으로 민감하게 느끼고 구분하는 능력이 영분별의 은사입니다. 이것은 은사로서 한 성도 개인에게 주어지는 것이기 때문에 단지 일회성의 체험이 아닙니다.

그 사람이 하나님의 사람으로 사는 한 일생을 함께 하며, 교회를 유익하게 하는 일에 사용됩니다. 언뜻 간단해 보이지만 이것은 깊은 의미를 갖고 있습니다. "세월이 지난 후에 가인은 땅의 소산으로 제물을 삼아 여호와께 드렸고, 아벨은 자기도 양의 첫 새끼와 그 기름으로 드렸더니 여호와께서 아벨과 그의 제물은 받으셨으나 가인과 그의 제물은 받지 아니하신지라 가인이 몹시 분하여 안색이 변하니 여호와께서 가인에게 이르시되 네가 분하여 함은 어찌 됨이며 안색이 변함은 어찌 됨이냐, 네가 선을 행하면 어찌 낯을 들지 못하겠느냐 선을 행하지 아니하면 죄가 문에 엎드려 있느니라. 죄가 너를 원하나 너는 죄를 다스릴지니라"(창 4:3-7).

하나님께서 피흘림이 있는 아벨과 그의 제물은 받으셨으나, 개역성경에서는 "열납(悅納)하셨으나", 즉 기쁘게 받으셨으나, 가인과 그의 제물은 받지 않으신 이유는 무엇입니까? 말씀대로 가인은 피흘림이 없는 제사를 드리고 선을 행하지 않았기 때문입니다. 이처럼 하나님께서 기뻐 받으시는 일과 받지 않으시는 일, 또 받으시는 예배와 받지 않으시는 예배가 있다는 것을 아는 것은 매우 중요합니다. 우리가 드리는 예배를 하나님께서 기뻐 받으시는가?

그 예배를 하나님께서 기뻐 받아주심을 어떻게 알 수 있는가? 예배 가운데 임하는 성령의 기름 부으심을 느끼고, 아는 은사가 영분별의 은사입니다. 더 나아가 삶의 모든 일들 가운데 하나님께서 기뻐하시는 일과 그렇지 않은 일들을 구분하는 은사가 영분별의 은사입니다. 영분별의 은사는 성령님의 뜻을 민감하게 구분해 내고, 주의 뜻을 온전히 따를 수 있도록 우리를 인도해 줍니다. 성령의 역사는 하나님의 역사이고, 예수님께서는 살아 있는 영이신데 마귀 귀신도 살아 있는 영의 실체입니다. 성령의 역사에 의하여 신자의 영의 역사가 일어남으로 자신에게 느껴지고 보이는 가시적인 현상이 일어나는 것입니다. 성령의 역사는 초자연적으로 살아서 역사하는 실제입니다. 그러므로 성도에게 성령이 임재하시면 본인이 성령의 임재를 체험적으로 느끼게 됩니다. 성령이 임재하시면 보편적으로 다음과 같은 현상을 본인이 느끼게 됩니다. 잘 이해하고 거부하거나 두려워하지 않도록 하시기 바랍니다. 이러한 현상은 성령으로 충만해지면 사라집니다.

① 호흡이 깊어지거나 빨라지고 손이 찌릿찌릿 하기도 합니다. 이는 마귀 귀신과 성령의 대립 현상이나 상처를 풀어주는 현상이기도 합니다. ② 주체 못하게 울음이 터지거나. 웃음이 터지는 경우도 있습니다. 방언이 나오게 됩니다. ③ 가슴을 찌르고 무엇이 빠져나오는 아픔을 느낄 수 있습니다. ④ 위장이나 아랫배 부근에서 어떤 뭉치 같은 것이 움직이는 것을 느낄 수도 있습니다. ⑤ 큰 소리가 속에서 터져 나오기도 하고 온 몸에 불이 붙은 것 같이 뜨겁기도 합니다.

⑥ 가슴이 답답하고 기침이 나오고 손과 입에서 불이 나오는 것을 느끼기도 합니다. ⑦ 기침, 하품, 트림이 나오고, 토하기도 하고 메스꺼움을 느끼기도 합니다. ⑧ 멀미하는 것처럼 속이 울렁거리며 아랫배가 심히 아프기도 합니다. ⑨ 머리가 아프고 어지럽고 몸이 감당하지 못하게 흔들리기도 합니다.

⑩ 때로는 얼굴이나 몸 전체가 뒤틀리다가 풀어져 평안해지기도 합니다. ⑪ 때로는 상당한 시간 동안 심신의 괴로움(머리가 어지럽고, 몸이 떨리고, 머리가 아프고, 몸에서 열이 나는 등)의 현상이 일어날 수 있습니다. 이것은 일종의 성령의 임재와 치유의 현상이니 두려워 말고 조금 있으면 없어집니다. 그러면 그 현상이 없어지면서 참 평안을 느끼게 됩니다.

둘째, 마귀 귀신들의 역사를 구분하는 것. 성령의 임재 시 마귀 귀신의 역사로 일어나는 현상은 이렇습니다. 성령의 역사와 혼동하지 말고 분별에 참고하시기를 바랍니다. 보편적으로 이런 현상은 강한 성령의 역사가 일어나면 정리가 됩니다. 그러므로 두려워 할 필요는 없습니다. 다만 분별을 하여 합당한 영적인 조치를 하기 위해 알려드리는 것입니다.

① 크게 소리를 지르는 사람들은 과거의 억압으로부터 온 마음의 상처들이 발산되는 것으로도 볼 수 있고, 악마적인 세력들이 역사하는 현상일 수가 있습니다.

② 쓰러져서 배꼽 주위가 울룩불룩 솟아오르는 현상이 일어나기도 합니다.

③ 아주 격렬한 현상들은 성령과 악령들 사이에 능력 대결이 벌어지고 있음을 극적으로 보여 주는 것입니다.

④ 짐승의 소리를 내는 것은 악령에 의해서 그렇게 되는 경우가 많이 있습니다.

⑤ 몸의 동작이 완전히 비틀어지거나 흉측한 모양이나, 특징, 동물의 모양을 하면서 덤벼드는 행동을 합니다.

⑥ 눈이 뒤집히거나 심하게 떨리며, 눈동자 전체가 사라지고 흰자위만 남는 경우도 있습니다. 또는 두 눈이 따로 따로 움직이거나, 혹은 두 눈이 고정된 상태로 되면서 필 림 처 럼 보이는 막이 씌우는 경우도 있습니다. 아니면 흰자위가 안보일 정도로 눈동자가 크게 확장되는 경우가 있습니다.

⑦ 콧구멍이 벌름거리며, 입술이 오므라들거나, 앞으로 오리 입처럼 쑥 내민다거나 바닥에 꼬꾸라져서 쉿쉿 소리를 내면서 기어다니는 현상, 머리를 빳빳이 들고 짖어대거나 울부짖는 현상을 하기도 합니다.

⑧ 몸의 구멍으로부터 악취가 나고 액체를 뿜어냅니다.

⑨ 얼굴이 일그러지고 이빨을 갈고 욕을 해대는 현상이 일어나기도 합니다.

⑩ 자꾸 귀에서 이상한 소리가 들린다거나 밖에서 이상한 말소리가 들린다고 하기도 합니다.

⑪ 혼란하고 산만하고, 몸의 균형을 잃는 진동을 하며, 진동을 하다가 쓰러지는 것이 아니고, 양손, 양팔이 전혀 무질서하게 반대 방향으로 헛갈리게 움직이는 경우도 있습니다.

⑫ 얼굴이 창백해지고, 얼굴 부위가 불안하게 움직인다든지, 눈이 돌아가든지, 마음이 극도로 불안, 초조한 상태를 나타냅니다.

⑬ 엄청난 육체적인 힘이나 비명을 지를 때도 있습니다. 쓸데없는 말을 하거나 횡설수설하면서 입을 놀립니다. 어느 목회자는 성령 임재시 이런 현상이 일어나는 사람을 경계하라고 합니다. 경계하지 말고 성령의 역사를 일으켜서 정상으로 회복시켜야 됩니다. 성령 안에서 기도를 오래하여 성령으로 충만해지면 점점 정상적인 성도로 변화됩니다.

셋째, 선한 영과 악한 영의 분별

1) 귀신들린 사람을 분별: 그 사람에 관한 어떤 사실을 폭로하는 단어가 그 얼굴 위에 나타나기도 합니다. 그 사람의 본래의 얼굴에 겹쳐서 제2의 얼굴(늙고 쭈글쭈글한 얼굴)이 간헐적으로 나타나기도 합니다. 그 사람의 얼굴에 드리운 어두운 그림자, 또는 음울한 말들은 그에게 고통을 주는 악령이 들려 있다는 것을 나타나기도 합니다. 그 사람의 신체 일부에 가령 불길한 동물의 모습 같은 것이 겹쳐서 보이기도 합니다. 심하게 귀신들린 사람들의 경우에는 초자연적인 영분별의 은사가 작용할 필요가 전혀 없습니다. 예컨대 군대 귀신 들린 거라사 광인의 경우, 보통 사람들도 쉽게 그가 귀신들렸다는 사실을 알 수 있습니다.

신병이라고 하는 병이 있습니다. 이병은 조상에 흐르는 무속의 귀신들로 인하여 발생합니다. 그런데 병원 치유와 정신과 약을 먹어도 효과가 없다는 것입니다. 귀신에 의하여 발생한 질병이기 때문에 정신과 치료만 매달리지 말고 예수를 믿고 성령으로 세례를 받고 성령 안에서 전문인의 도움을 받으면서 영적-정신적-육체적 치료를 해야 효과가 나타나는 것입니다. 그런데 질문을 하시는 분들이 왜 예수를 믿고 교회에 다녀도 치유가 되지 않느냐는 것입니다. 짧게 말해서 예수를 믿고 교회에 다녀도 온몸이 성령의 지배하에 들어가지 못하면 귀신이 떠나가지 않기 때문에 치료가 되지 않는 것입니다. 성령으로 세례를 받고 성령의 지배에 들어가야 귀신이 떠나가기 시작하니 치유가 되기 시작하는 것입니다.

2) 성령을 받은 사람 분별: 성령의 기름 부으심을 받은 사람에게는 머리 위에 불꽃 또는 혀같이 생긴 광채가 나타나거나, 머리 둘레에 후광이 나타나거나, 몸 전체를 둘러싸고 광채가 서리는 경우가 있습니다.

넷째, 영적인 사역자를 분별. 신앙생활은 하나님을 주인으로 모시는 일이지만, 동시에 사람과 사람간의 관계와 가르침을 통하여 이루어지는 일입니다. 하나님은 사람을 통하여 일을 하시기 때문입니다. 따라서 신앙생활은 사람에 의하여 굉장하고, 중대한 영향을 받습니다. 더욱이 참과 거짓의 분별이 절실히 요구되는 마지막 때에 우리는 살고 있습니다. 필자는 영분별이 가장 필요한 영역은 거짓된 선지자나 중보자들을 분별하는 영역이라고 생각합니다. 성도들이 이 부분에 가장 미혹되기 때문입니다.

1) 하나님께 속한 증거와 열매가 있나 분별하라. 무엇보다 그가 하나님께 속한 자라는 증거와 열매가 있는지를 먼저 살펴야 합니

다. 주변 사람들의 평가, 평판도 좋은 예가 될 수 있습니다. 그 사람의 삶 속에 나타난 열매와 증거들을 유심히 보면 좋을 것입니다. 열매는 속에서 나오는 것이기 때문에 무엇보다도 열매가 중요합니다. 하나님은 사역자가 성령을 의지하는 겸손한 자인지를 보기를 바라십니다. 은사나 열매는 같은 성령에서 나오는 것입니다. 은사와 열매를 겸비한 사람인지를 보기를 바라십니다. 하나님의 순수한 선지자는 예수님을 사랑하는 순수한 삶이 그 바탕에 있습니다.

2) 정확한 하나님의 뜻과 계획을 알려주는가? 참된 선지자의 사역이나 예언 속에는 하나님의 명철이 들어있습니다. 하나님의 영과 기름 부으심은 놀라운 지혜와 명철을 우리에게 제공합니다. 따라서 이러한 기름부음이 임한 선지자의 입술과 사역을 통하여 우리는 놀라운 지혜와 평안함이 임하며, 풀리지 않는 궁금증과 문제가 해결되는 것을 체험하고 느끼게 됩니다. 이것이 영을 분별하는 좋은 기준이 될 것입니다.

또한 하나님이 그의 말을 증명하는 표적으로 나타나십니다. 성령의 감동하심을 선포한 대로 가시적인 현상이 일어납니다. 다시 말하여 정확한 하나님의 역사가 있다는 것입니다. 말만이 아니고 하나님의 실제적인 보이는 역사가 나타난다는 것입니다. 그리고 미래를 정확하게 예견하십니다. 결국 하나님의 선지자는 하나님을 증거 하는 것입니다. 만날수록 마음에 불편함이 느껴지고 불화가 많이 생기며, 평안이 사라진다면, 그리고 그가 예견하는 일이 정확히 맞지 않는다면 영적인 분별을 해야 합니다.

3) 사역이 책망 형 보다는 위로 형인가? 필자는 종종 사역을 하

면서 잘못된 사역자를 만나서 고생하는 성도들을 많이 만나게 됩니다. 그리고 잘못된 예언을 따라가다가 어려운 고난에 처하는 경우를 봅니다. 하나님의 사랑과 마음이 그 바탕에 있는 사람인지를 먼저 보기를 바랍니다. 사역이 정죄를 주고 책망을 하는 사역으로 치우치는 사역자라면 피하길 바랍니다. 대게 성령이 하시는 사역은 정죄 적 마인드가 아니라, 사랑의 마인드에서 출발합니다. 하나님의 사랑과 마음에 바탕을 두고 성령님은 일하신다는 것입니다.

4) 세속적, 부정적 언사로부터 자유로운가? 사람의 영적인 상태를 보여주는 가장 좋은 예는 그 사람의 언어입니다. 언어 속에 그 사람과 하나님과의 관계를 알게 해주는 인격적인 열매가 들어 있습니다. 개인적으로 필자는 이런 권면을 하기를 좋아합니다. 그것은 멘토나 영적인 스승, 상담가를 결정하는 일에 있어서 언어가 세속적이거나 거칠고 무례한 사람을 삼가라고 권면합니다. 그리고 나타나는 표적보다 삶과 언어를 보라고 권면합니다.

무엇보다 그가 하나님께 속한 자라는 증거와 열매가 있는지를 먼저 살펴야 합니다. 주변 사람들의 평가, 평판도 좋은 예가 될 수 있습니다. 그 사람의 삶 속에 나타난 열매와 증거들을 유심히 보면 좋을 것입니다.

다섯째, 영분별의 다양한 영역. 영분별에는 여러 가지 영역들이 있습니다. 사역자는 다음과 같은 영역들에 대하여 분별하고 조치를 해야 합니다.

1) 레마와 계시의 영역을 분별하라(고전14:29). 예언, 방언, 통

역에 대한 분명한 분별이 필요합니다. 예언적인 기름부음이 탁월해도 영분별의 은사가 있는 사람들을 통하여 분별해야 합니다. 또한 항상 성경, 곧 하나님의 말씀으로 분별해야 합니다. 아무리 훌륭한 예언 사역자라고 해도 그의 계시가 항상 옳다고 할 수 없습니다. 누구든 완전한 사람은 없기 때문입니다. 분별을 통하여 은사가 정확해집니다. 자기가 자신을 분별할 수 있는 능력을 개발해야 합니다. 예언 은사를 받아서 사용하고 싶거나 예언에 대한 자세한 지식을 알고 싶은 분은 "예언은사가 열리는 비결" 책을 참고하세요.

2) 사람의 조작과 거짓을 구별하라. 베드로의 경우 아나니아와 삽비라의 거짓을 분별해 내었습니다. 이는 하나님의 성령과 깊은 교제를 통하여 알게 된 것입니다. 인간의 조작과 거짓을 분별해 냄으로써 질서를 세우고, 위기를 모면하게 되며, 사단의 영적인 공격과 위장 전술을 파괴할 수 있습니다.

3) 귀신의 역사를 분별하라. 축귀 사역 시에 심하게 귀신 들린 사람들에 대해서는 특별한 분별의 은사가 필요하지 않습니다. 마귀 귀신의 존재가 현저히 드러날 경우, 어느 누구라도 보면 알 수 있습니다. 그러나 어떤 종류의 귀신은 여간해서는 드러나지 않고, 깊숙이 잠재되어 있는 경우가 적지 않습니다. 이러한 경우에는 그 사람의 특정한 행동을 보고, 귀신의 역사를 감지해 낼 수 있습니다. 많은 축귀 사역에 참여하다 보면 귀신 들림을 분별해 내는 경험적인 분별력을 가지게 됩니다. 또한 축귀 사역에 대한 경험이 많은 사람들이 마귀 귀신들의 정체를 잘 발견하고 잘 드러내게 하며, 노련하게 대처를 잘하는 것을 볼 수 있습니다. 이처럼 "경험"은 영

분별의 놀라운 원동력이 됩니다.

4) 이단적 가르침을 분별하라. 하나님의 말씀에 대한 통찰력을 받게 되어 이단적인 가르침과 잘못된 점들을 분별하는 은사를 가진 사람들이 있습니다. 이런 점들은 특별한 은사적인 부분도 있지만, 기본적으로 모든 그리스도인들은 "성령께서 깨닫게 하시는 말씀"에 서서 분별해야 할 것입니다. 말씀은 우리(성도)를 보호하는 울타리가 되는 것입니다. 항상 말씀과 성령으로 바르게 분별하여 영적 조치를 할 수 있는 능력을 길러야 합니다.

5) 거짓 은사를 분별하라. 축귀 사역 시에 보면 환자가 방언을 하는 경우를 종종 보게 됩니다. 하지만 이 때 분별이 필요한 경우가 적지 않습니다. 귀신이 따라 하는 방언과 성령의 방언을 분별해야 하며, 표적과 이적도 하나님께로부터 왔는지를 분별하는 능력이 있어야 합니다. 과거 어느 이단 교주는 자신의 오줌을 받아 마시면 병이 낫는다고 미혹한 적이 있었습니다. 행위적 열매가 하나님의 사랑에서 벗어난 것이 한 눈에 보이는 대도 속고 있다는 말입니다.

6) 꿈과 환상을 분별하라. 꿈을 통하여 분별하거나 환상이나 남들이 보지 못하는 것을 특별히 잘 보는 사람들이 있습니다. 하나님의 중요한 방법은 꿈과 환상으로 인도하는 방법입니다. 이런 방법으로 사단, 마귀, 귀신의 역사를 분별하기도 하고 사역의 지혜를 받기도 합니다. 이는 요엘에게 주신 예언이기도 합니다(행2:17). 모두 성령으로 충만하여 한 차원 높은 분별력으로 발전하시기를 바랍니다.

11장 눈으로 신들의 역사와 인간의 역사를 식별하는 기술

하나님은 예수를 믿고 성령으로 거듭난 성도들이 신들을 보는 눈을 열어서 대처하면서 살아가기를 원하십니다. 성도들은 영들을 눈으로 보는 것을 어렵게 생각을 합니다. 그러나 영들을 보는 눈을 개발하는 것은 그렇게 어렵지 않습니다. 사물이나 문제를 볼 때 배후의 영들이 있다고 생각하고 접근하면 쉽게 영들을 보는 눈이 열릴 것입니다. 관심과 사고가 중요하다는 말입니다. 인간적으로 보면 30년을 믿음 생활을 해도 배후의 영들을 보지 못할 것입니다.

성도는 영들을 보는 눈을 개발하여 악령과 사람의 인격을 혼돈하지 말아야 합니다. 귀신들린 사람 중에는 24시간 늘 귀신이 들려사는 사람이 있는가 하면 간헐적으로 귀신으로부터 놓여나서 자기 정신으로 돌아오는 사람이 있고, 무당처럼 온전한 자기 정신을 가지고 있는 사람이 있습니다. 사람이 귀신이 들리기 시작하면 그 내부에서 심각한 영적 싸움을 하게 됩니다. 자신의 속사람이 마귀 귀신과 맞서서 싸우는 것은 본능적인 것입니다. 그러나 영적 지식이 없는 겉 사람은 이런 사실을 제대로 이해하지 못합니다. 영적 싸움이 육체의 싸움처럼 나타나기 때문입니다. 육체적 질병처럼 보이기 때문에 사람들은 그가 병에 걸렸다고 생각합니다. 이런 거친 싸움을 하는 가운데 그 사람의 속사람은 한 단계씩 마귀 귀신에게 점령당하게 되는 것입니다.

2~3년간의 이런 영적 싸움에서 외부의 도움이 없으면 패하게

되고 귀신에게 완전히 점령당하고 맙니다. 이렇게 귀신이 들리게 되면 귀신은 그 사람의 마음을 완전히 장악하여 24시간 압박하면서 모든 것을 통제하기 때문에 우리의 눈에는 정신이 나간 사람처럼 보이는 것입니다. 이 시기의 귀신들린 사람에게는 그 사람의 정체성은 사라지고 인격도 사라집니다. 그 하는 말과 행동 모두가 귀신의 의도대로 하는 것입니다. 그러므로 그 사람의 인격이나 본성은 철저하게 억압되어 외부로 들어 나지 못하는 것입니다. 그러므로 이 시기에 그 사람이 행동하고 말하는 것은 오로지 귀신의 의도이며 지시입니다.

이런 과정을 5~10년 정도 지나면 그 사람의 의식이나 행동은 귀신으로부터 완전하게 억압되고 상습적이 되어 스스로 귀신의 의도하는 대로 행동하도록 길들여집니다. 이 시기가 되면 귀신은 그 사람에게서 때로는 이탈하기도 합니다. 자유롭게 그 사람에게 드나들게 되는 것입니다. 축귀사역자가 다가오면 자신들의 힘이 약하다고 판단되면 모두 달아나버립니다. 그래도 그 사람은 여전히 귀신 들린 것과 같은 행동을 합니다. 그 사람의 인격이 완전히 억압되어 전혀 작용을 하지 못하기 때문입니다. 미숙한 축귀사역자는 그 하는 행동만 보고 귀신을 쫓아내려고 애를 쓰지만, 그 속에는 이미 귀신이 피해버리고 없기 때문에 효과적인 축사를 할 수 없게 됩니다. 축사하는 동안에는 괜찮아졌다가 축귀사역자가 가버리면 귀신은 다시 돌아옵니다. 귀신이 귀신 같이 알아서 도망을 갔다가 다시 들어온다는 것입니다. 아무런 거부나 저항 없이 그 사람 속으로 들어가게 되는 것입니다. 그러므로 자신의 영성을 깊게 하여 스스로 귀신을 몰아낼 수 있어야 합니다. 이런 사람은 마치 무거운 무게에 눌려 있다가 그 무게를 제거해도 눌려진 것이 즉각 원상으로 회복되지 않고 여전히 눌려있는 것과 같이 압착되어 있는 상태와 같다고 하겠습니다.

10년 이상이 되면 부분적으로 인격이 되살아납니다. 그러나 그 인격이 마귀 귀신에게 짓눌려 있어서 정상인으로 돌아오려는 생각을 하지 못할 뿐만 아니라, 정상적인 삶에 대해서 익숙하지 못하기 때문에, 그리고 계속 귀신의 영향을 받고 있기 때문에, 우리가 생각하는 그런 수준의 사회적 삶은 살 수 없습니다. 이것은 마치 교도소에서 오랫동안 수감생활을 한 죄수가 출소했지만 사회에 적응하지 못하고 다시 범죄 하는 것과 같습니다. 10년 이상 귀신들린 사람을 구원하기 어려운 점이 여기에 있습니다. 5년 이전인 사람은 귀신이 그 몸을 떠나지 않았기 때문에 쫓아내기도 쉽습니다.

쫓아내면 다시 제 정신으로 돌아와 바로 회복하게 됩니다. 그런데 만성이 된 사람은 귀신이 그 사람에게 아무런 제제와 저항을 받지 않기 때문에 마음대로 드나드는 것입니다. 그래서 때로는 제 정신으로 돌아옵니다. 오래된 환자들은 일상을 제 정신으로 살아갑니다. 그래서 가족들은 귀신이 들렸다고 보기도 어렵고, 나았다고 보기도 어려운, 회색지대에서 살아가는 환자를 보면서 안타까워합니다. 그래서 저는 이렇게 장기간 마귀 귀신에게 시달린 사람은 집중 치유를 권장합니다. 집중적인 치유를 하여 환자 스스로가 일어설 수 있게 하는 방법입니다. 우리 충만한 교회같이 월-화-금-토요일 개별집중치유, 주일 집회를 하는 곳에서 집중적으로 치유를 받는 것입니다. 절대로 한번 축귀로 정상이 되지 못하기 때문입니다.

무당이 되게 하는 귀신은 그 사람의 정신을 사로잡아 황폐하게 하지 않고, 대신에 겁을 주고 물리적 고통을 줌으로써 두려워하게 만듭니다. 귀신이 두려워서 귀신을 떠날 생각을 하지 못하게 하는 것입니다. 이런 사람은 그 인격과 정체성이 별로 손상이 되지 않은 채로 귀신에게 이용을 당하는 것입니다. 마치 마귀 귀신에게 잡혀서 마귀의 종노릇하는 것과 같습니다. 정신이 마귀 귀신의 지배를 받아서 그 조정하는 대로 움직이는 것은 악령이 지시하는 바를 받아들였기 때문입니다. 마귀 귀신의 조건을 수긍하고 인정함으로써, 또는 심각한 죄를 짓고 회개하지 않음으로써 마귀 귀신의 올무에 걸려 그 조종을 받는 것입니다. 이런 사람처럼 점치게 하는 귀신은 귀신과 마귀의 속성을 함께 지니고 있다고 볼 수 있습니다. 이런 사람은 자신의 정체성이나 인격을 지니고 있습니다.

우리는 "마귀를 대적하라 그리하면 저가 물러나리라"라는 말씀이 무엇을 의미하는지를 제대로 이해하지 못하는 사람들이 있어서 문제를 일으키는 경우가 있습니다. 우리는 귀신과 마귀라는 악령과 그 악령에게 사로 잡혔거나 이용당하는 사람을 혼동하는 경우가 있습니다. 악령과 악령이 들린 사람을 일체로 취급하는 실수를 범하기 쉽습니다. 악령은 영이고 사람은 육입니다. 영과 육이 하나가 될 수는 없는 것입니다. 마귀 귀신이 들렸거나 그 지배를 받는 사람에게는 분명하게 그 사람의 인격이 있습니다. 비록 귀신이 들려 지금 그 인격이 심각하게 훼손되어 일그러졌지만, 그러나 그 인격은 결코 마귀 귀신이 아닙니다. 그러므로 우리가 그 인격을 대항하거나 악령과 같은 취급을 해서는 안 됩니다. 귀신이 그 사람 안에 머물러 있고 지배하고 있는 동안에는 그 사람의 의식은 작용을 하지 못합니다. 그러므로 이 때 그 사람이 하는 행동이나 말은 전적으로 귀신이 하는 것입니다. 이럴 때 그는 아무것도 기억하지 못합니다. 이런 상황에 있을 때 우리는 귀신을 꾸짖어서 내어 쫓습니다. 그러나 마귀 귀신이 그 사람에게서 자유롭게 드나들 수 있는 상황일 경우, 귀신은 그 사람에게서 떠나서 잠시 피해버립니다.

이 경우 그 사람이 하는 언행은 귀신으로부터 터득된 것을 아무런 의미도 없이 반복할 뿐입니다. 이 경우에 축귀사역자가 그 사람의 인격에 모독이 되는 행동이나 언행을 하면 상처를 줄 수 있습니다. 미숙한 축귀사역자는 귀신들린 사람과 감정싸움을 하는 경우를 볼 수 있습니다. 귀신은 떠나가지 않고 약만 올리니까 감정이 격해져서 육체적 싸움을 합니다. 그러다가 물리력을 이용해서 상처를 입히기도 하고, 간혹 치사(죽는 것)를 하게도 하여, 문제를 일으키는 어리석은 축귀사역자가 있습니다. 지금 그 사람 속에 귀신이 있는지 없는지도 구분하지 못하는 초보 사역자들은 겉모습만 보고 판단합니다. 육적 안목으로 영의 일을 판단하려고 하기 때문에 실수를 하게 되고 문제를 복잡하게 만드는 것입니다. 그러므로 자신니다. 전적으로 축귀 사역자의 영성으로 만은 영혼을 살릴 수가 없습니다. 피 사역자의 영성을 길러서 스스로 축귀하며 자신의 영을 지키게 해야 합니다. 완전한 축귀는 시간이 걸리는 일입니다.

귀신이나 마귀가 그 사람에게서 잠시 달아나 있을 경우에는 환자를 인격으로 다루어야 합니다. 거친 행동을 하려는 것은 타이르고 이해시켜야 합니다. 귀신으로 인한 것이면 꾸짖고 명령하여 귀신을 쫓아내어야 합니다. 귀신이 마음 놓고 드나드는 10년 이상 된 사람에게는 귀신이 나갔을 때는 안위함으로 가르치고, 들어왔을 때는 내어 쫓는 일을 반복해야 합니다.

그러므로 이런 환자는 치유가 무척 힘이 드는 것입니다. 마귀나 무당이 되게 하는 귀신은 그 사람의 마음을 점령하는 것이 아니므로 환자의 인격에 손상이 가는 거친 행위를 해서는 오히려 문제를 어렵게 만듭니다. 이런 사람에게는 그가 처한 상황을 이해시키고 가르치는 노력이 필요합니다. 이단의 영에 휘말린 사람을 무조건 정죄하고 따돌리면 그 사람을 구원할 길이 없습니다. 이런 사람에게는 자세하게 설명하고 이해시킬 필요가 있습니다. 인격에 손상이 가지 않게 배려하여야 합니다.

마귀 귀신을 대항하라고 했다고 해서 꾸짖고 거칠게 대하고, 그 사람을 마귀 귀신 자체로 취급하는 것은 그 사람의 인격에 심각한 손상을 주어 문제를 더욱 어렵게 만듭니다. 마귀 귀신과 사람을 혼동해서는 안 됩니다. 마귀 귀신을 대항하는 것은 영적 싸움입니다. 육체의 싸움이 아닙니다. 마귀 귀신은 우리에게 영적 싸움을 육체적 싸움으로 혼동 시키려고 합니다. 그래서 우리의 감정을 자극하고 감정에 이끌려서 감정적 대응을 하도록 유도합니다. 그러므로 마귀 귀신과의 싸움에는 많은 인내가 필요하고 감정에 휘말리지 않으려는 자기 노력이 필요합니다. 마귀 귀신은 우리의 감정을 자극하기 때문에 악령과 싸우려면 신경질이 나고 화가 납니다. 이것은 마귀 귀신이 우리의 겉 사람을 자극하기 때문입니다. 여기에 휘말려 육체적 싸움을 하면 마귀 귀신은 절대로 이길 수 없습니다. 우리의 싸움은 혈과 육의 싸움이 아니기 때문입니다.

축사를 하려다가 마귀 귀신과 말싸움만 하고 돌아오는 어리석은 축귀사역자를 볼 수 있습니다. 이단에 속한 사람과 논쟁만 하다가 물러나는 사람이 있습니다. 마귀 귀신은 우리에게 논쟁하고 말싸움하게 만듭니다. 이것은 육의 싸움입니다. 어느 영성사역자는 이것을 혼의 작용이라고 설명합니다. 영의 일은 영으로 해결해야 합니다. 우리의 지식이나 이론이 아니라, 하나님의 권능으로 마귀 귀신을 제압하고 묶고 내어 쫓는 것입니다. 영적 분별력이 없이 마귀 귀신을 대항하라고 했다고 해서, 인격과 악령을 구분하지 못하고, 싸잡아서 귀신으로 여기고, 대응하는 것은 어리석은 육체의 일입니다. 마귀와 귀신은 우리의 육체와 지식으로 제압하는 것이 절대로 아닙니다. 오로지 하나님이 주신 성령의 권세로 쫓아버리는 것입니다. 반드시 성령의 권세가 심령에서 올라와야 마귀와 귀신이 떠나가고, 자신을 지킬 수가 있는 것입니다.

귀신들린 사람이라고 해서 인격이 없고 감정이 없는 것이 아닙니다. 우리는 마귀와 귀신을 상대하는 것이지, 그 사람을 대항하는 것이 아닙니다. 영적 분별력이 없으면 마귀와 귀신의 존재를 제대로 파악하지 못하여, 사람과 마귀 귀신을 싸잡아 거칠게 다룸으로써, 그 사람의 마음에 상처를 주게 됩니다. 이것이 치유를 더욱 어렵게 만드는 결과가 됩니다. 죄는 미워하되 그 사람은 미워하지 말라 는 말처럼, 마귀 귀신과 사람을 구분할 수 있는 지혜가 필요합니다. 이를 위하여 영적 분별력과 많은 경험을 쌓아 미숙함을 면

해야 할 것입니다. 마음의 상처는 오래 갑니다. 거칠게 다룬 초보 사역자로 인해서 받은 마음의 상처로 인해서 예수 믿는 것을 두려워하는 사람이 있습니다. 인격이 대중 앞에서 모독을 당해서 그 상처 때문에 사람들을 기피하는 대인 공포증이 생긴 사람도 있습니다. 혹을 떼려다가 다시 혹을 붙이는 일은 없어야 할 것입니다.

마귀 귀신을 대항하는 일이 그리 쉽고 단순한 일이 아닙니다. 귀신들린 사람이 주님을 대항하여 말싸움을 걸어올 때 주님은 맞장구를 치지 않고 다만 "잠잠하고 그 사람에게서 나오라"라고 명령했습니다. 환자에게 역사하는 마귀와 귀신을 쫓아내는 것이 중요한 것이 아니라, 말씀과 성령으로 환자의 영성을 깊게 하는 것이 더 중요합니다. 환자가 성령으로 세례를 받고 성령 안에서 오래 기도하여 하나님의 나라가 되게 하면 귀신은 자동으로 떠나갑니다. 절대로 떠나가라! 떠나가라! 하면서 귀신만 쫓아내면 영혼을 살릴 수가 없습니다. 자신이 스스로 일어설 수 있도록 깊은 영의 말씀을 전하고 성령 안에서 기도하면서 성령의 역사를 일으켜야 근본적인 치유가 됩니다. 이렇게 치유를 해야 환자가 자기 영을 지키면서 살아갈 수가 있습니다. 환자가 말씀과 성령으로 치유되어 영적인 사고를 하는 성도로 변하도록 지도를 해야 합니다.

12장 눈으로 귀신들이 좋아하는 행동을 하는 사람을 식별하는 기술

하나님은 자신이 귀신이 좋아하는 사람인가 아닌가를 볼 수 있기를 원하십니다. 생명의 말씀과 성령으로 자신을 보는 눈이 열리기를 바랍니다. 성도가 자신을 볼 수 있는 눈을 가진다는 것은 정말로 귀한 것입니다. 귀신은 예수를 믿고 성령으로 거듭난 성도라도 할 수만 있으면 침투하려고 하기 때문입니다. 그렇기 때문에 예수를 믿고 교회에 다닌다고 방심하지 말아야 합니다. 방심은 금물입니다. 귀신이 자신에게 침입하지 못하게 하려면 성령으로 충만해야 가능합니다. 성령으로 충만하려면 어떻게 하면 성령으로 충만한지를 알고 대처해야 합니다. 성령으로 충만하려면 먼저 성령으로 세례를 받아야 합니다. 성령으로 세례를 받고 성령으로 불세례를 받으면서 심령을 치유해야 합니다. 그리고 자신 안에 임재하여 계신 하나님을 항상 찾아야 합니다.

마귀가 우는 사자처럼 두루 다니면서 삼킬 사람을 찾습니다. 그러므로 우리는 마귀가 삼킬 대상이 어떤 사람인지를 안다면 우리는 훨씬 잘 마귀를 물리칠 수 있을 것입니다. 마귀 귀신이 선호하는 사람은 먼저 여성입니다. 이것은 태초에 마귀가 하와를 유혹한 것에서도 그렇습니다. 여성이 마귀 귀신에게 약한 까닭은 감성적이기 때문입니다. 감성은 잘 교육되고 다듬어질 때에는 감성이 되지만, 이것이 교육되지 않은 자연 상태로 있거나 거친 상황에 놓이면 감정이 됩니다. 감성은 이성의 다른 측면이지만 감정은 본능에 가깝습니다. 어느 영성사역자는 이것을 혼(마음)이라고 설명하지만, 그렇게까지 설명할 필요는 없다고 봅니다. 다듬어지지 않은 우리의 본성은 죄로 물들어 있기 때문에 감정은 죄의 유혹에 약할 수밖에 없습니다.

여성은 감성적이기 때문에 감정에 쉽게 휘말릴 수 있습니다. 생각을 깊이 하지 못하고 상황에 따라 즉흥적으로 행동하기 쉬운 것입니다. 마귀 귀신은 우리에게 조급하게 결정하고 행동할 것을 충동합니다. 하나님과의 친밀함은 느낌을 통해서 이루어진다는 사실을 우리는 알고 있습니다. 예언을 비롯해서 하나님의 말씀은 갑작스럽게 떠오르는 느낌(spontaneous thoughts)으로 우리에게 전달되기 때문에 감성적인 사람이 하나님과의 친밀함을 이루는데 더 유리할 수 있습니다. 이런 측면에서 여성은 남성보다 더 은혜를 잘 받을 수 있습니다. 그런데 이 장점이 마귀 귀신에게는 더 없이 좋은 유혹의 수단이 될 수 있다는 사실입니다.

즉흥성은 우리에게 행동마저 즉흥적으로 해야 하는 것을 의미하지는 않습니다. 구약의 예언자들은 즉흥적으로 받은 예언을 전하기 위해서 여러 날 동안 말씀을 간직하고, 곰곰이 그 의미를 되새겨야 하는 시간적 간격을 갖도록 하나님이 배려하신 것을 봅니다. 시간을 가지면서 말씀의 의미를 정확하게 깨닫는 것입니다. 이것은 하나님의 말씀을 감정적으로 다루지 않게 하려는 것입니다. 우리는 하나님의 은혜를 크게 받으면 뛸 듯이 기쁘고 흥분됩니다. 이런 감정이 고무된 상태에서는 하나님의 뜻을 제대로 파악할 수 있는 이성의 작용이 정지될 수밖에 없습니다.

감정이 감성의 작용으로 인해서 이성적 판단을 이끌어낼 수 있어야 하는데 이런 부분이 여성에게는 부족합니다. 특히 신체적 구조로 인해서 여성에게는 위치 파악 능력이 남성에 비해서 현저하게 떨어집니다. 이런 약점은 상황 판단을 하는 부분에서도 역시 그렇습니다.

여성은 이성의 작용보다는 감성의 작용이 강하므로 자칫 본능에 강하게 이끌릴 수 있습니다. 현실을 현실 상황으로 이해하기 보다는 본능에 이끌려 감정으로 행동하게 됩니다. 남성은 논리로 상황을 파악하지만 여성은 감성으로 대응하기 때문에 분위기를 많이 타는 것입니다. 남성은 실질적이고 현실적인 것을 먼저 생각하지만, 여성은 분위기를 더 중요하게 여깁니다.

그래서 남성은 꽃 한 송이보다는 그 돈 액수만큼의 빵이 더 소중합니다. 많은 부분에서 남성과 여성이 차이를 보이는데 그 대부분이 감성에 연관된 것에서 현저하게 차이를 보이는 것입니다. 감정이 감성으로 성숙하지 못하면 여성은 결국 본능에 얽매이게 되는 것입니다. 이혼하는 경우 여성은 자녀를 포기하지 못합니다. 자녀가 있으므로 여러 가지로 불리하다는 것을 알지만, 감성이 그것을 극복하게 하는 것입니다. 이것이 본능의 작용이고 이 본능에 이끌린다는 점을 마귀 귀신이 이용하는 것입니다.

여성은 실제보다는 환상을 더 중요하게 여깁니다. 그래서 축구 경기보다는 드라마가 더 소중합니다. 실제를 실제로 보기 보다는 할 수만 있다면 환상으로 보기를 원합니다. 이것은 마귀 귀신의 실체 없는 허상을 현실로 착각하여 그 올무에 걸리기 쉬운 것입니다.

남성은 현실에 살지만, 여성은 꿈속에 살기 원합니다. 그래서 종교적이며, 4차원 이상적입니다.

실제적인 것과 꿈을 구분하는 능력이 현저하게 약하기 때문에 단순한 믿음에 휘말리기 쉽습니다. 오늘날 교인의 70% 이상이 여성이며, 그 여성을 대상으로 하는 설교는 자연적으로 근거 없는 허구를 이용할 경우가 많은 것입니다. 7~80년대의 부흥사들이 주로 이용한 것이, 이런 감정적 대응을 이끌어 내기 위해서 터무니없는 행동들을 많이 했습니다. 이런 부흥회는 남성들에게는 유치하고 어리석어 보이지만, 여성들에게는 일시적으로 착각에 빠지게 하기에 충분했습니다.

마귀 귀신이 선호하는 사람은 회개하지 않는 사람입니다. 이런 사람은 대체로 고집이 강하거나 자존심이 강해서 남에게 얕보이는 것을 무척 싫어합니다. 이런 유형의 사람은 완벽주의자가 많습니다. 자신이 하는 행위는 늘 올바르다는 생각을 가지고 있습니다. 그래서 남에게 피해도 주지 않고 피해를 받는 것도 싫어합니다. 그렇기 때문에 자신은 늘 올바르다고 생각합니다.

남에게 구체적이고 직접적인 피해를 주지 않는다면 죄가 되지 않는다는 생각을 가지고 있기 때문에 자신으로 말미암아 간접적으로 타인에게 상처를 준다는 사실에 대해서 알지 못합니다. 구체적이고 물리적인 행위가 아니면 죄가 되지 않는다고 생각하기 때문에, 소극적인 죄에 대해서는 전혀 생각하려고 하지 않는 것입니다. 그러나 성경은 우리에게 해야 할 것을 하지 않는 것이 죄가 됨을 가르치고 있습니다.

즉 선한 사마리아인의 비유에서처럼 강도 만난 행인에게 우리는 아무런 위해를 가하지 않았지만 그를 적극적으로 돌아보지 않고 지나친 바리세인들에 대한 죄를 언급하고 있습니다. 우리가 이웃이 되어주지 않고 방관자의 자리에 있는 것 역시 그 범행과 다를 바가 없는 것입니다. 행동해야 할 자리에서 행동하지 않은 소극적인 죄에 대해서 우리가 죄로 여기지 않음으로써 우리는 죄의 유혹을 이길 수 없게 됩니다. 이것을 마귀 귀신이 이용하여 우리를 소극적인 사람으로 남게 하는 것이며, 이 속임수에 걸려 우리는 하나님의 나라에 방관자로 머무르게 되는 것입니다.

바리세인들은 스스로 의롭다고 생각했습니다. 이들은 자신들이 하는 행위를 늘 자랑했고 정당한 것으로 여겼습니다. 종교적 규율을 엄격하게 지켰으며, 의무에 철저하였지만 이 모든 것은 실상 마음에서 우러나온 것은 아니었습니다. 그리스도인으로서 그저 당연히 해야 하는 것으로만 생각하고 의무적으로 행동하는 사람에게 있어서 죄의 회개는 반가운 것이 아니며, 이런 태도를 지닌 사람을 마귀 귀신은 좋아합니다.

저는 사람들에게 죄를 회개해야 한다고 말하면 이상하게 생각합니다. 이미 죄를 회개했는데 무슨 죄를 또 회개해야 하는가 하고 의아해합니다. 많은 경우 하나님이 원하는 수준의 회개를 하지 못하고 살아갑니다. 일방적으로 고백하고 죄가 다 처리되었다고 생각합니다. 우리는 죄를 고백하면 하나님은 미쁘셔서 다 용서하신다는 이 말씀에만 관심을 둡니다. 이 말씀은 원론적인 하나님의 용서하심의 본성을 언급하신 것이고, 그 용서하심에 이르기 위한 여러 가지 수준이 있다는 점을 제대로 이해하지 못하는 것입니다. 우리는 죄가 처리되면 하나님과의 관계가 원상으로 회복되어 친밀함 속에 들어가게 됩니다. 그런데 죄를 고백하였을 때 원상으로 회복되는 느낌을 받습니까? 죄를 고백하고 죄를 지을 때 들어온 귀신이 떠나가야 마음에 평안을 갖는 것입니다.

구약에서 죄를 처리하기 위해서 갖추어야 할 제물의 내용이 죄마다 다르다는 것을 잘 아실 것입니다. 이것은 하나님이 죄를 보시는 비중이 다르다는 것을 의미합니다. 죄마다 일률적으로 다루어서는 안 된다는 점을 우리에게 일깨워주고 있습니다. 죄의 처리의 깊이가 다릅니다.

자신은 죄가 다 처리되었다고 믿고 있는 사람에게 제가 하나님이 원하는 수준의 죄의 처리를 일깨워 주고 실행하게 하면 그 때 비로소 죄의 용서가 이루어져서 그 기쁨을 누리고 영의 자유 함과 하나님의 은혜를 얻게 되는 것을 봅니다.

이렇기 때문에 영적 지도가 필요한 것입니다. 답답함과 얽매임이 풀리지 않다가 지도를 받고 그렇게 행하게 되자 영의 속박이 풀리고 기쁨이 넘치게 됩니다. 이것이 죄의 온전한 처리이며 이후에 그 죄로 인한 악습을 떨치는 노력은 당사자의 몫으로 남게 되는 것입니다.

여성은 감정에 이끌리는 어리석음을 깨닫고 감정이 감성이 되도록 배워야 합니다. 남성은 고집을 부리지 말고 자신의 죄를 철저하게 회개해야 합니다. 수준 이하의 목회자들의 이기주의로 말씀을 외곡 시키는 경우가 많습니다. 바울은 이런 사람들을 '뜨네기 장사꾼'(peddler)라고 했습니다. 성도의 영혼 보다는 교인수와 교회 건물에 더 관심이 많은 장사꾼들이 여전히 있습니다. 이런 사람들은 마귀 귀신이 너무도 좋아합니다. 일시적으로 사람들의 관심을 끌려고 감정을 자극해서 웃기고 울리는 코미디언 같은 사람들을 조심하십시오. "예수의 말씀을 듣고 많은 사람들이 웃더라"라는 말씀은 어느 곳에도 없습니다.

　말씀을 들으면 영혼의 깊은 곳에서 샘솟듯이 솟아나는 기쁨이 있을 뿐입니다. 육체적 감정을 자극해서 웃게 하는 일은 참으로 위험합니다. 이런 일은 우리를 더욱 감정적인 사람으로 만들어 가는 것입니다. 반드시 성령께서 웃게 해야 합니다. 우리는 영적인 눈을 한 차원 높게 열어 바른 신들에 대한 분별력을 길러야 합니다.

　충만한 교회에서는 매주 화요일 19:30-22:00 귀신축사 성령치유 내적치유 시간이 있습니다. 대상자는 성령 안에서 홀로 서며 사실 분/ 여기서도 저기서도 치유와 능력을 받지 못한 분/ 성령으로 깊은 기도를 하고 싶은 분/ 병원에서 포기한 질병을 치유 받을 분/ 코로나19 후유증으로 고생하는 분/ 방언기도를 포함한 성령의 은사와 권능을 단기간에 받고 싶은 분/ 마음이 불안하고 두려워서 고통 하는 분, 불치병, 귀신역사를 빨리 치유 받을 분/ 목, 허리디스크, 허리어깨통증, 근육통, 온몸이 아프고 무거움에서 치유해방 받고 싶은 분/ 자녀나 본인의 우울증, 공황장애, 조울증, 불면증을 빨리 치유 받을 분/ 가슴이 답답하고 기도하기가 힘이 드는 분/ 생업과 목회로 영육의 탈진에 빠져서 고통당하시는 분/ 성령의 불세례를 체험하고 싶은 분/ 참석하시면 은혜를 받을 것입니다.

13장 자신의 몸 밖에서 역사하는 마귀 귀신을 식별

하나님은 예수를 믿고 성령으로 거듭난 성도들이 영들을 보는 눈을 개발하기를 소원하십니다. 영들을 눈으로 보면서 대처하려면 영적인 세계에 관심을 가져야 합니다. 필자는 분명하게 영적인 세계에 관심이 있으면 영들을 보는 눈이 열린다고 확신합니다. 하나님은 영들을 보면서 귀신의 역사에 동조하지 않기를 원하십니다. 밖에서 역사하는 귀신의 영향으로 심령이 병든 사람의 특징은 이렇습니다. 마음이 어두워지고 평안과 기쁨과 감사를 잃어버립니다. 귀신이 사람의 의지를 잡으니까, 일어나는 현상입니다. 귀신에게 눌려서 의지를 발휘하지 못하여 일어나는 현상입니다. 미운 생각, 세속적 생각, 교만한 생각, 부정적 생각의 사람이 됩니다. 항상 생각이 부정적이 되어서 정상적인 사람들과의 대화가 되지를 않습니다. 은혜가 소멸되어 성경과 교회가 멀어지고 말씀을 불순종하며 거역합니다. 귀신에게 영이 눌려서 잠을 자니 생명의 말씀이 깨달아지지 않기 때문입니다. 차가운 사람, 불순종의 사람, 거짓을 말하고 증오를 합니다. 마음을 열지 않으니 마음이 차갑습니다. 이런 사람을 축사하려면 본인이 인정해야 하며 귀신을 쫓아내면 정상으로 돌아옵니다.

우리 몸을 괴롭히는 질병 가운데 만성질환이 있습니다. 초기에 적절한 치료를 하지 못해서 치유 시기를 놓쳤거나 올바른 약물을 사용하지 못해서 내성이 생겨난 경우 등이 있습니다. 치료할 때면 나은 것 같다가 치료를 그만 두면 다시 재발하는 고질적인 재발성

질환은 우리를 괴롭힙니다. 요즘은 어떤 항생제에도 듣지 않는 수퍼 박테리아가 생겨 우리를 위협합니다. 항생제 남용 때문에 내성균이 늘어나는 실정이라고 합니다. 항암제도 내성이 생기는 것 잘 아실 것입니다. 이처럼 내성이 생겨 어떤 약물을 사용해도 근원적인 치유가 불가능한 질환의 대표주자로 아마도 무좀을 들 수 있을 것입니다. 나은가 싶으면 다시 발생하여 괴롭게 하는 무좀처럼 우리를 괴롭게 하는 영적 존재가 있습니다. 마귀와 귀신 가운데 끈질기게 영향을 주는 부류의 놈들이 있는데, 이런 악령에게 걸리면 그 괴로움이 이루 말로 다할 수 없습니다. 우리가 흔히 축사로 내쫓을 수 있는 귀신은 정신을 어지럽게 하거나 질병을 일으키는 무리들과 가정의 환경을 혼란하게 하는 무리들입니다. 성경에 기록되어 있는 군대 귀신이나 간질병이 들어 자주 쓰러지게 하는 귀신 등과 같은 존재들은 예수의 이름으로 나갈 것을 명령할 경우 귀신보다 축사자의 능력이 더 강할 경우 꼼짝 없이 나갈 수밖에 없습니다. 축사자의 능력이 강하다는 것은 성령으로 충만하다는 말입니다.

그러므로 반드시 성령의 권능을 가지고 축사를 해야 합니다. 성령의 권능에 의하여 귀신이 쫓겨날 때 여러 가지로 저항을 하다가 결국에는 달아나게 되는 것입니다. 이런 유형의 귀신은 명령으로 내어 쫓을 수 있지만, 만성적 질환과 같은 고질병을 일으키는 일부 귀신의 경우에는 명령으로는 되지 않습니다.

당신은 축사자가 주관하는 집회에서 명령하자 기절하면서 쓰러지고 바닥에서 뒹굴다가 정신을 차리고 일어나 "할렐루야"라고 외치면서 기뻐하는 모습을 보았을 것입니다. 모두들 귀신이 쫓겨 나간 것을 기뻐하면서 하나님을 찬양합니다. 당신은 여기까지만 보았을 것입니다. 그런데 그들 가운데는 집회를 떠나 집으로 돌아온 직후 다시 귀신이 들어와 전과 같은 귀신의 행동을 함으로써 가족들을 실망케 하는 일이 있습니다. 축사에도 불구하고 그 당시는 치유된 것 같지만, 시간이 지나면 역시 변한 것이 전혀 없는 반복을 계속합니다. 이런 경우에 이 귀신은 우리 몸을 장악하고 거처를 삼는 군대 귀신과는 다른 종류입니다. 이 귀신은 우리 몸을 점령하기도 하고, 때로는 몸 밖에서 영향을 줄 수 있는 능력을 갖추고 있기 때문에 몸에서 내쫓는다고 문제가 해결되는 것이 아닙니다. 그래서 저는 환자가 스스로 설 수 있을 때까지 전문적인 사역자의 도움을 받으라고 권면합니다. 스스로 자신의 영을 지킬 수 있는 것이 무엇보다도 중요합니다. 그래서 저는 성령으로 세례를 받고 성령 안에서 깊은 기도를 오래 하도록 인도하는 것입니다. 그런데 모든 환자들이나 보호자는 안수한번 받고 치유를 받으려고 합니다. 이는 위험한 생각입니다. 이런 분들에게 저는 이렇게 말합니다. 당신은 천국에 갈 때까지 귀신으로부터 자유하지 못합니다. 절대로 안수 한번 받아 치유가 될 수가 없습니다. 환자의 심령을 성령이 장악하여 성령의 권능이 흘러나올 때까지 치유를 받아야 다시 침입하여 점령당하지 않습니다.

귀신은 주로 우리 몸을 거처로 삼아 우리를 지배하지만, 마귀는 몸에 거하지 않고 공중에서 우리들에게 나쁜 영향을 줍니다. 마귀가 영향을 주는 단계도 일시적인 것이 있고, 우리를 자신들의 도구로 삼아서 계속 지배하는 경우가 있습니다. 귀신은 대체로 우리 몸 안에 자리를 잡지만, 마귀는 밖에서 영향을 주는데, 이런 귀신과 마귀의 특성을 반씩 갖춘 귀신들도 있습니다. 이들은 때로는 우리 몸 안에 있기도 하고 때로는 몸 밖에 있기도 하는 것입니다. 몸 밖에서 우리들에게 지속적으로 영향을 주기 위해서는 반드시 우리의 승인이 있어야 합니다. 귀신은 우리의 몸을 강제로 점령하려고 갖은 시도를 다 합니다. 이 귀신의 시도에 걸려 귀신을 받아들이게 되면 우리 몸을 거처로 삼게 되는 것입니다. 우리가 심한 상처를 입어 심령으로 약해졌을 때 그 기회를 틈타서 원망하거나 하나님을 부인하게 하여 죄에 빠지게 합니다.

죄는 마귀 귀신의 발판이므로 이렇게 해서 만들어진 발판을 통해서 자리를 확보하게 되는 것입니다. 악령이든 성령이든 영적 존재는 우리들과 맺은 약속에 의해서 행동하게 되는데, 성령은 우리의 신앙고백을 통해서 우리 몸에 거처를 삼고 우리를 이끌어 가시는 것입니다. 마귀 귀신도 역시 그들을 환영하는 우리의 몸짓이나 행위에 의해서 자신들의 영역을 주장하게 되는데 그것이 죄입니다. 죄는 우리가 상처를 입거나 실패했을 때 원망이 생기고, 그것은 곧 마귀 귀신과 관계를 맺는 신호가 되는 것입니다. 원망과 불평은 마귀 귀신으로 하여금 자신을 합법적으로 괴롭힐 수 있는 권리를 내어주는 수단이 되며, 이렇게 해서 들어온 마귀와 귀신은 우리를 더욱 약화시켜 자신들의 숙주로 삼으려고 계속 괴롭힙니다. 좌절과 시련을 겪을 때 조심해야 할 것은 원망하는 것입니다.

우리가 어려운 계절을 지날 때 성령은 큰 위로를 주시며, 말씀으로 극복할 수 있도록 은혜를 베푸십니다. 죄가 많이 있는 곳에 은혜 또한 많듯이, 우리가 어려운 처지에 처하면 죄를 지을 수 있는 가능성이 한층 높아지기 때문에 주님은 큰 은혜를 베푸시는 것입니다. 이때에도 마귀 귀신은 우리를 더욱 괴롭게 하며 원망할 마음을 줍니다. 이것이 마귀 귀신의 상투적인 수법인 충동인데, 원망하는 마음이 생기는 한 편으로는 성령으로부터 오는 감사의 마음도 함께 있습니다. 우리는 이때 원망을 버리고 감사를 선택할 수 있어야 합니다. 어떤 상황에서도 자족함을 배웠던 바울처럼 그렇게 감사할 수 있다면 마귀 귀신은 떠나게 되지만, 그렇지 못하면 마귀 귀신에게 권리를 내어주는 결과가 되어 그 때부터 서서히 마귀 귀신의 주장이 시작되는 것입니다.

마귀 귀신은 우리로 하여금 패배감에서 벗어나지 못하게 합니다. 열등감에 사로잡히고 패배 의식에서 헤어 나오지 못하게 만듭니다. 이런 생각에 물들게 되면 귀신은 우리를 괴롭게 하는데 밖에서 계속 괴롭히는 귀신의 발판이 되는 죄에서 떠나야 합니다.

그릇된 행실이나 마귀 귀신이 좋아하는 습관을 고쳐야만, 그 올무에서 벗어날 수 있습니다. 습관을 고쳤다고 해서 당장에 마귀 귀신이 영향을 거두는 것이 아닙니다. 다시 그 행동을 할 수 있는 환경을 가져다주며, 그렇게 되면 오랜 습관이 되었기 때문에 그 행동을 쉽게 다시 하게 됩니다. 은혜가 충만하면 절제도 되고, 마귀 귀신의 유혹도 물리칠 수 있지만, 얼마 못가서 은혜가 식어지면 다시 죄의 유혹에 빠지게 됩니다. 우리가 하나님의 은혜를 맛보았으면 그 가치를 깨닫고 경건한 생활을 유지해야 하는 것은 우리의 몫입니다. 그래서 주기적으로 믿는 사람끼리 모여서 예배를 드리고 영으로 기도하면서 교제도 나누어 경건을 항상 유지해야 합니다.

그러나 이미 마귀 귀신에게 자리를 내어준 사람은 물리치기가 여간 힘이 드는 일이 아닙니다. 결단하고 이를 악물고 악습을 고쳐야 하지만, 이미 몸에 스며든 습관을 하루에 고칠 수는 없기 때문에 귀신을 물리칠 수 없게 되는 것입니다. 귀신이 물러갈 때까지 악한 습관을 절대로 반복해서는 안 됩니다.

마귀와 귀신의 특성은 이렇습니다. 원망하고, 핑계를 대며, 충동적이고, 게으르고, 시기 질투하며, 자기 비하를 하고, 남의 탓을 하며, 성실하지 못하고, 책임감이 없으며, 소극적이며, 우울하며, 비관적이며, 비판적이고, 부정적이며, 성적으로 문란하며, 탐욕적이며, 과대 망상적이며, 피해의식에 사로 잡혀있으며, 저돌적이고, 이기적이며, 편파적이며, 자기중심적입니다. 이런 태도를 바꾸지 않으면 안 됩니다. 이런 태도는 성령의 역사로만 바꿀 수 있습니다. 오랫동안 마귀 귀신에게 사로 잡혀 조정을 당한 사람은 육신적으로도 괴롭힘을 당해서 무기력합니다. 마음속에서 하고자 하는 동기유발이 일어나지 않습니다. 해야 한다는 것은 알면서도 몸이 전혀 따라주지 않습니다. 하려고 해도 할 기분이 일어나지 않기 때문에 할 수가 없습니다. 귀신이 무기력하게 만들기 때문입니다. 그렇기 때문에 스스로 그 올무에서 벗어날 길이 거의 보이지 않기 때문에 영적 사역자의 도움이 필요합니다. 성령으로 충만을 받으면 마음속에서 힘이 솟아나고 하고자 하는 마음이 생깁니다. 그러나 이런 충만은 일시적일 수밖에 없습니다.

계속 지속하기 위해서는 의지와 노력이 필요합니다. 열심히 찬양하고 말씀을 묵상하고 기도하면서 경건한 사람들과 어울려 기름부음을 나누어 가져야 합니다. 영적 원리 가운데 "유유상종의 법칙"이 있습니다. "유유상종의 법칙"이란 경건한 사람들 속에 머물면 자신도 경건해지며, 성령 충만이 계속 이어집니다. 성령과 능력으로 충만한 사람들과 함께 하는 동안 그릇된 습관을 고쳐야 하지만, 오래 몸에 베인 습관이 말처럼 그렇게 쉽게 고쳐지지 않는 것이 문제입니다. 우리는 세상에서 만나는 사람도 잘 만나야 합니다.

알코올중독이나 약물중독과 같은 중독성 질환을 앓고 있는 경우도 이와 같습니다. 악습이란 마귀 귀신이 충동하기 때문에 끊기가 엄청나게 힘들 뿐만 아니라 시간도 많이 걸립니다. 예를 들면, 흡연의 경우 3년 이상 끊어야 조금 안심이 되며, 10년이 지나야 완전히 니코틴에서 해방되는 것입니다. 이 기간 동안 어려운 일이 생기면 다시 담배를 입에 대게 되는 것입니다. 이렇듯이 악습은 한 번 물들면 끊어내기란 무척 어려운 것입니다. 귀신은 우리들에게 계속 죄를 지어 악습에 물들게 합니다. 그리고 그런 상태가 계속되면 몸은 괴롭힘을 당해서 특별히 질환이 있는 것도 아닌데 늘 불편하고 괴롭습니다. 병원에 가면 신경성이라는 말만 듣습니다. 본인은 고통이 심하지만 의료 검사에는 전혀 병증이 나타나지 않기 때문에 신경성이라고 합니다. 귀신에게 점령당한 사람의 고통은 경험하지 못한 사람은 알지 못합니다. 극심한 고통에 자살의 유혹을 받게 됩니다. 고통에서 벗어날 길은 자살 외에는 없는 것 같기 때문입니다.

자신은 고통을 당하는데 하나님은 전혀 자신의 병을 돌아보지 않는 것 같다는 생각이 더욱 괴롭게 하며, 살 소망을 잃게 합니다.

악습을 끊어야 합니다. 이것은 하나님이 돌아보지 않는 것이 아니라 은혜를 소홀히 하고 마귀 귀신을 불러들이는 행동을 계속하고 있기 때문입니다. 영적 존재들은 신호에 의해서 움직인다는 사실을 이미 설명했습니다. 성령을 위해서는 성령의 신호를 보내야 합니다. 경건 훈련과 찬미와 예배와 헌신과 교제입니다. 깊은 기도를 통해서 성령 충만을 유지하는 노력을 해야 하며, 이미 귀신에게 자리를 내어준 사람은 회개해야 합니다. 회개란 바로 악한 행실에서 떠나는 것입니다. 그 일이 마귀 귀신의 방해로 순조롭지 않기 때문에 경건한 사람들의 도움을 받고, 이를 악물고 끊으려는 노력을 해야 합니다. 이 일을 하지 않고 하나님이 도와주시지 않는다고 불평하는 것은 바로 마귀 귀신을 불러들이는 원망이라는 신호를 보내는 것입니다. 그렇기에 귀신은 계속 괴롭힐 수 있는 권리를 유지하는 것입니다. 무엇보다도 중요한 것은 의지를 가지고 잘못된 행위로부터 이탈하려고 해야 합니다. 물론 자신의 행위가 잘못된 것이라는 것은 인정하는 것이 우선이 되어야 합니다. 치유는 자신에게 문제가 있다는 것을 인정하지 않으면 절대로 치유가 되지 않습니다. 환자가 자신에게 문제가 있다는 것을 인정하고 의지를 가지고 치유를 받으려고 해야 합니다. 가족 또한 한 마음이 되어 마귀 귀신의 역사로부터 해방 받으려는 마음으로 일치가 되어야 합니다. 환자가 의지가 있고 가족이 말씀과 성령으로 하나가 되면 치유는 50%가 된 것입니다. 이제 전문적인 사역자를 만나서 말씀과 성령으로 집중 치유를 받는다면 아무리 오래된 영적인 문제라도 치유가 되는 것이 보통입니다.

14장 눈으로 마귀 귀신의 여러 가지 전술을 식별하는 기술

하나님은 사탄의 전략을 알고 대처하기를 원하십니다. 사탄의 전략을 어디에서 알 수가 있을까요? 성경 말씀 속에서 알수가 있는 것입니다. 성경에 분명하게 사탄의 전략이 수록되어 있습니다. 성경을 성령으로 깨달아 알면서 사탄의 전략을 아시고 삶에서 사탄의 역사를 분별하여 대처하시기를 바랍니다.

그리스도인들은 끊임없는 사탄의 공격에 직면하고 있으나 어떤 방법으로 틈을 타고 역사하는지 바르게 알고 경계하지 않으면 사탄에게 이용당하기 쉽습니다.

첫째, 교만. "사탄"을 연구해 보면 사탄은 적어도 열 가지의 전술을 통해 인간을 유혹하고 있는 것을 알 수 있습니다. 가장 오래 되었으면서도 효과적인 사탄의 유혹 방법은 바로 교만이란 무기입니다. 아담과 하와가 선악과를 따먹은 것도 하나님과 동등해지려는 교만 때문이었고, 하나님의 사람인 다윗이 밧세바를 취하는 음행도 "이제 이만하면 됐다. 모든 것이 다 내 것이다"는 교만 때문이었습니다. 또 다윗이 하나님께서 원치 않는 인구조사를 한 것(삼하 24:10)도 그의 교만 때문이었습니다. 이처럼 교만은 가장 오래된 사탄의 전술로 지금도 사탄이 가장 많이 사용하고 있습니다.

사무엘하 17장 11절에 보면 후새가 압살롬에게 권한 모략의 내용이 나옵니다. "온 이스라엘을 단부터 브엘세바까지 모으고 친히 전장에 나가게 하는 것인데" 이것은 바로 그의 교만을 충동질하는 내용이었습니다. 결국 이 교만은 압살롬을 멸망케 만들었습니다. 사탄은 교만이라는 미끼로 인류 역사상 위대한 사람들을 수없이 걸려들게 만들었습니다. 사도행전 12장 23절에는 신약의 대표적인 사건이 나옵니다. 헤롯 아그립바가 교만해 영광을 하나님께 돌리지 아니하고 자신이 차지함으로써 충이 먹어(암의 일종) 죽은 일입니다. 누가복음 18장에 보면 바리새인과 세리의 기도가 나옵니다. 교만한 바리새인들은 "자기를 의롭다고 믿고 다른 사람을 멸시하는 자들"이었습니다(눅 18:9). 그들은 기도할 때 "하나님이여 나는 다른 사람들, 곧 토색과 불의, 간음을 하는 자들과 같지 아니하고 이 세리와도 같지 아니함을 감사하나이다. 나는 이레에 두 번씩 금식하고 또 소득의 십일조를 드리나이다"(11~12절)라고 기도했습니다. 사실 당시 바리새인들은 이렇게 살았습니다.

그들은 자신들을 구별되게 하고 다른 사람들보다 경건하게 살려고 몸부림친 사람들이었습니다. 그러나 주님은 이들을 책망했습니다. 그것은 그들이 영적 지도자로 있으면서 자기 자신을 의롭다고 여긴 교만 때문이었습니다. 교만한 사람들은 남을 업신여깁니다. 그래서 잠언 16장 18절에 보면 "교만은 패망의 선봉이요 거만한 마음은 넘어짐의 앞잡이니라"고 경고했습니다.

둘째, 절망. 교만이 사탄의 부추김이라면 절망은 사탄의 방해 작전입니다. 성도들을 낙심케 함으로써 하던 일을 중단케 만드는 방법인데 이는 의외로 많은 사람에게 효과가 있습니다. 교만에 안 넘어가는 사람도 이 방법에는 쉽게 넘어갑니다.

교만은 좀 잘났다고 생각하는 사람들에게 많이 적용되고 절망은 자신이 못났다고 생각하는 열등감이 있는 사람들에게 많이 적용됩니다. 이 세상에는 많은 사람이 실패의 쓴 잔을 마십니다. 실패가 계속될 때 사람들은 낙심하고 절망에 빠지기 쉽습니다. 그러므로 "절망은 죽음에 이르는 병"이라는 키에르케고르의 말은 정확한 직관입니다. 절망은 자포자기나 자살에 이르는 병이기 때문입니다. 절망은 낙심으로 시작해 자살로 이어집니다. 최근 들어 빈번하게 발생하는 자살 사건들은 바로 절망의 표현이며 결론입니다.

그러나 우리가 알아야 할 것은 절망이 영적 전쟁에서의 사탄의 전술이란 점을 간과하지 말아야 합니다. 그렇지 않고는 절망의 줄을 잡고 있는 사탄의 손을 보지 못합니다. 절망은 믿음이 없을 때 생기는 현상이지만 심지어 믿음이 좋다는 모세나 엘리야, 베드로의 경우에도 나타났습니다. 그러나 이들이 승리할 수 있었던 것은 산 믿음이 있었기 때문이고 더 중요한 것은 하나님께서 함께 계셔서 그들을 꼭 붙잡아 주셨기 때문입니다.

이사야 41장 10절은 많은 사람을 절망에서 벗어나게 해준 구절입니다. "두려워 말라 내가 너와 함께 함이니라 놀라지 말라 나는 네 하나님이 됨이니라 내가 너를 굳세게 하리라 참으로 너를 도와주리라 참으로 나의 의로운 오른손으로 너를 붙들리라"

셋째, 비교의식. C S 루이스는 현대의 마귀는 비교 의식을 통해 인간을 유혹한다고 했습니다. 이 비교 의식은 우리를 교만하게 만들기도 하며 절망에 빠뜨리기도 합니다. 자기 남편과 친구의 남편을 비교해 수입이나 출세에 차이가 있을 때 좀 나으면 교만해지고 그렇지 못하면 절망합니다. 반대로 남편도 자신의 아내를 다른 친구의 아내와 비교하며 교만해지기도 하고 절망하기도 합니다.

그러므로 우리는 비교하지 말아야 합니다. 학생들이 1등을 하려는 비교의식 때문에 엄마들의 치맛바람이 불게 되고 학교의 비교의식으로 천문학적인 교육비가 들어갑니다. 그러나 학교에서 공부를 잘한다고 해서 사회에서 출세하는 것은 전혀 아닙니다. 오히려 공부를 잘하는 사람들이 유연성과 적응성 부족으로 실패하는 경우를 많이 볼 수 있기 때문입니다. 참으로 우리에게 필요한 것은 유대인들의 "남과 뭔가 다른"(something different) 교육이 필요합니다. 이를 통해 많은 천재를 길러낼 수 있기 때문입니다. 그러나 이런 교육은 우리의 비교 의식으로 인해 이뤄지지 못하고 있습니다. 지금 우리나라는 절대빈곤층은 많지 않습니다. 대부분이 상대적 빈곤인데 그것은 바로 비교 의식에서 나옵니다. 과거 일정시대나 6·25 전쟁, 60년대 이전의 시대를 생각해 보면 지금 우리는 너무도 풍요로운 시대를 살고 있습니다. 그러나 다른 사람들과의 비교를 통해 교만하며 낙심하고 있다면 얼마나 어리석은 일입니까?

영국의 속담 가운데 "구두나 장화나 구두 걸음이나 장화 걸음이나"라는 말이 있습니다. 이 말은 곧 "오십보백보"라는 뜻입니다. 독일의 금언에는 "점잖은 것과 익살스런 것은 종이 한 장 차이"라는 말이 있습니다. 비교해봤자 별 차이가 없다는 뜻입니다. 그래서 요한복음 21장 22절에 보면 주님께서는 자신을 요한과 비교하려는 베드로를 향해 "네게 무슨 상관이냐. 너는 나를 따르라"고 말씀하셨습니다. 갈라디아서 6장 4절은 "각각 자기의 일을 살피라"고 말씀합니다. 그러므로 우리는 비교는 주님과 해야만 하고 다른 사람들과는 결코 비교하지 말아야 합니다. 바울이 고린도 교회를 향해 다른 사람들과 비교하지 말고 하나님과 비교할 것을 교훈한 것(고후 1:12~13)은 사탄의 전술에 빠지지 않게 하려는 것이었습니다.

넷째, 의심과 불신. 본래 의심은 사탄이 하와의 마음속에 심어 놓은 독초였습니다. 이것이 들어가자 하나님을 의심하기 시작했고 결국 선악과를 따먹게 되었습니다. 물론 의심이란 때로는 진리 탐구의 자극제가 되기도 하지만 신앙에서는 큰 장애물이 됩니다. 왜냐하면 의심으로 인해 절망에 빠지는 경우가 종종 있기 때문입니다. 그래서 가스피링 부인은 "의심은 인간의 마음속에 있는 지옥"이라고 했습니다. 따라서 의심은 지식의 현관문이면서 다른 한편으로는 믿음의 장애물이 되고 있습니다. 다음은 불신인데 이 불신은 거짓말의 믿음이요, 지옥으로 인도하는 안내자입니다.

불신은 개인적으로는 실패의 원인이 되며 사회적으로는 협동을 깨는 원인이 되기도 합니다. 중요한 것은 의심과 불신 뒤에는 항상 사탄이 도사리고 있다는 점입니다. 왜냐하면 이 의심과 불신을 통해 사탄이 인간을 천국으로 들어가지 못하도록 길을 차단할 수 있기 때문입니다. 마태복음 14장에 보면 밤에 예수님께서 물위로 걸어가신 사건이 나옵니다. 이때 베드로가 자신도 물위로 걸어가기를 간구했습니다. 주님은 허락했습니다. 처음에는 베드로가 믿음으로 물위를 걸었으나 나중에는 바람을 보고 무서워하며 의심하게 됐을 때 물에 빠졌습니다. 그러자 주님께서 베드로를 향해 "왜 의심하느냐"고 책망했습니다. 그래서 기독교에서는 의심을 경계합니다. 그러나 뉴턴이 "왜 사과가 나무 밑으로 떨어질까?"라는 의심을 하지 않았더라면 만유인력 법칙은 발견하지 못했을 것입니다. 따라서 세상에서의 진리 탐구에는 의심에서 시작해야 하지만 영적인 세계는 믿음에서 시작한다는 차이점이 있습니다.

문제는 불신입니다. 지금 세상은 온통 불신으로 가득 차 있습니다. 부부가 서로 불신하고 있고 목회자와 성도들이 서로 불신합니다. 정부와 국민도 불신으로 가득차 있습니다. 불신이 있는 곳에는 놀라운 역사도 없고 연합도 없으며 사랑도 없습니다. 오직 분열과 미움, 실패가 따를 뿐입니다. 그러므로 사탄의 불신이 더 이상 번지지 못하도록 막아야 합니다. 그것은 주님께 대한 믿음을 통해 사람들 간의 신뢰를 회복하는 길밖에 없습니다.

다섯째, 거짓말. 거짓말은 사탄으로부터 시작돼 세상에 번지기 시작했습니다. 그러면 거짓말이란 도대체 그 본질이 무엇인가? 잠언 6장 16절에 보면 하나님께서 미워하시는 것 6~7가지가 있다고 하면서 17절에서 거짓된 혀 즉, 거짓말을 지적하고 있습니다. 거짓말이 얼마나 심각한 잘못인지는 십계명 9번째에 나옵니다. "네 이웃에 대하여 거짓 증거 하지 말지니라"(출 20:17). 십계명의 구조를 보면 제9계명은 인간관계에 관한 말씀 중 하나입니다. 다시 말해 인간관계를 깨뜨리는 것이 바로 거짓말이기 때문에 하나님께서 금지하신 것입니다. 사실 인간관계에서 가장 중요한 것은 신뢰인데 거짓말은 이 신뢰를 근본적으로 흔들어 버립니다. 하나님께서 인간에게 주신 축복 중에 하나가 언어입니다. 물론 동물도 소리를 통해 자신의 본능적인 표현을 하지만, 인간의 말처럼 논리와 감정, 예술이 깃들어 있지 않습니다. 말을 통해 문화가 형성되고 문명이 발전합니다.

에베소서 6장 10절에서 하나님의 전신갑주의 하나로 '진리의 허리띠'를 말씀한 것은 그것이 모든 것을 연결시키는 끈이기 때문입니다. 사람들은 크게 세 부류로 나눌 수 있습니다. 첫째로 남의 말을 하는 사람들 즉, 루머를 만들어내고 잡담과 험담을 말하는 하류층의 사람들이 있고, 둘째는 시사를 말하는 사람으로 이들은 정치와 예술을 말하는 중류층의 사람들입니다. 셋째는 진리를 말하고 사랑을 말하는 상류층의 사람들이 있습니다. 그러므로 말을 통해 사람의 됨됨이를 알 수 있는 것입니다. 거짓말이 얼마나 무서운가 하면 이세벨이 나봇의 포도원을 빼앗을 때, 거짓 증인 둘을 세워서 하나님과 왕을 저주했다고, 거짓말하게 해 그를 죽게 한 것에서 잘 알 수 있습니다. 거짓말이 인간관계를 깨뜨리기 때문에 옛날 로마에서는 거짓말하는 자는 낭떠러지에서 떨어져 죽게 했으며, 애굽에서는 코와 귀를 잘랐다고 합니다. 이처럼 거짓말은 사회적으로 큰 문제가 됩니다. 중요한 것은 사탄의 거짓말 전술에 넘어가지 않는 일입니다. 그러기 위해서는 먼저 거듭나서 마음이 깨끗해야 되고 입의 훈련을 통해서 바른 말을 해야 할 것입니다.

여섯째, 미움. 사탄의 여섯 번째 전술은 미움입니다. 미움은 전혀 모르는 사람이나 멀리 있는 사람들에게는 거의 없습니다. 가까이에 있는 사람들에게 나타납니다. 따라서 미움은 사랑의 반대가 아니라 이복형제와 같습니다. 오히려 사랑의 반대는 무관심이라고 할 수 있습니다. 미움에서 사랑으로 가는 것은 쉬우나 무관심에서 사랑으로 가는 것은 대단히 어렵기 때문입니다. 미움의 역사를 보면 가인과 아벨에게서 시작된 것을 볼 수 있습니다. 그 미움의 뿌리는 시기와 질투에서 비롯됐습니다. 자신은 인정받지 못하고 동생만 인정받는 것에 대한 시기와 질투에서 생겨난 것입니다. 그래서 결국 동생을 살인하기에 이르렀습니다.

지금 사탄의 미움을 통한 복음이 민족주의와 종교를 통해 전 세계에 번지고 있습니다. 이스라엘과 팔레스타인의 전쟁도 따지고 보면 인종적으로 서로 피가 통하는 관계에서 비롯됐습니다. 그런데 미움이란 사탄이 인간에게 뿌린 영적 전염병이기 때문에 일단 이것이 마음에 들어가면 암처럼 곪게 되고 마침내는 터지게 만듭니다. 인류 역사를 보면 전쟁이 없었던 시대가 별로 없습니다. 그런데 그 전쟁의 원인을 살펴보면 극단적 이기주의와 민족주의적 보복과 미움에서 비롯된 것을 볼 수 있습니다. 여기서 미움은 감기처럼 가까운 사람들 사이에서 번집니다. 남북간 미움의 관계도 처음에는 이념의 차이에서 시작됐지만 이제 와서는 과거의 응어리에서 더욱 곪아지고 커진 것을 볼 수 있습니다.

그러면 이 미움의 문제를 어떻게 해결해야 하는가. 그것은 성경적으로만 가능합니다. 우리가 십자가를 보면 더하기 표시로 된 것을 볼 수 있습니다. 영어에 속죄(at-one-ment)라는 단어를 보면 "하나"라는 뜻을 가집니다. 즉, 예수님의 십자가를 통해 하나님뿐만 아니라, 사람들과 화목이 이뤄진다는 말입니다. 다시 말해 십자가의 사건 없이 미움의 문제는 해결되지 않습니다. 십자가로 말미암아 하나님과 우리 사이에 있는 죄의 장벽이 무너지고 하나가 됩니다. 미움은 궁극적으로 사랑의 희생을 통해서만 치유될 수 있기 때문에 개인적으로나 국가적으로 십자가 사건이 일어나야 해결됩니다. 미움의 장벽은 사랑으로만 무너지기 때문입니다.

일곱째, 불평과 원망. 구약성경 가운데 오늘날 우리의 모습을 가장 잘 나타내고 있는 것이 민수기입니다. 민수기는 출애굽한 이스라엘 백성들의 광야 생활을 기록한 것인데 여기에는 이스라엘 백성들의 삶이 불평과 원망으로 얼룩져 있음을 볼 수 있습니다. 그들은 목이 마르다고, 길이 나쁘다고, 고기가 먹고 싶다고 불평하고 원망했습니다. 민수기 11장에 보면 다베라에서 (4~5절)"누가 우리에게 고기를 줘서 먹게 할꼬? 우리가 애굽에 있을 때에는 값없이 생선과 외와 수박과 부추와 파와 마늘들을 먹은 것이 생각나거늘"이라 하며, 불평과 원망을 감추지 않았습니다. 그런데 문제는 불평과 원망의 속성은 점점 심해진다는 점입니다.

즉 불평은 또 다른 불평을 낳고 원망은 또 다른 원망을 낳게 됩니다. 마침내 불평은 습관이 되고 맙니다. 그러나 불평의 내용을 살펴보면 문제가 커서 불평하는 것이 아니라, 우리의 마음이 좁기 때문에 불평하는 것을 알 수 있습니다. 우리의 불평은 비교에서 비롯됩니다. 비신자들의 형통은 비교하는 데서 오기도 하고 별로 믿음이 없는 다른 신자들이 잘사는 것을 보면서 불평하는 경우도 있습니다. 문제는 우리가 모든 것을 판단하는 재판장이 되려고 하기 때문입니다. 지금 세계적으로 이 불만 바이러스가 독감보다 더 강하게 역사하고 있습니다. 역사를 보면 불만 바이러스는 쉬지 않고 역사하는 것을 볼 수 있습니다. 모든 것을 자기의 입장에서 보기 때문입니다. 반대로 하나님의 입장에서 보면 그 불평과 원망이 감사로 변합니다. 다음은 내가 원하는 것을 감사의 조건을 삼지 말고 하나님께서 주시는 것이 내게 가장 좋다는 것을 믿어야 합니다. 마태복음 5장에 나오는 팔복에서 볼 수 있듯이 하나님이 베푸시는 축복의 기준은 우리와 전혀 다르기 때문입니다.

여덟째, 지연작전. 사탄의 여덟 번째 전술은 지연작전입니다. 사탄은 우리가 선한 일을 계획하지 않기를 바랍니다. 그러나 선한 일을 계획하면 그것을 지연시킵니다. 그것이 사탄의 전술입니다. 우리는 해마다 "올해엔 성경도 열심히 읽고 기도 생활을 해야지"라고 결심하지만 사탄은 그 시작을 지연시킵니다. 그래서 항상 계획만 세우다 해를 넘깁니다. 우리는 내일을 말하고 미래를 계획하지만, 사탄은 우리가 내일을 말할 때 눈 하나 깜짝 하지 않습니다. 그것은 또 지연될 것을 알기 때문입니다. 그러므로 중요한 것은 오늘이 내 인생의 마지막이라고 생각하고, 오늘 할 일을 내일로 미루지 않는 것입니다. 사실 일을 지연시키는 것은 나태하고 연약하기 때문입니다. 더욱 중요한 것은 이 지연작전이 사탄이 우리들에게 일을 하지 못하도록 하려는 전술이란 점입니다.

그래서 성경은 항상 "현재"를 말합니다. "보라 지금은 은혜받을 만한 때요 보라 지금은 구원의 날이로다"(고후 6:2) 또 에베소 교회에 보내는 편지에서는 "세월을 아끼라 때가 악하니라"(엡5:16)고 말하고 있습니다. 우리는 모두 성공하기를 원하는데 이 성공은 행동할 때 오는 것이지, 가만히 있는 사람들에게는 그냥 지나가고 맙니다. 다시 말하면 성공의 기회는 잡는 사람에게만 주어지는 것입니다. 그러면 기회란 무엇인가. 기회란 새로운 가능성이 열리는 순간을 말하는데 그때 중요한 것은 바른 선택입니다. 따라서 중요한 것은 결단입니다. 그런데 이것을 방해하는 많은 장애물이 있는데 그 중에 지연작전은 우리를 실패케 하는 원인이 됩니다.

세상에는 해보고 실패하는 사람보다, 해보지도 못하고 실패하는 사람이 훨씬 더 많습니다. 지연하다가 늦게 되고, 늦은 뒤에 후회하는 것입니다. 실패자의 핑계는 바로 지연하다가 못하는 경우입니다. 세상에는 두 가지 기회가 있습니다. 승진 투자처럼 눈에 보이는 기회가 있고 감추어져 있어서 눈과 귀로 탐색해야 보이는 기회도 있습니다. 이런 기회는 늘 깨어 있어야 보이고 잡을 수 있습니다. 그러므로 사탄의 지연작전에 빠지지 않고, 성공하려면 망설이지 말아야 합니다. 또 흐지부지 하지 말아야 하고 기다리지 말아야 합니다. 해보지도 못하고 지연하다가 실패하는 사람은 가장 어리석은 사람입니다.

아홉째, 불성실성. 사탄의 아홉 번째 전술은 불성실입니다. 그래서 성경을 보면 사탄은 자신의 일에 부지런한 사람들을 유혹하지 않고 항상 게으른 사람 즉, 불성실한 사람들을 골라서 유혹해 이용했습니다. 다윗이 범죄를 저지른 것 역시 부하들이 모두 전장에 나가 국가를 위해 열심히 싸우고 있을 때 혼자서 지붕 위를 거닐고 있다가 사탄의 유혹을 받았습니다. 지도자로서 불성실했을 때 범죄한 것입니다. 그래서 벤저민 프랭클린은 "정직과 성실을 그대의 빛으로 삼으라. 백 권의 책보다 하나의 성실한 마음이 더 큰 힘으로 사람을 움직일 것"이라고 말했습니다.

그러므로 성실이 성공의 친구이듯 불성실은 실패의 가장 친한 친구가 되는 것입니다. 비록 성공했더라도 불성실한 사람에게는 그 성공이 오래 가지 못합니다. 반대로 성실한 사람은 실패했더라도 그것이 끝이 아니라, 하나의 과정일 뿐인 것입니다. 왜냐하면 성실한 사람은 실패를 그대로 받아들이지 않으므로 그 실패는 결론이 될 수가 없고, 재도전의 시작이 되기 때문입니다. 그러므로 실패는 성공을 위한 주춧돌이며 새로운 도전이 되는 것입니다. 그래서 시편 기자는 하나님을 경외하는 자의 삶의 지표로서 "성실로 식물을 삼으라"(시 37:3)고 했습니다.

바울은 골로새 교회에 보내는 편지에서 노동자의 윤리로 "눈가림만 하지 말고 오직 주를 두려워하여 성실한 마음으로 하라"고 권면하고 있습니다. 시골에 가면 농부가 많이 사용하는 기구 중에 낫이 있습니다. 이 낫은 사용하지 않고 놓아두면 녹이 슬지만 매일 사용하는 낫은 결코 녹이 슬지 않습니다. 마찬가지로 사탄 마귀는 불성실한 사람에게는 여러 가지 유혹을 할 수 있지만 성실한 사람들에게는 유혹의 틈을 만들기가 어려운 것입니다. 왜냐하면 "여호와께서 성실한 자를 보호하시고"(시 31:23) "성실은 자기를 인도"(잠 11:3)하기 때문입니다. 성공하는 사람의 특징은 항상 노력하고 열심히 뛰어다닌 사람입니다. 물론 세상에는 복권에 당첨되거나 도박에서 거금을 따는 등 뜻밖에 횡재를 하는 경우도 없지 않습니다. 그러나 그것은 수억 분의 일에 해당합니다. 그러므로 성실만이 성공을 만들어 내고 사탄의 유혹을 피할 수 있습니다.

열째, 외식. 사탄이 가장 좋아하는 것은 외식입니다. 왜냐하면 외식은 천국 가는 길을 막는 마지막 전술이기 때문입니다. 사탄은 우리가 기도하는 것과 성경 읽는 것, 교회 가는 것과 봉사하는 것을 싫어합니다. 그러나 그런 것들을 막을 수 없을 때 사용하는 마지막 무기가 바로 외식에 빠지게 하는 것입니다. 기도를 외식으로 하게 하고 성경을 외식으로 읽게 합니다. 교회 출석을 외식으로 하도록 하고 봉사를 외식으로 하게 합니다. 여기서 바리새인 같은 신자가 나오고 위선자가 나옵니다.

종교에서 가장 문제가 되는 것이 바로 외식주의입니다. 예수님께서 바리새인들을 책망한 것은 그들이 일반 사람보다 더 악하거나 잘못되어서가 아니었습니다. 문제는 지도자로 있으면서 외식에 사로잡힐 때 진실에 가까이 갈 수 없기 때문에 책망한 것입니다. "화 있을진저 외식하는 서기관들과 바리새인들이여 잔과 대접의 겉은 깨끗이 하되 그 안에는 탐욕과 방탕으로 가득하게 하는도다"(마 23:25). 외식이 문제가 되는 것은 그리스도의 옷을 입고 사탄의 일을 하기 때문입니다. 이것이 바로 사탄의 방법입니다. 우리가 이단을 구별하기 어렵고 막기 힘든 것은 외식 때문입니다. 그들의 간판은 항상 정통이고 성경이며 경건입니다. 지금 우리가 갖고 있는 가장 큰 문제 중 하나는 무엇이 되기보다는 어떻게 보이기를 더 원한다는 데 있습니다. 행복하게 되기보다는 행복하게 보이기를 더 원하고 선하게 되기보다는 선하게 보이기를 더 원합니다. 우리의 유교적 전통과 통하기 때문입니다. 그러나 이로 인해 외식주의적인 교인들이 늘어나고 있습니다. 외식이란 누룩과 같아서 그냥 있지 않고 점점 부풀어 번져 가기 때문에 신앙인에게 가장 무서운 독소인 것입니다. 베드로의 편지를 보면 말세의 현상 가운데 하나가 바로 외식이라고 했습니다(벧전 2:1). 그러므로 사탄의 외식 전술에 넘어가지 말아야 합니다.

사탄은 할 수 만 있으면 하나님과 성도를 분리시키려고 합니다. 우리는 사탄의 전략을 알고 대처하여 이 땅에 하나님의 나라는 건설하는 군사로서 사명을 감당하시기를 바랍니다.

이렇게 깊은 영적인 생활을 하도록 인도하는 것은 성령의 인도를 받게 하기 위해서 입니다. 영적인 자립을 하는 성도가 되도록 훈련하기 위함입니다. 성도는 무엇보다도 중요한 것이 구원을 누리는 것입니다. 구원에 대하여 확실한 개념을 잡고 흔들림이 없는 믿음 생활을 영위하실 분은 "구원을 누리며 사는 비밀"을 읽어보시기를 바랍니다.

15장 눈으로 지역에 살고 있는 악령의 존재를 알고 쫓아내는 기술

하나님은 마귀와 귀신의 역사를 눈으로 보면서 퇴치하기를 원하십니다. 사람이 어떻게 마귀와 귀신의 역사를 눈으로 볼 수가 있는가 의아심을 가지는 분들도 있을 것입니다. 이는 생명의 말씀과 성령의 역사로 보는 것입니다. 성령께서 보시는 것을 자신이 아는 것입니다. 이는 성령님이 자신의 전인격을 장악하면 가능합니다. 절대로 안 된다고 포기하지 말고 관심을 가지고 접근하면 됩니다. 영적인 것은 관심을 통하여 열리기 때문입니다. 상당수의 사람들이 마귀와 귀신을 제대로 구분하지 못하는 것 같습니다. 마귀와 귀신을 같은 존재로 보는 것입니다. 물론 이 둘은 근본적으로 같은 피조물이지만 그러나 분명하게 다릅니다. 마귀 즉 사단은 천사장이었던 계명성이라고 불리는 스랍의 한 존재가 타락함으로써 사단이 되었고, 그 존재에 동조하였던 수많은 천사들이 함께 하나님의 나라에서 쫓겨나 이 세상으로 내려온 것입니다. 제가 "카리스마로 영적세계를 지배하라" 책에서 천상의 존재들에 대해 구분해서 설명한 것이 있는데 그들 3분의 1이 타락하였습니다.

마귀와 귀신들은 지금 천상에 남아있는 거룩한 존재들과 동일하게 창조되었고 따라서 동일한 능력과 기능들을 하고 있는 영적 존재입니다. 그러므로 우리가 흔히 말하는 천사와 동일하지만, 그 의도하는 것이 다를 뿐입니다. 그렇기 때문에 우리는 사단과 그 부하들에 대해서 크게 마귀와 귀신으로 구분합니다. 특히 귀신에 대해서 잘 이해하지 못하는 사람들이 간혹 있습니다. 영적 분별력을 갖출 때 우리는 비로소 마귀 귀신의 존재를 파악할 수 있습니다. 그런데 이 분별력에는 크게 두 가지로 구분된다는 점을 먼저 이해해야 합니다. 마귀가 하는 일을 구분하기 위해서는 하나님의 지혜를 소유해야 합니다. 마귀는 우리보다 모든 면에서 한 차원 월등합니다. 우리가 알고 있는 성경 지식을 능가합니다. 그러므로 지식으로는 그들을 제대로 구분할 수 없는 경우가 많습니다. 성경을 알기는 알아도 사람의 지식으로만 알았기 때문입니다. 말씀으로 만 알고 성령으로 말씀을 깨닫지 못하고 성령으로 체험이 없기 때문에 미혹된 것입니다. 이렇듯이 성령의 감동과 체험이 없는 지식은 마귀 귀신의 시험을 이길 수 없습니다.

마귀가 하는 일은 다양합니다. "마귀는 하나님을 대적한다. 하나님과 인간 사이를 이간한다. 사람을 속이고 꾄다. 항상 거짓말을 한다. 진리를 의심하게 한다. 성도들의 마음을 혼미하게 한다. 형제, 자매, 부부, 이웃, 성도 간에 의심하게 한다. 형제자매, 부부, 이웃, 성도 간에 다투게 한다. 영혼을 죽이고 도적질을 하고 멸망시키려고 한다. 죄를 짓게 하고 그 후에는 심한 죄책감을 준다. 욕심을 부리게 하고 탐심을 품게 한다. 사람들의 마음속에 헛된 생각을 집어넣는다. 철학과 사상과 종교를 만들어 낸다. 성경을 오해(誤解)하게 하고 착각하게 한다." 그러므로 바른 분별이 필요합니다. 마귀를 분별하는 능력은 오로지 성령께서 깨닫게 하시는 말씀에 의지해야 합니다. 그러나 귀신은 그렇지 않습니다. 귀신이 활동하는 목적은 우리 몸을 점령하여 그들의 거처로 삼고자 하는 것입니다. 천상에서 쫓겨난 하급 천사들은 우리 몸을 거처로 삼고자 합니다. 이들이 귀신들인데 이들을 구분하는 능력은 오로지 영적 감동으로 가능합니다. 즉 귀신의 존재는 영적 느낌으로만 구분이 되는 것입니다. 귀신 들림과 흡사한 행위들이 많이 있습니다. 정신병과 우울증, 자폐증, 환청과 환상 등 많은 병리적 증상 역시 귀신 들림과 구분이 되지 않습니다. 육안으로는 절대로 구분할 수 없으며, 성경 지식으로도 구분할 수 없습니다. 오로지 느낌입니다. 귀신이 존재하는 곳에는 반드시 귀신 특유의 증상이 있습니다. 이 증상이 앞에서 언급한 대로 정신병증과 동일하다는 것입니다. 그러므로 대중적 방법으로는 분별이 되지 않습니다. 그러므로 영분별의 능력이 필요한 것입니다.

영분별의 능력은 그냥 생기는 것이 아니라, 경험과 임상적인 체험을 통해서 성숙되는 것입니다. 바꾸어 말하면 경험을 통해서 자신에게 영분별의 능력이 임했음을 깨닫게 되는 것입니다. 처음 이 능력을 받게 되면 환상과 환청을 경험하게 됩니다. 환상이란 검은 그림자가 자주 눈에 보이는 것을 말합니다. 처음 경험하는 사람은 자신에게 영분별의 능력이 임했다고 생각하지 못하기 때문에 무언가 이상이 생겼거나 마귀의 시험을 받고 있다고 생각하고 두려워합니다. 환청은 이상한 소리가 들리는 것입니다. 실체가 없는 소리가 들립니다. 누군가가 들어오는 발자국 소리가 분명히 들렸는데 아무도 없습니다. 누군가가 자신을 바라보고 있다는 느낌이 들어 뒤를 돌아보면 아무도 없습니다. 유리창이나 그릇이 깨지는 소리가 들려 그곳으로 가 보면 아무런 일도 없습니다. 이런 경험을 하게 되면 자신에게 귀신이 들린 것이 아닌가 하고 두려워하게 됩니다. 소름이 갑자기 끼치면서 근육이 굳어지고 머리카락이 솟구칩니다. 두려운 대상이 없는데 갑자기 소름이 끼치고 두려운 생각이 밀려 들어옵니다. 그리고 순간이지만 검은 존재가 스쳐지나가는 느낌을 강하게 받습니다. 이런 느낌을 자주 경험하게 되면 두려워하게 되고 혼란스러워하게 됩니다.

영분별의 능력을 받은 사람은 남들이 느끼지 못하는 영적 느낌을 느끼기 시작합니다. 냄새도 느낍니다. 시궁창 냄새, 타는 냄새, 비린 냄새, 역겨운 냄새 등을 느껴 구역질을 하게 됩니다. 전율도 느끼고 가슴을 짓누르는 압박감도 느낍니다. 소름과 청령감 등도 느낍니다. 이런 영적 증상들을 경험하면서 담대함이 생기기 시작하는 것입니다. 느낌의 강도를 경험하면서 차츰 영적 존재의 힘을 가늠하는 생각들이 들어옵니다. 실제로 귀신을 쫓게 되는 자리에 나가게 되고 그 과정에서 영적 존재에 대한 하나님의 지혜와 지식을 얻게 됩니다. 귀신의 존재를 구분하게 되고, 그 능력이 얼마나 큰지도 알게 됩니다. 이런 일들을 깨닫게 하기 위해서 하나님은 집중적으로 귀신을 경험하게 하십니다. 이 능력을 받은 날부터 자신의 주변에서 이런 영적 경험들이 간헐적으로 또는 집중적으로 나타납니다. 이 현상을 통해서 자신에게 영분별의 능력이 임했음을 깨달아야 합니다. 하나님은 주어진 능력을 개발하고 키워나가도록 여러 가지로 배려하십니다. 성령님이 우리를 인도하시면서 영적 능력을 개발하게 하시는 것입니다. 성령은 영적 지도를 받을 수 있는 멘토를 만나게 하거나 실제로 축사하는 현장을 만나게 하십니다. 경험이 전혀 없는 사람은 어떻게 해야 할지를 모를 뿐만 아니라 귀신을 쫓는 일은 매우 힘든 사역이기 때문에 반드시 능숙한 사역자를 통해서 배우도록 하십시오. 성령으로 충만하지 못한 사역자의 귀신을 쫓는 일은 위험한 일이기 때문입니다. 성령으로 충만하여 성령께서 귀신을 쫓아내도록 할 수 있는 능력을 길러야 합니다. 능력 대결은 힘의 법칙이 적용되는 것입니다. 강한 자가 약한 자를 이깁니다. 우리는 주님의 이름으로 귀신을 쫓는 것이지만, 주님이 주신 능력의 범위 안에서 그 일을 하는 것입니다. 자신보다 더 강력한 귀신을 만나면 심각한 영적 손상을 입게 됩니다. 자신보다 더 강력한 귀신이란 귀신을 쫓는 사역자가 성령으로 충만하지 못하고 인간적인 욕심으로 사역하면 귀신이 강력하게 역사하여 사역자가 귀신에게 당한다는 것입니다. 사도행전에 나오는 유대의 한 제사장 스게와의 일곱 아들들과 같이 된다는 것입니다. "악귀 들린 사람이 그들에게 뛰어올라 눌러 이기니 그들이 상하여 벗은 몸으로 그 집에서 도망하는지라"(행19:16). 물론 하나님이 보호하심으로 인해서 생명에는 아무런 지장이 없지만 영적 능력에는 굉장한 손상을 입게 되는 것입니다. 자신에게 자주 나타나는 영적 현상이 모두 영분별의 능력과 연관된 것은 아닙니다. 실제로 귀신의 공격을 받고 있는 경우도 있습니다. 그런데 그 차이는 분명합니다. 귀신의 공격을 받고 있는 사람은 먼저 마음의 상처나 죄가 내재해 있습니다. 그리고 한 가지 또는 단조로운 형태의 귀신의 공격을 집요하게 받게 됩니다.

그러나 영분별의 능력을 받은 사람이 경험하는 영적 현상은 다양하고 그 폭이 넓다는 점입니다. 앞에서 언급한 것과 같은 다양한 경험들을 하게 된다는 점에서 다릅니다. 그리고 그 현상이 자신에게 주어진 능력을 개발하게 하기 위한 하나님의 뜻이라는 점에서 긍정적입니다. 비록 경험이 없어서 두렵지만, 그러나 마음에는 평안이 있고 주님에게 헌신하고자 하는 마음이 더욱 더 강해진다는 점입니다. 귀신들림으로써 경험하는 것은 두렵고 공포감이 휩싸여 어쩔 줄 모르게 되고, 정신이 혼미해지며 육체적으로 괴로워집니다. 잠을 제대로 자지 못하고 건강이 날로 나빠집니다. 환청과 환상에 시달릴 정도로 집요하게 나타납니다. 이런 증상은 귀신 들림의 전조입니다. 그러나 영분별의 능력으로서 경험하는 영적 증상들은 우리에게 위협적이지도 않고 고통스럽지도 않습니다. 처음 경험하는 것이기 때문에 무섭기는 합니다. 그러나 그 두려움은 곧 사라집니다. 시도 때도 없이 나타나 일상생활을 제대로 할 수 없을 정도의 고통을 주지 않습니다. 하나님은 우리가 두려움을 극복하고 그 느낌을 파악하는 수준으로 경험하게 하는 것입니다. 이런 경험들을 하고 난 후에 실제로 귀신이 있는 곳에 가면 그와 동일한 느낌들을 느끼게 됩니다.

주변에 있는 사람들은 아무도 느끼지 못하지만 능력을 받은 사람은 느낍니다. 귀신의 공격을 받고 있거나 귀신이 들린 사람을 만나면 즉시 느껴지기 때문에 귀신이 그 존재를 숨길 수 없는 것입니다. 부적을 부쳐 놓은 곳에 가면 역시 느낌을 강하게 느끼고 지식의 말씀도 임해서 감추어 놓은 부적을 바로 찾아낼 수 있는 것입니다. 영분별의 능력을 받은 사람은 일반인들이 전혀 느끼지 못하는 것들을 보거나 느끼기 시작합니다. 영적 지식이나 말씀의 깊이가 많지 않은 사람에게 임하는 경우 혼란을 느끼고 제멋대로 해석하고 적용하려고 합니다. 이런 사람들은 성경에 근거하지 않고 세속적인 지식을 가지고 자기 나름대로 이해하려고 합니다. 우리나라는 무속의 영향이 강한 편이어서 귀신이라고 하면 먼저 무속인을 떠올리게 되고 그들이 주장하는 말을 그대로 받아들이는 어리석음을 범하기도 합니다. 귀신은 속임수에 매우 능합니다. 그리고 죽지 않습니다. 어느 목사님은 입에서 불이 오만 볼트가 나와서 귀신이 타서 죽는다고 하는데 이는 거짓말입니다. 절대로 타서 죽지를 않습니다. 그렇다면 지옥에 들어가면 죄인들이나 귀신들이 타서 죽어야 맞지 않습니까? 절대로 죽지 않고 영원히 고통을 당합니다. 그러므로 귀신은 쫓아내야 맞습니다. 예수님도 귀신을 쫓아냈습니다. 절대로 타서 죽어라 이렇게 명령하지 않았습니다. 속지 마시고 쫓아내려고 하시기를 바랍니다. 그런 까닭에 귀신은 인류 역사의 처음부터 지금까지 모든 것을 다 알고 있습니다. 다만 편재하지 못하므로 한 귀신이 모든 사실을 다 알지는 못합니다. 그러므로 귀신들은 서로 정보를 교환함으로써 지식을 넓혀가는 것입니다. 그런 까닭에 한 가문에서 일어난 모든 일을 아주 세밀하게 잘 알고 있습니다. 이런 지식을 이용하여 사람들을 미혹하며 압박합니다.

　귀신의 존재를 제대로 파악하는 능력이 영분별의 능력인데 이 능력은 경험을 바탕으로 강해지고 구체적이 됩니다. 교육이나 이론적 지식보다는 본인에게 주어진 능력의 한계 안에서 경험할 때 가능해지는 것입니다. 귀신은 지역을 장악하는 귀신과 사람의 몸을 점령하는 귀신으로 크게 나눌 수 있습니다. 그러므로 이들 귀신에 대한 지식도 다릅니다. 지역의 악령도 일정한 영역을 가지고 그 영역 안에서 자신들이 하고자 하는 일을 행하는 것입니다. 광범위한 지역을 장악하는 강한 악령으로부터 한 가정 정도를 점령하는 약한 악령이 있습니다. 악령은 자신들의 영역이 침해를 받을 염려가 없을 때는 절대로 대항하지 않지만, 축사자가 지역의 악령을 제거할 목적으로 들어오면 심각하게 위협을 가하기 시작합니다. 지역에 역사하는 귀신이 자기 수하의 귀신들인 사람을 통하여 악랄하게 방해하는 것입니다. 이런 영적 싸움에서 이기기 위해서는 먼저 경험을 쌓아야 합니다. 지역의 악령에 대한 경험은 몸으로 느껴집니다. 어떤 장소에 들어가면 갑자기 소름이 끼치고, 그 소름이 파도처럼 밀려왔다가는 밀려 나갑니다. 마치 자력처럼 당기거나 밀치는 느낌을 받게 됩니다. 지역의 영에 강하게 눌려있는 사람이 자신 곁에 다가오면 그런 자력과 같은 힘을 느끼게 됩니다. 밀치고 당기는 강한 힘을 느끼는데 이런 현상은 자신의 의지와는 전혀 상관이 없습니다. 성령으로 영분별의 능력을 받으면 자연적으로 나타나는 것입니다.

 이런 느낌은 능력을 받지 못한 사람은 아무리 느껴보려고 해도 전혀 느낄 수 없는 것입니다. 그리고 느낄 필요도 없습니다. 능력이 없는 사람이 느낀다면 이것은 큰 문제입니다. 악령의 공격을 받고 있는 것이기 때문입니다. 자신이 느낌을 받는다면 그 악령은 자신이 감당할 수 있는 범위에 들어있는 것입니다. 실제로 자신이 감당하지 못하는 악령은 자신이 느끼지 못합니다. 감당할 수 있는 한계에서만 느낄 수 있는 것입니다. 지역의 악령은 그 대상이 지역이므로 피대상이 전혀 반응을 하지 않기 때문에 자신이 느끼지 않으면 그 지역에 어떤 악령이 있는지를 알 수 없는 것입니다. 영 분별력이 없는 사람은 편하게 살아가지만 이 능력이 있는 사람은 처음에는 피곤합니다. 여기저기서 영적 느낌을 자주 받기 때문입니다. 영적 분별력이 제대로 자리를 잡을 때까지 피곤할 정도로 느낌을 받게 됩니다. 만나는 사람의 영적 상태에 대한 느낌을 받기 때문에 그 사람이 지금 어느 정도 악령으로부터 침해를 받고 있는지를 알게 됩니다. 마치 장사꾼이 자신이 다루는 것만 눈에 들어오는 것과 같습니다. 옷장사는 옷만 보이고 신발 장사는 신발만 보입니다. 이처럼 영분별의 능력을 받은 사람은 영만 보입니다. 이런 현상은 초기에 집중되지만, 어느 정도 성숙하면 자신이 처리해야 할 필요가 있을 때에만 느낌을 받게 됩니다. 만나는 사람마다 영적 느낌을 받는다면 이것은 자신이 초기 단계에 있다는 증거이기도 합니다. 지역의 영은 지역을 근거로 활동하며 자신들이 점거하고 있는 영역에 있는 모든 사람들에게 영향을 끼칩니다. 그러므로 이런 지역의 악령에 제대로 파악하기 위해서는 영적 매핑이 필요합니다. 지역에서 벌어졌던 과거의 사건들을 분석하고, 그곳에서 드려진 무속행위나 제사의식에 대한 연구가 있어야 합니다. 그리고 지식의 말씀을 받을 수 있어야 합니다.

지역의 악령이 존재하고 있다는 사실은 몸으로 느껴지지만, 그 정체가 무엇인지는 지식의 말씀에 의지해야 합니다. 영적 매핑을 통해서 그 사실을 알 수 있다면 그 방법을 사용하여야 합니다. 그러나 그런 도움을 받을 수 없다면 지식의 말씀에 의지해서 악령의 성향을 알 수 있습니다. 그런 정보가 있어야 악령을 묶을 수 있는 것입니다. 지식의 말씀을 받는 법에 대해서는 많은 곳에서 이미 언급하였습니다. 지역의 악령을 파악하는 방법은 영적 매핑과 영분별 능력이 함께 할 때 가능합니다. 철저한 조사뿐만 아니라 지식의 말씀과 영적 분별력을 이용하여 악령이 행하고자 하는 바를 파악하고 그 모든 악령의 역사는 불법임을 예수의 이름으로 선포하고 축출합니다. 사람의 몸을 장악하고 있는 귀신은 귀신들린 사람의 행위를 보고 판단할 수 있지만 정신질환을 가진 사람과 귀신들린 사람을 구별하는 일은 쉬운 일이 아닙니다. 그러므로 영적 느낌을 통해서 귀신의 존재를 파악하여야 합니다. 귀신들린 사람은 악령의 강한 힘에 눌려있습니다. 그러므로 그 힘이 분별능력을 지닌 사람에게 그대로 전해집니다. 영적 싸움은 능력의 싸움이기 때문에 약한 자는 강한 자에게 굴복하게 되어있습니다. 악령보다 약한 능력을 가진 사람은 아무리 예수의 이름으로 나가라고 명령해도 악령은 끄떡하지도 않습니다. 오히려 역습하는 경우도 있습니다.

   능력을 받은 사람은 귀신들린 사람을 직접 대면하지 않아도 알 수 있습니다. 어떤 사람을 위해서 기도하는 경우 그 사람에게 들어있는 악령이나 마귀의 존재를 파악할 수 있습니다. 기도하는 경우 그 사람에게 영향을 주는 악령이 자신에게 그대로 전달되기 때문에 미리 악령의 존재를 파악할 수 있습니다. 사람에게 영향을 주는 악한 영에 대해서 지식의 말씀이 임하면 그 악령이 들어오게 된 통로를 알 수 있습니다. 그러나 하나님은 우리가 수고해서 알 수 있는 부분에 대해서는 지식의 말씀을 주시지 않는 것이 원칙입니다. 그러므로 가능한 자세한 부분을 가족들이나 관련된 사람들을 통해서 알아내야 합니다. 하나님이 악령을 다루기 위해서 영분별의 능력을 허락하시는 것입니다. 그리고 축사하는 능력 행함의 은사를 주십니다. 마귀와 귀신을 쫓는 일은 매우 힘들고 어려운 일입니다. 예수님의 이름으로 쫓는 것이지만 그 능력이 우리에게 주어졌을 때는 여러 가지 한계가 있게 됩니다. 즉 우리는 연약한 인간이며, 죄에서 자유로울 수 없는 존재이기 때문입니다. 예수의 이름으로 쫓는다고 해서 단순하게 생각해서는 절대로 안 됩니다.

마귀와 귀신을 발견하고 그 존재를 정확하게 파악하는 능력을 온전하게 개발하기 위해서는 믿을 만한 지도자의 도움이 절대로 필요합니다. 이론적이고 지식적인 것이 아니라 실제이며, 현실의 문제이기 때문입니다. 수십권의 책을 읽는 것보다, 한 번의 경험이 더 생생하고, 그것이 곧 능력이 됩니다. 지식으로는 귀신을 알 수도 없고 내어 쫓을 수도 없습니다. 오로지 주님으로부터 부여 받은 능력을 가지고 현실에서 하나씩 경험하면서 배워야 합니다. 그리고 그 현상들이 올바른지를 분별하기 위해서 체험적인 지식이 필요한 것입니다. 영분별의 능력은 하루아침에 개발되는 간단한 것이 아닙니다. 미묘하고 복잡합니다. 그만큼 마귀와 귀신은 다양하고 능력이 많기 때문입니다. 항상 모습을 바꾸는 세균과 같은 존재입니다. 우리가 그들의 존재를 파악하면 그들은 다른 모습으로 우리 곁에 다가와 있습니다. 영 분별력을 개발하기 위하여 분단하게 노력을 해야 합니다.

16장 눈으로 영들의 활동을 보고 느끼면서 쫓아내는 기술

우리는 성령으로 바른 분별력을 길러야 합니다. 자신의 영은 자신이 스스로 지켜야 하기 때문입니다. 어떻게 하면 눈으로 영들을 보면서 대처할 수가 있을까요? 그것은 생명의 말씀을 삶에 적용하여 체험함으로 열리게 됩니다. 우리 성도들이 영적인 눈이 열리지 않는 것은 말씀을 이론으로 아는데 그치기 때문입니다. 말씀은 하나님이십니다. 성령의 임재가운데 말씀을 보면 영들을 볼 수가 있습니다. 성경에는 성령의 역사와 마귀와 귀신의 역사와 사람의 역사가 기록되어 있습니다. 말씀을 생명으로 보면서 성령의 역사가 일어나면 영들을 보는 눈이 열리게 됩니다. 관심을 가지고 성령의 임재가운데 말씀을 보시기를 바랍니다. 그러면 반드시 영들을 보는 눈이 열릴 것입니다. 필자는 이렇게 말합니다. 신천지 등등의 이단에 빠지는 사람들은 상처가 많은 사람들입니다. 이는 어떻게 알았느냐. 저는 하나님의 은혜로 사람의 영적인 상태를 보는 눈이 있습니다. 얼마 전에 사당역에서 신천지에 속한 여성들이 와서 어깨띠를 하고 전단지를 나누어주는데 모두 하나같이 상처가 많았습니다. 상처가 많으면 영이 깨어나지 못합니다. 반드시 성령으로 세례를 받고 성령 안에서 오래 기도하면서 성령으로 내면의 상처를 치유 받아야 영이 깨어나기 시작합니다.

영이 깨어나지 못함으로 말씀이 뿌리를 내리지 못합니다. 한마디로 내 영이 만족이 없다는 것입니다. 영의 만족이 없으니 육이 강하게 됩니다. 육이 강하니 심령이 갈급합니다. 사람은 육적이면서 영적인 존재이기 때문입니다. 그래서 영의 만족을 찾으려고 여기저기 기웃거리고 다니는 것입니다. 보이는 사람을 통하여 영의 만족을 찾으려고 말입니다. 그러다가 조금 특색 있고 신비스런 사람의 말을 들으면 그만 넘어가는 것입니다. 한번 두 번 참석하다가 보면 거기에 역사하는 영에 눌리게 되고 지배를 당하게 되는 것입니다. 한마디로 분별력이 없어지는 것입니다. 분별력이 없어지니 그곳에 있는 사람들이 말하는 대로 자기들만이 최고라고 믿게 됩니다. 저는 이를 방지하기 위하여 성령을 체험하며 내면을 치유하여 영이 깨어나도록 강한 영성 훈련을 해야 합니다. 그래서 스스로 영의 만족과 분별력을 기르도록 해야 합니다.

마귀 귀신의 지배를 받아 교회에 심각하게 해를 끼치는 사람들에 대한 분별은 오로지 영적 분별력에 의해서 가능한 것입니다. 제가 한창 능력 전도를 하러 다닐 때 안산에 어느 유명한 목사님의 안수를 받고 귀신이 드러나 축귀 하지 못하고 장기간 고생하며 가산을 탕진한 성도를 보았습니다. 또 어느 부흥사에게 안수 받고 귀신이 드러나 한 동안 고통을 당한 사모도 보았습니다.

모두 이분들이 이구동성으로 하는 말은 안수 받을 때 타고 들어왔다고 합니다. 그런데 전부 그렇지는 않습니다. 자신 안에 숨어있던 귀신이 성령의 권능으로 드러났는데 처리를 잘못한 경우가 맞습니다. 귀신이 드러났을 때 전문적인 사역자에게 완전하게 축귀를 받아야 하는데 한 번에 축귀를 하려고 이 사역자, 저 사역자에게 다니면서 안수를 받아 더욱 심해지기만 한 것입니다. 필자는 이를 방지하기 위하여 2시간 이상씩 성령 안에서 기도하게 하는 것입니다. 오래 기도해야 완전하게 떠나감으로 이런 일이 생기지 않습니다.

　우리는 바르게 알고 바르게 행해야 합니다. 이들은 육안으로는 아무런 증거를 찾을 수 없다는 점에서 각별한 분별이 필요한 것입니다. 저는 특별히 성도님들이 영들을 분별할 수 있는 능력을 길러야 한다고 강조합니다. 왜냐하면 얼마 전 전도를 빙자하여 여자들만 있는 집을 찾아가서 성폭행을 일삼았던 목회자의 경우에 이런 이중적인 생활을 하는 것을 교인은 물론이거니와 같이 사는 부인도 알아차리지 못한 것입니다. 언론에 나오는 목회자의 성폭행 피해자의 경우 그들은 목사이기 때문에 그들이 요구하는 바를 거절하지 못했다고 합니다. 이는 매우 어리석은 일인데 이것이 우리 교회의 일면을 이야기하고 있는 것입니다. 목회자의 권위를 절대적인 것으로 만들고 있는 현실에서는 이러한 일이 비일비재합니다. 영적 분별력을 키우지 못한 사람들은 이런 오류와 마귀 귀신의 올무에 언제라도 걸릴 수 있습니다. 목회자라고 해도 분별력이 없으면 마귀 귀신의 궤계에 빠지게 됩니다. 마귀 귀신의 올무에 한 번 빠지면 좀처럼 빠져 나오기가 쉽지 않습니다. 교회가 이런 올무에 빠지면 날마다 분쟁과 다툼으로 세상 사람들에게 손가락질을 받게 됩니다. 교회가 이런 시험에 빠져 목회자와 성도들 사이에 분쟁을 일삼는 교회가 얼마나 많습니까?

　이런 것은 모두가 분별력이 없기 때문에 마귀 귀신의 침입을 허락한 결과 치르게 되는 불행한 일입니다. 교회뿐만 아니라 개인의 삶에서도 분별을 하지 못하면 이러한 고통을 겪게 됩니다. 이러한 시험에 빠지지 않기 위해서는 분별력을 길러야 합니다. 영적 분별력은 배워서 되는 부분이 있지만 그렇지 않은 부분이 있습니다. 성령의 역사를 따라가면서 체험해야 합니다. 영들의 역사는 보이지 않지만 살아있는 역사하기 때문입니다. 이단에 대한 분별은 전문 지식을 갖춘 목회자의 도움을 받아야 합니다. 그런데 전문 교육을 받은 목회자마저도 이단에 빠지는 경우가 너무 많습니다.

지금 설치는 구원파 집단에 빠진 목회자가 수백 명이나 됩니다. JMS라는 사교 집단에 빠진 목회자도 얼마나 많은지 모릅니다. 교리적인 부분은 올바른 성경 공부를 통해서 이를 분별할 수 있지만 영적인 일에 있어서는 그 분별을 오로지 성령으로 발원한 영적 능력으로만 할 수 있는 것입니다. 성령께서 깨닫게 하시는 말씀과 성령으로 분별해야 합니다. 영적 분별의 기초는 거부감입니다. 하나님은 사랑하는 그의 자녀들을 마귀 귀신으로부터 보호하기 위해서 신호를 보내시는데 일반적인 것이 거부감입니다. 사람은 거부감을 느끼면 본능적으로 수세적인 자세를 취하게 됩니다.

거부감이 들게 함으로써 영적 각성을 하게 하며, 주의를 기울여 살피기를 촉구하는 것입니다. 거부감은 우리에게 경고를 주시는 하나님의 은혜입니다. 불쾌한 생각이 들어 접근을 꺼리게 만듭니다. 까닭 없이 상대방에 대해 불쾌한 생각이 든다면 역시 경계해야 합니다. 유쾌하지 못한 기분, 껄끄러운 기분은 우리의 경계 의식을 일으키는 신호입니다.

영적인 사역자가 성령으로 충만하지 못하고 영권이 강하지 못하고, 육체가 성령의 지배를 받지 못하여 육이 강하고, 성령의 권능이 마귀 귀신보다 약하여 마귀 귀신이 강한 경우 자신의 몸이 움츠려 드는 기분을 느낍니다. 소름이 끼치고 머리가 어지러운 현기증을 느끼며, 때로는 헛구역질을 하게 됩니다. 이런 증상을 느끼면 이는 자신이 감당하기에 버거운 상대라고 생각하고 될 수 있으면 그 자리를 피하는 것이 좋습니다. 이유는 마귀 귀신에게 영적 피해를 당할 수가 있기 때문입니다. 이런 영적인 사역자는 영적인 사역에 뛰어드는 것은 잠시 뒤로하고, 성령으로 세례를 받으시고 성령 안에서 기도를 오해하여 성령의 권능을 강하게 해야 합니다. 바르게 알아야 할 것은 성령의 역사에 의하여 자신 안의 귀신이 드러날 때도 이와 같은 현상이 일어나니 분별해야 합니다. 성령으로 기도하게 하여 성령이 충만해지면 떠나가기 시작하는 것입니다. 사역을 할 때 상대방의 눈을 마주보기가 무섭다거나 눈빛이 이상하게 싫어지는 경우에도 마찬가지입니다. 함부로 접촉하거나 대화하는 것은 위험할 수 있습니다. 귀신을 축사하려는 사역자는 성령 안에서 성령으로 충만하여 걸어 다니는 성전이 되는 일에 전력을 가해야 합니다. 성령의 권능이 약하면 귀신에게 당합니다.

행19:14-16 "스게와라는 유대인 제사장의 일곱 아들도 이런 일을 하였는데, (15) 귀신이 그들에게 "나는 예수도 알고, 바울도 알지만, 당신들은 도대체 누구요?" 하고 말하였다. (16) 그리고서 악귀 들린 사람이 그들에게 달려들어, 그들을 짓눌러 이기니, 그들은 몸에 상처를 입고서, 벗은 몸으로 그 집에서 도망하였다." 지금도 영권이 없으면 이런 망신을 당하므로 자기를 보살펴야 합니다.

마귀 귀신은 호흡을 통해서 우리에게 침투할 수 있기 때문입니다. 이런 신호를 받고 있음에도 불구하고 주님이 나를 지켜 주시니까 괜찮다고 생각하고 상대방이 하고자 하는 대로 따르게 되면 이는 심각한 문제를 일으킬 수 있는 것입니다. 이렇게 대수롭지 않게 생각했다가 마귀 귀신에게 공격을 받아 돌이킬 수 없는 문제 속에 빠진 사람이 얼마나 많은지 모릅니다. 목회자도 예외가 아닙니다. 마귀 귀신의 침투로 인해 쑥밭이 되어버린 교회가 얼마나 많은지 아셔야 합니다. 하나님이 주시는 이러한 신호의 의미를 알지 못하기 때문에 일어난 일에 대해서 주님은 책임을 지지 않는다는 사실입니다. 일부 성도들이 예수님이 보호하여 주신다고 하는데 예수님이 돌보지 못합니다. 자신의 영은 자기가 관리해야 합니다.

성도가 목회자나 바른 분별력을 길러야 합니다. 그래야 불필요한 고생을 당하지 않는 것입니다. 주님이 주시는 신호를 무시하지 마십시오. 물론 모든 거부감이 다 하나님의 신호는 아닙니다. 그러나 하나님은 우리에게 거부감이라는 신호를 사용하여 경계할 것을 촉구하는 것입니다. 그러므로 이에 대해 소홀히 하지 마십시오. 성령이 역사하면서 마음에 거부감이 들면 조용히 마음으로 기도하면서 성령의 임재를 요청하고 그 자리를 떠나십시오. 일단 자리를 떠나면 그 거부감은 사라집니다. 그런데 알아야 할 것은 성령이 함께하는 목회자가 인도하는 예배에서 "두려운 생각이나 소름 끼치는 현상, 어지럽고 구역질 나는 현상 등은 성령의 역사에 의하여 자신 안에 귀신이 정체를 폭로할 때 일어나는 현상입니다. 조금 시간을 가지고 성령으로 충만해지면 이런 증상이 없어지니 참고 인내해야 합니다. 정 견디기 힘이 들면 일단 그 자리를 떠나면 사라지고 평안한 마음이 듭니다. 반드시 자신 안에 귀신을 정리해야 합니다." 인내하고 참고 성령 안에서 기도하여 성령으로 충만해지면 "두려운 생각이나 소름 끼치는 현상, 어지럽고 구역질 나는 현상 등은 정리가 됩니다." 다시한 번 말씀드리면 이러한 현상은 성령의 역사에 의하여 자신 안에 귀신이 정체를, 폭로하는 현상이기도 합니다. 분별하고 대처해야 합니다. 이것으로 우리는 하나님의 신호임을 확인할 수 있습니다.

영적으로 성장한 사람은 이런 경우 성령님에게 여쭈십시오. 지금 나타나는 현상이 자신이 생각하고 있는 대로 마귀 귀신에 대한 주님의 경고 신호인지를 여쭙기 바랍니다. 그러면 반드시 이에 대한 대답이 옵니다. 아니면 사역을 인도하는 사역자에게 질문해 보세요. 분명한 답을 줄 것입니다. 개인에 따라서 다릅니다만 자신이 평소 성령님으로부터 응답을 받는 형식을 통해서 알게 되지요. 저의 경우는 주로 감동과 몸의 느낌을 통해서 그 마귀 귀신이 본색을 드러냅니다. 저와 마주한 그 사람이 제가 영에 대한 감지를 하고 성령의 임재를 요청하고 성령님에게 여쭙는 그 순간 그 사람은 갑자기 불안해하고 횡설수설하며 저를 노려보던 눈길을 다른 데로 돌리며 저의 눈과 마주치려 하지 않습니다. 말을 걸면 횡설수설합니다. 그러면서 자신이 왜 갑자기 이러냐면서 자신이 오히려 어쩔 줄 몰라 합니다. 그리고 자리를 황급히 피합니다.

이 경우는 그 마귀 귀신이 저의 영적 힘을 이기지 못 하겠기 때문에 그런 행동을 하는 것이지만 영적 능력이 약한 분들은 상대가 그런 증상을 나타내지 않습니다. 오히려 도도해지고 눈빛이 전보다 더 강렬해질 수 있습니다. 그리고 자신이 느끼는 느낌들이 더 강하게 느껴질 수 있습니다. 성령의 음성을 듣는 단계에까지 이르지 못한 사람은 무감각할 수 있습니다. 성령님에게 여쭙는 것이 생소할 수 있습니다. 이런 사람의 경우 일단 거부감이 나는 자리에서 피하십시오. 그리고 주님에게 질문하기 바랍니다. 사역자에게 질문해도 됩니다. 아무런 대답도 받지 못했다고 해서 질문을 하는 일을 포기하지 마십시오. 누구나 처음부터 잘 되는 사람은 아무도 없습니다. 타고 나면서부터 영적 분별력을 가지고 나오는 사람은 아무도 없는 것입니다. 이런 경험을 통해서 하나씩 알아가는 것이고 그 경험이 싸여 훌륭한 분별력을 갖게 되는 것입니다.

다행히 상대가 마귀 귀신의 지배를 받지 않은 사람인데 자신이 너무 예민하게 반응한 감정적 대응일 경우 아무런 변화를 느끼지 않을 것입니다. 그러나 이것은 결코 헛수고가 아닙니다. 철저한 대비가 큰 피해를 막습니다. 마귀 귀신을 가진 사람과 접촉하고 난 다음에는 반드시 성령 안에서 정결케 하는 기도를 해야 합니다.

이는 "기적 체험하는 대적기도" "대적기도로 문제 해결하는 비밀" "가계가 축복 받는 선포기도문" 책에 상세하게 설명되어 있습니다. 관심이 있는 분은 참고하시기를 바랍니다. 주님이 그 마귀 귀신으로부터 받은 일체의 피해를 거두어 주시고 손상된 영을 회복시키고 강건하게 해 주실 것을 기도해야 합니다. 소홀히 여기지 마십시오. 이런 과정을 통해서 우리는 강한 영적 군사가 되는 것입니다. 하나님은 체험하면서 훈련하여 강하게 하십니다.

17장 오감의 느낌으로 마귀 귀신의 접근을 알고 쫓아내는 기술

하나님께서는 우리 성도들이 하나님의 역사를 알고 보고 느낄 수 있는 성령으로 민감한 성도가 되기를 원하십니다. 하나님은 영이십니다. 즉 쉽게 표현하면 영은 형체가 없습니다. 하나님은 형체가 없어요, 그래서 우리를 통하여 그 형체를 만들어 가고 계신 것입니다. 영은 우리의 개개인에게서 방출되는 파동입니다. 이 파동은 상대에게 직접적으로 감정을 느끼게 할 수도 있고 둔한 사람에게는 그 느낌이 없습니다. 보통 사람들은 이 영의 파동을 대다수 느끼지 못 합니다. 영에는 사람의 영과 마귀 귀신의 영과 하나님의 영이 있어요. 우리가 사람의 영으로 살다가 예수님을 만나서 아들의 음성(파동)을 듣고 살아난 후부터는 하나님의 영으로 살게 됩니다. 즉 하나님의 영과 주파수가 같은 성령으로 살게 되는 것입니다. 이런 일들은 영적으로라야 분별할 수가 있습니다. 성령으로 세례를 받아 성령 안에서 예배를 드리며 성령으로 기도를 하면서 영이시라 보이지 않자만 오감을 통하여 깨달아 알고 보게 하십니다. 오감이란 [시각, 청각, 미각, 후각, 촉각을 들 수 있으며, 이를 오감(다섯 감각)이라고 한다. 감각 기관의 핵심은 외부의 자극을 신경 신호로 변환시키는 수용기다. 신경신호란 신경 세포인 뉴런을 통해 뇌로 전달되는 일종의 전기적 신호다. 수용기에서 시작된 뉴런의 흥분이 뇌에 전달이 되어야 세상을 인식할 수 있다.] 오감이 성령으로 정화되어 영이신 하나님을 느끼고 인식하는 것입니다.

하나님은 성도들이 오감을 통하여 영들의 전파를 알고 대처하기를 원하십니다. 오감을 통하여 영들의 전파를 알려면 먼저 성령으로 전인격이 장악이 되어야 합니다. 한마디로 영적인 민감성을 개발해야 한다는 말입니다. 영들은 오감을 통하여 접근하기 때문입니다. 그렇기 때문에 오감이 성령으로 장악이 되어야 합니다. 그래야 영들의 접근을 알고 대처할 수가 있는 것입니다. 우리 성도들이 경계해야 할 것 중에 가장 큰 것은 영들의 현상에 무딘 것입니다. 무감각한 것입니다. 그래서 하나님은 감성이 풍부한 사람을 좋아하십니다. 감성이 풍부한 사람이 되려면 성령으로 깊은 기도를 많이 해야 합니다.

예수를 믿고 성령으로 거듭난 성도는 하나님의 군대입니다. 군대는 적을 알아야 합니다. 우리의 적은 영적인 것입니다. 고로 마귀 귀신의 접근을 느낌으로 알아야 합니다. 마귀와 귀신의 접근을 느낌으로 알아내려면 영적으로 예민해야 가능합니다. 영적인 민감성은 말씀의 묵상과 성령으로 깊은 영의기도를 해야 개발이 됩니다. 전인격이 성령의 지배를 받아야 영적으로 예민해집니다.

주님이 40일간 금식하시고 난 다음에 마귀에게 시험을 받으셨을 때 마귀를 물리칠 수 있었던 것은 성령이 알려주는 말씀이었습니다. 마귀를 분별하는 기준은 하나님의 말씀과 하나님의 뜻입니다. 마귀는 귀신과 다른 높은 차원의 영적 존재입니다.

그러므로 우리가 사단을 이기기 위해서는 하나님의 말씀을 깊이 있게 알아야 하고 자신에게 향하신 하나님의 분명한 뜻을 알고 있어야 합니다. 마귀가 우리에게 접근하는 것을 알 수 있는 길은 오로지 말씀과 성령으로 분별력을 얻는 것입니다. 마귀가 베드로를 이용하여 주님에게 접근했을 때, 예수님의 분별하는 기준은 하나님의 뜻이었습니다. 주님은 자신이 무엇을 해야 하는지를 분명하게 인식하고 있었습니다. 우리 역시 분명한 새로운 인식이 있어야 합니다. 이런 의식이 없이 대충 신앙생활을 하는 사람은 마귀 귀신의 도구가 될 수 있습니다.

귀신은 느낌을 통해서 그 존재가 분명하게 드러나지만, 마귀 귀신은 그런 식으로 자신의 존재를 드러내지 않습니다. 사단은 높은 차원의 영적 존재이므로 우리의 상상을 초월하며 마음만 먹으면 하지 못할 것이 없습니다. 오직 창조하는 것 이외에는 모든 것이 가능한 존재이기 때문에 쉽사리 그 존재를 드러내지 않는 것입니다. 그러므로 이 부분에 대한 분별은 결코 쉬운 일이 아닙니다.

낮은 차원의 마귀 귀신은 그 행동을 눈여겨보면 어느 정도 알아차릴 수 있지만, 고도의 마귀 귀신을 분별한다는 것이 그렇게 말같이 쉽지 않고 어렵습니다. 베드로가 주님의 십자가를 만류했을 때 우리가 그 곁에 있었다면 아무런 이상을 느끼지 못했을 것입니다. 너무도 인간적이고 스승에 대한 배려는 오히려 당연한 것이 아니겠습니까? 그런 자리에서 제자가 취할 태도는 그것 말고 어떤 다른 태도가 있었겠습니까? 그런데 이 말은 주님을 넘어지게 하는 마귀의 말이었습니다.

우리는 하루에 많은 말을 하지만, 그 가운데는 우리에게 상처를 주고 우리를 시험이 들게 하는 마귀 귀신의 말이 있습니다. 상대방과의 대화 속에도 마귀 귀신의 말이 끼어듭니다. 심각한 피해가 없다고 생각하여 마귀 귀신에 대한 별다른 의식을 하지 않고 살아갑니다. 그러나 이런 태도는 마귀 귀신으로 하여금 자신을 언제라도 사용할 수 있도록 방임하는 결과를 만들어 냅니다. 아주 중대한 일을 만나는 상황에서 마귀 귀신은 평소 쉽게 자신을 다루었기 때문에 너무도 자연스럽게 자신을 올무에 걸리게 할 수 있는 것입니다. 이로써 극심한 고통의 늪에 빠지게 되는 것입니다.

지금 편안하다고 마음을 놓는 것은 장차 닥칠 큰 불행을 예고하는 것입니다. 마귀 귀신의 일에 대해서 성경은 분명하게 언급하고 있지만, 그런 것들이 모두 추상적이기 때문에 구체적으로 적용하려면 상당한 분별력이 있어야 하는 것입니다. 말씀을 묵상하고 성령으로 기도하여 성령으로 충만하게 지내야 합니다. 이를 위하여 평소에 강도 높은 영성 훈련을 해야 합니다.

마귀 귀신에게 시험이 든 사람이 교회 안에 있으면 그 사람으로 인해서 교회는 심각한 문제에 휩싸이게 됩니다. 그럼에도 불구하고 그런 행위를 인간적 결함으로 취급하는 것입니다. 영적으로 보지 않는다는 것입니다. 영적인 사고를 하지 않는 것입니다. 우리 스스로도 자신이 마귀 귀신의 올무에 걸려있음에도 불구하고 성격의 문제로만 알고 있기 때문에 그 올무에서 벗어날 적당한 조치를 취하지 못합니다. 이런 마귀 귀신을 분별하는 영분별 능력을 제대로 이해하고 말씀과 성령으로 개발해야 할 것입니다. 자신이 성령으로 장악되어 있으면 성령이 깨닫게 해주는 것입니다. 그래서 성령으로 충만하게 지내야 하는 것입니다.

마귀 귀신을 분별하는 능력을 개발하기 위해서는 갖추어야 할 부분이 있습니다. 그것은 하나님의 음성 듣기입니다. 이 부분은 절대로 필요한 필수조건입니다. 성령과의 깊은 교제는 마귀 귀신을 구분하는 절대적인 조건이 됩니다. 우리의 주인은 성령님입니다. 우리가 주인을 알지 못하면 가짜 주인을 주인처럼 여기고 살아가게 될 수도 있기 때문입니다.

마귀 귀신을 알아차리는 요소는 성령의 임재 하에 말씀을 깊이 묵상하여 그 가운데서 하나님의 마음을 읽는 기술을 개발하는 것입니다. 묵상기도를 통해서 하나님의 말씀을 성령의 감동 가운데 이해하는 기술을 익히는 것입니다. 깊은 묵상을 통해서 하나님이 자신에게 말씀하시는 능력이 있어야 마귀 귀신을 구분할 수 있습니다. 묵상을 통한 하나님의 영과 관련을 경험하는 것이 중요합니다.

주의 영이 자신의 영과 접촉할 때 갖게 되는 느낌은 마귀 귀신의 영이 접촉할 때 느껴지는 것과는 전혀 다르다는 사실을 알아야 합니다. 마귀 귀신은 하나님의 말씀을 인용합니다. 그러나 그 말씀이 깊은 묵상을 통해서 얻어지는 것이 아니라, 피상적이고 원론적이기 때문에 살아있는 하나님의 말씀이 되지 못합니다. 마귀 귀신은 거의 율법적인 말씀을 가지고 역사합니다. 영을 분별하기 위하여 이런 차이를 알아야 하는 것입니다.

마귀 귀신과 연관된 일들의 속성이 추상적인 것들이 많다는 점이 이 분별을 어렵게 합니다. 추상적인 개념은 주관적인 요소들을 지니고 있기 때문에 "귀에 걸면 귀걸이이고, 코에 걸면 코걸이"입니다. 다시 말하면 사람은 합리를 추구하므로 합리적으로 설명하면 누구나 속아서 넘어가기 쉽습니다. 그러므로 절대적 기준을 찾기란 거의 불가능에 가깝습니다. 그러므로 우리는 마귀 귀신에게 수도 없이 넘어집니다. 이 탁월한 영적 존재를 이길 자가 누가 있겠습니까? 성령님의 보호하심이 아니면 우리는 절대로 이길 수 없다는 사실을 알고 성령으로 충만하게 지내려고 해야 합니다. 그런데 일반 성도들이 성령으로 충만하기가 힘이 들기 때문에 문제를 해결하기를 어렵게 하고 있는 것입니다.

마귀 귀신은 너무도 교활하고 속임수가 능하기 때문에 우리가 마귀 귀신을 알고자 하는 것보다는 우리의 주인인 성령님을 더 잘 이해하고 친숙하려는 노력이 곧 마귀 귀신의 올무를 벗어나는 길입니다. 마귀 귀신의 분별은 이런 의미에서 볼 때 성령님을 바르게 이해하는 것에서부터 출발합니다. 그러므로 우리는 주님과의 친밀함을 항상 유지하는 법을 배워야 할 것입니다. 성령 안에서 예배를 드리고 성령안에서 기도하고 성령안에서 말씀을 묵상하는 등 성령으로 충만하게 지내려고 습관을 들여야 합니다.

마귀 귀신은 근본적으로 악합니다. 악하기 때문에 비록 처음에는 선한 것으로 위장을 하였다고 해도 얼마 가지 않아 그 악함이 드러나게 되어있습니다. 또한 마귀 귀신은 사랑이 없습니다. 철저한 위계와 압박으로 이루어진 세계입니다. 사랑이 없는 이들에게서 사랑의 모습은 일시적일 수밖에 없습니다. 그러므로 이 두 가지에 대한 이해가 제대로 되어야만 합니다. 사랑은 역시 추상적인 개념이지만, 이 부분에 대한 설명이 고린도전서 13장에 언급되어 있습니다. 이 추상적 개념들을 구체적으로 이해하고 수용하는 기술은 하루 이틀에 되는 것이 아닙니다. 이 기술을 얼마나 잘 익히고 정확하게 적용할 수 있는가 하는 문제가 열쇠입니다.

마귀 귀신을 분별하는 능력은 오랜 세월의 성령 안에서 성경 말씀을 깨닫고 성경 말씀의 공부와 묵상과 성령과의 친밀한 교제와 하나님의 음성을 식별하는 기술 등을 익혀야만 가능한 것입니다. 그러므로 영분별의 능력 가운데 마귀 귀신을 구분하는 것이야말로 어렵고 힘든 일입니다. 귀신을 구분하는 분별력은 우리의 느낌입니다. 그러나 마귀 귀신은 그것과는 전혀 다른 것이기 때문에 이 두 부분을 혼동해서는 안 됩니다. 악령의 높은 차원이 마귀고, 더 높은 차원이 사단입니다. 이것은 더욱 힘들고 어렵습니다. 하나님의 허락이 없이는 우리를 해하거나 쓰러뜨릴 수 없는 존재이지만 이 사단으로 인해서 우리 인류 전체는 언젠가는 극심한 곤경에 빠질 것입니다.

사단이 정권을 장악하여 국가를 혼란스럽게 하고 있는 경우, 우리는 이 부분을 제대로 분별하여 하나님에게 구체적으로 간구할 수 있어야 하고, 이런 부분은 영적지도자들이 일반인들에게 올바르게 분별하여 인식시켜야 할 몫입니다. 그러나 대다수의 평범한 성도들에게 있어서 마귀 귀신은 고통의 근원이 됩니다. 죄와 연관된 마귀 귀신의 공격으로 인해서 이해하기 힘든 고통 속에서 지냅니다. 연속되는 불행과 질고들, 이상 성격과 감정을 주체할 수 없는 나약함, 거듭되는 실패와 좌절 등 이루 헤아릴 수 없을 정도의 많은 문제의 배경에 있는 마귀 귀신을 어떻게 찾아내어 그 속박에서부터 자유 할 것인지를 우리는 고민해야 하는 것입니다.

고통스런 문제 배경에 있는 마귀 귀신을 찾아내는 일은 먼저 죄의 속성을 살펴야 합니다. 죄에 대한 이해와 그 처리가 제대로 정당한 절차를 따라서 행하여졌는지를 살피는 것입니다. 죄의 뿌리에는 귀신이 있습니다. 죄를 타고 들어온 귀신을 쫓아내야 합니다. 죄의 고백과 그 고백이 하나님이 받으실 수 있는 정당한 절차를 통해서 행하여 졌는지를 알아내는 일이 곧 영분별의 능력을 가진 사람이 해야 할 일입니다. 우리는 막연하게 죄를 고백하면 죄가 용서될 것이라고 생각합니다. 그러나 그렇지 않습니다. 우리는 구약성경을 통해서 이스라엘이 그들의 죄가 자신들이 드리는 희생과 제사를 통해서 제대로 이루어지지 않은 사실을 알게 됩니다. 이런 미숙한 죄의 처리는 마귀 귀신의 올무가 됩니다.

저는 어려운 문제로 고통당하는 사람들이 죄를 제대로 처리되지 못해서 그 올무에서 벗어나지 못하는 것을 많이 보았습니다. 죄의 뿌리에 역사는 귀신을 쫓아내지 않아 반복되는 고통의 늪에서 벗어나지 못하는 것을 보았습니다. 그런 부분에 대한 올바른 처리를 도와왔습니다. 영적 지도자는 사실 이런 부분에 대한 올바른 진단을 할 수 있어야 하지 않겠습니까? 고통의 질고 속에서 아파하는 성도에게 아무런 도움을 주지 못하면서 하나님의 말씀이라고 설교만 한다면 문제가 있지 않겠습니까?

주님은 우리를 자유하게 하시는 분이고, 그분의 대리자로 자신이 그 직무를 수행하고 있다면 말입니다.

이 모든 과정은 한 순간에 이루어지는 것이 아니기 때문에 저의 유튜브 설교(치료말씀TV)에서 이런 부분에 도움이 될 수 있는 훈련과 정보를 드립니다. 모든 분들이 한 가지씩 갖추어 나갈 때 언젠가는 훌륭한 능력을 소유한 사람이 될 것입니다. 마귀 귀신을 구분하는 능력은 절대로 한 순간에 이루어지는 것이 아님을 먼저 이해하고, 이제 다른 요소들을 구체적으로 하나씩 다루어 나가면서 배워야 합니다. 여러 사람이 모여서 한창 즐겁고 재미있는 시간을 보내고 있는데 어떤 사람이 들어왔습니다. 그러자 분위기가 갑자기 냉랭해지면서 아무도 말하려 하지 않고 서먹서먹해 하면서 한 두 사람씩 자리를 뜹니다. 이내 즐겁던 모임이 깨어지고 맙니다. 사람들이 그 사람만 보면 알 수 없는 냉기를 느끼고 가까이 하려고 하지 않습니다.

또 어떤 사람은 대수롭지 않은 이야기인데도 말의 꼬투리를 잡고 시비를 걸어 싸움이 일어납니다. 그래서 그 사람과는 대화하려고 하지 않고 말을 조심하게 됩니다. 항상 부정적인 말만 하고 무슨 일이든지 우선 반대하고 봅니다. 그래서 그 사람과는 의논하려고 하는 사람이 없습니다.

이와 같은 사람들이 우리 주변에는 흔히 있습니다. 항상 분위기를 가라앉게 하는 그 힘을 우리는 그 사람의 성격으로 여기고 맙니다. 그래서 그런 사람을 이상 성격자라고 부르기도 합니다. 그런데 그런 사람들의 문제를 단순한 정신적인 문제로만 보기 때문에 계속 그 피해를 입습니다. 그러나 이런 현상의 대부분은 그 배경에 마귀 귀신이 있음을 알아야 합니다. 우리는 영적으로 사고를 해야 합니다. 영분별에서 귀신은 느낌으로 알게 되지만 마귀는 그렇지 않다는 점을 이해했으므로 우리는 마귀를 분별하는 수단에 대한 이해를 해야 하겠습니다. 마귀의 특성은 성령과는 반대되므로 성령의 열매와 다른 일들을 일으킨다면 그 배경에는 마귀가 있는 것입니다.

마귀는 영이지만 고도의 지능을 지니고 있으므로 우리가 알아차리기가 어렵습니다. 그러나 마귀는 자신이 하고자 하는 일 때문에 반드시 그 존재가 드러나게 되는 것입니다. 마귀는 그 하고자 하는 일의 목적을 살펴야 합니다. 마귀에게 조정 당하는 사람은 먼저 위장합니다. 처음에는 사람의 환심을 사기 위해서 좋은 일을 합니다. 그런데 그 행동이 어딘가 어색하고 과장되어 자연스럽지 못합니다. 자신들의 진심을 속이고 위장하기 때문에 남의 옷을 입은 것처럼 어딘가 모르게 어색합니다.

자연스럽지 못하며 의도적인 모습이 보입니다. 과잉 친절이나 봉사 등 우리의 상식과는 다소 거리가 있는 모습을 보이지만 그렇다고 해서 마귀의 일이라고 단정하기에는 아직 이릅니다. 그러므로 면밀한 관찰이 필요합니다. 마귀의 일을 알아차리기 위해서는 그 목적하는 바가 어느 정도 들어나기까지 기다리면서 관심을 가지고 살피는 노력이 필요합니다.

교회에 와서 봉사를 한다든지, 헌금을 한다든지 하는 배후의 동기를 파악할 수 있어야 합니다. 많은 분들이 자신의 욕망을 성취하기 위하여 헌금하고 봉사하기 때문입니다. 우리가 봉사하고 헌금하는 모든 것은 성령으로 하나님의 영광을 위해서 해야 합니다. 영적 지도자는 이러한 행위의 동기를 영적으로 분별할 수 있어야 합니다.

스님(중)으로 생활하다가 개종하여 목회자가 되었습니다. 그리고 부흥사가 되어 전국 기도원을 다니면서 간증도 하면서 안수하는 목사가 있습니다. 그런데 이 목사가 집회를 하면 반드시 문제가 생깁니다. 그런데도 불구하고 여전히 부흥회를 인도하고 다니는 것은 그 문제가 즉시 일어나는 것이 아니라, 시간을 두고 발생한다는 것입니다. 그 목사로부터 안수를 받은 사람들은 여러 날이 지난 후에 심각한 정신질환 즉 귀신 들림에 시달립니다.

자신 속에 있는 귀신들을 안수를 통해서 사람들에게 퍼뜨리고 다니는 이 목사를 교회는 알아차리지 못하고 있는 것입니다. 우리는 영적인 전파를 바르게 알아야 합니다. 어떤 목사는 심령 감찰한다고 하는 무당들이나 하는 그런 기도로 사람들을 사로잡습니다. 정말로 족집게 같이 알아맞히고 처방을 내줍니다. 그리고는 반드시 헌금을 요구합니다. 많이 드려야 하나님이 은혜를 베푸신다는 것입니다. 지푸라기라도 잡고 싶은 성도들은 그 족집게 같은 말에 빠져 들어 거액을 헌금하여 낭패를 봅니다.

마귀의 일은 이처럼 속임수가 교묘해서 정신을 차리지 않으면 알아차리기가 여간 어려운 것이 아닙니다. 제가 여기서 분명하게 말씀드리고 싶은 것은 자신의 문제를 누구에게 알아본다고 문제가 해결되는 것이 아니라는 것입니다. 분명하게 자신이 영적으로 변해야 문제가 해결이 된다는 것입니다. 꼭 세상 불신자들이 무당에게 물어보고 굿을 해서 문제를 해결하는 것과 같은 행위로서는 절대로 문제가 해결이 되지 않습니다. 성도들이 자신의 문제를 쉽게 순간적으로 해결하려고 하는 생각 때문에 속고 사기를 당하는 것입니다. 자신이 현재 당하고 있는 문제는 자신이 성령으로 세례를 받고 말씀과 성령으로 자신이 변하여 문제를 치유할 때 해결이 되는 것입니다. 사고를 복음으로 영적으로 해야 합니다. 그래야 시시각각으로 역사하는 마귀의 계략에 속지 않을 수 있습니다.

영분별의 능력은 이런 모호하고 위장이 철저한 마귀의 일을 멸하는 무기입니다. 마귀의 종 노릇하는 사람을 대하게 되면 영분별의 능력이 있는 사람에게는 지혜와 지식의 말씀이 임하며 특히 말씀이 강하게 임합니다. 열매를 보아 구별하는 것은 시간이 많이 필요합니다. 그러므로 시간이 별로 없는 일에 있어서는 말씀이 그 무기입니다. 우리는 의심 스런 조건을 제시한다든가 행동을 하는 사람과 마주하게 되면 영분별의 능력을 가진 사람에게는 말씀이 떠오릅니다. 그 사람이 제시하는 말에 대해서 성령님이 말씀을 주셔서 분별하도록 돕습니다. 마귀의 조정을 받는 사람이 자신 앞에 있거나 자신과 연관되어 있다면 즉각적으로 말씀이 머릿속에 들어오는 것입니다. 이 말씀을 가지고 그 사람을 분별해야 합니다.

말씀에 의지해서 그 사람의 행동을 살피고 그의 제안을 살펴야 합니다. 성경에서 언급하고 있는 마귀 귀신의 속성에 대해서 자세하게 기억하고 있어야 합니다. 우리가 말씀에 서있고 분에 넘치는 욕심을 부리지 않는다면 우리는 마귀 귀신의 올무를 피할 수 있지만 우리가 욕심에 미혹되면 이런 분별력을 잃게 됩니다.

그러므로 영분별의 능력을 받은 사람은 파수꾼과 같습니다. 영적 경찰인 것입니다. 마귀 귀신의 일을 드러내고 그 존재를 밝힘으로써 성도들을 보호하는 경찰의 기능을 가진 사람입니다.

3부 귀신 역사를 눈으로 보는 기술을 개발하는 비결

18장 눈으로 마귀 귀신이 사람에게 역사하는 실태를 보는 기술

눈으로 귀신에게 당하는 사람을 보고 판단하는 방법은 이렇습니다. 필자가 25년이 넘도록 신적인 사역을 하면서 체험한 바를 정리하면 이렇습니다. 예수를 믿는 성도라도 얼굴의 형상이 어둡거나 질려있으면 귀신의 영향을 받는 것입니다. 이런 분을 치유하려면 본인이 인정해야 하고 성령의 지배 가운데 들어가게 합니다. 시간이 어느 정도 경과 되면 성령의 역사가 마음 안에서 일어나 성도를 괴롭게 하던 영적인 세력이 정체를 폭로하게 됩니다. 계속 호흡을 통하여 깊게 기도를 계속하면 기침을 통하여 떠나갑니다. 트림을 통해서 떠나가기도 합니다. 하품을 통해서 떠나가기도 합니다. 재채기를 통하여 떠나가기도 합니다. 울음을 통해서 떠나기도 합니다. 웃음을 통해서 떠나가기도 합니다. 성령의 역사가 마음 안에서 일어나니 성령의 역사가 장악하는 만큼씩 괴롭게 하던 귀신들이 떠나갑니다.

이렇게 지속적으로 기도를 하면 얼굴색이 환하게 변합니다. 얼굴에서 후광이 나타나기도 합니다. 이 때 성도는 말로 표현할 수 없는 평안을 느낍니다. 자신 안에 임재하신 성령께서 마음과 육체를 뚫고 나타나기 때문입니다. 충만한 교회와 같이 매주 진행되는 깊은 기도 내적치유 집회에 몇 주만 참석하면 웬만한 귀신 역사는 모두 치유가 됩니다.

이렇게 얼굴에 기쁨이 없고 침울하거나 질려있는 성도는 마음이 답답하고, 기도가 힘들어지고, 짜증이 심해지고, 괜히 신경질이 나기도 합니다. 질병이 발생하기도 합니다. 귀신의 영향으로 나타나는 현상입니다. 시간이 지나면 귀신이 집을 지을 수가 있습니다. 귀신이 집을 지으면 묶임이 강하여 치유하는데 시간이 많이 걸립니다. 될 수 있는 대로 초기에 치유하는 것이 좋습니다.

필자가 그동안 성령치유 사역을 하면서 임상적으로 체험한 귀신의 영향을 받는 사람의 특징은 이렇습니다. 성령의 임재가 장악하면 헛구역질을 계속합니다. 토하지도 않으면서 헛구역질을 합니다. 아직 성령의 역사가 완전하게 장악하지 못할 경우에 일어나는 현상입니다. 성령의 역사가 완전하게 장악을 하면 기침이나 트림으로 떠나갑니다. 안수 기도를 하다가 이런 역사가 일어날 때 본인에게 물어보면 영락없이 악몽과 가위눌림을 자주 당한다고 합니다. 귀신이 소화기 계통을 장악한 성도에게 나타나는 현상입니다.

성령의 역사가 있는 말씀을 듣는 중에도 하품을 자주하는 성도가 있습니다. 성령의 임재가 되면 입이 찢어지도록 크게 하품을 합니다. 원래 하품은 성령의 임재가 되어 영의 통로가 열릴 때 일어나는 보편적인 현상입니다. 그런데 특이한 성도는 설교 말씀을 듣는 중에도 하품을 계속합니다. 강단 앞에 계신 목사님이 오해할 정도로 하품을 계속하는 성도도 있습니다.

이는 그 성도에게 역사하는 귀신이 성령의 강력한 역사가 있는 말씀을 들을 때 영적인 부담을 느껴서 일어나는 현상입니다. 성령의 역사가 있는 장소에서 지속적으로 치유를 받으면 하품하는 것이 잠잠해지기 시작을 합니다. 어느 정도 귀신이 떠나갔기 때문입니다. 그러나 완전하게 떠났다고 단정하면 안 됩니다. 근본 문제를 일으키는 귀신은 그렇게 쉽게 떠나가지 않습니다. 이런 성도에게 물어보면 이유 없이 피로를 자주 느낀다고 대답을 합니다. 이유없이 피곤한 것은 영적인 문제라고 보아도 틀리지 않습니다. 지속적인 치유를 받으면 피로도 떠나고 마음도 편안하고 몸도 가벼워지는 것이 보통입니다. 영적인 치유는 성령의 역사가 일어나야 치유가 됩니다. 이런 신적인 문제로 고생하는 성도는 다른 곳에 시간을 투자하지 말고 반드시 성령의 역사가 강하게 일어나는 장소에 가서 치유를 받기를 권면합니다.

귀신의 영향을 받는 사람은 몸에서 이상한 냄새가 납니다. 말할 때 입 냄새가 많이 나서 옆에 있기가 거북스러울 정도로 냄새가 납니다. 본인 또한 심적 부담을 느끼고 살아갑니다. 성령의 임재가 되면 주변에 있기 거북할 정도로 냄새를 풍기기도 합니다. 그러나 성령의 역사가 장악하여 기침이나 하품이나 트림이나 구역질을 한동안 하게 되면 냄새가 없어지는 것이 보통입니다.

그러므로 인내(사람의 입이나 몸에서 나는 냄새)가 나는 분들은 반드시 영적 치유를 받아야 합니다. 인내가 나는 분들은 2박 3일 집회만 참석해도 냄새가 없어지는 것이 보통입니다. 이런 분들의 보호자나 본인에게 물어보면 목욕을 하지 않으려 한다고 대답을 합니다. 목욕하기가 싫다고 합니다. 이런 분들의 특징이 온 몸이 시름시름 아프기도 합니다. 병원에 가서 진단해도 병명이 나타나지 않는 것이 특징입니다. 지속적으로 치유 받으면 아픈 것이 없어지면서 평안을 찾게 됩니다.

이런 유형의 사람들은 몸이 춥지도 않는데 소름이 자주 끼치고 손발이 차다고 말하는 것이 보통입니다. 모두 귀신의 역사입니다. 말씀과 성령으로 몇 주 치유 받으면 정상으로 회복이 됩니다. 좌우지간 성령의 역사가 일어나면 해결하지 못하는 문제가 없습니다. 귀신의 영향을 받는 사람은 혼자 자주 중얼거립니다. 꼭 옆 사람하고 대화하는 것과 같이 말하고, 대답을 하기도 합니다. 이런 분들은 본인이 치유를 받으려는 의지가 발동해야 치유가 가능합니다. 치유하는데 시간이 많이 소요가 됩니다.

귀신의 영향을 받는 성도의 특징은 사역자와 눈을 마주치기를 싫어하고 곁눈질로 사람을 봅니다. 얼굴에 두려움이 가득합니다. 아무것도 아닌 상황에 잘 놀라기도 합니다. 기도할 때 안수하려고 손을 얹으면 깜짝 놀라서 사역자를 당황하게 하기도 합니다. 이런 성도들도 본인이 치유 받고자 하는 의지만 있으면 몇 주 만에 치유가 되어 안정을 찾는 것이 보통입니다.

이런 성도는 충만한 교회에서 매주 월화금토요일날 하는 개별 집중치유를 두 번만 받으면 정상적인 사람이 됩니다. 문제는 본인이 인정하느냐 안 하느냐가 중요한 것입니다. 모든 치유는 본인이 인정해야 치유가 되기 시작을 합니다.

귀신의 영향을 받는 사람의 눈과 입에 검은 기운이 가득하고 얼굴이 검으스름한 것이 특징입니다. 특별하게 눈 주위가 검은 것이 특징입니다. 성령의 임재가 깊어져서 치유되기 시작을 하면 눈 주위와 입 주위가 정상적인 살색으로 변합니다. 특별하게 조상 중에 우상을 지독하게 섬겼거나 무당이나 남묘호랭객교를 믿던 사람들이 있을 경우에 이런 현상이 나타납니다.

귀신의 영향을 받으면 안절부절못하며 산만한 행동을 합니다. 어찌할 줄을 몰라 갈팡질팡하며 몹시 급하게 서두르는 모양으로 허둥허둥 댑니다. 무슨 말인지 모르는 헛소리를 하기도 합니다. 아무 일도 아닌데 몹시 불안해합니다. 사람들에게 피해 의식이 있습니다. 집회에 참석해서도 사람들이 자신에게 다가오는 것을 싫어합니다. 이렇게 행동을 하다가 성령의 깊은 임재가 되어 치유되기 시작하면 정상으로 돌아와 안정을 찾게 됩니다.

문제는 보호자나 환자가 귀신의 영향으로 나타나는 현상이라고 인정하는 것이 중요합니다. 환자나 보호자가 귀신의 역사라고 인정하고 치유 받고자 하는 의지가 있으면 비교적 **빠른** 시간 내에 정상으로 돌아옵니다. 정말로 성령의 역사는 신비의 치유 수단입니다. 초자연적인 하나님의 역사이기 때문입니다. 하나님의 나라가 되기 때문입니다. 체험해 보면 누구나 인정하게 됩니다.

잡 안에 무당의 내력이 있는 성도가 성령의 임재가 되면 몸을 부르르 떱니다. 손을 불규칙하게 흔들어 댑니다. 머리와 어깨를 좌우로 흔드는 경향이 있습니다. 자세하게 보면 무당이 굿거리 할 때의 모습과 흡사합니다. 중요한 것은 성령의 역사라고 속기 쉬운 현상이라는 것입니다. 사역자의 전문성에 따라서 성령의 역사로 오해할 수 있는 현상이 나타납니다.

이는 100% 무당의 영의 역사입니다. 무당의 영이 성령이 임재하니 정체를 폭로한 현상입니다. 이런 현상이 나타나면 무당 귀신을 축사해야 합니다. 만약에 성령의 역사라고 오해하여 축사하지 않으면 귀신이 떠나가지 않습니다. 축사하지 않으면 기도할 때마다 흔들어 댑니다. 인정하고 축사하면 몇 주내로 치유가 됩니다. 무당의 영들은 비교적 축사가 잘 됩니다.

귀신의 영향을 받는 성도가 필자의 충만한 교회와 같이 성령의 역사가 강하게 일어나는 장소에 가면 불안해합니다. 아무 일도 없는데 초조해 하기도 합니다. 교회 안에 들어오니 가슴이 답답하다고 말하기도 합니다. 불안하고 답답해서 집회를 참석하지 못하고 나가기도 합니다. 이는 그 성도에게 역사하는 귀신이 데리고 나가는 것입니다. 환자는 의지를 가지고 견뎌야 합니다. 하루만 참고 견디면 이러한 현상이 없어지는 것이 보통입니다.

그래서 필자는 집회 전에 이러한 현상이 왜 일어나는 것이라고 설명하고 불안하고 초조해도 참고 인내하라고 합니다. 만약에 불안하고 두려워서 집회 장소를 이탈하면 평생 치유 받지 못합니다. 전적으로 성도에게 역사하는 귀신이 일으키는 두려움입니다. 하루 또는 이틀 동안 치유하면 이와 같은 현상은 없어집니다. 환자는 인내해야 두려움과 초조함에서 해방됩니다.

귀신의 영향을 받는 성도의 얼굴을 보는 순간 검은 물체가 보이기도 합니다. 순간 할머니 얼굴이 보였다가 사라지기도 합니다. 음풍이 느껴지다가 순간 사라지기도 합니다. 여기서 알아야 될 것은 이와 같은 현상이 나타나는 것은 귀신이 정체를 폭로한 것입니다.

즉, 떠나려고 보여준 것입니다. 조금 지나면 떠나가는 것이 보통입니다. 정체를 폭로한 귀신은 떠나려고 보인 것이므로 문제가 되지 않습니다. 정체를 폭로한 귀신은 떠나가려고 보인 것입니다.

귀신의 영향으로 심령이 병든 사람의 특징은 이렇습니다. 마음이 어두워지고 평안과 기쁨과 감사를 잃어버립니다. 귀신이 사람의 의지를 잡으니까, 일어나는 현상입니다. 귀신에게 눌려서 의지를 발휘하지 못하여 일어나는 현상입니다. 이런 사람을 축사하면 정상으로 돌아옵니다. 미운 생각, 세속적 생각, 교만한 생각, 부정적 생각의 사람이 됩니다.

항상 생각이 부정적이 되어서 정상적인 사람들과의 대화가 되지를 않습니다. 은혜가 소멸 되어 성경 말씀과 교회가 멀어지고 말씀을 불순종하며 거역합니다. 귀신에게 영이 눌려서 잠을 자니 생명의 말씀이 깨달아지지 않기 때문입니다. 차가운 사람, 불순종의 사람, 거짓을 말하고 증오를 합니다.

마음을 열지 않으니 마음이 차갑습니다. 좋은 이야기를 해도 의심하며 받아들이지 않기 때문에 정상적인 사람들이 대화하기를 꺼려합니다. 양심이 마귀 귀신의 화인을 맞아 죄책을 느끼지 못합니다. 그래서 인간으로서는 상상하지 못하는 범죄를 저지릅니다. 요즈음 일어나는 유아 성폭행 등을 들 수가 있습니다.

귀신이 마음을 억압하면 자신을 학대하게 되는데 의욕 상실, 우울증, 불면, 패배감, 자포자기, 환각, 환청, 자살 충동, 정신이상 등 자신의 본래 모습을 상실하고 맙니다. 옛사람이 나타나서 유혹의 욕심을 따라서 정욕으로 행합니다.

우상을 좇습니다. 허영을 좇습니다. 음욕이 불타서 성적인 범죄를 저지릅니다. 술과 탐욕과 쾌락의 노예 되어 낚시에 물린 물고기같이 귀신에게 끌려 다니다가 지옥 가는 운명을 살게 됩니다. 환경에 지기 때문에 심령이 병드는 것입니다. 환경에는 귀신이 역사하기 때문에 예수를 믿는 성도들은 환경을 장악하고 이겨야 합니다. 자기(육의 본성)를 이기지 못하기 때문에 심령이 병드는 것입니다. 약속의 말씀과 성령으로 환경과 육의 본성을 이겨야 마귀 귀신과의 영적전투에서도 승리할 수 있습니다. 마치 막 5장의 군대 귀신 들린 자의 모습(막5:1-20)이 됩니다. 자기 몸에 상처를 내며 사람들에게 공포를 조성하는 사람이 됩니다. 이렇게 더러운 귀신이 들어오면 인격과 신앙과 생활이 더럽게 되어 버립니다.

가정 중심에서 벗어납니다(막5:3). 가정에서 함께 지내지 못합니다. 군대 귀신 들린 자는 무덤 사이에서 거처했습니다. 엄청난 힘이 나타납니다(막5:3-4). 귀신의 영향으로 힘이 장사라 사람들이 제압할 수가 없습니다. 귀신의 영향 아래 있는 자는 주체할 수 없는 탐식과 정욕 등이 나타납니다. 고래고래 고성을 지릅니다(막5:5). 부부싸움 중 인격이 돌변 되어 나타나는 고함, 술 먹고 노래방 등에서 질러대는 괴성의 노래 등도 이런 영향 아래 있는 경우가 많습니다. 자해를 합니다(막5:5).

조폭들만 자해를 하는 것이 아닙니다. 귀신의 영향 아래 있는 자해의 형태는 부부싸움에서의 폭력이나 파괴하는 행동이나 문신이나 지나친 성형수술 등도 이에 포함됩니다. 옷을 벗고 지내기도 합니다(막5:15). 여성에게 귀신이 역사하면 다른 남자가 있어도 옷을 벗고 있습니다. 아담 타락 후 사람의 본능은 죄의 몸을 가리게 되었습니다(창3:7). 그러나 귀신의 영향 아래 있으면 옷을 벗으면 서도 부끄러운 줄을 모릅니다. 신령합니다(막5:6-7). 그래서 무당이나 점쟁이가 되는 것이며, 양신 역사 아래 있는 자들 중에는 예언하는 예수 무당도 있음을 알고 경계를 해야 합니다. 점치는 영의 영향으로 예언 받기 좋아하는 성도는 분별력을 길러야 합니다(겔13:17-19).

귀신의 영향을 받는 성도의 특징은 누군가가 자신 옆에 있는 것 같이 느껴집니다. 자신의 몸 안에 다른 사람이 있는 것 같은 느낌이 들거나, 혼자 앉아 있을 때 자신을 지켜보는 것 같은 현상이 일어나기도 합니다. 헛소리를 자주하고 밤에 잠을 못 이룹니다. 찬물을 유난히 좋아하고 옷을 잘 벗습니다. 낮에는 힘이 없어서 꼼짝하지 못하다가 밤에는 다른 사람과 같은 생기가 나는 것이 보통입니다. 그래서 밤에 돌아다니거나 잠을 자지 않습니다. 사람을 싫어하고 온종일 방안에만 틀어 박혀있습니다. 움직이기를 싫어하고 잠만 잡니다. 술만 많이 마시며 살아갑니다. 밥을 먹지 않으려고 합니다.

사람 속의 귀신과의 대화가 가능합니다(막5:8-9). 귀신이 말을 못하게 하니 귀신을 쫓아내는 사역자에게 말을 하지 않는 환자도 있습니다. 귀신도 간구합니다(막5:10). 귀신은 사람이나 짐승 속에 수천씩이나 들어갈 수 있으며(막5:9), 많은 귀신이 들어가면 미쳐버립니다(막5:13). 귀신이 나가면 온전해집니다(막5:15). 귀신이 나가고 은혜가 들어오면 전도를 합니다(막5:20). 전도는 강력한 성령의 역사에 의한 은혜 운동이며, 성령의 전폭적 지지를 받기 때문에 구원받은 성도들은 전도 사명에 전력해야 합니다. 이러한 현상이 주기적으로 나타난다면 영적으로 문제가 있는 성도입니다. 반드시 공인된 영적 치유 사역자에게 치유를 받아야 합니다. 질병으로 알고 병원이나 한의원을 다녀도 소용이 없습니다. 반드시 성령으로 세례를 받고 영적 치유를 받아야 합니다. 시간이 가면 갈수록 귀신의 역사는 강해져서 치유하기가 점점 어려워집니다.

잘못된 영들의 침투가 되어 치유를 원하시는 분의 사연입니다. 영적으로 열려있는 교회에 다닌 이후 영적 세계가 열리면서 혼돈과 어려움이 있습니다. 영적으로 온갖 체험도 했지만 정상적이고 논리적이지만, 생각이 내 생각이 아닌 생각이 들어왔고, 어떠한 특정 이야기를 할 때 윙하며 어지럽습니다. 등 뒤에 불이 있는데 성령이 아니라 후끈거립니다. 죄에 대해 반응할 때도 있지만 이 불은 시시각각으로 느낌이나 영향이 다릅니다.

어지럼증은 태국 축사 현장에 있다가 -사역 팀에 합류해서- 생겼고 나머진 교회에서 생겼습니다. 교회는 기도의 집을 하고 기름부음이 강합니다. 성령의 임재도 강하지만 예전에 ○○○ 교회에 다닐 때 성령 충만함과는 다릅니다. 분별이 되지 않네요. 그래서 사역 받고 싶은 맘이 강하지만 직장과 가정이 있고 여기가 지방이라 상황이 여의치 않네요. 영적 눌림은 오래되면 안 좋다는데 도움 바랍니다.

이분은 원래 상처가 있었던 분입니다. 상처와 영적인 문제를 바르게 치유 받지 못하고 영적인 현상에 치중하다가 보니 이렇게 된 것입니다. 성령으로 세례를 받지 않고 성령의 권능이 없는 분들은 외국에 선교 나가는 것 조심해야 합니다. 이분이 다니는 교회도 바른 성령의 역사가 일어나고 있는지 의문이 생깁니다. 원래 바른 성령의 역사가 일어나면 치유되는 것이 보통이기 때문입니다. 우리 성도들이 영적인 분야에 관심이 생기면 물불을 가리지 않고 영적인 현상에 치중하는 경향이 있는데 주의해야 합니다. 보이는 역사를 보려고 이곳저곳으로 돌아다니다가 잘 못된 곳에 가서 빠져서 나오지 못하게 됩니다. 성령의 역사는 바르게 알고 믿고 따라가야 합니다. 자신의 전인격이 말씀과 성령의 지배를 받는 것에 관심을 가지고 믿음 생활을 해야 합니다. 이분은 바른 성령의 역사가 일어나는 교회에서 상당한 기간 동안 치유를 받아야 합니다. 지금 귀신의 역사가 강하게 일어나고 있기 때문입니다. 우리 교회에서 매주 월화금토요일하는 개별 집중치유를 몇 번 받으면 깨끗하여 질 것입니다. 혼자 기도해서는 치유가 힘듭니다.

19장 눈으로 귀신이 침입하면 느끼고 일어나는 일을 찾는 기술

귀신은 영적인 존재로서 눈에 보이지 않지만 살아있는 초인적인 존재이기 때문에 자신에게 귀신이 침입하면 특이한 현상이 나타납니다. 그러나 귀신 들림은 외적으로 독특한 증상을 나타내는 것이 일반적이지만 전혀 감지할 수 없는 무증상의 경우도 있습니다. 그리고 귀신 들림의 증상이 나타난다고 해서 모두 귀신이 들린 것도 아닙니다. 외적으로 나타나는 증상 하나만을 가지고 단정해서 축사하는 경우에 자칫 낭패를 볼 수도 있습니다. 귀신 들림의 증상은 귀신의 종류에 따라서 다르게 나타나는데, 가장 심각한 것은 미치게 하는 귀신일 것입니다.

성경에 나오는 '거라사의 광인'의 경우처럼 군대 귀신이 들어가 사람들이 도무지 다룰 수 없을 정도로 거친 행동을 하는 경우가 있습니다. 마치 정신 질환자와 같은 행동을 하기 때문에 정신 질환에 의한 것인지를 영적-정신적-육체의 전 기능을 동원하여 입체적으로 살펴보아야 합니다. 경우에 따라서는 귀신 들림과 정신 질환 두 가지가 복합적으로 작용하는 경우가 있습니다. 단순한 귀신 들림일 때는 축사하면 되지만 정신 질환과 복합적으로 나타날 때는 정신과 치료를 같이 받는 것이 좋습니다.

심각한 귀신 들림에는 이처럼 거칠게 행동하는 경우가 있고, 아주 얌전히 행동하는 경우가 있습니다. 힘이 없어서 제대로 생활을 하지 못하기도 합니다. 이는 마치 우울증 환자와 흡사한데, 말도

하지 않고 행동도 위축되어 깊은 생각에 잠기어 정상적인 사회활동이 불가능해지는 것입니다. 우울증이나 자폐증 현상과 흡사하기 때문에 이 또한 점검이 필요합니다. 그밖에 과대망상증과 같은 증상도 나타납니다. 환상에 사로잡혀 혼자 웃고 울면서 자기만의 세계에 갇혀 있게 되는 것입니다. 특별하게 조울증 환자는 금방 울었다가 조금 지나면 기분이 좋아져서 웃기도하기 때문에 주변에 있는 사람들은 종잡을 수가 없는 경우가 많습니다. 이와 같은 다양한 정신 질환 증상을 나타내는 귀신 들림과는 대조적으로 일상생활에는 별로 지장이 없지만 신체적으로 고통을 당하거나 심인성 질환과 같은 증상으로 괴로움을 당하는 귀신 들림이 있습니다. 심인성 질환이란 환경이나 심리적 요인에 의하여 발생하는 정신장애 및 신체장애를 널리 가리키는 것입니다. 이 역시 심한 상처나 스트레스를 해소하거나 처리하지 못함으로 발생합니다.

　이런 증상은 겉으로는 단순한 노이로제나 심리적인 불안이나 과도한 스트레스에 의해서 일어나는 신경성 질환처럼 오인하기 쉽습니다. 뚜렷한 이유도 없이 몸의 컨디션이 항상 나쁘고, 병명도 모르는 질병으로 인해서 고통을 당합니다. 그 대표적인 것이 '무병(巫病)'인데, 원인을 알 수 없는 질환으로 인해서 기력이 없고 의욕이 사라지며 까닭 없이 늘 불안에 휘말려 살아가게 됩니다. 흔히 노이로제라고 부르는 병증과 흡사하기 때문에 치유하지 못하고 방치하는 경우가 많습니다. 약물 치료에만 의존하려고 하기 때문에 효과가 없는 것입니다. 심한 두통이나 오한이 자주 나타나고 현기증이나 구토 증상도 생깁니다. 근육통이 심한 경우도 있습니다. 뼈와 관절이 심하게 아프기도 합니다.

　속이 편하지 않고 메스꺼워서 헛구역질을 하지만 토하지는 않습니다. 원인도 모르고 병명도 모릅니다. 의사들은 스트레스나 신경과민 정도로 진단합니다. 아무도 이런 증상이 귀신 들림에 의한 것인지를 알지 못하기 때문에 오랫동안 고통을 당하게 됩니다. 만성적 두통이나 의욕 상실이나 노이로제와 같은 증상의 귀신 들림은 대체로 단 한 번의 축사로 완쾌되는 경우가 많습니다. 오랫동안 지긋지긋하게 괴롭히던 두통이 한 순간에 사라지는 것을 경험하게 되면 참으로 놀라워합니다. 이런 종류의 귀신들은 축사하는 그 순간에 무언가가 몸 밖으로 빠져나가는 것 같은 느낌을 받게 되고, 그 즉시 기분이 상쾌해지며 두통이나 무기력이 꿈처럼 사라집니다. 만성 두통으로 늘 진통제에 의지해서 살아야 했고 항상 머리가 맑지 못했던 그 지긋지긋한 고통에서 한 순간에 해방되는 기쁨은 경험하지 못한 사람은 도무지 알 수 없는 것입니다. 반드시 성령으로 잠재의식의 상처를 지속적으로 치유해야 재발하지 않습니다.

　귀신 들림이 생기면 악취와 이물감에 시달립니다. 가위 눌림과 악취가 간헐적으로 나타나고 몸속으로 벌레가 기어 다니는 것 같은 이물감에 고통을 당하게 됩니다. 귀에서 환청이 들려 고통스럽습니다. 환상과 환청은 사람을 지치게 만들어 날로 몸이 쇠약해집니다. 가위눌림으로 인해서 식욕이 없어지고 소화도 잘 되지 않는 극심한 스트레스에 시달리게 됩니다. 눈을 감으면 시도 때도 없이 흉악한 모습의 괴물 형상이 나타나 무섭고 두렵고 불안합니다.

　시간이 흐르면 눈을 감으나 뜨나 보이기 때문에 노이로제가 됩니다. 다른 사람에게 말하면 이해하지 못하고 그야 말로 정신이 이상해진 것이 아니냐고 의심합니다. 자신은 보이는데 다른 사람들은 이를 전혀 이해해 주지 않습니다. 귀로 시끄러운 소리를 듣고 눈으로는 흉측한 괴물을 본다면 얼마나 괴롭겠습니까? 이와 같은 귀신 들림은 정말로 귀신 들림이 있고, 그렇지 않은 것이 있습니다.

실제로 귀신이 들렸다면 성령으로 세례를 받게 하고 내면의 상처를 치유하면서 축사를 해야 합니다. 축사만 해서는 효과가 없습니다. 환자가 의지적으로 배에서 나오는 소리로 강력하게 기도하여 성령께서 환자를 장악하게 해야 합니다. 성령께서 잠재의식을 정화하며 내적치유를 오래 동안 해야 합니다. 그렇지 않으면 그 사람의 삶은 점점 황폐해지고 인생 전체가 심각하게 망하는 상황에 이르게 되어 인간으로서의 존엄을 상실하게 되고 폐인이 되어 비참한 삶을 살아가게 되는 것입니다. 그런데 이와는 달리 귀신 들림의 증상을 경험하게 하기 위해서 일시적으로 또는 장기간 동안 귀신 들림을 겪게 되는 경우가 있습니다.

귀신 들림은 우리들의 죄와 상처를 발판으로 해서 귀신이 불법적으로 우리에게 침투해 들어오는 것입니다. 그 초기에는 단 한 번의 축사로 완치가 되지만, 시간이 많이 흐르면 귀신의 내성이 생기고 우리의 영이 심하게 위축되어 치유가 쉽지 않게 됩니다. 이를 방지하기 위하여 성령 안에서 온몸으로 기도를 오래 해야 합니다. 혼자 기도로서는 치유가 어렵고 멘토의 도움을 받으면 좋습니다. 의지적으로 강력한 기도를 해야 합니다. 귀신 들림의 초기 증상은 환자의 이성과 감성이 그대로 유지된다는 점입니다. 이와 흡사하게 영적 분별력을 얻게 하기 위해서 치르게 되는 한시적인 귀신 들림은 마치 질병을 이기기 위해서 백신 주사를 맞는 것과 같다고 할 것입니다. 귀신을 쫓으려면 귀신에 대해서 알아야 합니다. 실질적인 영적 경험을 거쳐야 귀신을 정확하게 분별할 수 있기 때문에 한시적으로 귀신 들림과 같은 영적 경험을 하게 되는 경우가 있습니다. 저도 체험을 했습니다. 신유의 은사를 받는 사람 가운데 심각한 질병을 치르고 난 후에 은사를 받는 경우가 있는 것처럼, 축사의 능력을 받게 되는 경우에도 이와 같이 귀신 들림을 경험한 후에 능력을 받게 되는 것입니다. 저는 항상 이렇게 말합니다. 예수를 믿고 성령으로 세례를 받아 권능이 받았으면 자신을 먼저 치유하라는 것입니다. 자신을 치유하면서 영적 전쟁할 수 있는 군사가 되는 것입니다.

이와 같은 경험이 없이도 축사의 능력이 주어지는 경우와 이처럼 경험한 후에 주어지는 경우가 있습니다. 영적 분별력을 얻게 하기 위해서 주어지는 귀신 들림은 마치 백신 주사를 맞는 것처럼 미약하고 간헐적이라는 특징을 가지고 있습니다. 귀신 들림에 대한 외적 내적 증거들을 경험하는 일은 당사자에게 결코 유쾌한 일이 아닐 뿐만 아니라, 축사 사역을 하는 과정에서도 지속적으로 그런 경험들을 하게 되기 때문에 때로는 스트레스가 되기도 합니다.

의사는 늘 약물과 환자의 고통을 직면하면서 생활해야 하는 것처럼 귀신을 쫓는 일은 늘 귀신을 대면하고 다양한 증상들을 몸으로 느끼면서 하게 됩니다. 의대생이 되면 처음 생체실습을 하게 됩니다. 시체를 두고 해부하는 실습을 하고 난 후 여러 날 악몽에 시달리고 밥을 제대로 먹지 못한다고 합니다. 이런 경험을 통해서 피 냄새나 악물 냄새에 익숙해지고 푸줏간에서 고기를 썰듯이 담담하게 절개할 수 있게 되는 것입니다. 오랜 세월 동안 환자를 다루면서 담대해지듯이 축사 역시 귀신을 많이 쫓아내고 경험함으로써 귀신에 대해서 담대해지는 것입니다.

　이런 임상시험을 거치는 시기에 해당하는 귀신 들림을 경험하는 경우에는 자신이 혹시 귀신 들린 것이 아닌가 하는 의심을 가지지 않을 수 없습니다. 귀신 들린 것과 같은 증상을 경험하면서 의심이 들지 않을 수 없습니다. 독감 예방을 위해서 맞는 백신 주사는 같은 병원균을 약화시킨 것입니다. 이처럼 분별력을 얻게 하기 위해서 주어지는 귀신 들림은 역시 귀신이지만 그 영향이 미약하고 간헐적이라는 것입니다. 귀신의 공격력도 약하고 일시적으로 나타났다가는 증상이 사라지곤 합니다. 그런데 그 기간은 자신이 그것이 분별력을 얻게 하기 위한 것이라는 사실을 제대로 깨닫기까지 계속 이어지며, 그 후 실제로 사역을 행할 때에도 귀신을 분별하는 수단으로 경험하게 되는 것입니다. 초기 귀신 들림과 분별력을 얻게 하기 위해서 주어지는 귀신 들림은 구분하기 무척 어렵다는 것이 사실입니다. 이 두 가지 경우에 축사를 하면 다 같은 현상이 나타나는 것입니다. 그러나 초기 귀신 들림은 축사와 동시에 그 증상이 사라지지만 분별력을 위한 귀신 들림은 사라지지 않는다는 것입니다. 그래서 계속 축사하려고 하는 경우가 있습니다. 이런 귀신 들림은 성령이 충만할 때 더 강하게 나타나는 경우가 있습니다. 영적 분별력을 얻기 위해서 다양한 영적 주체들에 대한 경험이 필요합니다. 그 모든 일은 성령 안에서 이루어지는 것입니다. 그러므로 성령 충만하고 다양한 영적 즐거움을 경험하게 될 뿐만 아니라 귀신의 존재도 경험하게 되고 그 영향도 받게 되는 것입니다.

그래서 이런 현상을 때로는 '양신 역사'라고 부르기도 합니다. 성령과 악령이 함께 역사하는 것처럼 보이기 때문에 그렇게 부르기도 합니다. 성령과 악령이 함께 역사하는 혼란에 빠지는 경우도 있습니다. 이것은 두 영이 함께 역사는 것이라기보다는 사단의 공격을 받는 것으로 볼 수 있고, 때로는 영적으로 미숙한 단계에 있기 때문에 혼란을 겪는 경우도 있습니다.

축사를 하기 위해서는 반드시 성령으로 세례를 받아 성령으로 영을 분별할 수 있어야 합니다. 그 주된 수단이 감각에 의한 것입니다. 그 하는 행위나 열매를 보아 영을 분별하는 것은 이미 귀신 들림이 한참 진행되었을 때의 일이며 초기에는 행위도 열매도 없습니다. 다만 고통스런 공격만 받을 뿐입니다. 소음과 무기력과 환상과 환청과 스트레스와 노이로제와 병명 없는 질병의 공격에 시달릴 뿐입니다. 이런 사람을 구하기 위해서는 오로지 영적 분별력에 의해서 귀신을 찾아내어 쫓아야 합니다.

귀신 들림을 정확하게 진단하기 위해서는 사역자가 우선 귀신 들림을 경험해야 합니다. 필자도 상당한 기간동안 귀신들림의 고통을 당했습니다. 주야로 고통을 당하면서 지냈습니다. 그 과정이 마치 귀신 들린 것과 아주 흡사합니다. 실제로 초기 귀신 들림과 제대로 구분하기가 쉽지 않다는 점을 알아야 합니다. 귀신 들림을 실제로 경험함으로써 얻게 되는 축사의 능력 즉 '능력 행함의 은사'는 그것을 은사로 깨닫지 못하면 이런 귀신 들림이 계속 이어진다는 것을 알아야 합니다.

그래서 축사 사역자는 박사 학위가 하는 것이 아닙니다. 자신이 귀신에게 고통을 당하다가 치유 받고 축사 사역자가 되는 것입니다. 축사 사역자는 자신이 먼저 치유 받는 치유 사역자란 말입니다. 체험해야 축사 사역자가 될 수가 있습니다. 축사 사역은 아무나 하는 사역이 아닙니다.

자신 안에 귀신이 숨어있는지 알아내는 절대적인 방법은 이것입니다. 성령 안에서 온몸으로 오래 동안 기도하여 귀신을 두렵게 해서 도망치게 하는 것입니다. 귀신이 두려워하는 존재는 성령의 역사 밖에 없습니다. 그러므로 배에서 나오는 소리로 예수님을 전심으로 부르고, 열정적으로 강력하게 마음 안에서 성령의 권능이 흘러나오는 기도를 하면 됩니다. 그러나 열심히 하되 습관적인 관념적인 머리나 생각으로 목으로 하는 열심으로 기도해서는 되지 않습니다. 강력하게 호흡을 들이쉬고 내쉬면서 아랫배에서 나오는 소리로 주여! 주여! 를 하면서 주여! 소리에 집중 몰입해야 합니다. 다른 방법은 강력하게 사력을 다하여 아랫배가 불쑥 불숙하도록 호흡을 들이쉬고 내쉬면서 기도하는 것입니다. 즉, 아랫배에서 나오는 소리로 주여! 주여! 하면서 예수님을 불러야 성령이 역사하시기 시작합니다. 주여! 주여! 하면서 주여! 소리에 집중하면서 기도하면 성령님이 역사하신다는 것을 귀신들이 먼저 알고 있기에, 성령이 역사하는 기도를 하지 못하게 하려고 악랄하게 방해하는 것입니다.

　귀신들의 기본적인 방해 공작은 잡념을 넣어주는 것입니다. 강력한 기도를 하지 못하도록 귀신들이 방해하는 것은 환자 자신의 약점을 가지고 방해합니다. 예를 든다면 성대에 문제가 있는 사람은 "야~ 그렇게 소리를 지르면 성대가 망가진다."는 생각을 집어넣어서 기도를 강력하게 하지 못하게 합니다. 환자는 이에 동조하지 말고 열정으로 강력하게 혼 심을 다해 기도하면 드디어 귀신들이 도망치는 현상이 나타납니다. 귀신들은 주로 가슴과 배에 집을 짓고 살고 있기에, 가장 빠른 통로인 기도(식도)와 장(위장, 소장, 대장)을 자극하게 됩니다. 그래서 침, 가래, 하품, 기침, 트림, 헛구역질, 구토, 방귀가 나오는 것이 일반적인 현상입니다. 속이 메스껍고 소화가 잘 안되며, 목이 무엇이 걸린 것과 같이 답답하고 칼칼하며, 가슴이 답답하기도 합니다. 이런 현상은 귀신들이 공격한다기보다 한꺼번에 도망치려고 하다 보니, 몸의 장기를 자극해서 일어나는 현상이라고 생각하면 맞습니다. 이런 현상을 보이는 귀신들은 대부분 약한 놈들로 강한 놈은 이렇게 도망치지 않습니다.

　그러나 도망치기보다 거꾸로 공격하는 놈들도 적지 않습니다. 공격하는 현상은 아주 다양하지만, 두통(주로 편두통)을 일으키고, 어지럽게 하고, 손발이 짜릿짜릿하게 저리게 만들고, 섬뜩하면서 두렵게 하고, 얼굴이나 몸을 가렵게 하고, 온몸을 돌아다니며 다양한 통증을 일으킵니다. 근육통증과 뼈와 관절이 아프기도 합니다. 신적인 신의 음성으로 낙담과 절망을 주는 말을 하기도 하며, 온몸에 힘을 빠지게 하고 맥이 풀리게 하기도 합니다. 특별하게 온몸에 통증을 일으키기도 합니다. 통증이 생기면 무슨 큰일이 생긴 것과 같이 의아해 하면서 당황하는 환자가 있는데 이는 귀신이 아주 좋아하는 행동입니다. 통증이 일어나는 것은 성령으로 장악이 되니 귀신들이 붙잡고 있던 부분에서 귀신이 떠나면서 일어나는 일시적인 현상입니다. 이에 동조하지 않고 지속적으로 성령으로 장악이 되려고 열심으로 노력하면 조금 지나면 통증이 시원하게 소멸됩니다. 장염증상, 소화불량을 일으키거나 잦은 기침으로 기도를 방해하기도 합니다. 또한 시커먼 사람이나 흉측한 동물 모습을 환상으로 보여주어 겁을 집어먹게 만들고, 갑자기 소름이 돋을 정도로 두려움을 주어 기도를 못하게 하는 일도 흔합니다. 그러므로 이런 현상이 일어나면 자신에게 귀신이 잠복해 있다고 보아야 합니다. 인정하면 쉽게 떠나갑니다.

또한 대부분의 불치병이나 고질병과 거의 모든 정신질환은 귀신과 연관되어 있는 질병이라고 보아야 치유가 가능합니다. 그러므로 자신과 가족에게 불면증, 강박증, 우울증, 조울증, 조현병, 공황장애, 자살충동, 정신분열, 각종 중독증이 있다면 귀신이 잠복해있다고 보면 정확합니다. 각종 육체적인 고질병의 원인도 상당 부분이 귀신의 공격에 의해서입니다.

필자의 경험에 의하면 약한 놈들만 잠복해 있는 경우는 거의 없고, 강한 놈과 같이 있으므로, 약한 놈들이 나가는 현상을 보이면 축귀를 해야 합니다. 전문적인 사역을 하는 곳에서 성령의 임재가운데 강력하게 기도하면서 사역자의 안수를 받으면서 축출 기도를 받는 것이 가장 바르게 귀신을 쫓아낼 수가 있습니다. 혼자는 힘이 듭니다. 귀신들이 떠나가면 성령이 지배를 받는 기도도 할 수가 있습니다. 그러므로 자신 안에 귀신이 있는지 알고 싶다면, 지금부터라도 열심히 배에서 나오는 소리로 주님을 부르는 기도를 시작해야 할 것입니다. 강력하게 성령으로 기도해야 할 것입니다. 귀신은 아무것도 아니므로 절대 두려워하지 말아야 합니다. 이런 강한 귀신들은 일반적인 집회 때에 하는 30-50분 기도로서는 정체가 폭로되지 않을뿐더러 축사할 수도 없습니다. 우리 충만한교회와 같이 오래 동안 온몸으로 기도해야 정체를 드러냅니다. 영적-정신적-육체적으로 고통을 당하는 분들은 인내하면서 자신이 성령으로 장악이 되는 것이 집중해야 합니다. 그러나 너무 낙심할 필요는 없습니다. 성령께서 자신을 장악하여 하나님의 전이 견고해지면 귀신은 기침 한번으로 떠나갑니다. 귀신은 그림자이기 때문입니다. 자신이 하나님의 자녀로 완전하게 변하면 귀신을 더 이상 같이 살지 못하고 떠나가야 합니다.

20장 눈이 보이는 귀신이 잠복했을 때 나타나고 일어나는 현상

어떤 사람은 귀신 들린 지 5년 이상이 되었지만 별다른 증상을 보이지 않고 일상생활을 잘 합니다. 교회에 출석도 잘하고 기도도 하며, 봉사도 잘 합니다. 새벽기도도 합니다. 그래서 주변에서는 아무도 귀신에게 눌려있는지 모릅니다. 자매의 어머니가 영분별 능력이 조금 있어서 영적으로 무언가 이상하다는 느낌을 받고 저에게 축귀를 부탁해서 다룬 일이 있었습니다. 이 경우처럼 대부분의 사람들은 만성적 귀신 들림입니다. 그래서 좀처럼 겉으로 나타나지 않은 채로 여러 해를 지냅니다. 그러다가 환자가 감당하지 못할 정도의 충격이나 놀람이나 상처나 스트레스를 받아 체력과 면역력이 떨어지게 되면 귀신은 그 사람을 완전히 사로잡아 밖으로 드러나게 되어 정상적인 생활을 하지 못합니다. 이렇게 귀신 들린 사람은 치유하기가 쉽지 않습니다. 필자가 항상 외치는 것이 영적 진단을 정기적으로 하여 미리 예방하라는 것입니다. 질환도 급성질환의 경우 치유가 쉽습니다. 그러나 만성질환은 오랜 시간 치유해야 하고 또 다시 재발하는 경우가 많습니다. 귀신을 축사한 후에 재발하는 경우는 치유 당시와 같은 영성을 유지하지 못한 연고입니다. 성령께서 완전하게 장악을 해야 치유되기 때문입니다. 그래서 지속적으로 성령 충만한 믿음 생활을 하고 보호자와 담임목사가 관찰하고 정기적으로 성령 안에서 검사를 해야만 합니다. 재발률이 높은 만성질환은 환자와 가족에게 늘 걱정과 근심을 떨치지 못하게 만듭니다. 이처럼 만성적인 귀신 들림은 완전히 자유하기 까지는 많은 세월이 필요하고 주변에서 늘 보살펴야 하는 어려움이 있습니다. 쫓겨난 귀신들은 언제든지 다시 되돌아오려고 기회를 엿봅니다. 축귀 시와 같은 강한 성령의 역사와 영성 깊은 생활을 하지 않으면 다시 침입을 합니다. 성령으로 세례를 받지 않고 성령 안에서 오래 기도하지 않아 성령으로 충만하지 않으면 다시 되돌아와서 예전보다 더 심하게 증상을 드러냅니다. 부흥회에서 쓰러지면서 귀신이 떠나가고 정신이 돌아와 치유되었다고 기뻐하지만, 집으로 돌아오면 다시 예전처럼 귀신 들린 증상이 나타나며, 이렇게 반복할 뿐 완전히 고침을 받지 못하는 경우가 많습니다. 성령으로 환자가 장악이 되지 않았기 때문입니다. 환자가 성령으로 기도하여 영을 강화시키는 능력을 길러야 합니다.

만성 귀신들림은 한 번 강하게 축귀를 했다고 해서 안심해서는 안 됩니다. 성령으로 충만한 상태에서 여러 차례 축귀를 해야 하고, 능력을 행하는 사역자의 방식이 아닌, 진리의 말씀과 성령의 역사를 강하게 일으키는 전문적인 사역자에게 집중적인 안수를 받아야 합니다. 안수만 받는 것이 아니고 말씀을 들어가면서 스스로 기도하여 성령으로 충만하도록 영성 훈련을 해야 합니다. 영적 자립을 하도록 해야 합니다. 성도를 영적 자립하게하는 축귀사역자는 귀신을 쫓는 방식이 능력 행하는 자와 축귀자가 전적으로 다릅니다. 귀신들린 사람을 세워놓고 '귀신아 나가라'라고 명령하면, 쓰러지면서 거품을 품고 발작하다가 정신을 잃습니다. 깨어나면 귀신이 나가고 없습니다. 즉시 할렐루야를 외치면서 기뻐합니다.

이런 집회 성 축귀는 그런 것으로 가능한 유형의 귀신들에게만 해당합니다. 심하게 귀신들렸다고 표현하는 종류의 귀신들에게는 통하지 않습니다. 성령으로 장악이 되어야 정체를 폭로합니다. 환자가 배에서 나오는 소리로 기도를 강하게 해야 합니다. 아랫배에 힘을 주고 강하게 호흡을 하면서 아랫배에서 나오는 주여! 다시 숨을 들이쉬고 내쉬면서 주여! 이런 방식으로 강하게 기도해야 귀신이 정체를 폭로합니다. 정체를 폭로하는데 몇 시간에서 몇 날이나 몇 달이 되어서 정체를 폭로하기도 합니다. 인내해야 합니다. 좌우지간 귀신이 정체를 폭로해야 축귀가 시작이 되는 것입니다. 그래서 이 분야에 7년 이상 사역한 전문적인 축귀사역자가 필요한 것입니다. 귀신은 자기들을 귀찮케 할 사역자에게는 적당히 피해 숨어버립니다. 그래서 그 시간을 모면합니다. 그러나 자신들을 쫓아낼 능력이 충분히 있는 사역자를 만나면 대하는 태도가 다릅니다. 즉 사생결단으로 덤비는 것입니다. 필자는 이런 환자를 축귀할 때 환자가 배에서 나오는 소리로 기도를 오래 동안 하게 합니다. 환자가 기도하여 성령으로 장악이 되면 귀신의 힘이 약화되기 때문에 축귀가 쉬워집니다. 성령님이 장악하기를 기다려야 합니다. 그래서 환자나 보호자가 의지를 가지고 인내해야 합니다.

그런데 이렇게 성령으로 장악당하지 않은 상태에서 떠나가라. 떠나가라. 하면서 축귀하면 귀신은 떠나가지 않고 환자와 사역자를 괴롭히고 환자와 사역자가 탈진할 수도 있습니다. 엑소시스트라는 영화를 보았다면 그 끔찍한 장면을 기억할 것입니다. 강력한 귀신은 그와 같은 영적 공포를 사역자에게 쏟아 붓습니다. 눈에서는 불이 쏟아져 나오듯이 이글거리고 피부는 검게 변하고 목소리는 거칠고 음산하며 움직일 때마다 강력한 기운이 휘몰아칩니다. 정신이 아찔해지고 살갗이 흔들리며, 몸을 누군가가 뒤 흔드는 것 같은 강력한 기운을 느낍니다.

이것은 장난도 아니고 현실에서 닥친 피할 수 없는 한 판의 목숨을 건 영적인 싸움입니다. 이 싸움을 정면으로 마주치면서 축귀 사역자는 하나님께서 함께 하신다는 강력한 믿음으로 귀신을 다루어야 합니다. 어찌하든지 환자가 성령으로 기도하도록 해야 합니다. 떠나가라고 명령하고 소리를 크게 지른 다고 귀신이 떠나가지 않습니다. 절대로 소리가 크다고 귀신이 제압되지 않고 떠나가지 않습니다. 성령의 역사가 환자를 장악하게 해야 합니다. 환자에게 귀신의 행동을 따라지 못하게 해야 합니다. 그러면서 배에서 나오는 소리로 주여! 를 지속적으로 하도록 합니다. 성령의 역사가 환자를 장악하게 해야 합니다. 떠나가라고 소리만 지르지 말고 성령의 역사가 환자를 장악하게 해야 합니다. 성령으로 장악되게 하면서 전능하신 주님의 이름으로 귀신과 정면으로 승부를 거는 것입니다. 그래서 강한 믿음과 담력이 필요합니다. 하나님이 귀신을 축귀하신다는 믿음과 담력을 가지고 성령으로 역사를 일으키면서 귀신에게 명령을 합니다. 사역자가 담대한 믿음과 권능을 가지고 귀신과 싸우면 백이면 백 사역자가 승리합니다. 왜냐하면 귀신은 사역자가 축귀하는 것이 아니고, 성령의 역사로 축귀하기 때문입니다. 축귀사역자는 절대로 귀신을 두려워하면 안 됩니다. 성령하나님이 축귀하신다는 믿음과 담대함으로 귀신을 대해야 합니다.

만성적 귀신들림은 본인에게는 육체적 피곤이나 무기력으로 나타납니다. 만성질환에 걸리면 생기가 없고 의욕이 사라집니다. 뚜렷한 병명도 모르겠고 병원에서는 별 이상이 없다고 하는데 본인은 힘이 없고 무력해져서 사는 것이 즐겁지 못합니다. 매사가 시큰둥해지고 소망도 사라져 모든 것이 귀찮기만 합니다. 이것이 만성질환의 특징입니다. 질병의 잠복기에 들어있으면서 증상이 구체적으로 나타나지 않고 신체의 특정 부분에 병증이 나타나지 않기 때문에 병원에서는 이런 병을 '신경성 질환'이라고 부릅니다. 분명하게 영적인 문제가 결부된 것입니다. 안정을 취하고 과로하지 않으면 회복된다고 의사들은 말하지만 환자는 괴롭습니다. 이와 같이 귀신들림의 잠복기를 거치는 사람들에게는 가벼운 우울증 증상이 나타납니다. 몸이 피곤하고 힘이 없지만 뚜렷하게 어디가 아픈 것인지 본인도 모릅니다.

귀신들림의 잠복기를 거치는 사람은 영분별의 능력을 가진 사람에게 가면 즉각적인 반응이 나타납니다. 몸에 진동이 일어나고 머리가 어지럽고 구역질이 나고 심하면 귀신의 소리가 들리며, 가슴이 답답하고 누군가가 짓누르는 것 같은 압박감을 느끼며, 숨이 가빠져 얼굴이 창백해지면서 기절하기도 합니다. 이런 증성을 때로는 영분별 능력을 가진 사람이 느끼지만, 귀신들린 사람은 전혀 느끼지 못하는 경우가 있습니다. 이것은 영분별을 하는 사람이 아직 초보이거나 축귀의 능력을 갖추지 않은 상태일 경우에 주로 나타나는 현상입니다. 능력이 조금 강해지면 귀신들린 사람도 함께 느끼면서 귀신이 그 사람을 피하려고 합니다. 성령으로 충만한 강력한 능력을 가진 사람에게는 귀신이 먼저 알고 피해 달아나려고 하지만 그럴 수 없어서 갖가지 위장술을 피웁니다. 강력한 능력을 지닌 사역자 앞에 귀신들린 사람이 오면 귀신은 괴롭고 어지럽고 두려워서 어쩔 줄을 몰라 합니다.

이는 초보시절 자신이 귀신들린 사람을 만나면 온몸으로 괴로운 증상들을 겪었던 것 이상으로 귀신들이 겪는 것입니다. 처음 귀신 쫓는 능력을 받았을 때는 몸으로 모든 증상들을 느끼기 때문에 어디 가든지 소름이 끼치고, 살이 떨리고, 구역질이 나고, 머리가 어지럽고, 귀에서 이명 현상이 나타나고, 눈에 귀신이 보이고, 코에서는 시궁창 냄새가 나고, 몸이 흔들리고, 누군가가 자신을 잡아당기는 것 같은 힘을 느낍니다. 그래서 귀신 쫓는 일을 하고 싶지 않습니다. 그러나 이런 시기를 극복하고 성령님이 함께 하시면서 능력이 강해지면 이제는 반대로 귀신들이 그 고통을 견딜 수 없어서 정체를 드러냅니다. 멀쩡하게 생긴 분이 카리스마가 있는 사역자 앞에 오면 온 몸을 떨고 어지러워하다가 견디지 못하고 쓰러집니다.

많은 사람들이 심하게 또는 약하게 귀신들려 있고 증상이 겉으로는 나타나지 않는 잠복기를 지내고 있습니다. 이런 사람들의 증상, 기쁨이 거의 없으며, 사람들과 잘 어울리지 못하며, 예배에서 별 감동을 받지 못하며, 영적인 일에 무관심하고, 신체적으로 무기력하고, 특별히 아픈 곳은 없지만 환자처럼 힘이 없고, 만성 두통을 가지고 있으며, 헛구역질을 하며, 자주 가위눌리고 헛것을 보며, 공포에 질려 두려워하며, 눈앞에 수시로 검은 물체가 지나가는 것은 느끼며, 하나님의 말씀에 대해서 별로 감동을 느끼지 못하고, 찬양하는데 감동이 없고, 특히 능력 있는 사역자를 두려워하며, 기도를 많이 하지 못하며, 형식적인 신앙생활을 하거나 반대로 극성적인 열정을 보이기도 합니다. 감정이 수시로 변하고, 변덕스럽습니다. 감정에 따라 행동하며 하루에도 여러 차례 극심한 감정의 변화를 경험합니다.

귀신들림에 대해서 알지 못하며 스스로 귀신을 쫓으려는 노력이 전혀 없습니다. 영적 지식이 거의 없고, 알려고도 하지 않습니다. 보이지 않고 나타나지 않기 때문입니다. 소망이 없고 부정적이며, 새로운 일이나 환경에 대해서 두려워합니다. 뜨거운 것을 싫어하고 밝고 사람들이 많은 곳을 멀리하려고 합니다. 거짓말을 잘하며, 과장하기도 합니다. 환상을 보거나 환청을 자주 듣습니다. 이런 경험을 하면서도 말하려고 하지 않고 혼자만 즐깁니다. 따라서 교만해지고 자신을 과신하게 되는 것입니다. 사람의 몸에 질병의 잠복기에 있다고 해서 모두 그 병에 걸리는 것이 아닌 것처럼, 귀신 들림의 잠복기를 거치고 있지만, 심각한 중증으로 나타나는 것은 별개입니다. 여기에는 많은 조건과 절차가 맞아 떨어져야 하기 때문이지요. 그래서 한 번 들어간 귀신은 나오지 않으려고 온갖 수단을 다 쓰고 좀처럼 쉽게 나오지 않는 까닭이 그만큼 우리 육신을 점령하기가 쉽지 않기 때문입니다.

자신도 모르는 사이에 귀신은 우리 곁에 다가옵니다. 그리고 서서히 우리를 점령해 들어가지만 우리는 이 사실을 제대로 알지 못합니다. 그런데 경건한 무리에 속해서 함께 기도를 시작하면 귀신은 견디지 못하고 그 정체를 드러내기 시작합니다. 영분별의 능력을 갖춘 사역자가 있다면 즉각 알아차리게 됩니다. 그런 능력있는 사역자가 없는 기도 모임에서 성령이 역사하면 귀신은 그 사람에게서 슬금슬금 기어 나와 더 여러 가지 증상을 나타내기 시작합니다. 아무렇지도 않던 영적 삶에서 그 존재가 모습을 드러내기 시작하는 것입니다. 이상한 영적 현상들이 나타나고 앞에서 설명한 그런 전조 증상들이 표면에 나타나기 시작하는 것입니다. 이런 것을 경험하게 되면, 귀신이 자신에게 잠복 되어 있었음을 깨닫고 전문 사역자와 함께 귀신을 예수의 이름으로 쫓아야 합니다. 축귀를 위한 기도는 "대적기도로 문제 해결하는 비밀"에서 다루었습니다.

그러나 조심할 것이 있습니다. 대부분의 사람들은 자신에게 귀신이 들어있다고 하면 굉장히 기분이 나빠합니다. 이것 역시 귀신들린 증거 중 하나인데, 그러므로 조심해야 합니다. 상처를 받게 되고 그로 인해서 축귀할 수 있는 기회를 잃게 되며, 마음의 문을 닫을 뿐만 아니라, 자신과의 관계마저 끊어버립니다. 귀신이 그렇게 하는 것이지요. 그러므로 섣불리 귀신들린 것 같다는 말을 해서는 안 됩니다. 이런 성도를 치유하기 위하여 먼저 준비 기도를 하고, 영적 치유 전문가가 인도하는 성령이 강하게 역사하는 기도 모임에 참석하여 함께 말씀을 듣고 기도하면서 스스로 인정하게 해야 합니다. 자신이 영적인 문제가 있다고 인정이 되어야 축귀할 수가 있습니다. 지속적으로 집회에 참석하면서 안수를 받고 기도하면 귀신은 떠나가는 것입니다. 그러나 특정인만을 위한 기도회는 그 사람이 원하지 않거나 동의하지 않으면 피하는 것이 유익합니다.

본인이 거부하면 사역할 수 없습니다.

　귀신이 접근해서 영향을 끼치는 경우 가장 먼저 영이 이 사실을 알게 됩니다. 그러나 일반적으로 영에 대한 지식이 부족하고 특히 영이 강하지 못한 사람에게는 이 느낌이 단순한 육체적 또는 정서적인 변화일 것으로 오인하고 대수롭지 않게 여길 수 있습니다. 특히 영적인 것에 거의 경험이나 지식이 없는 일부 목회자들에게 있어서 이런 현상은 정신적인 스트레스나 심리적인 강박감 때문이라고 생각합니다. 이런 사람들은 성경을 따르지 않고 세상이 만들어 놓은 심리학이나 정신분석학의 입장을 따라서 그렇게 생각하는 것입니다. 귀신의 영향을 받으면 우선 자신에게 영향을 주고 있는 귀신의 존재가 지니고 있는 독특한 영적 분위기가 전달되어 옵니다. 그렇게 되면 영적 감각이 무디어지기 시작하는데, 귀신은 우리 몸을 점령해서 육신을 파괴하기 위한 목적이기 때문에 몸이 무력해지고 답답해지기 시작합니다. 귀신이 들어오는 것은 특별한 사람에게 일어나는 일이 아닙니다. 질병은 누구나 걸릴 수 있고 예방하기 위해서는 정기적으로 검진을 하고 적당한 운동을 계속해야 하는 것처럼, 영적인 건강을 위해서 성령으로 충만한 예배에 참석하여 영적인 진단을 받아야 하며, 주기적으로 축귀를 해야 합니다. 자기가 자기를 검진하는 기도를 해야 합니다. 귀신은 몰래 들어오는 존재입니다. 병 역시 몰래 우리 몸에 자리를 잡지 않습니까? 그래서 예방이 중요하고 정기적인 검진이 더 없이 필요하지 않습니까? 육신의 건강을 위해서 많은 신경을 쓰면서 영의 건강을 노략질하려는 무서운 마귀와 귀신에 대해서 우리는 아무런 대비도 하지 않고 있었습니다. 이것은 의료시설이 터무니없이 부족했던 60-70년대 이전처럼, 병이 걸리면 숙명으로 받아들이고 체념했던 그 시절처럼, 지금 우리 교계의 교회들의 영적 건강 상태가 그렇습니다. 수많은 성도가 마귀와 귀신에게 시달리고 있지만, 아무도 이 부분에 대해서 심각하게 받아들이려고 하지 않습니다. 마귀와 귀신의 일을 멸하는 첨단에 서는 사람이 바로 영분별 능력을 지니고 성령으로 충만한 축귀 사역자들입니다. 교회가 이들을 얼마나 많이 세우냐에 따라서 우리의 영적 건강이 제대로 지켜질 수 있습니다. 이들은 영적 의사입니다. 의사가 없는 동내는 낙후된 마을인 것처럼 영적 사역자가 없는 교회는 벽촌이나 마찬가지입니다.

당신의 교회를 60-70년대 이전의 초라한 모습으로 만들겠습니까, 초현대화한 문명의 교회로 만들겠습니까? 건물이 아무리 화려하다고 해도 그것은 별 의미가 없습니다. 벽돌로 지어진 예배당이 성전이 아니고 성도 한사람한사람이 성전입니다. 성도들을 살아계신 하나님의 성전으로 살도록 해야 합니다.

21장 눈으로 식별 가능한 귀신의 영향을 받을 때 현상

하나님은 크리스천들이 영적 존재에 대하여 바르게 알고 보고 대처하기를 원하십니다. 많은 그리스도인들이 의외로 마귀나 귀신에 대한 지식이 거의 없다는 사실을 인식하지 못하는 채로 살아가고 있습니다. 마귀와 귀신의 이야기는 남의 나라 이야기쯤으로 여기는 것은 이 부분에 대해서 세상 사람들이 과학이라는 이름으로 무시하기 때문입니다. 목회자나 교회가 영적 세계에 대하여 관심이 없기 때문입니다. 세상은 마귀 귀신의 영향 속에 있기 때문에 이들이 마귀와 귀신을 기피하는 것은 어쩌면 당연한 일인 것입니다. 그러나 교회는 그런 세상의 속임수를 따라가서는 안 되는 것은 물론이고, 나아가 적극적으로 마귀와 귀신의 정체를 드러내어 그 일들을 멸해야 할 의무가 있습니다. 성경은 "하나님의 아들이 나타남은 마귀의 일을 멸하려 함이라"고 기록하고 있습니다. 그러므로 무엇이 마귀와 귀신의 일인지를 분명하게 밝혀낼 수 있는 곳은 오로지 교회 밖에 없는 것입니다.

그리스도인에게 우선으로 해야 할 일이 마귀와 귀신의 영향을 제대로 인식할 있어야 한다는 사실입니다. 이 장에서는 비교적 단순한 귀신의 영향을 먼저 살펴보고자 합니다. 귀신은 우리의 육체를 멸하기 위해서 그리스도인이든 불신자이든 상관없이 접근해서 육체를 지배하여 자신들이 하고자 하는 일을 하려고 합니다. 이미 앞 장에서 귀신들림의 잠복기에 대해서 언급했습니다. 이 장에서는 그 전단계이며, 광범위하게 나타나는 귀신의 영향에 대해서 다루고자 합니다. 귀신은 삼킬 자를 찾기 위해서 두루 다니면서 많은 사람들에게 영향을 끼칩니다. 그리고 기회를 엿보면서 종으로 삼을 사람이 어떤 깊은 상처를 받는 사건이 일어나면 그것을 발판으로 들어오게 됩니다. 태중이나 유아시절이나 소년시절이나 청년시절이나 장년시절이나 예수를 믿는 사람이나 상관하지 않고 침입을 합니다. 귀신은 무작위로 사람들에게 영향을 줍니다. 이것은 침투할 가능성을 엿보기 위해서 시험하는 것인데, 마귀의 시험에 대해서는 성경이 여러 부분에서 기록하고 있지만 귀신의 시험에 대해서 다룬 부분이 별로 없습니다. 성경은 이 부분에 대해서 거의 취급을 하지 않으며, 귀신 들리게 되는 배경이나 과정에 대해서도 자세하게 다루고 있지 않습니다. 단순히 하나님의 영광을 위해서 귀신들리게 될 수 있음을 지적하고 있는 정도입니다. 귀신은 우리의 육체를 점령하기 위해서 우리의 육체에 자극을 주기 시작합니다. 귀신은 영적 존재이지만 그 특유의 성향으로 인해서 우리 영과 접촉할 때 그 성격이 드러나게 됩니다. 이것을 귀신의 특성이요, 영향이라고 설명할 수 있습니다.

  귀신이 접근해서 영향을 끼치는 경우 가장 먼저 영이 이 사실을 알게 됩니다. 그러나 일반적으로 영에 대한 지식이 부족하고, 특히 영이 강하지 못한 사람에게는 이 느낌이 단순한 육체적 또는 정서적인 변화일 것으로 오인하고 대수롭지 않게 여길 수 있습니다. 특히 영적인 것에 거의 경험이나 지식이 없는 일부 목회자들에게 있어서 이런 현상은 정신적인 스트레스나 심리적인 강박감 때문이라고 생각합니다. 이런 사람들은 성경을 따르지 않고 세상이 만들어

놓은 심리학이나 정신분석학의 입장을 따라서 그렇게 생각하는 것입니다. 귀신의 영향을 받으면 우선 자신에게 영향을 주고 있는 귀신의 존재가 지니고 있는 독특한 영적 분위기가 자기에게 전달 되어옵니다. 그렇게 되면 영적 감각이 무디어지기 시작하는데, 귀신은 우리 몸을 점령해서 육신을 파괴하기 위한 목적이기 때문에 몸이 무력해지고 답답해지고 피곤해지고 우울해지기 시작합니다.

귀신의 영향을 받는 사람은 자주 어두운 분위기에 휩싸입니다. 까닭 없이 기분이 가라앉고, 자주 우울해지며 그 강도가 점점 심해집니다. 자주 불안해지고 초조해지며, 식은땀이 나는 전율도 경험하게 됩니다. 알 수 없는 어떤 영적 존재 같아 보이는 검은 물체나 기운이 자신을 향해서 스며들거나 다가오는 것 같이 느껴지기 시작하며, 잠들기 직전에 가위 눌림과 같이 답답함을 느끼며, 심해지면 바람과 같은 차가운 기운이 스며들거나 어두운 물체가 자신의 몸속으로 들어오는 것 같이 느껴집니다.

실제로 귀신이 들어오면 이 감각은 실제가 되어 몸이 마비되고, 악령이 바람처럼 마치 흡입구에 빨려 들어가는 것 같이 자신의 몸이 그 영을 빨아들이는 것을 느낍니다. 귀신이 침투할 때 마치 공포영화나 전설의 고향에서 듣던 효과음 같은 음산하면서 뱀이 지나가는 것 같은 사악~ 사악~ 하는 소리가 들리기도 합니다. 초겨울 황량한 바람 소리처럼 그렇게 스산한 분위기를 자아냅니다. 찬바람이 가슴으로 파고들기도 합니다. 때로는 이와 반대로 매우 화려하고 밝은 분위기 속에서 아주 신비한 형상을 한 존재가 다가오는데 그 얼굴은 검고 형체를 알아볼 수 없습니다. 밝은 분위기는 빛으로 인해서 밝은 것이 아니라, 인위적인 조명으로 인해서 밝은 것 같습니다. 주님의 임재나 천사가 등장할 때 나타나는 밝음은 그 조명이 어떤 방향을 지니고 있지 않으며, 밝음 속에 그냥 파묻혀 있는 것 같은데, 귀신이 가장해서 보여주는 밝음은 무대 조명과 같이 일부만 느껴지며, 그 밝음은 깊이가 없으며 외부에서 비춰주는 밝음입니다. 주님의 밝음은 방향도 없으며, 주님 자체가 빛이시므로 그 모습에서 퍼져 나오는 밝음은 세상의 빛과 분명히 다르다는 느낌을 받습니다.

 귀신은 이와 같이 때로는 빛의 천사를 가장하는데 그 정도가 너무 지나쳐서 오히려 어설프게 보입니다. 우리가 귀신을 경험하게 되면 귀신은 매우 유치하고 치졸하다는 것을 곧 알게 됩니다. 마귀와는 달리 귀신은 무척 어설픕니다. 그 행위가 유치하며, 천박합니다. 고상한 면이 거의 없으며, 마치 삼류 연예인들의 화장술 같아서 품격이 떨어지고 화려하고 원색적이어서 곧 그 위장이 드러나게 됩니다. 주님을 경험하지 못한 사람에게는 이런 화려함이 오히려 눈을 끄는 대단한 경험처럼 여겨질 수 있을 것입니다. 그러나 진짜를 경험하게 되면 얼마나 유치하고 조잡한지를 알게 됩니다. 고귀한 인격을 만나지 못하면 그 삶이 천박해지고 어설퍼지고 본능적이 되는 것과 같습니다. 인격의 담금질이 없는 거친 삶을 사는 하류층처럼 귀신은 그렇게 천박하기 때문에 귀신의 영향을 받게 되면 행동이 천박해지고 본능적이 됩니다. 겉으로 보면 인격적인 사람 같은데 실제의 삶을 들여다 보면 본능적이고 동물적인 삶을 사는 사람들이 많습니다. 귀신의 영향을 받으면 삶의 태도가 거칠어지고 천박해지기 시작합니다. 언어가 거칠고, 행동이 지저분해지며, 가치관에 속물적으로 변해서 교양이 없으며 식견이 좁고, 세속적인 명예나 이익을 추구하려는 성격을 지닙니다. 귀신의 영향은 그에게 다가와 있는 영의 존재의 직무가 무엇이냐에 따라서 다르게 나타날 수 있습니다. 더러운 귀신이 영향을 주기 시작하면 씻는 것을 싫어합니다. 주변을 정리하는 일에 게을러지고 주변이 더러워집니다. 치우지 않아도 불편함을 느끼지 못합니다. 서서히 불결해지기 시작하는 것입니다. 속이는 귀신의 영향을 받으면 뻔히 들통이 날 거짓말을 자기도 모르게 불쑥하게 되며, 하고 난 직후 후회하는 일이 거듭됩니다. 그러면서 차츰 거짓말에 익숙해지기 시작하고 양심이 무디어 집니다. 이런 변화를 사람들은 단순한 습관이나 정서적 장애 정도로 보려고 하는 것은 세상이 귀신들 편이기 때문에 하나님은 물론이거니와 영적 존재 전체를 부인함으로써 귀신을 경계하지 못하게 하려는 마귀의 의도입니다.

　가정 경제에 문제를 일으키는 귀신은 주변 사람들을 동원하여 사기를 당하게 하거나 질병이 번갈아 가면서 생기게 하여 물질이 새나가게 합니다. 자동차 사고가 나서 물질이 손해가 나게 하고, 전세나 부동산을 매매할 때 순간 속게 하여 사기를 당하게 합니다. 자녀들이 멀쩡하게 놀이터에서 놀다가 넘어져서 다리를 다치기도 합니다. 이해하지 못할 일이 생겨서 물질이 새나가게 합니다. 문제를 해결할 때마다 돈을 빌리니 자꾸 채무가 늘어나게 됩니다. 특히 지식이 많다고 생각하는 사람들에게 귀신의 존재는 잊어진 이야기가 됩니다. 이들은 철저하게 사단, 마귀, 귀신이 만들어 놓은 거짓

학문 체계에 속아서 살아갑니다. 그것이 지성인이 취할 태도라고 여기기 때문입니다. 높은 차원의 마귀는 세상의 학문을 장악해서 그들이 의도하는 방향으로 사람들을 몰아갑니다. 철저히 하나님을 부인하고 영의 세계를 부인하도록 하는 것입니다. 이런 사단의 의도에 다수의 목회자들도 휘말려 영의 일에 깊이 관여하는 것을 두려워하게 됩니다.

　귀신의 영향을 받는 사람은 자주 거짓 영적 경험들을 하게 됩니다. 그것을 성령께서 주시는 것으로 착각하고 분별하려고 하지 않고 그냥 받아들이게 됩니다. 성령의 나타나심과 악령의 영향을 구분하지 못하기 때문에 모든 영적 경험을 다 받아들이게 됩니다. 분별없이 받아들이니 귀신이 떠나가지 않고 같이 사는 것입니다. 귀신이 거짓으로 보여주는 환상과 영적 감흥을 많이 받게 되며, 방언 역시 귀신으로부터 오는 악령의 소리가 섞여서 나오게 됩니다. 귀신의 영향을 받는 사람은 자신이 그것을 구분하기란 결코 쉽지 않습니다. 초기에는 영적 지식이나 경험이 없기 때문에 구분하지 못하며, 그 후에는 귀신이 이미 자신 속에 잠재되어 있기 때문에 스스로 떨쳐낼 수 없습니다. 귀신들림의 초기 단계인 영향을 받는 단계는 대수롭지 않게 여길 수 있지만, 이것이 위험하며, 그대로 방치하면 귀신들리는 불행한 결과가 오는 것입니다. 귀신의 영향을 받는 사람은 영을 분별하고 성령의 권능이 있는 사람에게 가면 그 증상이 나타나기 시작합니다. 성령 안에서 온몸으로 기도를 오래 하면 귀신이 본색을 드러내기 시작합니다. 이런 귀신은 성령의 역사를 악착같이 거부합니다. 교회 안에는 반드시 성령의 인도를 받는 카리스마가 있는 사람이 있기 마련입니다. 그런데 목회자가 관심이 없는 것이 문제입니다. 일반적인 교회에서는 영적인 분야에 관심조차 없기 때문에 귀신의 영향을 받는 사람뿐만 아니라, 육체의 질병이 들거나 마음에 상처를 지닌 사람들이 찬밥 취급을 당하면서 믿음 생활하는 것입니다. 목회자가 영적 분별력이 없다고 하더라도 영적인 실상은 인정해야 합니다. 그리고 그런 은사를 받은 사람을 발굴해서 길러내어 이 부분에 대한 치유가 이루어져야 하지만, 많은 목회자들이 이런 사실을 인정하려고 하지 않습니다. 영적인 면에 무지하고 어리석게도 세상의 학문체계로 이해하려고 듭니다. 신경과민이나 스트레스 때문이라고 무시하게 되기 때문에 아주 간단하게 치유할 수 있는 시기를 놓치고 심각하게 귀신 들려 일생을 망치는 사람들이 얼마나 많은지 모릅니다. 정말 안따까운 성도가 많습니다. 교회에서 찬밥 취급을 당하는 이들에 대한 책임을 누가 질 것인지를 곰곰이 생각해 보아야 합니다. 교회가 살아계신 하나님이 증명되려면 담임 목회자가 귀신 역사에 대하여 관심을 가져야 가능합니다. 관심이 없으면 영적인 분야는 열리지 않는 것입니다.

22장 눈으로 식별가능한 귀신들의 속임수는 이렇지요.

성경 말씀에 보면 분명하게 사탄이나 귀신들에 대하여 말씀하고 있습니다. 신적인 면에 관심과 눈만 열려있으면 얼마든지 귀신들에 대하여 인지할 수가 있는 것입니다. 성경 에배소서 6장 12절에 보면 "우리의 씨름은 혈과 육을 상대하는 것이 아니요 통치자들과 권세들과 이 어둠의 세상 주관자들과 하늘에 있는 악의 영들을 상대함이라" 하셨고, 야고보서 4장 7절에서는 "그런즉 너희는 하나님께 복종할지어다. 마귀를 대적하라 그리하면 너희를 피하리라" 말씀하셨습니다. 그리고 베드로전서 5장 8절에서는 "근신하라 깨어라 너희 대적 마귀가 우는 사자 같이 두루 다니며 삼킬 자를 찾나니" 라고 하나님은 사탄과 귀신들에 대하여 강조 말씀하고 계십니다.

성경 말씀은 우리가 사는 세상이 새 하늘과 새 땅이 될 때까지 한시적이기는 하지만, 하나님이 아니라, 악한 자, 사탄이 지배하고 있다고 분명하게 말씀하고 있습니다. "또 아는 것은 우리는 하나님께 속하고 온 세상은 악한 자 안에 처한 것이며(요일 5:19)" 악한 영들은 지금도 두루 다니며 삼킬 자를 찾고 있다가 적당한 먹잇감이 나타나면 치밀하게 공격하여 불행에 빠뜨리고 고통을 주어서 생명과 영혼을 사냥하여 지옥의 불에 던져지게 하고 있습니다. 그래서 하나님은 날마다 말씀과 성령의 권능으로 악한 영들과 치열하게 맞서 싸워야 한다고 권면하고 있습니다. 그런데 진정으로 우리는 그렇게 싸우고 있는가? 우리는 하나님의 말씀대로 그렇게 싸우고 있는가? 싸우지 않고 있다면 이들의 존재를 알고 있지 못하다는 것입니다. 교회는 예수 이름이 있기 때문에 귀신이 얼씬하지 못한다고 방심하고 있다는 증거입니다. 그렇다면 알게 모르게 이들의 공격에 속수무책으로 당하고 있다는 증거입니다. 이들은 일반적인 크리스천의 눈에 보이고 귀에 들리고, 과학적인 실험으로 증명되는 존재들이 아니기 때문입니다. 삶의 현장에서 마귀 귀신들로부터 고통을 당하면서 열린 영의 눈과 믿음의 눈으로만 보이기 때문입니다.

예수를 믿고 교회에 다니는 크리스천이 분명하게 알아야 할 것은 하나님이 세상을 창조하시고 아담을 지으시기 이전에 이미 그들은 지구에 먼저 와있던 존재들로서, 지구를 덮고 있을 만한 엄청나게 많은 수효로 떼를 지어 다니면서 사람들을 공격하여 생명과 영혼을 사냥하고 있다는 것입니다. 그런데도 일부 크리스천들이 아직 알아채지 못한 것은 이들이 속이는데 선수이기 때문입니다. 사탄과 귀신은 인간의 취약점인 합리를 가지고 활동하기 때문입니다.

하나님은 디모데전서 4장 1절에서 분명하게 "그러나 성령이 밝히 말씀하시기를 후일에 어떤 사람들이 믿음에서 떠나 미혹하는 영과 귀신의 가르침을 따르리라 하셨으니"라고 경고하십니다. 요한 계시록 20장 10절에서는 "또 그들을 미혹하는 마귀가 불과 유황 못에 던져지니 거기는 그 짐승과 거짓 선지자도 있어 세세토록 밤낮 괴로움을 받으리라" 말씀하셨습니다.

그리고 요한일서 4장 6절에서는 "우리는 하나님께 속하였으니 하나님을 아는 자는 우리의 말을 듣고 하나님께 속하지 아니한 자는 우리의 말을 듣지 아니하나니 진리의 영과 미혹의 영을 이로써 아느니라"라고 말씀하시고 있습니다.

이렇게 성경은 마귀 귀신들을 특징을 붙여 미혹의 영이라고 부르고 있습니다. 미혹이란 속인다는 뜻입니다. 인간의 속성을 가지고 교묘하게 속인다는 것입니다. 하나님께서 성경에 기록하여 경고하고 계신 것을 보면 귀신들은 사람들을 속여서 공격하고 있는 것이 분명한 것입니다. 크리스천이면서 귀신들이 어떻게 속이는지 모른다면 이들에게 당하고 있다는 증거입니다. 귀신들은 다음과 같은 인간의 속성을 교묘하게 이용하여 속입니다. 밝히 깨달아 알고 대처해야 평안한 삶을 살 수가 있습니다.

첫째, 이성적이고 합리적으로 속인다. 귀신들이 가장 많이 속이는 방식이 이성적이고 합리적인 방식을 따르도록 교묘하게 속입니다. 즉, 아무도 속고 있다는 것을 모르게 속인다는 것입니다. 세상 사람들은 하나님을 믿지 않고, 천사나 귀신들의 영적인 존재들을 믿지도 않고 인정하지도 않으려고 하는 것이 보통입니다. 이는 오랫동안 학교에서 이성적이고 합리적인 사고방식과 과학적인 실험을 통하여 증명된 사실만 믿도록 세뇌되었기 때문입니다. 귀신이 이것을 노린다는 것입니다. 귀신은 누구보다도 사람에 대하여 잘 알기 때문입니다.

그러나 예수님을 믿고 교회에 나온 크리스천들은 육적이면서 영적인 존재들입니다. 당연하게 크리스천은 영적인 존재를 인정하고 영적 세계가 있다는 것을 알고 믿고 대처해야 하는 사람들입니다. 그러나 여전하게 예수를 믿고 교회에 나와서도 영적인 세계에 관심이 없고, 이성적이고 합리적인 신앙방식을 따르는데 익숙합니다. 이는 오랫동안 학교에서 이성적이고 합리적인 사고방식과 과학적인 실험을 통하여 증명된 사실만 믿도록 세뇌되었기 때문입니다. 그래서 악한 영들은 목회자들의 머리와 사고에 타고 앉아 이성적이고 합리적인 신앙방식을 가르치도록 역사하고 있습니다.

예를 든다면 인간적인 방법으로 열심히 해야 하나님께서 감동하신다는 것입니다. 이는 세상에서 살아갈 때에 자신이 믿던 신에게 하던 방식입니다. 그래서 목회자들이 하나님을 감동하시게 하려면 교회 예배에 열심 있고 성실하게 참석 잘하고 많은 헌금을 드리며, 열정적으로 봉사하며, 새벽기도나 금식기도, 일천번제기도를 해야 한다고 가르칩니다. 이렇게 보이는 것으로 열심히 해야 하나님께서 감동하신다는 신앙방식은 기복신앙으로서 이성적이고 샤머니즘적인 신앙방식인 것입니다. 이는 귀신에게 철저하게 이용당하고 있는 것입니다. 무당들은 오백만원짜리 굿보다, 천만 원짜리 굿을 해야 귀신이 감동해서 효험이 빠르다고 사면 초과에 걸린 사람들을 미혹한다고 합니다.

이런 기복신앙의 방식이 이성적이고 합리적인 방식이라는 것입니다. 이성적이고 합리적인 신앙방식은 철저하게 진리를 깨닫지 못하고 성령의 인도를 받지 못하면 미혹 당할 수밖에 없는 것입니다. 사고가 합리적으로 이성적으로 굳어서 분별이 안 되기 때문입니다. 마귀 귀신들은 이렇게 인간의 취약점을 공격하여 미혹하는 것입니다. 그래서 하나님은 물과 성령으로 거듭나지 아니하면 하나님의 나라를 볼 수가 없다고 말씀하고 계시는 것입니다.

그러나 하나님은 사람의 마음이나 생각, 겉으로 드러나지 않은 사정이나 일의 실상인 속내와 동기를 불꽃 같은 눈동자로 살피시는 분입니다. "마음을 살피시는 이가 성령의 생각을 아시나니 이는 성령이 하나님의 뜻대로 성도를 위하여 간구하심이니라(롬 8:27)" 하나님은 분명하게 말씀하십니다. "하나님의 성령으로 봉사하며 그리스도 예수로 자랑하고 육체를 신뢰하지 아니하는 우리가 곧 할례파라(빌 3:3)" 그리고 "또 무엇을 하든지 말에나 일에나 다 주 예수의 이름으로 하고 그를 힘입어 하나님 아버지께 감사하라(골 3:17)" 말씀하시는 것입니다. 그래서 희생적인 신앙 행위가 아니라, 마음의 중심을 보십니다. 마음 중심이 하나님께 향하기를 원하십니다. 하나님은 마음을 달라고 하시는 것입니다. 그래서 하나님은 순종을 원하시는 것입니다. 순종해야 하나님의 나라가 되기 때문입니다. "사무엘이 이르되 여호와께서 번제와 다른 제사를 그의 목소리를 청종하는 것을 좋아하심 같이 좋아하시겠나이까 순종이 제사보다 낫고 듣는 것이 숫양의 기름보다 나으니(삼상 15:22)" 순종은 마음이 따라야 할 수가 있기 때문입니다. 그러나 여전하게 희생적인 신앙 행위가 하나님이 감동하시는 신앙방식이라고 가르치는 무리들은 귀신에게 속고 있는 목회자이고 교회입니다. 행위로서는 하나님을 감동 시킬 수가 없습니다. 하나님은 영이시기 때문입니다. 하나님과 같은 영적인 상태에서 하나님의 마음을 알고 순종할 수가 있는 것입니다. 그렇기 때문에 반드시 성령으로 세례를 받고 성령으로 거듭난 영의 상태에서만 하나님과 교통할 수가 있는 것입니다.

둘째, 율법적인 신앙방식으로 속인다. 율법을 지키는 신앙방식은 구약시대의 신앙방식입니다. 신약시대에 들어와 예수님이 십자가 보혈의 공로로 율법 조항을 지키는 신앙 행위로서 죄를 용서받거나 천국에 들어갈 자격을 얻는 신앙방식이 폐지되었습니다. 물론 율법의 정신은 지금도 살아있으므로 지켜야 하지만, 율법을 지키는 것으로 죄가 용서되거나 구원을 얻어 천국에 들어가지 못합니다. 지금 성령이 역사하시는 교회 시대에는 성령으로 세례를 받고 성령의 인도를 받아야 합니다. 성령께서 직접적인 계시로 하나님의 뜻을 알도록 하시고, 하나님의 뜻을 따라 살도록 인도하시기 때문입니다. 그래서 하나님은 "하나님의 성령으로 봉사하며 그리스도 예수로 자랑하고 육체를 신뢰하지 아니하는 우리가 곧 할례파라(빌 3:3)" 말씀하시는 것입니다.

그러나 어찌된 일인지, 성령이 역사하시는 교회 시대에도 여전히 율법 조항을 지켜야 구원을 받는다는 목회자들이 있고, 이를 따르는 크리스쳔들이 있다는 것입니다. 게다가 메시아닉 쥬들을 따르는 이들이 유행병처럼 퍼져나가고 있습니다. ['메시아닉 쥬'는 유대교에서 기독교로 개종한 유대인으로서 '(아직도) 메시야를 기다리는 유대인'이라는 뜻], 이들은 구약의 명절과 율법의 조항을 지켜야 한다고 주장하고 있습니다. 그렇다면 예수님이 십자가에서 돌아가실 이유가 없지 않습니까? 이들은 모두 귀신들에게 속는 사람들입니다. 귀신들이 예수님이 십자가에서 흘리신 보혈의 공로를 믿지 못하게 하여 죄를 짓게 하여 생명과 영혼을 사냥질하고 있는 것입니다. 보혈의 공로를 믿으면 구원을 받게 되고 성령의 인도를 받으니까, 귀신들이 율법을 따르도록 미혹하는 것입니다. 율법은 육체와 이성으로 알고 행할 수 있기 때문입니다. 얼마든지 성령의 역사 없이 알고 행할 수가 있기 때문에 귀신들이 교묘하게 속이는 것입니다. 예를 든다면 크리스천이 나는 율법을 지키면서 살기 때문에 구원을 받는다고 믿을 수 있기 때문입니다. 그러나 성령으로 깨닫고 인도를 받아야 합니다. 하나님께서 살아서 크리스천 한 사람 한 사람을 직접적으로 인도하시기 때문입니다. 반드시 영이신 하나님의 뜻을 따르려면 머리로 아는 율법이 아니라, 크리스천 각 개인의 심비에 새겨진 말씀을 성령이 깨닫게 하시고, 알려주시는 성령의 계시로 살아야 합니다. 하나님께서 살아서 역사하고 계시기 때문입니다. 성령이 아니고는 하나님과 교통할 수가 없는 것입니다. 귀신들이 이렇게 하는 것은 율법을 지키며 행위로 믿음 생활을 하여 크리스천이 육체와 이성이 되면 자신들이 하수인이기 때문입니다.

셋째, 성령의 은사와 하나님의 은혜로 속인다. 또한 귀신들이 잘 사용하는 공격이 은사와 은혜로 속이는 것입니다. 방언, 예언, 귀신 쫓음, 치유 등의 은사를 귀신이 넣어주고 성령의 은사인 것처럼 속이는 것입니다. 또한 가도 응답, 회개 등도 성령이 주시는 것처럼 속이는 것이 비일비재하고, 심지어는 기쁨과 평안의 감정조차 속여서 넣어주고 있습니다. 그러므로 현상이나 느낌, 은사만 보고 성령인 것처럼 믿으면 여지없이 속아 넘어가게 되어있습니다. 필자는 충만한 교회에서 훈련받는 목회자와 성도들에게 현상이나 은사에 치우치지 말고, 진리의 말씀과 성령 안에서 모든 성령의 은사나 능력이 나타나도록 하라고 권면을 합니다. 즉, 말씀과 성령으로 충만 하라는 것입니다. 성령이 주시는 은혜나 은사는 어디를 가나 아무런 영향을 받지 않지만, 귀신들이 속이는 현상이라면 바른 성령의 역사가 일어나는 곳에 가면 순간적으로 딱 그치는 것이 특징입니다. 정체가 폭로되었기 때문입니다. 예를 든다면 무당의 영의 영향으로 예언하는 목회자나 성도가 우리 충만한 교회에 오면 예언을 하지 못합니다. 성령의 역사가 강하니 무당 귀신이 역사하지 못하는 것입니다. 그렇기 때문에 귀신의 영향을 받는 사역자들은 될 수 있으면 오지 않으려고 하는 것입니다. 우리 교회에 스스로 왔다면 귀신이 떠나가게 하려고 성령께서 데리고 온 것이라고 생각하고 사역을 편안하게 합니다.

 이처럼 귀신들은 속이는데 선수입니다. 그러므로 이를 분별하려면 삶에 적용하여 깨달은 박식한 성경 말씀과 성령의 역사로 분별하는 권능이 있어야 합니다. 무단하게 자신의 신앙 수준을 높여야 귀신에게 속지 않습니다. 신앙 수준을 높이는 것이 "하나님의 말씀과 기도로 거룩하여짐이라."(딤전 4:5). 절대로 현상만 보지 말고, 말씀 안에서 성령으로 현상이 나타나는지를 분별할 수가 있어야 합니다. 또한 목회자들과 종교지도자들이 하는 학력이나 말이나 지식으로 분별하는 것이 아니라, 그들이 진리의 말씀과 성령으로 변화된 거룩한 성품인가를 분별하고, 하나님을 진정으로 사랑하며 하나님의 영광을 위하여 목회를 하는지 보아야 합니다. 또한 기도의 능력이나 성령의 함께하심으로 거룩한 성령의 역사가 가시적으로 나타나며, 삶에서 풍성한 열매를 맺고 있는지를 살펴보아야 합니다. 귀신들이 일으키는 기적과 이적은 사람들의 호기심을 만족시키고, 놀라게 하거나 금전적인 유익을 주어 혹하게 하지만, 성령의 사역은 오직 영혼을 구원하고, 영혼이 예수님께서 원하는 심령으로 변하며, 하나님의 나라를 확장하는 일에만 기사와 이적을 나타내십니다.

또한 모든 영적인 활동의 속내나 동기, 마음의 변화가 예수님의 성품으로 변하여 하나님의 영광을 나타내기 위한 것이 아니라, 희생적인 신앙 행위만을 강조하는 목회자나 교회도 귀신에게 속고 있는 것입니다. 예수님이 '자기 십자가를 지고 나를 따르라고 했으니' 자신과 가정이 희생을 해서라도 보이는 교회를 성장시켜야 한다고 가르치는 목회자는 철저하게 귀신에게 속고 있는 것입니다. 하나님은 보이는 교회 예배당도 잘되기를 원하시지만, 성도들의 온몸을 성전 삼고 있는 살아계신 하나님의 걸어 다니는 성전 더 잘되기를 소원하십니다. 만약에 보이는 교회 예배당이 잘되기 위하여 자신과 가정이 희생해야 한다고 말하는 교회. 목회자가 있다면 뒤로 돌아보지 말고 도망쳐 나와야 합니다. 그렇지 않으면 자신의 생명과 영혼이 위태로울 것입니다. 영적인 일은 반드시 분별을 해야 합니다. 사탄과 마귀와 귀신들은 할 수 만 있으면 하나님의 자녀들을 미혹하여 생명과 영혼을 망하게 하려고 혈안이 되어있기 때문입니다. 사탄과 마귀와 귀신들은 하나님의 역사를 모방하여 성령으로 거듭나지 못한 크리스천들을 미혹하여 구렁텅이에 빠뜨리려고 혈안이 되어있습니다.

결론입니다. 사탄과 마귀와 귀신은 크리스천들을 합리적이고, 이성적이고, 육적으로 율법으로 믿음 생활을 하도록 인도합니다. 육적이 되어야 자신들(마귀와 귀신)의 하수인이 될 수 있기 때문입니다. 그러므로 크리스천들에게 무조건 열심히 예배에 참석하고, 많은 헌금을 드리며, 열심히 봉사하고, 열심히 철야기도 하면 하나님께서 감동하신다고 인도하는 목회자는 마귀와 귀신의 하수인인 것입니다.

반대로 예수님을 주인으로 모시고 성령으로 세례를 받아, 성령으로 기도하며, 성령으로 봉사하며, 성령으로 말씀을 깨달으며, 성령으로 하나님의 계시를 받으며, 성령으로 세례를 받고 성령의 인도를 받아야 영적인 크리스천이라고 권면하는 목회자는 진리 속으로 인도하는 하나님의 사람입니다. 그러므로 정확한 분별은 성령으로 믿음 생활 하도록 하느냐, 합리적이고 이성적이며 육체적으로 믿음 생활하게 하느냐로 분별할 수가 있는 것입니다.

23장 눈으로 보며 몸속에 숨어있는 귀신의 정체를 폭로하게 하는 기술

귀신을 축사하는 사역은 인간적으로 보면 외로운 사역임이 틀림없습니다. 그러나 필자는 하나님의 일꾼이기 때문에 성령께서 명령하는 사역에 대한 선택권이 없습니다. 하나님께서 기뻐하시는 사역임으로 감사함으로 감당하고 있습니다. 하나님께서 필자에게 주신 특별한 성업으로 알고 혼신을 다하여 감당하고 있습니다. 얼마 전에 하나님께서 필자에게 살아계신 하나님을 증명하는 목사가 되라고 했을 때 필자는 살아계신 하나님에 대한 책을 쓰라고 하시는 줄 착각을 하였습니다. 그래서 "살아계신 하나님을 증명하라."는 제목으로 책을 출간하기도 했습니다. 그런데 요즈음 저의 주변에서 일어나는 일들을 종합해 보면 살아계신 하나님에 대한 책뿐만이 아니었습니다. 필자에게 실제적으로 살아계신 하나님을 증명하는 성령치유 사역을 하라는 것입니다. 필자는 성령치유 달인이 되려고 노력을 하고 있습니다. 저의 꿈이 성령치유 달인이 되는 것입니다. 지방에서 성령치유를 받으려면 강요셉 목사에게 가야 한다고 소문이 났다고 하니 정말 감사할 일입니다.

필자는 하나님께서 영적인 사역을 하라고 사명을 주신 다음에 귀신이 들려서 3년 동안 고통을 당하면서 집중적인 훈련을 거쳐 지금에 이르렀습니다. 지금까지 수천명의 사람들에게서 귀신을 쫓아내주었으니까, 이 분야에 대해서 상당한 지식과 경험을 갖고 있는 셈입니다. 필자는 지금도 지속적인 기도와 실제 사역의 체험을 하면서 글을 쓰고 있습니다. 이 글도 읽는 분들에게도 필자의 귀신 축사에 대한 체험과 지식과 경험을 알려주어서, 스스로 마귀 귀신의 정체를 알아내고 쫓아내는 영적 능력을 갖게 되기를 간절히 바라는 마음에서 하는 일입니다. 또한 이글을 읽는 분들 모두가 귀신에게서 해방을 받고 살아계신 하나님을 증명하는 사역자들이 되기를 소원합니다.

귀신의 정체를 어떻게 알 수 있습니까? 이들의 존재는 영이라 눈에 보이지 않아서 그렇지, 우리 주변에 수도 없이 돌아다니고 있습니다. 성령께서는 이들이 지구를 덮고 있을 정도로 많다고 하셨습니다. 그러나 우리를 돕는 천사보다는 수적 적습니다. 타락한 천사는 1/3이기 때문입니다. 그러므로 밖에서 생각으로 공격하는 일은 누구에게나 100% 귀신 역사라고 하여도 과언이 아닙니다. 지금 세상 돌아가는 실태를 보면 이해가 될 것입니다. 그러나 몸 안에 들어와 잠복하여 공격하는 것들을 알아내는 것을 전문적인 지식과 체험이 없이는 분별하기가 쉽지 않습니다. 본인이 인정해야 하는 분야이기 때문이기도 합니다. 필자의 경험으로는 크리스천 중에서 2명중 1명이 몸 안에 귀신이 잠복하고 있다고 보아야 합니다. 그런데 문제가 무엇입니까? 예수를 믿으면 귀신하고는 상관이 없다고 방심하고 있다는 것입니다. 방심하고 지내다가 자신이나 가족에게서 영육의 문제가 발생하면 그때서야 이리 뛰고 저리 뛰면서 해결하려고 하지만, 그리 쉽지가 않는 것이 보통입니다. 참으로 안타까운 현실입니다.

반대로 하나님을 모르는 세상 사람들에게서 귀신을 쫓아내준 일이 없으니까, 그들 중에 얼마나 귀신이 들어있는 지는 모릅니다. 그러나 신문 등 매스컴을 듣거나 보면 귀신이 얼마나 출몰하고 있고 고통을 당하고 있는지 가히 짐작이 갈 것입니다. 무엇을 보고 알 수가 있느냐, 무당들을 보면 알 수가 있습니다. 교회에서는 주요 일간지에 광고를 내지 못합니다. 물질이 많이 들기 때문입니다. 그런데 무당들은 주요 일간지에 버젓하게 광고를 합니다. 그만큼 무당들을 찾는 사람들이 많다는 것입니다. 모두 귀신에게 고통을 당하거나 앞일을 귀신에게 묻기 위해서 일 것입니다.

이렇게 많은 귀신들이 판을 치고 있는 세상에서 크리스천들이 살아갑니다. 귀신에 대하여 무관심하고 살아가는 크리스천들에게 얼마나 많은 귀신들이 공격하겠습니까? 그러나 우리네 교회에서는 필자의 주장을 100% 받아들이지 않을 것입니다. 아예 무시하는 목회자도 있을 것입니다. 귀신이 보이지 않기 때문에 인정하지 않는 것입니다. 크리스천에게는 예수 이름이 있고 성령의 인도를 받고 있으니 귀신들하고는 관계가 없다고 생각을 하고 있기 때문입니다. 거룩한 하나님의 자녀에게 어떻게 귀신이 접근하고 공격하며 잠복할 수 있냐고 반문할 것입니다. 물론 이론상으로는 100% 맞는 말입니다. 모두 이 말을 철석같이 믿고 살아가는 관념적인 신앙인들이 많습니다. 그러나 귀신들은 성령이 지배하고 장악하지 않는 사람은 전혀 두려워하지 않습니다. 관념적인 크리스천들은 귀신들이 전혀 두려워하지 않습니다. 오히려 가지고 놀고 있는지도 모를 일입니다. 그렇기 때문에 최근 창원에서 목회하시는 60대 목사님이 자매들에게 몹쓸 짓을 한 것과 같은 세상에 지탄받을 일들을 저지르게 하는 것입니다. 그러므로 성령의 증거나 능력, 열매가 없이 왔다가 갔다가 하면서 교회 마당을 밟는 사람들이라면 귀신들의 표적에서 예외가 아니라고 해도 과언이 아닙니다. 필자는 실제 현장에서 성령의 역사로 귀신들을 쫓아내는 사역을 하고 있으니까, 관념적이고 탁상공론식의 얘기는 필자에게 더 이상 통하지 않습니다. 실제적으로 체험하고 반론을 제기 하라는 것입니다.

귀신이 몸 안에 잠복해 있는지 어떻게 알아차릴 수 있을까? 가장 쉬운 방법은 강력하게 호흡을 들이쉬고 내쉬면서 전심으로 성령의 역사가 일어나는 기도를 하면 알 수 있습니다. 기도를 어떻게 하느냐 아랫배에다가 힘을 주고 호흡을 들이쉬고 내쉬면서 주여! 호흡을 들이쉬고 내쉬면서 주여! 하면서 강력하게 기도하는 것입니다. 이에 대하여 반론을 제가하실 분은 직접 필자에게 와서 필자가 시키는 대로 기도를 해보라는 것입니다. 귀신이 정체를 폭로하나 안하나 두 눈으로 보게 될 것입니다. 그러나 귀신들은 자신의 정체가 드러나면 위험해진다는 사실을 잘 알고 있으니까, 어떻게 해서든지 자신의 정체를 숨기려고 애를 씁니다. 잡념을 준다든지, 두려움을 준다든지, 가슴이 답답하게 한다든지, 숨을 쉬기가 거북스럽게 한다든지, 약점을 물고 늘어진다든지, 심지어 핸드폰을 이용하여 식구들이 전화하게 한다든지 하면서 성령의 깊은 역사가 일어나지 못하도록 강하게 방해할 것입니다.

그러므로 아랫배에 힘을 주고 호흡을 들이쉬고 내쉬면서 전심으로 주여! 주여! 하면서 주여! 소리에 집중하면, 약한 귀신들이 정체를 폭로하고 드러나서 도망가는 것입니다. 오로지 하나님을 부르는 소리에만 집중하고 다른 소리나 현상하고는 일체 관계를 끊어야 합니다. 그러면 성령께서 장악하시는 상태에 따라서 약한 귀신들부터 정체를 폭로하기 시작을 합니다. 약한 귀신들이 드러나는 현상은 침, 가래, 기침, 트림, 헛구역질, 구토, 하품, 방귀 등으로 나타납니다. 특히 강한 귀신들이 허다하게 들어있다면 혼자 기도해서는 별 효과가 없을 것입니다. 아니 꿈적도 하지 않을 것입니다. 자신 안에 귀신이 잠복해있다는 의심이 들면, 충만한 교회 집회에 참석하여 말씀 듣고 기도하다가 보면 정체를 숨기지 못하고 드러날 것입니다. 아니면 주변에 성령 치유하는 곳에 가셔서 전문 사역자의 도움을 받아야 합니다. 혼자는 힘들뿐만 아니라 불필요한 시간을 낭비하게 될 것입니다.

자신에게 귀신이 잠복해 있다는 사실을 어떻게 알 수 있을까? 필자가 그동안 성령치유 사역을 하면서 체험한 바로는 이렇습니다. 부모님이 1년 이상 거동을 못하고 집안이나 요양원에서 누워 계시다가 세상을 하직한 경우입니다. 이런 분들이 자신은 예수를 믿었다고 방심하다가 부모님과 동일한 고통을 당하는 것이 보통입니다. 남묘호랭객교나 무속이나 타 종교를 섬기는 조부모나 부모에게서 태어난 분들입니다. 절의 스님이나 무당이 혈통에 있는 경우입니다. 우상(제주)을 심하게 섬겼거나 정신적인 질병이나 우울증이나 치매로 고생하시다가 돌아가신 조부모나 부모에게서 태어난 분들입니다. 태중에서 상처를 많이 받았거나 유아시절에 질병으로 고생을 했던 심신이 허약한 사람들에게 귀신들이 잠복해 있을 가능성이 80%이상입니다. 그러나 이런 경우가 아니더라도 잠복해있는 경우가 적지 않으므로 참고하시길 바랍니다. 귀신들이 몸에 잠복해있는 경우는 자신의 삶과 영혼의 상태를 살펴보면 알 수 있습니다. 귀신들이 몸 안에 들어오는 목적은 죄를 짓게 하여 불행에 빠뜨려서 고통을 주고, 생명과 영혼을 사냥하여 지옥에 던져지게 하는 것입니다. 그러므로 각종 정신질환, 고질병, 알코올 중독, 도박을 비롯한 각종 중독에 빠져 있다면 악한 영이 잠복해 있다고 보면 맞습니다. 또한 가족들이 불행한 사건과 사고가 끊이지 않고, 악성부채, 음란과 불륜, 갈등과 싸움, 이혼, 범죄, 자살 등에 연루된 사람이 적지 않다면, 이 가족들은 귀신들이 잠복해 있다고 보면 틀림없습니다. 이런 사람들은 걱정과 염려, 두려움, 불안, 낙심, 조급함, 집요함 등의 부정적인 생각에 사로잡혀 있으며 분노 조절 등의 감정통제가 되지 않는 것도 특징입니다.

그러나 한 가지 바르게 알아야 할 것은 앞에서 설명한 약한 귀신들이 나가는 증상인 침, 가래, 기침, 트림, 헛구역질, 구토, 하품, 방귀 등은 생리적 현상이라고 오해할 수 있으므로 잘 분별하여야 할 것입니다. 그래서 필자에게 성령치유를 받는 사람 중에서 일상적으로 기도 할 때 이런 생리적인 현상이 두드러지면, 주변에 전문적인 성령 치유하는 곳에 가서 축출기도를 받으라고 권면하는 것입니다. 우리 충만한 교회 집회할 때 성령 안에서 온몸기도하게 하며 필자가 매시간 안수하기 때문에 귀신들이 정체를 폭로합니다. 축출기도를 받으며 기도하다보면 본격적으로 귀신들이 정체를 드러나기 시작합니다. 중간급의 귀신들은 도망치는 게 아니라, 공격하기 시작합니다. 두통과 가려움증을 유발하거나, 머리를 어지럽게 하고, 정신을 잃게 하고, 온몸에 고통을 주기 시작합니다. 귀신들은 몸 어느 곳이든지 아프게 할 수 있으나, 특히 집을 짓고 있는 배 부위의 고통이 극심합니다. 칼로 째는 것과 같은 아픔이 반복됩니다. 허리가 끊어지게 아프기도 합니다. 심장이 터지는 것과 같은 통증을 유발하기도 합니다. 그러나 조금만 인내하면 소멸되는 것이 보통이므로 그렇게 두려워할 필요가 없습니다. 이외도 소리를 지르고, 발작을 하고, 얼굴을 찌그러뜨리고, 자신도 모르게 욕과 저주를 내뱉고, 몸을 좌우로 뒤틀기도 합니다. 이런 증상은 중간급 놈들이 공격하는 증상입니다. 강한 놈은 겉으로 드러나는 공격을 하지 않고, 생각으로 속여서 공격하는 게 특징입니다. 강한 놈들을 버티고 버티다가 떠나가는 것이 보통이니 의지를 가지고 인내하면서 기다려야 합니다. 평안하고 잠잠해졌다고 섣불리 축귀가 끝났다고 믿으면 안 되는 이유가 여기 있는 것입니다.

 강한 놈이 많이 들어 있는 사람들은 평소에 이들의 존재를 느끼는 것은 그리 어렵지 않아 조금만 관심을 가지면 쉽게 알아낼 수가 있습니다. 환청이 들리거나, 자주 가위에 눌리거나, 우울하거나 부정적인 생각에 사로잡히기 일쑤이거나, 자신 안에 어떤 인격체가 느껴지거나, 폭력을 유발하거나 각종 중독에 **빠졌**거나 정신질환을 비롯한 고질병으로 고통 받고 있는 경우 등입니다. 이런 사람들은 자신의 문제를 해결하려고 기도원 등을 전전하였지만 해결하지 못한 경우가 대부분입니다. 절대로 안수 한번에 해결되지 않습니다.

 그래서 이곳저곳을 헤매다가 치유의 시기를 놓친 다음에 필자에게 찾아와 문제해결을 호소하는 크리스천들이 많이 있다는 것입니다. 그러나 강한 놈이 많이 들어있는, 소위 귀신에게 오랫동안 눌려서 사는 사람들에게서 귀신을 쫓아내는 일은 쉬운 일이 아닙니다. 충만한 교회 성령치유 집회에 참석하여 훈련하는 사람조차도 강력하게 의지를 다해서 성령의 지배를 받도록 집중해야 귀신에게서 해방을 받을 수가 있습니다. 어떤 분들은 1년 이상을 다니면서 해방을 받는 분들도 있습니다. 그래서 충만한 교회 성령치유 기도시간에는 울고불고 악을 쓰고 발작을 하고 난장판이 따로 없을 정도로 요란합니다. 이렇게 강력하게 기도하면 대부분 귀신들로부터 자유롭게 되는 것이 보통입니다. 충만한 교회 집회 기도시간에 귀신들이 나가면서 소리를 지르는 소리와 악을 쓰고, 주여! 하면서 기도하고, 울고불고 하는 소리가 합창하면서 격렬한 분위기를 연출하고 있습니다. 오셔서 강력한 성령의 역사를 체험해 보시기를 바랍니다.

강한 귀신이 축사되는데 시간이 많이 소요됩니다. 충만한 교회에서 매주 월-화-금-토에 예약하여 진행하는 개별 집중치유 온몸기도 할 때 보면 어떤 귀신은 2시간이 넘어서 정체를 폭로하고 떠나가는 놈들도 있습니다. 어떤 놈은 집중치유 기도를 1주에 2번 3번 해야 정체를 폭로하기도 합니다. 이런 귀신들은 일반적인 집회 때에 하는 50분 기도로서는 정체가 폭로되지 않을뿐더러 축사할 수도 없습니다. 영육으로 고통을 당하는 분들은 인내하면서 자신이 성령으로 장악이 되는 것이 집중해야 합니다. 그러나 너무 낙심할 필요는 없습니다. 성령께서 자신을 장악하여 하나님의 전이 견고해지면 귀신은 기침 한 번으로 떠나갑니다. 귀신은 그림자이기 때문입니다. 자신이 하나님의 자녀로 완전하게 변하면 귀신을 더 이상 같이 살지 못하고 떠나가야 합니다.

그런데 귀신이 잠복해 있는 사실을 알았는데도 방치하고 있다면 반드시 어느 시기가 되면 귀신으로 인하여 고통을 당합니다. 귀신들이 좋은 일을 하려고 잠복하고 있지 않기 때문입니다. 결정적 시기가 되면 잠재의식에서 현재 의식으로 올라와 영육의 고통을 가하면서 환자를 장악해 버립니다. 이렇게 되면 완전하게 해방되는데 상당한 기간이 소요됩니다. 이리 예방하는 것이 상책입니다. 특별하게 부모님이 1년 이상 거동을 못하시면서 가정이나 요양원에 계시다가 세상을 떠난 분들의 자녀들은 자신들의 관리에 특별하게 관심을 가져야 합니다. 이에 대하여는 "백세시대 예수 안에서 장수하는 법"을 참고하세요. 예수님은 성령으로 다시 태어난 성령의 사람이라야 천국에 들어갈 수가 있다고 하셨습니다. "예수께서 대답하시되 진실로 진실로 네게 이르노니 사람이 물과 성령으로 나지 아니하면 하나님의 나라에 들어갈 수 없느니라(요 3:5)." 자신 안에 귀신이 집짓고 살고 있다면 믿음생활을 바르게 할 수가 없을 것입니다. 자신 안에 잠복한 귀신이 공격하니 영혼의 만족을 누리지를 못합니다. 예배 시간에 졸기 일 수입니다. 기도역시 깊게 할 수가 없습니다. 진리의 말씀이 귀에 들리지 않습니다. 이는 필자가 집필하여 출간한 "카리스마의 극대화와 탈진의 극복"을 읽어 보시면 자세하게 설명되어 있으니 참고하시기를 바랍니다. 귀신들의 목적은 죄를 짓게 하여 영혼과 생명을 사냥하여 자기들이 사는 지옥 불에 던져지게 하는 것이기 때문입니다. 정말로 관심을 많이 가져서 나이가 한 살이라도 적게 먹었을 때 생명의 말씀과 성령으로 귀신들을 몰아내야 합니다. 이렇게 귀신에게 괴롭힘을 당하는 사람들은 세상 사람뿐 아니라, 버젓하게 예수를 믿고 교회에 다니는 크리스천들도 많이 있다는 것입니다. 정말 안타깝고 두려운 일입니다. 그러나 걱정하지 않아도 됩니다. 성령으로 장악되고 성령의 지배를 받으면 귀신들은 떠나갑니다. 문제는 자신은 예수를 믿었으니 상관없다고 방심하는 것이고 귀신이 잠복해 있어도 방치하는 것입니다. 미리 알고 대처하면 모두 정상적인 삶을 살면서 하나님께 영광을 돌리게 됩니다. 우리가 바르게 알아야 할 것은 하나님은 자녀들이 귀신의 영향에서 완전하게 해방을 받기를 원하십니다. 그리하여 이 땅에서 천국과 아브라함의 복을 받아 누리면서 군사로 살아가다가 주님이 오라고 부르시면 영원한 천국에 입성하는 것입니다.

24장 눈에 보이고 감지되는 몸속에 귀신의 집을 찾는 기술

하나님은 자신 안에 귀신이 처소를 만들지 못하도록 영적인 관리를 잘하기를 소원하십니다. 영적인 관리란 성령 안에서 온몸으로 기도하는 것입니다. 사람의 몸속에 악귀가 숨어있는 비밀 처소가 있을까요? 얼마 전이 지방에서 올라온 목사님이 상담을 요청했습니다. 내용은 이렇습니다. 내 배속에서 주먹만 한 것이 돌아다닙니다. 그러면서 기도가 잘 안되고 의지가 약해지는 것 같습니다. 분명하게 내 안에 귀신이 있는 것 같습니다. 제가 누우라고 하고 성령의 임재를 요청하고 안수를 했습니다.

그러자 목사님의 아랫배에서 불룩불룩하는 주먹만 한 것이 드러나는 것입니다. "예수 이름으로 귀신의 견고한 진은 파괴될지어다. 더러운 귀신은 떠나갈지어다. 대장 귀신은 앞서서 나올지어다." 하고 한 30분간 축귀를 했습니다. 오물을 통하면서 귀신이 떠나갔습니다. 그러자 주먹만 한 덩어리가 없어졌습니다.

몇 년 전 6월 초에 내적치유 집회를 하는데 지방에서 사역을 하는 전도사가 치유를 받으러왔습니다. 지방에서 치유를 받겠다고 왔으니 의지가 대단한 것입니다. 집중 치유 안수를 받겠다고 선교예물을 올렸는데 봉투에다가 자신 안에 있는 상처를 "성령의 불로 태워주시옵소서" 하고 적어서 올렸습니다. 내가 성령의 불로 태워서 없어지는 것이라고 누가 알려주더냐고 물었습니다.

대답을 하지 않습니다. 그래서 앞으로는 "성령의 강한 역사로 상처가 떠나가게 하옵소서"하고 기도를 하라고 했습니다. 상처는 태워서 없어지는 것이 아니고 떠나가야 합니다. 절대로 타서 없어지지 않습니다. 기도 시간에 진단을 하니 가슴과 배에 귀신이 견고한 진을 단단하게 구축하고 있었습니다. 배가 불룩불룩한다고 본인이 말을 하는 것입니다.

지속적으로 성령의 불을 집어넣어 치유를 했습니다. 이틀이 지난 다음부터 서서히 역사가 일어나기 시작을 했습니다. 3일차 태아상처 치유시간에 완전하게 귀신의 견고한 진이 파괴되었습니다. 기침을 말로 표현하지 못할 정도로 했습니다. 가슴에서 배에서 악한 영들이 토하면서 기침을 하면서 떠나갔습니다. 제가 성령님에게 언제 이것들이 들어와 가슴과 배에 견고한 진을 구축했습니까? 하고 물었더니 축귀 사역을 할 때 들어와 진을 구축했다는 것입니다. 본인에게 물었더니 축귀 사역을 하다가 보니 환경이 꼬이고 가슴이 답답하고 기도가 되지 않아 5년 동안 고통을 당하다가 치유를 받으러 왔다는 것입니다. 이런 경우는 자신이 성령으로 충만하지 못한 상태에서 사역을 하니 귀신들이 방해 역사를 하는 것입니다. 제가 앞으로는 자기 관리를 하면서 사역을 하라고 했습니다.

한번은 이런 일이 있었습니다. 지방에서 올라온 성도인데 분명하게 영적인 존재가 장악하고 있어서 상당히 오랫동안 안수를 했는데도 꼼짝을 하지 않습니다. 갑자기 성령께서 배를 만져보아라, 하십니다. 그래서 배에다가 손은 대니 성인 주먹보다 큰 덩어리가 잡힙니다. 살짝 누르니 아프다고 소리를 지릅니다. 필자가 직감적으로 귀신의 집이구나, 하고 손을 대고 "상처와 같이 형성된 귀신의 집은 예수 이름을 파괴될지어다." 하니까, 성도가 숨을 몰아쉬기 시작을 합니다. 조금 있으니 기침과 함께 가래가 나오면서 귀신이 떠나가기 시작을 했습니다. 이로 보아 귀신의 집이 파괴되지 않으면 귀신은 떠나가지 않는다는 것입니다. 이런 여러 경우를 보아 알 수 있는 것은 사람의 몸속에 귀신의 비밀 처소가 있다는 것입니다. 이것을 인정해야 귀신으로 부터 해방을 받을 수가 있습니다. 이는 정말 이해하기가 힘이 들지만 이해해야 하는 비밀입니다. 신적인 세계는 사람의 이론이나 지식으로는 이해가 불가능하기 때문입니다. 신적인 세계는 참으로 이해하기 힘든 일이 많이 있습니다. 심하게 귀신 들리면 정신병자와 같은 증상을 나타냅니다.

성경에 공동묘지에서 생활하는 군대 귀신들린 사람처럼, 아무도 제어할 수 없는 굉장한 힘을 지닙니다. 장정 몇 사람이 다루어야 겨우 제어할 수 있을 정도입니다. 이런 힘이 어디에서 나오는 것일까요? 많은 무리의 귀신이 그 사람을 점령하고 모든 기능을 통제하기 때문입니다. 이렇게 심각하게 귀신 들린 사람은 그 사람의 몸속에 귀신의 견고한 진이 있습니다.

"귀신의 견고한 진"이라는 말은 성경에 구체적으로 언급되어 있지 않지만, 귀신들이 사람의 몸에 무리를 지어 한 곳에 모여 있기 때문에 이렇게 표현하는 것입니다.

오해하지 마시기를 바랍니다. 귀신이 무리를 지어 사람의 몸에 머물러 있기 때문에 큰 힘을 내게 되는 것입니다. 귀신들도 무리로 모이면 그 속에 질서가 있어서 무리를 통솔하는 우두머리 귀신이 있습니다. 우두머리 귀신은 여러 졸개들을 거느리고 있습니다. 서

열이 낮은 귀신은 서열이 높은 귀신에게 절대로 복종하게 되는 위계질서를 가지고 있습니다. 심각하게 귀신 들린 사람에게 단순히 '귀신아 물러가라'라고 명령하면 귀신은 물러가지 않고 다만 잠잠하게 됩니다.

 축사의 경험이 없는 사람은 이런 모습을 보고 귀신이 쫓겨 나갔다고 생각할 것이지만 이는 귀신이 그 사람을 속이는 행위입니다. 성경에 주님이 귀신을 쫓을 때 명령으로 내어 쫓았기 때문에 우리도 명령만 하면 귀신이 쫓겨 나간다고 생각합니다. 귀신을 쫓는 능력은 주님의 것이지 우리의 것이 아니기 때문에 그렇다고 주장합니다. 그러나 이런 주장은 현실을 모르는 사람의 일방적인 말일 뿐입니다. 능력은 주님으로부터 부여 받는 것임에는 이의가 없습니다. 그러나 그 능력이 자신에게 주어진 이후에는 자기에게 고정되게 됩니다. 이 능력을 얼마나 효과적으로 개발하고 사용하여야 하느냐 하는 문제는 전적으로 자신에게 달려 있습니다. 무엇보다도 성령충만하려고 의지적인 누력을 해야 하고 권능을 잘 사용하면 상급이 있지만, 잘못 사용하면 고통을 당합니다. 주어진 능력이 효과적으로 적용되어 사람들을 살리기 위해서는 남다른 노력이 필요한 까닭이 여기에 있는 것입니다. 반드시 성령의 인도를 받는 바른 영 분별력을 길러야 한다는 말입니다. 주어진 능력을 지속적인 하나님과 관계를 열고 내면을 정화하며 능력을 개발하고 발전시켜서 자기에게 고정 되도록 하는 노력은 그 사람의 몫입니다. 날마다 성령 충만해야 하고 기름부음이 끊이지 않도록 해야 합니다. 그렇지 않으면 그 능력은 쉽게 사라집니다.

귀신을 내어 쫓기 위해서 명령해야 합니다. 그러나 이 명령은 단순하지만은 않습니다. 주어진 능력의 한계와 상대방의 능력이 어떠하냐에 따라서 적용이 매우 달라집니다. 즉 상황마다 적용법이 달라진다는 것입니다. 단순히 명령만 하면 모든 귀신이 쫓겨나가는 공식적인 것이 아닙니다. 순간순간 성령님과 교통하며 레마를 듣고 명령하고 행동해야 합니다. 귀신은 사람의 몸에 들어와 그를 점령하면 벌이 벌집을 짓듯이 귀신의 견고한 진을 만들기 시작합니다. 필자가 여기서 설명을 하고 싶은 것은 귀신의 견고한 집은 염증과 독소가 뭉쳐진 것이라고 이해하시면 쉽습니다. 몸에 여러 군대에 뭉쳐있을 수가 있습니다. 그 곳에 귀신이 거처를 삼고 지낼 수가 있는 것입니다. 집을 짓는 기간이 사람에 따라서 귀신의 능력에 따라서 다르겠지만 보통 1년에서 2년 정도 걸립니다. 독소 염증이 뭉쳐지는 기간이라고 생각하면 쉽습니다. 3년 정도 지나면 귀신의 견고한 진은 달걀 크기 정도로 자랍니다. 귀신이 들어온 숫자에 따라 귀신의 견고한 진의 크기가 다릅니다. 수자가 많으면 직경이 20센티 정도의 크기로 지어집니다. 귀신의 수자가 10여개 이하이면 달걀 크기 정도가 됩니다. 귀신이 견고한 진을 지으면 그 힘이 강해집니다. 그리고 집이 파괴되지 않는 한 절대로 나가지 않습니다. 귀신을 내어 쫓기 위해서는 이 귀신의 견고한 진을 파괴하는 일부터 해야 합니다. 명령하면 귀신은 이 견고한 진 속으로 숨어버립니다. 그러면 외견으로 보아 귀신이 쫓겨나간 것 같습니다. 환자도 귀신으로부터 자유를 얻은 것처럼 느낍니다. 그러나 귀신의 견고한 진이 파괴되지 않은 상태에서 나타나는 모든 현상은 속임수입니다.

　귀신의 견고한 진은 주로 배에 있습니다. 명치끝에 많이 뭉쳐있습니다. 손을 대지 못할 정도로 통증을 느낍니다. 어떤 분은 가슴에 또는 갈비 밑에 뭉쳐있는 분들도 계십니다. 특이한 것은 병원에서 CT를 찍어도, MRI 검사를 해도 나타나지 않습니다. 병원에서는 원인을 알지 못합니다. 아프기는 아픈데 나타나지를 않습니다. 나타나지 않고 원인을 찾지 못하니 불치병이라고 합니다. 이 귀신의 견고한 진은 단 기간에 치유되지 않습니다. 덩어리가 뭉쳐 집을 짓기까지 상당한 기간이 흘렀기 때문에 그 만큼 치유에 시간이 걸립니다. 집중적으로 2-3일 성령으로 세례를 받고 성령으로 충만한 상태에서 성령의 역사를 체험하면서 치유하면 부수어지기 시작을 합니다. 성령의 역사로 귀신의 견고한 진이 파괴 되어도 일정 기간 동안 통증은 남아있는 것이 보통입니다. 지속적으로 성령의 불을 집어넣으면서 집중 치유를 합니다. 어느 분은 육 개월이 지나니까, 통증이 없어지고 완치되었습니다. 가슴이 아파서 바로 눕지도 못하고 엎드리지도 못하여 옆으로 누워서 잠을 자다가 오셔서 완전하게 치유를 받았습니다. 치유가 되니 가족 모두가 좋아했다고 합니다. 병원에서 불치병이라고 했는데 치유되어 자녀들에게 살아계신 하나님을 체험하게 하는 계기가 되었다고 합니다. 귀신의 견고한 진은 성령의 불세례를 체험하고 깊은 영성과 성령의 권능이 함께하는 사역자가 치유할 때 정체를 드러냅니다. 일반적인 집회에서 20-30분 기도로는 귀신의 집이 부수어지지 않습니다. 배에 손을 얹고 기도하면 적어도 40-50여 분 이내에 귀신의 견고한 진이 표면에 나타나게 됩니다. 그래서 우리 충만한 교회에서는 월화금토에 2시간 이상씩 기도하는 것입니다. 달걀 크기만 한 동그란 근육 덩어리가 배 속에서 솟아나 안수하는 사람의 손을 피해 이리저리 달아납니다. 배 표면을 이리 저리 굴러다니면서 손길을 피하려고 합니다. 이렇게 되면 환자는 극심한 고통으로 인해서 얼굴을 찡그리고 발버둥을 칩니다. 이렇게 귀신의 견고한 진이 드러나면 축사자는 귀신에게 몸에서 떠날 것을 명령합니다. 성령으로부터 지식의 말씀을 받아 가면서 축귀를 합니다. 이때 성령께서 알려준 귀신의 이름을 거명하면서 나갈 것을 명합니다. 호명된 귀신은 그 즉시 떠나게 되지만 대장 귀신은 쉽게 떠나지 않습니다. 졸개들이 나가면서 이제 다 떠났다거나 얘들아 나가자 하든가, 이놈은 너무 힘이 강해서 우리가 견딜 수 없다. 자~ 모두 나를 따라 나가자 하면서 나갑니다. 그런데 귀신의 견고한 진이 아직 손에 느껴진다면 이는 거짓말입니다. 그럴 때 귀신아 왜 나를 속이려 하느냐 너를 예수님이 계시는 곳에 집어넣어야겠다고 위협하면 속임수가 들켰기 때문에 더 이상 저항하지 못하고 나가게 됩니다. 귀신이 쫓겨 나가면 귀신의 견고한 진은 그 즉시 소멸합니다. 때로는 도무지 참지 못하게 되면 귀신은 적당히 타협하려고 합니다. 이 타협은 절대로 받아들일 수 없습니다. 환자를 죽이겠다고 위협도 합니다. 그래도 타협해서는 안 됩니다. 귀신의 견고한 진이 대부분 배에 있지만, 드물게 머리에 있는 경우가 있습니다. 머리에 있는 귀신의 견고한 진은 손에 잡히지 않습니다. 배에 있는 귀신의 견고한 진은 축사에 참여한 사람이면 누구나 만져볼 수도 있고 눈으로 볼 수도 있습니다.

허벅지에 견고한 진이 있을 수가 있습니다. 허리에 있을 수도 있습니다. 그러나 머리에 있는 귀신의 견고한 진은 만지거나 볼 수는 없습니다. 이 귀신의 견고한 진은 열기나 냉기로 느낍니다. 손에 열기나 냉기가 느껴지며 이 귀신의 견고한 진이 손안에서 벗어나려고 이리 저리 옮겨 다니기 때문에 축사자는 계속 그 느낌을 따라 손을 옮겨야 합니다. 귀신의 견고한 진이 축사자의 손에서 벗어나면 안 됩니다. 계속 추적하면서 안수하고 명령하여 귀신을 쫓아야 합니다. 머리에 귀신의 견고한 진이 있는 환자는 귀신이 들 린지 얼마 되지 않아 아직 배에 견고한 진을 마련하지 못한 귀신의 경우이거나, 축사자에게 축사를 당해서 일부는 쫓겨 나가고, 잔당의 무리가 머리로 도망해서 머무르고 있는 경우입니다. 머리에 있는 귀신은 명령만 하면 쉽게 사라집니다. 그만큼 근거가 약하기 때문입니다. 머리에 종양이 있는 경우는 다릅니다.

 귀신 들린 사람은 눈으로 외부의 귀신을 불러들여 도움을 청하기도 합니다. 그러므로 눈에 손을 얹어 안수해야 합니다. 한 손은 귀신의 견고한 진에 다른 한 손은 눈에 얹고 기도합니다. 간혹 눈을 심하게 압박하여 실명하게 하는 사고를 저지르는 서툰 사역자가 있어 물의를 빚기도 하는데, 절대로 물리적인 힘을 가해서는 안 됩니다. 오직 영적 힘으로만 귀신을 내어 쫓을 수 있다는 사실을 잊지 마십시오. 어떤 물리적인 힘도 필요 없습니다. 다만 발작이 심하여 축귀하기가 힘든 경우는 사역자가 판단하여 안정을 취하는 방법(병원입원)들을 안정을 취하게 한 후 사역을 해야 합니다. 환자를 올라타고 누르고 강하게 힘을 주어 제압하려는 행동도 역시 잘못된 것입니다. 사역자는 어떤 물리적인 힘도 사용해서는 안 됩니다.

귀신의 견고한 진이 손 안에서 스스로 사라지면 귀신은 다 쫓겨나간 것입니다. 그러나 완전히 치유된 것이 아닙니다. 상당한 기간 동안 말씀을 듣고 안수를 받으며 자기 자신이 스스로 싸울 수 있는 권능이 있을 때까지 전문적인 사역자의 지도를 받으며 치유를 받아야 합니다. 저는 우리 충만한 교회 같은 곳에서 최하 일 년 동안 집중적인 영성 훈련을 받아야 스스로 자립할 수 있다고 믿고 있습니다. 무엇보다 스스로 자립하는 신앙이 중요합니다. 왜냐하면 떠나간 귀신이 신앙이 나태해지면 또다시 침입을 하여 자리를 잡기 때문입니다. 그러므로 천국에 갈 때까지 마음을 놓아서는 안 됩니다.

귀신 들린 지 10여년씩 지난 사람의 경우 귀신의 견고한 진은 직경이 10센티 이상입니다. 그리고 매우 딱딱하고 견고합니다. 심지어는 배 전체를 덮는 큰 귀신의 견고한 진도 있습니다. 이런 경우 귀신의 견고한 진이 환자의 복부 전체를 덮어 배 전체가 딱딱한 콘크리트 같습니다. 굳어진 근육 덩어리가 불룩 솟아올라 몇 시간씩 전혀 꺼지지 않고 있습니다. 힘을 주어 눌러보아도 꿈쩍을 하지 않습니다. 그런데도 환자의 얼굴은 정상적입니다. 일부러 배에 힘을 주어 근육이 솟구치게 하려면 얼굴이 상기되고 호흡을 멈추고 배에 힘을 주어야 가능합니다. 그런데 귀신의 견고한 진은 그런 환자의 힘이 전혀 들어가지 않은 상태에서 나타나 몇 시간씩 솟아오르며 그 근육 덩이가 이리 저리 굴러다닙니다. 3-5살 먹은 아이에게서도 이런 현상이 일어납니다. 저는 많이 체험을 했습니다.

　육체적으로는 전혀 불가능한 현상입니다. 배에 힘을 주고 있는 순간은 호흡을 전혀 할 수 없지요. 호흡을 하는 순간 근육은 주저앉고 맙니다. 그런데 귀신의 견고한 진은 사람이 일부러 만들어 내는 것이 전혀 아닌 귀신의 힘에 의해서 만들어진 그들의 근거입니다. 이 근거가 부서지지 않고서는 귀신은 나가지 않습니다. 귀신의 견고한 진을 찾아 그 근원을 철저히 깨는 것이 축사 사역자가 할 일입니다. 필자가 26년 동안 개별 축귀 사역을 하면서 깨달은 것은 몸에 통증을 일으키는 덩어리는 염증과 사기가 뭉쳐서 생긴 것이라고 생각합니다. 반드시 여러 방법으로 깨고 부수어야 치유가 됩니다. 이 귀신의 견고한 진은 모든 귀신에게 반드시 있습니다. 적어도 1년 이상 심각한 귀신들림으로 고생하고 있는 사람이라면 반드시 있습니다. 이 귀신의 견고한 진을 찾아내는 것은 간단합니다. 배와 머리에 손을 얹고 기도하면 됩니다. 적어도 30분 이내에 손 밑에 동그란 근육덩이가 마치 공 구르듯이 굴러다니는 것이 느껴지고 그 근육덩이가 배 표면으로 솟아올라 눈으로 확인할 수 있을 정도로 불룩하게 올라옵니다. 주변에 있는 다른 사람들이 손으로 만져볼 수 있습니다. 축사 자는 함께 참여한 사람들에게 손으로 느껴보도록 기회를 주는 것도 좋습니다. 처음 이런 것을 경험한 사람들은 신기해합니다. 자신의 손을 피해 이리 저리로 굴러다니는 귀신의 견고한 진이 신기한 것입니다. 그러므로 축귀 사역자는 부단하게 영성을 개발하여 깊은 차원의 사역을 해야 합니다. 두려워하지 말아야 합니다. 반드시 말씀과 성령으로 치유가 됩니다.

25장 귀신들을 눈으로 보며 제압 쫓아내는 새로운 기술

귀신들을 눈으로 보기만 하고 제압하거나 쫓아내거나 제거할 수가 없으면 헛것입니다. 귀신들을 보았으면 제압하고 쫓아내야 합니다. 귀신들을 보기만 하고 쫓아내지 못하는 사람은 귀신들의 하수인일 수가 있습니다. 또 자신에게 신들이 역사하고 있다고 인식했다면 얼마나 괴롭고 힘이 들겠습니까? 귀신들을 보고 알았으면 성령의 권능으로 제압하고 쫓아내야 합니다.

또 다른 문제는 귀신들의 역사로 불치병이나 고질병이나 귀신의 역사로 고통당하는 크리스천들의 의식이 바르지 못하다는데 있습니다. 귀신들에게 고통을 당하는 사람이 성령의 불세례 받아 방언 기도하고 귀신 축사하면 다되는 것으로 인식하고 있기 때문에 신속하게 좀 더 빠른 시간에 귀신을 축사한다거나 문제를 해결 받지를 못합니다. 필자가 말하는 것은 성령으로 세례를 받고 성령의 불로 충만하여 온몸을 성령으로 치유 받아 전인격이 성령의 지배를 받으면서 성령의 인도를 받는 삶을 살아가는 자립하는 영적인 수준이 되어야 자유 함을 누릴 수가 있다는 것입니다.

사역을 하시는 분들도 귀신이나 축사하고 방언이나 터트리면 다 되는 것으로 생각하는 낮은 수준이기 때문입니다. 귀신 역사나 불치병으로 고통당하는 크리스천들이 스스로 하나님과 관계를 열어가면서 영적 자립하도록 인도하지 못하는 것입니다. 하나님은 분명하게 "그런즉 너희는 먼저 그의 나라와 그의 의를 구하라 그리하면 이 모든 것을 너희에게 더하시리라(마 6:33)" 말씀하셨습니다. 귀신들을 제압하고 쫓아내는 사역의 수준을 높여야 진정한 성령님의 역사로 귀신 축사를 신속하게 할 수가 있는 것입니다. 다음의 설명을 이해하시면 쉽게 귀신들을 보고 제압하고 쫓아내는 비결을 터득할 수가 있을 것입니다.

첫째는 귀신을 쫓아내기 위하여 세월을 아끼지 못하고 세월을 허비하는 사례입니다. A라는 청년의 사례입니다. 혈통에서부터 흐르는 영적이고 정신적인 문제로 고등학교 1학년 시절에 영적이고 정신적인 문제가 발생했습니다. 학교에 가서 도저히 정상적인 생활을 할 수가 없었습니다. 정신적이고 영적인 문제를 해결하지 못하면 안 될 지경에 이른 것입니다. 부모님들은 두 분 모두 예수를 믿었습니다. 하나님의 은혜로 영적인 치유를 받겠다고 결심을 하였습니다. 최초의 생각은 정확했습니다. 청년은 성령의 역사에 의한 영적인 치유가 최선의 방법이기 때문입니다. 그래서 영적 치유를 받겠다고 축사를 전문으로 하는 능력 있는 목사님을 만났습니다. 몇 개월 다니면서 축사를 받아도 치유가 되지 않는 것입니다.

그래서 안 되겠다고 생각하고 다시 수소문하여 다른 귀신을 축사하는 능력 있는 목사님을 만났습니다. 거기서 몇 개월을 지냈습니다. 거기서도 치유가 되지 않은 것입니다. 그렇게 능력 있고 귀신을 축사하는 목사님을 찾아서 이 목사님! 저 목사님! 들을 통하여 청년의 문제를 해결하려고 돌아다니다가 보니 청년의 나이가 32세가 되어버린 것입니다. 순식간에 15년이 흐른 것입니다. 필자를 만났을 때는 이미 병세가 깊어져서 1-2년 이상 집중적인 영적 치유를 받아야 정상적인 생활을 할 수가 있는 상태였습니다. 그런데 문제는 청년이 교회에 다니지를 않겠다고 버틴다는 것입니다. 자신이 다니고 싶으면 교회에 가고 그렇지 않으면 가지 않겠다는 것입니다. 그리고 자기가 다니고 싶은 교회를 가겠다는 것입니다. 그래서 달래서 청년이 가자고 하는 교회에 나간다는 것입니다. 그 교회는 성령의 역사가 강하지 못하여 귀신이 허용하는 것입니다. 영적인 문제입니다. 귀신은 자신이 떠나가야 하는 성령의 역사가 강한 교회는 가지 못하도록 역사합니다. 그러나 견딜만한 교회는 가든지 말든지 상관하지 않은 것입니다. 이 청년은 지금과 같은 생활을 하면 세상에서 삶을 마감할 때까지 귀신으로부터 해방되지 못합니다. 지금 세상 교회에는 이런 비슷한 사례가 많습니다. 영적인 면에 무지해서 당하는 고통입니다. 귀신만 쫓아내면 치유가 된다는 막연한 생각과 상식이 청년을 이렇게 만든 것입니다.

절대로 이 청년은 귀신만 축사한다고 치유가 되는 것이 아닙니다. 성령으로 잠재의식의 상처를 치유하면서 귀신도 축사하고 혈통에 흐르는 영적인 문제도 해결해야 됩니다. 본인이 성령의 인도를 받으면서 스스로 기도하고 말씀을 묵상하며 예배드리도록 신앙지도를 해야 합니다. 처음 질병이 발생한 고등학교 1학년 때 정확한 치유를 했으면 몇 개월 내에 정상으로 회복이 됩니다. 필자 같은 사역자를 만났으면 3개월 이내에 정상으로 회복되었을 것입니다. 전문적인 목회자를 만났으면 세월도 아낄 수가 있었고, 속전속결로 치유도 되었을 것입니다. 나이가 어릴 때는 영적 정신적인 질병의 치유가 비교적 쉽습니다. 절대로 귀신만 축사한다고 정상으로 회복되지 못합니다. 처음부터 꼬인 것입니다. 부모가 전인적인 면에 무지하여 자식을 그렇게 만든 것입니다. 이런 경우는 영적치유와 정신건강의학과 치유를 겸해야 합니다.

둘째로 귀신만 쫓아내려고 방황하다가 필자를 만나 속전속결로 축사하고 영육의 고통을 치유한 사례입니다. A라는 목사님이 목회하시다가 과로하여 영적이고, 정신적이고, 육체적인 질병이 발생하여 2년여 동안 이곳저곳을 헤매며 치유를 받으려고 했습니다. 심지어 차를 타고 가다가 발작하여 병원에 입원하기도 했다는 것입니다. 한국에 능력이 있다는 유명한 목사님에게 안수를 받기를 수도 없이 했다는 것입니다. 이 목사님! 저 목사님! 을 통하여 귀신을 축사하고 치유 받겠다고 돌아다닌 세월이 2년이 되었다는 것입니다. 병원에 가서 처방을 받아 약을 먹어도 소용이 없었습니다. 한의원에 가서 침을 맞고 한약을 먹어도 소용이 없었습니다. 결국 치유를 받지 못했습니다.

그러다가 새벽에 기도하는데 기독서점에 가서 책을 사서 보라는 감동이 오더랍니다. 시간이 되어 책을 사려고 기독서점에 갔습니다. 신간 책장에 보니까, "대적 기도로 문제 해결하는 비밀"이라는 제목의 책이 눈에 들어오더라는 것입니다. 그래서 사서 읽다가 문득 이곳에 가면 자신의 문제를 해결 받을 수 있다는 강한 감동이 오더랍니다. 그래서 프로그램을 확인하니 토요일 날 개별 집중 치유가 있어서 예약하고 오셔서 필자하고 상담하고 치유를 받기 시작했습니다. 처음 필자가 목사님을 보니 완전하게 귀신에게 눌려 있었습니다. 첫날 치유를 받고 나니 정신이 돌아오고 마음이 가볍고 몸이 홀가분해지더랍니다. 자신의 문제를 완전하게 해결 받을 수 있다는 믿음이 생기더라는 것입니다. 그래서 몇 주 더 다니면서 완전하게 치유 받고 영과 육이 정상적이 되었다는 것입니다. 교회도 전과 같이 회복이 되었다는 것입니다. 2년 동안 치유 받지 못하던 영육의 문제가 3개월 만에 완치가 된 것입니다. 한마디로 속전속결로 영육의 문제가 치유된 것입니다. 이것이 성령의 인도입니다. 신들을 보고 신속하게 제압하고 쫓아내는 속전속결 축사 사역의 진수입니다. 이렇게 성령 안에서 온몸 기도하여 성령의 감동에 순종하면 하나님께서 사람이나 장소나 책이나 약이나 무엇을 통하시든지 하나님의 방법으로 속전속결로 해결하도록 인도하여 주시는 것입니다. 인도하시는 대로 순종하면 속전속결로 해결이 되는 것입니다. 반드시 바른 성령의 역사가 귀신도 축사하고 상처도 치유하시는 것입니다. 성령님의 인도로 바른 전문적인 사역자를 만나야 합니다.

영육의 문제로 고생하시는 분들은 이 목사! 저 목사! 능력 있다는 목사를 의지하여 귀신을 축사하고 치유 받으려고 돌아다니는 생활을 멈추어야 합니다. 속지 말아야 합니다. 치유에 대한 전문적인 지식과 살아계신 하나님과 관계가 열린 목회자를 만나야 합니다. 적어도 7년 이상 성령 치유 사역을 한 사역자를 찾아야 합니다. 거기에서 영적인 말씀을 들으면서 하나님의 사람으로 변화가 되려고 해야 합니다. 자신과 하나님과 관계를 열어야 합니다. 자신의 온몸이 하나님의 성전으로 견고하게 지어져야 성령의 권능으로 귀신이 떠나가는 것입니다. 자신 안에서 올라오는 성령의 기름 부음으로 귀신이 쫓겨 나가는 것입니다. 정확한 성령의 역사를 따라서 전인적인 치유를 해야 신들을 보고 제압하며 속전속결 귀신을 쫓아내어 자유하게 될 수가 있는 것입니다. 귀신에게 고통을 당하는 분들이나 사역자는 안수 한 번으로 귀신을 쫓아내어 해결하려는 생각을 버리고, 성령의 인도를 받으면서 하나님의 사람으로 변화되는 것이 집중해야 좀 더 빠른 시간에 귀신을 제압하고 쫓아내어 자유로워질 수가 있습니다. 귀신을 보고 신속하게 제압하여 쫓아내려면 다음과 같은 요건이 충족되어야 가능합니다.

1. 신속하게 귀신을 쫓아내는 원칙이 있다. 귀신을 신속하게 속전속결로 축귀하려면 예수를 주인으로 영접을 해야 합니다. 예수를 주인으로 영접할 때 자신 안에 임재하신 성령으로 세례를 받아야 합니다. 필자가 말하는 성령세례는 예수를 믿을 때 받았다는 관념적인 성령세례가 아니고, 자신 안에 오신 성령께서 자신을 장악하는 실제적인 체험적인 성령세례를 말하는 것입니다. 자신도 성령으로 세례 받는 것을 체험하고, 다른 사람도 자신이 성령세례를 받는 것을 눈으로 보고 인정하게 체험해야 합니다. 성령세례를 받지 않으면 절대로 귀신을 축귀할 수가 없습니다. 성령세례에 대하여 상세하게 알고 싶은 분은 필자가 집필하여 출간한 "성령의 불세례에 숨은 비밀" "성령의 불 받는 법" 책을 참고하시기를 바랍니다.

자신 안에 주인으로 오신 성령 하나님으로부터 성령의 불을 받으면서 성령으로 충만 받아 예수로 하나가 되어야 합니다. 예수님은 요한복음 17장에서 이렇게 기도하십니다. "나는 세상에 더 있지 아니하오나 그들은 세상에 있사옵고 나는 아버지께로 가옵나니 거룩하신 아버지여 내게 주신 아버지의 이름으로 그들을 보전하사 우리와 같이 그들도 하나가 되게 하옵소서(요 17:11)." 다시 또 기도하십니다. "내가 비옵는 것은 이 사람들만 위함이 아니요, 또 그들의 말로 말미암아 나를 믿는 사람들도 위함이니, 아버지여, 아버지께서 내 안에, 내가 아버지 안에 있는 것 같이 그들도 다 하나가 되어 우리 안에 있게 하사 세상으로 아버지께서 나를 보내신 것을 믿게 하옵소서, 내게 주신 영광을 내가 그들에게 주었사오니 이는 우리가 하나가 된 것 같이 그들도 하나가 되게 하려 함이니이다(요 17:20-22)." 환자도 예수로 성령으로 하나가 되어야 합니다. 환자의 가정도 성령으로 하나가 되어야 합니다.

하나가 되지 못하면 귀신은 떠나가지 않습니다. 예수님으로 하나가 되면 귀신은 더 이상 역사하지 못하고 떠나갑니다. 성령으로 세례를 받고 예수님으로 하나가 되는 것이 귀신을 속전속결 축사하는 기본 요건이 되는 것입니다. 그리고 하나님의 말씀을 듣고 순종해야 합니다. 순종하려면 말씀이 심령에 들려야 합니다. 말씀이 들리도록 집중해야 합니다. 들린 말씀대로 이성과 육체가 따라야 합니다. 그래야 귀신이 떠나갈 수 있는 조건이 되는 것입니다. 바르게 알아야 할 것은 귀신 축사는 능력 있는 목사나 사역자가 하는 것이 아니요, 생명의 말씀과 성령의 역사가 마음 안에 채워지는 만큼씩 귀신의 힘이 약해지면서 쫓겨 나가는 것입니다. 한마디로 나라가 바뀌어야 합니다. 땅의 나라가 하나님의 나라로 바뀌어야 합니다. 이는 성령으로 되는 것입니다.

2.귀신을 신속하게 찾아내야 한다. 생명의 말씀을 들으면서 성령으로 기도하면서 안수를 받아서 잠복해 있는 귀신들의 정체를 폭로하게 해야 합니다. 정체가 폭로되지 않으면 귀신들을 떠나가지 않습니다. 본인이 인정하는 귀신만 떠나간다는 것을 알아야 합니다. 절대로 본인이 인정하지 않으면 떠나가지 않습니다. 무조건 권능이 있는 분의 안수만 받으면 귀신이 떠나가는 것이 아니고 자신이나 성령의 역사로 정체가 폭로된 귀신만 떠나간다는 것을 알아야 합니다. 그리고 근본 문제를 일으키는 대장 귀신은 떠나가지 않고 끝까지 참고 인내하면서 그들만의 시기를 기다린다는 것을 알아야 합니다. 그러기 때문에 지속적으로 성령의 충만함을 유지해야 합니다. 영원한 천국에 들어갈 때까지 성령으로 충만한 믿음 생활을 해야 합니다. 성령으로 세례를 받고 조금 평안해지면 귀신이 다 떠나간 것으로 알고 방심하면 다시 재발할 수가 있습니다. 사람은 육체가 있으므로 약한 것입니다. 생명의 말씀과 성령의 역사로 정체를 알아내야 합니다. 본인이 인정해야 합니다. 성령으로 세례받고 성령의 역사가 자신의 심령에서 일어나 밖으로 흘러나와야 귀신이 정체를 폭로하면서 떠나가기 시작하는 것입니다. 귀신의 축사는 전적으로 성령께서 하시는 것입니다. 사람은 3차원입니다. 귀신은 4차원입니다. 성령님은 5차원입니다. 5차원인 성령님이 장악해야 귀신이 떠나가기 시작하는 것입니다. 영적인 세계에

대해서는 "카리스마로 영적 세계를 장악하는 법"을 참고하시기를 바랍니다.

보편적으로 귀신이 정체를 폭로할 때 나타나는 현상입니다. 환자가 성령 집회에 참석하여 말씀을 듣다가 도망갑니다. 이는 환자가 두려워서 도망을 가는 것이 아니고, 환자에게 역사하는 귀신이 더 오래 앉아있으면 떠나가야 하니, 환자를 두렵게 하거나 무섭게 하여 밖으로 도망가게 하는 것입니다. 이때 보호자는 환자의 말이나 행동에 동조하면 절대로 귀신으로부터 자유로움을 받을 수가 없습니다. 성령 집회에 참석하여 말씀을 듣고 기도하면서 옆 사람들이 기침하고, 울기도 하고, 소리를 지르고 발작하면 환자에게 잠복해 있는 귀신이 환자의 이성을 주장하여, 야~ 저 사람이 기침할 때 나온 귀신이 너에게 들어온다. 저 사람에게서 나온 귀신이 너에게 들어온다고 생각을 주장하여 두려워하거나 핑계를 대고 자리를 이탈하려고 하거나 이탈합니다. 바르게 알아야 할 것은 자신에게 역사하는 귀신도 두려워서 정신을 차리지 못하다가 떠나가야 하는 형편인데 다른 사람에게서 나온 귀신이 자신에게 들어오지 못합니다. 환자도 보호자도 속지 말아야 합니다. 조금만 인내하고 참으면 귀신이 스스로 포기합니다. 더 이상 그런 생각이 들지 않습니다.

귀신의 영향으로 정신적이고 영적인 문제가 발생한 사람들이 자유로움을 받지 못하는 것은 귀신 장난에 속기 때문입니다. 아니 귀신의 장난에 동조하기 때문입니다. 성령이 강하게 역사하는 장소에 가면 귀신이 떠나가야 하니 환자를 두렵고 불안하게 합니다. 가슴이 답답하게 합니다. 이런 현상이 일어나면 결국 이 교회는 자신

하고 맞지 않는다는 인간적인 합리를 생각하고 다른 교회로 갑니다. 많은 목회자가 그렇게 말해 주었고 지도 했기 때문입니다. 교회가 자신하고 맞지 않으면 머리가 어지럽기도 하고 가슴이 답답한 것이라고 교육했기 때문입니다. 교회는 평안해야 한다는 것입니다. 그러나 반대의 현상도 있다는 것을 알아야 합니다. 땅의 나라가 하나님의 나라로 바뀌고 있는데 어찌 아무런 현상이 일어나지 않겠습니까? 한동안 머리가 어지럽고 답답하고 두렵고 불안하고 두통이 일어나기도 합니다. 이는 땅의 나라가 물러가면서 일어나는 현상입니다. 하나님의 축복을 받는 순간입니다. 오히려 감사해야 합니다. 교회를 찾을 때 성령의 역사가 강하게 일어나 말씀을 듣고 기도할 때 두렵고 불안하고 가슴이 답답한 교회가 자신을 치유할 수가 있는 교회입니다. 조금만 인내하고 다니면 귀신이 포기하고 떠나가기 시작합니다. 답답함이 이제 평안함으로 바뀌는 것입니다. 보호자들이 관심을 가져야 합니다. 이런 교회를 다녀야 귀신으로부터 자유로움을 받을 수가 있습니다.

　그런데 대부분 환자의 의견에 동조하고 따릅니다. 절대로 귀신으로부터 자유로움을 받지 못합니다. 귀신이 넣어주는 생각 하고 반대로 해야 귀신은 떠나갑니다. 예를 든다면 귀신이 생각을 주장하여 '무섭다 나가자.' 그런 생각이 들어도 인내하고 견딥니다. 이렇게 몇 번만 하면 귀신이 인격이기 때문에 대부분 환자에게서 이탈합니다. 귀신이 환자에게서 떠나가지 않는 것은 환자가 귀신의 의견에 동조하기 때문에 같이 사는 것입니다. 귀신과 마음과 생각이 다르면 절대로 귀신은 같이 살 수가 없으므로 떠나는 것이 보통입니다. 예를 든다면 조현병(정신 분열증) 환자의 발작을 들 수가 있습니다. 발작할 때 조현병 환자에게 역사하는 귀신이 밥을 먹은 것입니다. 혈기 귀신은 환자가 혈기를 낼 때 귀신이 밥을 먹은 것입니다. 귀신이 하라는 대로 하여 밥을 먹여주니 귀신이 떠나갈 수가 없는 것입니다. 이런 경우를 사전에 방비하기 위하여 나이가 어릴 때 성령을 체험하게 하고 축귀해야 합니다. 어릴 때는 성령께서 아주 잘 장악하십니다. 자신의 가계에 정신적으로 영적으로 좋지 못한 영이 흐르는 분들이나, 그렇지 않은 가계나 할 것 없이 어릴 때 성령으로 세례받게 하고 성령님이 장악하는 믿음 생활을 하는 것입니다. 미리 예방하고 성령의 인도를 받는 체질로 바꾸어 주는 것입니다.

3. 신속하게 귀신을 쫓아내야 한다. 귀신을 쫓아내는 일은 권능 있는 목사가 하는 것이 아닙니다. 만약에 자신이 귀신을 불러내어 쫓아낸다는 목회자가 있다면 이단입니다. 자신이 예수님의 자리에 앉아있기 때문입니다. 자신은 예수를 믿을 때 죽었습니다. 다시 예수로 태어났습니다. 분명하게 목회자나 사역자는 성령님의 보조자입니다. 자신이 귀신을 쫓아내는 것이 아니고, 성령의 권능으로 귀신을 쫓아내는 것입니다. 귀신은 성령의 역사가 환자를 장악하여 영에서 혼을 거쳐서 육으로 나타날 때 떠나갑니다. 밖에서 능력 있다는 목회자가 불러서 떠나가는 것이 아닙니다. 그래서 환자가 성령으로 충만해야 합니다. 자신의 심령에 있는 성전이 견고하게 지어져야 합니다. 걸어 다니는 성전 의식을 가지고 살아야 합니다. 하나님은 이렇게 말씀하십니다. "너희는 너희가 하나님의 성전

인 것과 하나님의 성령이 너희 안에 계시는 것을 알지 못하느냐(고전 3:16)" 환자의 마음 안에서 성령의 기름 부음이 흘러넘쳐야 한다는 것입니다. 절대로 입을 벌리고 소리를 지르고 욱 욱하면서 억지로 토해내려 하는 인간적인 노력으로는 귀신이 떠나가지 않습니다. 오히려 성령님이 장악하는 시간만 길어지는 것입니다. 배에서 올라오는 소리로 기도에 집중해야 합니다. 그래야 성령께서 장악하시고 성령께서 장악하시니 귀신들이 견디지 못하고 떠나가는 것입니다. 분명하게 예수님은 이렇게 말씀하십니다. "사람이 먼저 강한 자를 결박하지 않고서야 어떻게 그 강한 자의 집에 들어가 그 세간을 강탈하겠느냐 결박한 후에야 그 집을 강탈하리라(마 12:29)" 5차원(초자연적)인 성령께서 환자를 장악하니 4차원(초인적)의 귀신이 떠나가는 것입니다. 인간적(3차원)인 행동을 아무리 열심히 해도 귀신은 떠나가지 않습니다. 성령으로 기도하여 5차원(초자연적)이 되어야 귀신들이 물러가기 시작하는 것입니다. 그러므로 성령으로 지배되고 장악이 되는 것에 집중적인 시간과 노력을 투자해야 합니다. 집중적인 치유를 해야 합니다. 정신적이고 영적인 문제로 고통당하는 분들은 바른 성령의 역사가 일어나고 바른 진리를 전하는 교회에서 집중적인 치유를 받아야 합니다. 환자와 가정이 성령으로 장악이 되어야 고통에서 해방을 받을 수가 있기 때문입니다. 시간을 투자해야 합니다. 마음을 투자해야 합니다. 필요하다면 물질도 투자해야 합니다. 하나님은 이렇게 말씀하십니다. "이것이 곧 적게 심는 자는 적게 거두고 많이 심는 자는 많이 거둔다 하는 말이로다(고후 9:6)" 이 말씀은 물질 만을 말하는 것이 아닙니다. 모든 것(전인적인)을 말하는 것입니다. 환자와 보호자가 시간과 마음과 물질을 투자한 만큼 성령으로 장악도 되는 것입니다. 절대로 귀신은 성령님이 장악해야 떠나갑니다. 그리고 진리의 말씀이 잘 들려야 합니다. 말씀을 듣고 깨닫는 만큼씩 하나님의 나라가 되는 것입니다. 하나님의 나라가 되는 만큼씩 귀신도 떠나가는 것입니다. 권능도 나타나는 것입니다. 이리저리 이곳저곳 돌아다녀보았자 성령으로 장악되는 데 시간만 많이 걸립니다. 성령의 역사는 하나입니다. 어떤 곳에 역사하는 성령이 강하지 못합니다. 다 똑같습니다. 문제는 환자가 생명의 말씀과 성령으로 장악이 되느냐 덜 되느냐의 차이입니다. 환자 자기가 문제이지 교회가 문제가 아닙니다. 한곳에서 결판을 내려고 해야 합니다. 그래야 귀신들이 놀라서 떠나가기 시작합니다. 하나님의 나라가 되는데 요행은 없습니다. 성령의 은혜로 되는 것입니다. 성령님이 장악하시도록 시간과 마음과 물질을 드리려고 해야 합니다. 속전속결 귀신축사는 자신이 없어지고 성령 하나님께서 온몸을 장악해야 가능한 것입니다.

   그러기 위하여 성령의 인도를 받는 믿음 생활을 해야 합니다. 성령님이 가라고 하면 가고 오라고 하면 오는 믿음 생활입니다. 성령께서 하라면 아무리 손해가 나더라도 순종하는 것입니다. 귀신으로부터 10년 이상 고통 받던 분들이 성령의 감동에 순종하면서 귀신으로부터 자유로움을 받은 분들이 많습니다. 기도하다가 성령께서 감동하시는 대로 순종했더니 지긋지긋한 귀신 역사를 신속하게 떠나보내고 자유롭게 되었다는 것입니다.

26장 눈으로 귀신이 도망하고 떠나갈 때 현상을 보는 기술.

귀신은 영체지만 살아있는 초인적인 4차원의 존재입니다. 떠나가면서 눈으로 볼 수 있는 어떤 가시적인 현상을 일으키면서 나갑니다. 누가복음 9장은 이런 말씀으로 시작합니다. "예수께서 열두 제자를 불러 모으사 모든 귀신을 제어하며 병을 고치는 능력과 권위를 주시고" 이 말씀을 보면 예수께서 12제자들에게 주신 능력 가운데 우선 귀신을 쫓는 능력부터 언급하고 있다는 점에 주목할 필요가 있습니다. 그리고 능력이라는 단어 하나만 사용하지 않고 "능력과 권위"라는 두 가지 단어를 사용하고 있음도 주목할 필요가 있습니다.

제가 여러 차례 강조해서 설명한 것인데, 우리가 흔히 언급하고 있는 '은사'라는 단어는 바울적 표현이라는 이론으로 알고 있을 것입니다. '은사'라고 하면 우리는 일반적으로 아무런 노력도 하지 않았음에도 불구하고 은혜로(공짜로) 주시는 것이라는 점에 강조를 두기 쉽습니다. 그래서 우리로 하여금 수동적인 사람이 되게 하기 쉬운 것입니다. 그러나 이것은 바울 자신이 너무도 큰 은혜를 받은 사람이기에 이 점을 강조했음을 알아야 할 것입니다. 바울을 제외한 그 누구도 은사라는 말을 즐겨 사용하지 않았고, 은사라는 말 대신에 권세 또는 권능 그리고 권위라는 말을 사용했습니다. 누가복음 9장의 권위라는 단어를 우리말 성경은 '권세'라고 번역했습니다. 이 권세는 하나님의 아들이 된 그리스도인에게 주어지는 신적 권능을 의미하는 것입니다. 따라서 귀신을 쫓아내는 능력은 누가의 입장에서는 권세인 것입니다. 이는 그리스도께서 가지신 그 권세와 전혀 다르지 않음을 지적하고 있습니다.

주님께서 믿는 자에게 주신 이 권세를 우리가 사용할 수 있기 위해서는 많은 것들을 알고 있어야 합니다. 누가가 귀신을 쫓는 권세부터 언급한 까닭은 그 권세가 복음 확장에 있어서 가장 핵심적인 사항이기 때문입니다. 즉 마귀 귀신의 나라를 멸하고 하나님의 나라를 세우기 위해서는 반드시 귀신을 쫓아야 하기 때문입니다. 도적을 몰아내는 일은 하나님 나라의 회복에 있어서 필수적이기에 우선 귀신을 쫓는 일부터 언급하고 있는 것입니다. 따라서 모든 권능이 다 소중하지만 그 가운데 귀신을 쫓는 권세는 더욱 중요하다고 할 것입니다.

그런데 우리가 귀신을 쫓아낼 때 과연 귀신이 나갔는지를 어떻게 알 수 있겠는가 하는 문제가 있습니다. 성경에서 귀신을 쫓아낼 때 나가는 모습을 아주 구체적으로 기술한 부분이 있습니다. 그 장면을 여기에 옮겨보면 아래와 같습니다.

"귀신이 그를 잡아 갑자기 부르짖게 하고 경련을 일으켜 거품을 흘리게 하며 몹시 상하게 하고야 겨우 떠나가나이다."(눅 9:39). "많은 사람에게 붙었던 더러운 귀신들이 크게 소리를 지르며 나가고"(행 8:7). "귀신이 소리 지르며 아이로 심히 경련을 일으키게 하고 나가니 그 아이가 죽은 것 같이 되어 많은 사람이 말하기를 죽었다 하니"(막 9:26). "더러운 귀신이 그 사람으로 경련을 일으키게 하고 큰 소리를 지르며 나오는지라."(막 1:16) "여러 사람에게

서 귀신들이 나가며 소리 질러 이르되 당신은 하나님의 아들이니이다."(눅 4:11)

　귀신이 쫓겨 나가는 장면을 우리의 눈으로 확인이 되어야만 사역을 종결할 수 있는 것입니다. 위의 예를 보면 '갑자기 부르짖다' '경련을 일으키다' '거품을 흘리다' '몹시 상하다' '크게 소리 지르다' '죽은 것 같이 되다' 등이 기록되어 있습니다. 성경은 귀신이 쫓겨 나가는 현상을 이와 같이 묘사하고 있지만, 현실적으로 이를 알아차리는 일이 간단하지 않습니다. 우리가 운동을 할 때 처음에는 실력이 좋은 사람의 시범을 보고 따라 하게 됩니다. 능숙한 솜씨로 시범을 보이는 선수의 모습을 보면서 할 수 있을 것 같은 자신감이 생기지만 막상 하려고 하면 맘대로 되지 않습니다.

　보면 쉽게 할 수 있을 것 같은데 막상 하려고 하면 제대로 되지 않는 것처럼, 성경에 이렇게 기록되어 있으니, 이런 현상을 보면 귀신이 쫓겨 나간 것으로 확인할 수 있겠다고 생각하게 되지만, 실제 축사의 현장에서는 도무지 감을 잡을 수 없을 정도로 혼란스럽기 마련입니다. 성령으로 장악된 귀신은 여유를 주지 말고 쫓아내야 합니다. 귀신에게 틈을 주면 자신들이 방어할 구실을 찾아내어 교묘하게 사역자를 속이게 됩니다. 그러면 축사에 실패할 수밖에 없습니다. 그리고 다시 귀신을 축귀하려면 성령으로 장악을 하는데 시간이 소요되기 때문입니다.

　귀신은 축사하려고 오는 사역자의 능력이 어느 정도인지 알지 못하며, 축사자도 역시 귀신의 능력이 어느 정도 강한지 알지 못합니다. 그래서 서로의 탐색전이 시작되고, 그렇게 십여 분이 지나면 본격적인 영적 싸움이 시작됩니다. 귀신이 약하다면 그 때부터 위장술을 펴면서 어떻게 해서든지 이 순간을 모면하고 살아남으려고 갖은 수단을 다 사용합니다. 그 중에 거짓으로 나간 척 하는 것이 일반적으로 많이 사용하는 귀신들의 위계입니다. 필자는 귀신이 이렇게 속이는 것을 미연에 방지하기 위하여 환자에게 기도하도록 하는 것입니다. 사역자에게 역사하는 성령을 환자에게 전이시켜서 환자를 성령께서 장악하게 하는 것입니다. 환자가 스스로 기도하여 성령으로 장악이 되면 귀신은 속이는 행동을 더 이상하지 못하고 정체를 폭로하며 떠나가기 때문입니다. 그래서 환자가 성령 안에서 기도하는 것이 아주 중요합니다.

소리도 지르고 경련도 하고, 부르짖고, 거품도 뿜어냅니다. 지독한 냄새도 풍깁니다. 이런 모습을 보고 귀신이 나갔다고 판단하고 섣불리 축사를 마무리하게 되면 사역자가 떠난 다음에 다시 들어와 괴롭히게 되며, 이렇게 위장술로 모면한 귀신은 더 강한 귀신들을 불러 들려, 그 환자의 사정이 전보다 더 나빠지게 되는 것입니다. 그 다음 다시 쫓으려고 하면 쉽게 나가지 않고 결국 실패하게 되는 결과가 됩니다.

귀신은 더 이상 견딜 수 없게 되면 소리를 지르는데, 경험이 없는 사람은 도대체 어떤 소리를 어떻게 지르는지 알지 못합니다. 큰 소리로 "아악……." 하고 지르기도 하고, "나 죽네……." 하기도 하고, "욕설을 하기도 하고" "떠나갔다 하기도 하고" "알았어! 떠나갈게 하기도 하고" "내가 예하고 몇 년을 살았는데 떠나가, 못 간다고 하기도 하고" "악!" 하고 단발마적으로 지르기도 합니다.

때로는 "끄응!" 하고 신음하듯 하기도 하고, "제발 이러지 말아!"라면서 애원하듯 하기도 합니다. 어떤 경우에는 입을 악물고 얼굴이 일그러지면서 아무 소리도 내지 않는 경우도 있습니다. 이런 모든 형태를 다 포함하여 성경은 "소리 지르며 나간다"라고 서술하고 있습니다.

경련을 일으키는 경우, 온몸을 부르르 떨듯이 진동합니다. 억울한 일이 있으면 사람들은 몸을 떨고, 흉악한 일을 목격하면 분노해서 사지를 떨지 않습니까? 그처럼 부르르 떱니다. 여러 차례 몸을 떨 때 얼굴은 몹시 일그러지고 괴로워합니다. 상체만 떨기도 하고 온 몸을 떨기도 합니다. 때로는 그 떠는 힘이 강해서 잡고 있던 사람들이 튀겨 나가기도 합니다. 몸을 떨 때 강력한 영적 진동이 일어나 곁에 있던 사람들이 혼절하여 쓰러지거나 넘어지기도 합니다. 또 다른 진동하며 떠는 이유는 성령의 권능이 두려워서 떨기도 합니다.

거품을 흘리는 경우, 입이 찢어지도록 하품을 하기도 하고, 위 속에 있는 음식물을 토하기도 하며, 거품이 일어나면서 썩은 냄새를 뿜어내기도 합니다. 입에 게거품을 품듯이 부글거리기도 하지만 기침을 할 때 가래를 토해내듯이 하는 경우도 있습니다. 이런 경우 역시 얼굴이 일그러지고 몸은 요동하며, 경련을 일으키고 소리 지르면서 토해냅니다. 이 모든 행위가 복합적으로 그리고 동시에 일어나기도 하고 분리되어 일어나기도 합니다.

몹시 몸을 상하게 하는 경우, 축사자는 조심하지 않으면 안 됩니다. 머리를 바닥에 찧고 손으로 할퀴고 갖은 자해행위를 하면서 눈동자는 희게 뒤집어 지고, 물건을 내던지기도 합니다. 무릎을 갑자기 강렬하게 꿇어 쿵 소리가 날 지경입니다. 흉기를 들고 설치며 위협하기도 합니다. 식식거리면서 분난 사람이 이성을 잃고 나다니는 것 같아서 무척 위험합니다. 성경은 '몹시'라는 단어로 이를 강조하고 있습니다. 귀신은 쫓겨 나가지 않기 위해서 사역자를 이와 같은 자해 행위를 하면서 위협하는 것입니다. 이런 귀신의 상하게 하는 행위에 주눅이 들면 축사는 실패하게 됩니다. 이런 경우를 예방하기 위하여 환자를 성령으로 장악되게 하는 것입니다. 성령으로 장악이 되면 얌전하게 떠나는 것이 보통입니다. 축귀 사역자는 환자를 성령으로 장악되게 하는 다각적인 방법을 알고 적용해야 합니다. 그래야 축귀가 쉽습니다.

　죽은 것 같이 되는 경우, 역시 사역자는 크게 놀라지 않을 수 없을 것입니다. 간혹 어설픈 축사자들이 축사를 흉내 내다가 사람을 죽이는 경우가 있지 않습니까? 이런 사례 때문에 축사자는 환자가 죽은 것처럼 되어버리면 덜컥 겁을 먹게 됩니다. 축사 사역에서 가장 위험한 것이 겁을 먹는 일입니다. 축사자가 겁을 먹으면 귀신은 절대로 나가지 않습니다. 그래서 축사자로 하여금 겁을 먹고 위축되게 하려고 몹시 상하게 하거나 갑자기 죽은 자처럼 되는 속임수를 사용하는 것입니다.

　죽은 것처럼 되어버린 모양을 보고 겁먹고 축사를 더 이상 진행하지 않으면 실패할 수 있습니다. 축사는 마무리가 고비입니다. 99% 귀신이 항복할 때 나타나는 증상이 이와 같은 현상들인데 이를 완전히 축사가 되었다거나 겁을 먹었다거나 해서 축사를 서둘러 마무리하게 되면 다 죽어가던 귀신이 기사회생하게 되어버리고 그렇게 되면 쫓아내는 일이 무척 어려워집니다. 알아야 할 것은 축사사역자가 권위가 강하고 경험이 풍성하면 조용하게 아무런 반응 없이 떠나갑니다. 귀신이 귀신같이 알기 때문입니다.

축사는 마무리가 중요합니다. 귀신이 모두 쫓겨나갔는지를 확인해야 하는데, 우선 환자의 눈을 살펴야 합니다. 귀신이 충만했을 때는 눈동자가 미친 사람 눈 같지만 귀신이 쫓겨나가면 눈동자가 맑아집니다. 초점이 흐리던 눈동자에 선명한 초점이 생기고 맑아집니다. 그런데 어느 정도가 맑은 눈인지는 설명할 수 없고 실제로 경험해야만 알 수 있는 것입니다. 따라서 여러 차례 경험을 하게 되면 분별력이 생기기 마련입니다.

일그러진 얼굴에 평안이 깃들게 되고 피부가 밝아집니다. 그러나 이런 차이는 미묘하기 때문에 많은 경험이 필요합니다. 이 단계에서도 귀신은 위장을 할 수 있기 때문에 역시 면밀한 주의가 필요합니다. 따라서 초보 축사자는 반드시 경험이 많은 노련한 축사자 곁에서 배울 필요가 있습니다. 섣불리 다루면 귀신은 더욱 강해져 쫓아내기가 점점 어려워질 뿐입니다. 돌팔이 의사가 사람을 상하게 하듯이 경험이 미천한 사역자는 귀신을 더욱 강하게 만들어 치유할 수 있는 소중한 기회를 잃게 할 수 있습니다.

제가 도움을 청하는 귀신들린 환자들의 경우, 여러 차례 축사를 경험한 환자들이 많습니다. 그래서 다루기가 더욱 어렵고 힘이 듭니다. 그러나 경험 앞에서는 귀신도 어쩔 수 없습니다. 강력한 성령의 도우심과 경험으로 무장되면 귀신은 쫓겨 나가기 마련입니다. 그러나 너무 오랫동안 귀신이 들렸던 사람은 회복하는데 많은 시간과 노력이 필요합니다. 귀신을 쫓겨나갔지만 그 후유증이 오래 갑니다. 후유증은 귀신들린 상태와 별로 다를 바가 없기 때문에 가족들은 귀신이 쫓겨나가지 않았다고 생각합니다. 귀신이 없어도 상당기간 동일한 행동을 하게 됩니다. 귀신이 들렸던 기간에 비례해서 그 후유 장애가 남기 마련이며, 이를 치유하기 위한 회복 치유는 축사와는 전혀 다른 관점에서 다루어야 합니다. 이것이 귀신들림이 오래 진행된 환자의 경우 완쾌를 방해는 요인이 됩니다. 정신과 치유를 받는 것이 좋습니다. 정신과 약도 복용하며 정상으로 회복해야 합니다. 더 상세한 것은 "정신질환 불치병이 아닙니다." 책을 찾고 하시기를 바랍니다. 이는 마치 격렬한 사건 현장에서 충격을 받은 사람들이 겪는 '외상후장애'처럼 '후유장애'가 귀신들림에도 나타날 수 있습니다. 그리고 진리의 말씀과 성령으로 충만한 집회에 참석하게 하여 영적 정신적 육체의 균형을 유지하도록 지도해야 합니다. 어쩌면 귀신의 축귀 보다 관리 유지가 더욱 중요합니다. 지속적으로 예배에 참석하여 기도해야 합니다.

　보편적으로 귀신이 떠나갈 때 나타나는 현상은 이렇습니다. 콧구멍이 벌름거리거나 입술이 오므라들며 목구멍이 확장됩니다. 몸이 부어오르기도 하고 부르르 떨기도 하며 뱀처럼 쉿 소리를 내기도 합니다. 동물 소리로 울부짖기도 하며, 심한 악취를 풍기기도 합니다. 더러운 가래를 뱉거나 거품을 뿜어내기도 합니다. 흰 자위만 보이거나 눈동자만 크게 확장되거나 두 눈이 각각 따로 움직이기도 합니다. 귀신 들린 사람이 쓰러져서 발작을 하면서 기침을 할 때는 귀신이 축출되는 경우가 많습니다. 몸이 뒤틀리면서 발작하기 시작합니다. 조금 지나면 기침을 사정없이 하면서 떠나갑니다. 코를 골면서 자는 척하는 귀신도 있습니다. 깜박깜박 혼수상태에 빠져 버리는 경우도 많습니다. 이외에도 여러 가지 크고 적은 여러 가지 특이한 육체적 현상들이 나타납니다.

이러한 현상은 축귀 되면서 서서히 약해지다가 나중에는 온전하게 됩니다. 그러므로 축귀사역자나 환자는 이러한 현상이 나타났다고 절대로 두려워하면 안 됩니다. 보편적으로 나타나는 현상이며 성령께서 환자를 장악하시면 더 이상 나타나지 않습니다. 축귀사역자는 많은 경험을 해야 합니다. 부족한 경험을 보충하기 위하여 선배 사역자들로부터 배워야 하며, 이들이 경험을 다룬 책을 많이 읽는 것이 좋습니다.

4부 눈으로 신들을 보고 대처하는 기술을 개발하라.

27장 눈으로 마귀 귀신이 일으키는 역사를 식별하고 퇴치하는 기술

하나님은 예수를 믿는 성도가 자신의 약점을 알고 대처하기를 원하십니다. 마귀 귀신은 자신의 약점을 통하여 접근하기 때문입니다. 약점을 이용하여 자신을 망가지게 하기 때문입니다. 성도들이 잘 알아야 할 것은 자신의 주변에서 역사하는 마귀 귀신이 자신에 대하여 자신 보다 더 잘 안다는 것입니다. 어떻게 하면 넘어지게 할 수 있는 알고 인내력을 가지고 기다리다가 때가 되면 침입하여 망가지게 하는 것입니다. 그래서 예수를 믿고 교회에 들어오면 성령으로 세례를 받고 자신의 약점을 치유해야 합니다. 자신의 약점은 성령으로 세례를 받아야 성령께서 자신의 약점을 알게 하고 보게 하기 때문에 성령의 역사가 일어나야 알 수가 있습니다. 말씀과 성령으로 자신의 약점을 찾아내어 고쳐야 합니다.

마귀 귀신은 우리의 육체의 약점을 이용하여 우리를 괴롭히고 다른 사람에게 피해를 줍니다. 마귀 귀신은 우리가 비탄에 빠져 무기력해지고 우울해져서 아무런 일도 할 수 없는 나약한 그리스도인이 되는 것을 원합니다. 그래서 자신에게 있는 가장 뿌리 깊은 약점을 자극하고 어떤 상황에 이르면 그 약점을 수면 위로 떠오르게 만듭니다. 마귀 귀신의 충동에 의해서 우리는 그 약점을 다시 반복하게 되고 그 때문에 괴로워하며 하나님을 볼 낯이 없어서 괴로워하다가 심하면 주님을 떠나기도 합니다. 이것이 마귀 귀신이 원하는 바입니다.

그런데 이런 마귀 귀신의 충동은 신실한 그리스도인에게는 간헐적으로 나타나지만 영적으로 약한 그리스도인은 아주 악습에 물들어 일상이 되는 경우가 있습니다. 이렇게 마귀 귀신의 종노릇하는 사람을 발견하여 그 마귀 귀신의 영향에서 벗어날 수 있도록 도움을 주어야 하는 일이 영분별의 능력을 받은 사람이 해야 하는 몫입니다. 마귀 귀신의 종노릇을 하는 사람의 특징들을 우선 살펴보기로 하겠습니다. 이 부분에 대해서 성경 갈라디아서는 육체에 속한 사람의 특징으로 언급하고 있고 이 특성이 바로 마귀 귀신이 사용하는 것입니다.

첫째, 음행. 음행은 이성 사이에서 정상적인 관계를 벗어난 모두의 관계를 의미할 뿐만 아니라 춘화를 보는 것을 포함합니다. 요즘은 인터넷으로 말미암아 젊은이들이 이 유혹에 매우 약하고 심각한 병적 증후를 보이는 사람들도 있습니다. 혼인 관계를 떠난 성적 교제는 우리의 영혼을 불결하게 만들며 죄의식에 휩싸여 하나님과의 친밀함을 이루지 못하게 됩니다. 마귀 귀신은 이런 불륜관계에 빠진 사람을 집요하게 따라다니면서 더욱 타락하게 만듭니다. 포르노그레피에 빠진 젊은 10대들은 양심이 무디어지고 죄의 유혹에 쉽게 빠져들게 되며, 책임감이 사라지고 순간적인 충동에 쉽게 휩쓸립니다. 마귀 귀신은 우리에게 끊임없이 유혹하여 더욱 음란한 행위에 몰두하게 만들며, 정조관을 어지럽혀 결혼 후에도 불륜에 쉽게 빠지게 만들어 가정을 파괴합니다.

둘째, 더러움. 마귀 귀신의 특징은 더럽다는 것입니다. 더러움이란 불결한 것만을 의미하는 것이 아니라 부정적 수단을 사용하는 것까지 포함합니다. 더러운 이익을 탐하도록 충동합니다. 그래서 불법을 행하게 됩니다. 요즘 평생을 정직하게 살아왔던 공직자가 한 순간 더러운 돈을 받았다가 들통이 나자 그 모욕감을 참지 못하고 자살하는 사건이 많습니다. 이것이 마귀 귀신이 원하는 바입니다. 불법과 부정행위는 그 이후 계속 자신을 올가미에 묶어 그 행위에서 벗어날 수 없게 만듭니다. 한 번의 실수로 인한 불법행위를 제대로 처리하지 못함으로써 거듭 더러운 행위를 반복하거나 그 행위로 인한 양심의 가책으로 괴로워하면서 고통스럽게 살아가게 만듭니다. 이것이 마귀 귀신이 원하는 바이지요. 한 순간의 달콤함을 떨쳐내지 못한 행위로 인해서 치르게 되는 결과는 너무도 비참하고 괴롭습니다.

셋째, 방탕. 규모 없는 삶을 말합니다. 삶의 뚜렷한 목표도 없고 의욕도 없어서 그날그날을 단순한 생리적인 삶의 연장으로 살아가는 태도를 말합니다. 마귀 귀신은 자신을 비하시키고 무기력하게 만듭니다. 마귀 귀신은 자신의 내면에서 끊임없이 자신을 비하하는 생각을 불어넣어 줍니다. 이런 생각을 물리치지 않고 동조함으로써 삶의 의욕을 잃고 되는 대로 살아갑니다.

하루살이와 같은 삶으로 말미암아 모든 것이 부정적으로 꼬입니다. 긍정적이고 의욕적인 면이 사라지고 게으르고 절제되지 못한 삶을 사는 것입니다.

의무와 책임을 회피하고 이기적이고 타산적입니다. 돈을 무서워하지 않고 빚을 쉽게 생각합니다. 사치하고 무절제한 까닭은 모두 인생에 대한 구체적인 비전이 없기 때문입니다. 윤리관이 사라지고 도덕적으로 헤이해 집니다.

넷째, 우상숭배. 하나님 보다 더 관심을 가지고 있는 것이 있다면 그것이 우상 숭배입니다. 마귀 귀신은 우리의 관심을 항상 세속적인 것에 두게 유혹합니다. 우선순위에서 하나님을 다음에 두도록 충동하는 것입니다. 자신과 가족을 우선하는 마음, 직장을 우선하는 마음, 사업 성공을 우선하는 마음 등 헤아릴 수 없을 정도의 많은 것들을 하나님보다 더 소중하게 여기도록 충동합니다. 이런 가치관으로 인해서 하나님은 항상 2위의 자리에 두는 태도를 취하는 것입니다. 이 우상 숭배는 교묘한 술수를 동원하는 마귀 귀신의 철저한 계략이 숨겨져 있어서 쉽사리 파악하기가 쉽지 않으며, 생계와 환경에 직접 연관되어 있어서 끊기가 쉽지 않습니다.

우상 숭배는 사회적 가치관과 연관되어 있기 때문에 이것을 배격하는 것은 사회에서 고립될 것 같은 위험을 느낍니다. 마귀 귀신은 이 약점을 이용하여 사람들을 올무에 걸리게 만듭니다. 하나님의 말씀을 따르는 삶이 사회적 요구를 따르는 삶 보다 더 어렵다는 생각을 가지게 합니다. 주변에 보면 대부분이 사회적인 기준에 따라서 살아가는 사람들만 보일 뿐입니다. 믿음의 사람은 아주 소수이고 특별한 사람들처럼 여겨질 뿐입니다. 그런 삶은 일반적이라기보다는 특별한 돌연변이라고 생각합니다. 성령으로 세례를 받아 자신을 보는 영적인 눈이 열리기를 바랍니다.

다섯째, 마술. 마술은 고대 사회에서 주술사들이 사람들을 미혹하는 수단으로 사용하기 시작했습니다. 이방 신전의 제사장들이 마술을 사용하여 자신들이 섬기는 신의 능력을 보여주어 사람들을 끌어들이는 수단으로 사용되었습니다. 마술은 속임수이며, 속여서 이득을 얻고자 하는 행위를 말합니다. 그리고 어떤 일에 푹 빠져 다른 일을 제대로 하지 못할 정도로 탐닉하는 메니아를 일컫습니다. 한 가지 일에 너무 깊이 빠져드는 것은 마귀 귀신의 속임수에 걸리는 것입니다. 마귀 귀신은 다양성을 거부하고 한 가지 일에만 몰두하게 함으로써 자신의 활동 폭을 줄이는 것입니다. 속여서 이득을 취하려고 함으로써 가짜가 판치게 만듭니다. 이는 서로 불신하게 만들고 의심하게 함으로써 분열을 만들어 내고 믿음을 버리게 합니다.

여섯째, 원수 맺음. 우리는 살아가는 동안 서로 상처를 주고받게 됩니다. 이것은 필연적인 일인데 이 과정에서 생긴 상처를 처리하지 못하고 마음에 간직하게 됩니다. 마귀 귀신은 이런 원망을 마음에 품고 항상 그 상처에 갇히도록 유혹합니다. 서로를 용서하기 보다는 상처를 더욱 크게 만들도록 감정을 고무시킵니다. 마귀 귀신은 용서하지 못하도록 원망하는 마음을 가지게 하며, 잃어버린 것들이나 손해 본 것들을 항상 생각하게 만들어 더욱 미워하게 합니다. 미움은 상처만 볼 때 절대로 풀려지지 않습니다. 하나님을 바라보아야만 제거될 수 있는데 미워하는 사람은 하나님을 제대로 바라보지 못합니다. 이것이 마귀 귀신이 원하는 바입니다.

일곱째, 다툼. 사소한 일에도 참지 못하고 혈기를 내고 다투고 나면 후회합니다. 격분할 일도 아닌데 절제가 되지 못해서 일을 저

지르고는 후회하는 사람이 있습니다. 마귀 귀신은 순간 그 사람의 단점인 격분하는 성격을 충동하는 것입니다. 억제하려는 노력보다는 마귀 귀신의 충동에 더 쉽게 휘말립니다. 이렇게 사람들과 자주 다툼으로써 자신을 더욱 한심한 사람으로 여기고 자포자기해서 방임합니다. 이런 사람은 만나는 사람마다 다툽니다. 다툴 일도 아닌데 자주 다툰다면 이는 마귀 귀신의 충동에 휘말려 있는 것입니다. 격분하기를 잘하고 인내심이 부족한 결점을 마귀 귀신이 집요하게 충동하는 결과로 인해서 다툼에 휘말려 드는 것입니다.

여덟째, 질투. 남이 잘 되는 것을 시기하고 그렇게 해 보려고 과용하는 행위입니다. 경쟁이라는 그럴듯한 이름으로 요즘 젊은 세대는 이런 질투의 늪에 빠져 들어가고 있습니다. 자신에게 주어진 소명이 있는데 이것을 무시하고 남들보다 더 잘되고 싶고 높은 위치에 있고 싶어서 적성이나 소명과는 전혀 상관이 없는 일을 하려고 합니다. 일등만 인정하는 사회구조는 이런 질투를 바탕으로 하고 있습니다. 경쟁은 하나님의 방법이 아닌 마귀 귀신의 방법입니다. 마귀 귀신은 남을 누르고 자신을 높이는 것을 요구하지만 하나님은 경쟁이 아니라 자신에게 있는 자질을 개발하고 펼치는 것입니다. 질투는 부당한 경쟁을 만들어 내고 자신에게 관계가 없는 일에 힘을 빼게 만듭니다. 질투로 인해서 아이들은 하고 싶지 않은 학원으로 내달려 갑니다.

아홉째, 분열과 파당. 무리를 짓는 일은 우리에게는 자연스런 본능처럼 여겨집니다. 우리는 사회적 속성을 가지고 있기 때문에 무리를 지어야 하고 무리가 있어야 힘을 쓸 수가 있는 것입니다. 그런데 정당한 이유도 없이 분열하여 무리를 새로 만드는 일은 마귀 귀신의 일입니다. 분열에는 반드시 불순종이 깔려 있습니다. 자존심과 자기 교만이 있는 것입니다. 이것은 자신을 배움의 터에서 몰아내는 것이며, 성숙할 수 있는 기회를 잃게 만듭니다. 그러므로 온전한 성숙이 이루어지기 전에 마귀 귀신은 충동하여 분열하도록 유혹합니다. 가정이 분열되고, 직장이 분열되고, 교회 예배당이 분열되도록 지도자에게서 벗어나도록 유혹함으로써 성숙할 수 있는 기회를 잃게 만드는 것이지요. 미숙한 지도자가 생김으로써 혼란스럽게 됩니다. 마귀 귀신은 우리의 성숙을 방해하기 위해서 분열과 파당을 조장합니다.

열째, 술취함과 먹고 마시는 놀음. 자신을 망각하고 무엇을 해야 하는지를 모르는 도취 행위를 말합니다. 군중에 휩싸여 남들이 하니까 자신도 하는 그런 줏대 없는 행동을 말합니다. 마귀 귀신은 큰 길로 우리를 유인합니다. 남들에게서 벗어나지 못하도록 군중 심리를 자극합니다. 선동 선전을 마귀 귀신의 일입니다. 상황을 판단하지 못하고 제멋대로 살아가는 삶으로 우리를 몰아넣으려고 합니다. 자신에게 향한 하나님의 고유한 뜻을 살피기보다는 여러 사람이 하는 일이면 올바르다는 생각을 가지게 만듭니다. 마귀 귀신은 하나님의 뜻이 구체적으로 이루어지는 일에 방해하기 위해서 다수 적인 사고로 우리를 몰아갑니다. 분별력을 상실하게 하여 군중적 태도를 취하게 함으로써 각자에게 향하신 하나님의 뜻이 이루어지지 못하게 만듭니다.

정신을 차리지 못하고 얼렁뚱땅 살아가게 함으로써 아무런 특색도 없고 의미도 없는 막연한 삶으로 우리를 끌어들입니다. 받아들이는 것만을 우선으로 하고 나누는 삶은 의미를 두지 않습니다. 교회 안에서도 말씀만 듣고 행동은 하지 않습니다. 아는 것은 많은데 말씀대로 움직이지 않습니다. 이리 저리 다니면서 듣는 것으로 즐거워하고 보는 것으로 만족합니다. 더 좋은 세미나와 컨퍼런스를 찾아다니면서 듣고 보는 것으로 만족합니다. 우리가 분명하게 알아야 할 것은 보고 듣고 아는 것으로 만족하지 말고 자신이 변하고 자신의 능력으로 고착이 되도록 해야 합니다. 마귀 귀신은 이런 태도를 아주 신실한 믿음으로 착각하도록 만듭니다.

이와 같은 일들이 마귀 귀신이 우리의 육체적 속성을 이용하여 우리를 하나님의 뜻에서 멀어지게 하고 하나님의 나라에 심각한 손상을 가져오게 하는 것입니다. 마귀 귀신에게 휩쓸려 이런 일들을 반복하게 되면 우리는 양심의 가책을 받게 되고 하나님에게 나아가 회개하기 보다는 하나님의 얼굴을 피하려고 합니다. 이것은 아담이 범죄를 한 후 하나님의 낯을 피하여 숨은 것과 같습니다. 마귀 귀신을 이기기 위해서는 우리는 어떻게 해야 할까요. 이런 일들이 마귀 귀신의 영향을 받거나 속박에 의한 것이라는 사실을 본인이 인정하고 고치려고 노력하며 영분별의 능력을 가진 사람은 발견하고 마귀 귀신의 일을 더 이상 하지 않도록 구원해야 하는 것입니다.

28장 눈으로 신들을 알고 보고 대처하는 능력을 개발하는 기술

　예수를 믿고 성령으로 거듭난 우리는 영적이면서 육적인 존재입니다. 예수를 믿는 성도가 영적인 존재를 보지 못하고 느끼지 못한다는 것은 정말로 위험한 것입니다. 성도는 말씀과 성령으로 거듭난 영의 사람입니다. 영의 사람은 무엇보다 영들을 볼 수 있어야 합니다. 어떻게 하면 영들을 역사를 밝히보고 대처할 수가 있을까요? 그것은 사고가 영적으로 변해야 합니다. 그리고 관심이 있어야 합니다. 영적인 것은 관심이 있어야 보이고 열리기 때문입니다. 관심이 있어야 영들을 보려고 하기 때문입니다. 그래서 하나님은 성령으로 세례를 받고 나면 영들의 역사를 보고 느끼고 알고 대처 하도록 성령으로 인도하시면서 체험하게 하십니다. 이는 "약한자를 사랑하시는 예수님"책을 읽어보시면 상세하게 이해하실 수 있습니다.

　하나님은 말씀과 성령으로 영분별의 능력을 강하게 개발하기를 소원하십니다. 왜냐하면 세상에는 마귀 귀신이 있기 때문입니다. 그러면 영분별의 능력은 어떻게 세심하고 강하게 개발이 됩니까? 먼저는 성령으로 세례를 받아야 합니다. 삶에서 말씀을 적용하면서 체험하므로 영적 분별력이 강화되는 것입니다. 분명하게 영적인 능력은 말씀을 삶에 적용하여 체험하므로 강화되는 것입니다. 기독교는 이론(말)의 종교가 아니라, 체험의 종교이기 때문입니다. 말씀을 아는 것을 체험함으로 확실해 지는 것입니다. 체험하므로 믿음이 생겨서 마음이 열리는 것입니다. 그래서 모세를 광야에서 40년간 훈련을 시키신 것입니다. 하나님은 우리에게 체험하도록 인도하십니다. 영분별의 능력도 체험하므로 강해지는 것입니다. 제가 영분별 세미나를 하겠다고 광고를 냅니다. 그러면 광고를 보고 전화가 옵니다. 가보고는 싶은 데 그곳이 믿을 만한 곳이냐는 것입니다. 요즈음 하도 이단이나 사이비가 많아서 질문을 한다는 것입니다. 그러면 저는 이렇게 대답을 합니다. 성령이 감동하면 일단 가보는 것입니다. 성령께서 영분별의 능력을 주시려고 감동하셨기 때문입니다. 가서 분별하여 맞으면 은혜를 받는 것입니다. 아니다 싶으면 그냥 돌아오면 됩니다. 이렇게 해야 한 단계 깊게 영분별의 능력이 강화되는 것입니다. 두려워하며 얌전하게 앉아 있어서는 앉은 뱅이 신아이 되어 영분별의 능력이 업그레이드되지 않습니다. 일단 현장으로 가야 합니다. 가서 말씀과 성령으로 분별을 하는 것입니다. 부딪쳐야 체험하고 분별의 능력이 강화되는 것입니다. 낮은 차원의 마귀 귀신은 그 행동을 눈여겨보면 어느 정도 알아차릴 수 있지만 고도의 마귀 귀신은 분별한다는 것이 무척 어렵습니다. 베드로가 주님의 십자가를 만류했을 때 우리가 그 곁에 있었다면 아무런 이상을 느끼지 못했을 것입니다. 너무도 인간적이고 스승에 대한 배려는 오히려 당연한 것이 아니겠습니까? 그런 자리에서 제자가 취할 태도는 그것 말고 어떤 다른 태도가 있었겠습니까? 그런데 이 말은 주님을 넘어지게 하는 마귀 귀신의 말이었습니다. 영적으로 깊어지는 만큼씩 귀신의 공격도 교묘해집니다.

우리는 하루에 많은 말을 하지만 그 가운데는 우리에게 상처를 주고 우리를 시험이 들게 하는 마귀 귀신의 말이 있습니다. 상대방과의 대화 속에도 마귀 귀신의 말이 끼어듭니다. 심각한 피해가 없다고 생각하여 마귀 귀신에 대한 별다른 의식을 하지 않고 살아갑니다. 그러나 이런 태도는 마귀 귀신으로 하여금 자신을 언제라도 사용할 수 있도록 방임하는 결과를 만들어 냅니다.

아주 중대한 일을 만나는 상황에서 마귀 귀신은 평소 쉽게 자신을 다루었기 때문에 너무도 자연스럽게 자신을 올무에 걸리게 할 수 있는 것이며, 이로써 극심한 고통의 늪에 빠지게 되는 것입니다. 자신을 영적으로 돌보면서 관리해야 합니다. 지금 편안하다고 마음을 놓는 것은 장차 닥칠 큰 불행을 예고하는 것입니다. 마귀 귀신의 일에 대해서 성경은 분명하게 언급하고 있지만 그런 것들이 모두 추상적이기 때문에 구체적으로 적용하려면 상당한 분별력이 있어야 하는 것입니다. 마귀 귀신에게 시험이 든 사람이 교회 안에 있으면 그 사람으로 인해서 교회는 심각한 문제에 휩싸이게 됩니다. 그럼에도 불구하고 그런 행위를 인간적 결함으로 취급하는 것입니다. 우리 스스로도 자신이 마귀 귀신의 올무에 걸려있음에도 불구하고, 성격의 문제로만 알고 있기 때문에 그 올무에서 벗어날 적당한 조치를 취하지 못합니다. 이런 마귀 귀신을 분별하는 영분별 능력을 제대로 이해하고 개발해야 할 것입니다. 관심을 가져야 개발할 수가 있습니다.

마귀를 분별하는 능력을 개발하기 위해서는 갖추어야 할 부분이 있습니다. 그것은 성령으로 세례를 받고 성령의 이끌림을 받으면서 하나님의 음성(레마) 듣기입니다. 이 부분은 절대로 필요한 필수조건입니다. 성령과의 깊은 교제는 마귀 귀신을 구분하는 절대적인 조건이 됩니다. 우리의 주인은 성령님입니다. 우리가 주인을 알지 못하면 가짜 주인을 주인처럼 여기고 살아가게 될 수도 있기 때문입니다. 마귀 귀신을 알아차리는 요소는 말씀을 깊이 묵상하여 그 가운데서 하나님의 마음을 읽는 기술을 개발하는 것입니다. 성령의 깊은 임재가운데 하는 묵상기도를 통해서 하나님의 말씀을 성령의 감동 가운데 이해하는 기술을 익히는 것입니다. 성령의 임재 하에 깊은 묵상을 통해서 하나님이 자신에게 말씀하시는 능력이 있어야 마귀 귀신을 구분할 수 있습니다.

묵상을 통한 하나님의 영과 관련을 경험하는 것이 중요합니다. 주의 영이 자신의 영과 접촉할 때 갖게 되는 느낌은 마귀 귀신의 영이 접촉할 때 느껴지는 것과는 전혀 다르다는 사실을 알아야 합니다. 마귀 귀신은 하나님의 말씀을 인용합니다. 그러나 그 말씀이 깊은 묵상을 통해서 얻어지는 것이 아니라 피상적이고 원론적이고 지식적이기 때문에 살아있는 하나님의 말씀이 되지 못합니다. 이런 차이를 알아야 하는 것입니다. 마귀 귀신과 연관된 일들의 속성이 추상적인 것들이 많다는 점이 이 분별을 어렵게 합니다. 추상적인 개념은 주관적인 요소들을 지니고 있기 때문에 '귀에 걸면 귀걸이이고, 코에 걸면 코걸이'입니다. 그러므로 절대적 기준을 찾기란 거의 불가능에 가깝습니다. 그러므로 우리는 마귀 귀신에게 수도 없이 넘어집니다. 이 탁월한 영적 존재를 이길 자가 누가 있겠습니까? 성령님의 보호하심이 아니면 우리는 절대로 이길 수 없다는 사실이 이 문제를 어렵게 하고 있는 것입니다.

마귀 귀신은 너무도 교활하고 속임수가 능하기 때문에 우리가 마귀 귀신을 알고자 하는 것보다는 우리의 주인인 성령님을 더 잘 이해하고 친숙하려는 노력이 곧 마귀 귀신의 올무를 벗어나는 길입니다. 마귀 귀신의 분별은 이런 의미에서 볼 때 성령님을 바르게 이해하는 것에서부터 출발합니다. 그러므로 우리는 주님과의 친밀함을 항상 유지하는 법을 성령으로 깨닫고 배워야 할 것입니다. 마귀 귀신은 근본적으로 악합니다. 악하기 때문에 비록 처음에는 선한 것으로 위장을 하였다고 해도 얼마 가지 않아 그 악함이 드러나게 되어있습니다. 또한 마귀 귀신은 사랑이 없습니다. 철저한 위계와 압박으로 이루어진 세계입니다. 사랑이 없는 이들에게서 사랑의 모습은 일시적일 수밖에 없습니다. 이 두 가지에 대한 이해가 제대로 되어야만 합니다. 사랑은 역시 추상적인 개념이지만 이 부분에 대한 설명이 고린도전서 13장에 언급되어 있습니다. 이 추상적 개념들을 구체적으로 이해하고 수용하는 기술은 하루 이틀에 되는 것이 아닙니다. 이 기술을 얼마나 잘 익히고 정확하게 적용할 수 있는가 하는 문제가 열쇄 입니다. 마귀 귀신을 분별하는 능력은 오랜 세월의 성경 공부와 묵상과 성령과의 친밀한 교제와 하나님의 음성을 식별하는 기술 등을 익혀야만 가능한 것입니다. 그리고 실제적으로 체험해야 합니다. 영분별의 능력 가운데 마귀 귀신을 구분하는 것이야말로 어렵고 힘든 일입니다. 앞에서 언급하였듯이 귀신을 구분하는 분별력은 우리의 느낌입니다. 그러나 마귀는 그것과는 전혀 다른 것이기 때문에 이 두 부분을 혼동해서는 안 됩니다.

악령의 높은 차원이 사단입니다. 이것은 더욱 힘들고 어렵습니다. 하나님의 허락이 없이는 우리를 해하거나 쓰러뜨릴 수 없는 존재이지만 이 사단으로 인해서 우리 인류 전체는 언젠가는 극심한 곤경에 빠질 것입니다.

사단이 정권을 장악하여 국가를 혼란스럽게 하고 있는 경우 우리는 이 부분을 제대로 분별하여 하나님에게 구체적으로 간구할 수 있어야 하고, 이런 부분은 지도자들이 일반인들에게 올바르게 분별하여 인식시켜야 할 몫입니다. 그러나 대다수의 평범한 성도들에게 있어서 마귀 귀신은 고통의 근원이 됩니다. 죄와 연관된 마귀 귀신의 공격으로 인해서 이해하기 힘든 고통 속에서 헤맵니다. 연속되는 불행과 질고들, 이상 성격과 감정을 주체할 수 없는 나약함, 거듭되는 실패와 좌절 등 이루 헤아릴 수 없을 정도의 많은 문제의 배경에 있는 마귀 귀신을 어떻게 찾아내어 그 속박에서부터 자유 할 것인지를 우리는 고민해야 하는 것입니다.

고통스런 문제 배경에 있는 마귀 귀신을 찾아내는 일은 먼저 죄의 속성을 살펴야 합니다. 죄에 대한 이해와 그 처리가 제대로 정당한 절차를 따라서 행하여졌는지를 살피는 것입니다. 죄의 고백과 그 고백이 하나님이 받으실 수 있는 정당한 절차를 통해서 행하여 졌는지를 알아내는 일이 곧 영분별의 능력을 가진 사람이 해야 할 일입니다. 우리는 막연하게 죄를 고백하면 죄가 용서될 것이라고 생각합니다.

그러나 그렇지 않습니다. 우리는 구약성경을 통해서 이스라엘이 그들의 죄가 자신들이 드리는 희생과 제사를 통해서 제대로 이루어지지 않은 사실을 알게 됩니다. 이런 미숙한 죄의 처리는 마귀 귀신의 올무가 됩니다. 저는 어려운 문제로 고통당하는 사람들이 죄를 제대로 처리되지 못해서 그 올무에서 벗어나지 못하고 반복되는 고통의 늪에서 벗어나지 못하는 것을 보았고, 그런 부분에 대한 올바른 처리를 도와왔습니다. 영적 지도자는 사실 이런 부분에 대한 올바른 진단을 할 수 있어야 하지 않겠습니까?

고통의 질고 속에서 아파하는 성도에게 아무런 도움을 주지 못하면서 하나님의 말씀이라고 설교만 한다면 문제가 있지 않겠습니까? 주님은 우리를 자유하게 하시는 분이고 그분의 대리자로 자신이 그 직무를 수행하고 있다는 말입니다. 이 모든 과정은 한 순간에 이루어지는 것이 아니기 때문에 저의 성령치유 훈련에서는 이런 부분에 도움이 될 수 있는 제가 지금까지 체험한 치유 비결을 알려드립니다. 한 가지씩 갖추어 나갈 때 언젠가는 훌륭한 능력을 소유한 사람이 될 것입니다. 마귀 귀신을 구분하는 능력은 절대로 한 순간에 이루어지는 것이 아님을 먼저 이해하고 이제 다른 요소들을 구체적으로 하나씩 다루어 나가야 할 것입니다. 궁금한 부분이 있다면 여러 방면으로 노력하여 궁금증을 풀어가야 분별력이 배양됩니다. 관심을 가지고 접근해야 열리는 것입니다. 그리고 여기에서 분명하게 강조하고 싶은 것은 영들을 분별했으면 반드시 조치를 해야 합니다. 영을 분별하는 것은 합당한 조치를 하기 위해서 분별하는 것입니다. 상처의 영향이라면 내적치유를 해야 합니다. 악한 영의 역사라면 축귀를 해야 합니다. 죄에 의한 것이라면 성령의 임재하에 회개하고 귀신을 쫓아내야 합니다. 혈통의 문제라면 적절한 조치를 취하여 치유해야 합니다. 막연하게 현상만 알라고 영을 분별하는 것이 절대로 아닙니다.

29장 눈으로 나태하게 하는 신들을 식별 퇴치하는 기술

예수를 믿고 성령으로 거듭난 성도는 영적 정신적 육체적으로 부지런해야 합니다. 자신이 영적으로 나태해지고 있다면 성령으로 영적인 눈을 열어 분별해야 합니다. 분별해서 빠른 시간에 조치를 해야 합니다. 왜냐하면 잘못된 영은 시간이 흐르면 흐를수록 강하게 자리를 잡기 때문입니다. 우리가 현실적으로 겪는 여러 가지 문제는 우리의 영, 즉 속사람과 직접적으로 연관을 가지고 일어나는 것입니다. 영적으로 나태해진다면 영적으로 나태하게 하는 영이 자신에게 역사하는 것입니다. 영적으로 나태하게 하는 영이 자신의 전인격을 지배하여 영적으로 나태하게 하는 것입니다. 때문에 다양한 삶의 형태를 이해하려면 반드시 영적인 것에 대한 지식이 있어야 합니다. 우리 안에 역사하시는 성령님은 물론이거니와 자신의 영(속사람)과 마귀 귀신에 대해서 잘 알고 있어야 하는 것입니다. 성도는 신적인 세계가 열려야 성공할 수 있는 것입니다.

그리고 진정한 양심(true conscience)과 가책(remorse conscience)과의 차이에 대해서도 구분할 수 있어야 합니다. 성령의 임재 하에 한 단계 깊은 차원으로 매사를 보아야 합니다. 진정한 양심 또는 양식은 성령님이 우리를 자극하여 하나님이 기뻐하시는 일을 하도록 고무하고 격려하는 성령의 이끄심입니다. 그러나 가책은 우리가 죄를 지어 하나님을 근심케 하였을 때, 그 죄를 회개하도록 성령께서 영에 부담을 주는 것입니다. 가책을 받게 되면 우리 영은 위축을 받아 가라앉게 됩니다. 그런데 고무되는 것과 가라앉는 것을 구분하여야 하는데, 게으른 영의 지배를 받으면 이런 것이 제대로 구분되지 않습니다. 게으른 영의 영향으로 영이 무디어 지기 때문입니다.

영적 지각(spiritual conscience)은 성도들에게 주어진 가장 강력하고 예민한 열쇠입니다. 이것은 무력함과 죄에 대한 근본적인 원인을 파헤치는 열쇠입니다. "게으른 영"(slumbering spirit)이란, 우리의 속사람이 충분히 깨어나지 못한 상태에 머물러 있게 하도록 영향을 끼치는 마귀 귀신을 말합니다. 이런 영의 영향을 받는 사람은 그의 삶이 마치 조는 사람(dormant)같이 선명하지 못하고 흐립니다. 깨어있는 사람은 그의 신앙생활이 분명하고 활기차고 기쁨이 넘칩니다. 비록 외형적으로 가진 것이 없고 자랑할 것이 없는데도 말입니다. 그리고 예배를 드릴 때도 어떤 사람은 즐거워하고 신이 나서 찬양도 힘차고 기도도 유창한데 이 영의 지배를 받는 사람은 냉랭하거나 시큰둥합니다.

게으른 영의 영향을 받는 사람은 자기 통제력이 약합니다. 즉 의지가 약한 것처럼 보입니다. 해야 하는 것인 줄 뻔히 알면서도 하지 못합니다. 일을 방해하는 것도 없는데 속에서 힘이 나오지 않는 것입니다. 반대로 해서는 안 될 일들은 분별없이 합니다. 예를 들면 사치한다든가, 성적 충동에 빠지거나 유혹에 쉽게 넘어간다든가 합니다. 게으른 영에 눌리면 자녀들이 부모가 걱정할 일만 골라서 하는 것입니다. 이런 부분에 상식이 부족한 사람처럼 보입니다. 성경에서 게으른 영에 대해서 언급하고 있는 부분이 상당히 많습니다(사 52:1~2). (엡5:4-8)"누추함과 어리석은 말이나 희롱의 말이 마땅치 아니하니 오히려 감사하는 말을 하라. 너희도 정녕 이것을 알거니와 음행하는 자나 더러운 자나 탐하는 자 곧 우상 숭배자는 다 그리스도와 하나님의 나라에서 기업을 얻지 못하리니 누구든지 헛된 말로 너희를 속이지 못하게 하라 이로 말미암아 하나님의 진노가 불순종의 아들들에게 임하나니 그러므로 그들과 함께 하는 자가 되지 말라. 너희가 전에는 어둠이더니 이제는 주 안에서 빛이라 빛의 자녀들처럼 행하라"

게으른 영이 우리 가운데 역사하게 되는 까닭은 크게 두 가지가 있습니다. 첫째는 영이 깨어나 본 경험이 전혀 없는 사람입니다. 아담입니다. 자연인입니다. 경험이 없기 때문에 영에 대한 자각이 전혀 없습니다. 이런 사람은 자신의 주변에서 일어나는 현상을 오로지 육안으로만 판단하고 대응합니다. 둘째는 깨어난 경험은 있지만 어떤 이유로 인해서 영이 침체 되고 힘을 잃어 거의 죽은 것 같은 사람입니다. 어떤 이유란 충격을 받는 다든지, 상처를 받는 다든지, 직장에서 실직을 했다든지, 사랑하던 사람이 갑자기 죽었다든지 하는 상황을 들 수가 있습니다. 성령님은 물과 같아서 우리 심령에 잔잔하게 흘러 들어옵니다. 때로는 격랑과 같이 급하게 돌진해 오기도 하지만, 이런 것은 예외적이고, 일반적으로는 스미듯이 그렇게 살며시 다가옵니다. 성령의 역사에 대하여 바르게 알아야 할 것은 최초 성령의 역사는 비인격적입니다. 어느 정도 장악이 된 후로는 인격적으로 역사하십니다. 성령님은 마음을 열고 사모하며 받아들일 때 역사를 더 강하게 하십니다. 그러므로 영이 깨어

있지 못하면 이런 것을 제대로 느끼지 못하기 때문에 성령의 역사를 받아들이지 못합니다. 영의 흐름을 느끼지 못하는 마음을 "굳어진 마음"(hardened heart)이라고 합니다. 영이 바위처럼 굳어져서 물이 스미지 못하고 흘러가 버리는 것입니다. 우리 자신에게 이러한 게으른 영이 역사하지 못하게 하는 방법으로 9가지를 생각해 볼 수 있습니다.

첫째, 공동 예배(corporate worship: 고전 2:14). 필자는 항상 이렇게 말합니다. 성도는 예배가 제일 중요하다는 것입니다. 예배를 영과 진리로 드리면서 성령으로 충만 받는 것입니다. 성령으로 충만함으로 영적인 게으름의 영이 역사할 수가 없는 것입니다. 성령의 역사가 강하게 일어나면 이성과 육체에 역사하던 게으름의 영들이 정체를 폭로하고 떠나가기 때문입니다. 우리의 속사람이 깨어있으면 하나님의 임재를 느낍니다. 그런데 게으른 영의 지배를 받는 사람은 하나님이 계시다는 사실만 압니다. 한마디로 말로 아는 것입니다. 그러므로 하나님의 임재를 경험하는 능력 있는 예배에 함께 참석해서 하나님의 임재를 경험하도록 인도하고 도와야 합니다. 몸으로 느끼면서 체험 해야 된다는 말입니다.

특히 이런 부분을 다루는 특별한 성령 치유 집회에서 자신의 영의 실존을 파악하고 깨닫는 것이 중요합니다. 그래서 주일이 중요합니다. 요즈음 세상 살기가 힘이 듭니다. 분주하기 때문에 주일 이외에 교회에 나와서 성령을 충만하게 하고, 영을 깨울 수 있는 시간이 없습니다. 그래서 주일만이라도 성령이 충만한 예배를 드리면서 영을 깨워야 합니다. 저는 주일날 성령 집회 형식으로 예배를 드립니다. 시간이 주일 밖에 없기 때문입니다.

둘째, 주님에 대한 개인적 헌신(private devotion: 욥 32:8). 성령의 세례를 받고 치유를 받는 것도 주님에 대한 헌신에 속합니다. 말씀과 성령의 역사로 속사람이 깨어나면 하나님의 사랑을 느끼기 때문입니다. 그런데 게으른 영의 영향을 받는 사람은 그저 맹목적으로 헌신합니다. 사랑으로 헌신할 수 있도록 사랑을 나누어주어야 합니다. 샤머니즘과 율법적인 헌신에 젖어 있는 사람은 깨어나기 쉽지 않습니다. 반드시 성령으로 세례를 받아야 합니다. 성령의 인도를 받으면서 성령으로 봉사를 해야 합니다. 성령의 충만함으로 항상 하나님을 생각하는 것입니다. 내가 어떻게 하여 하나님을 기쁘시게 할까? 날마다 생각하는 것입니다. 성령으로 봉사하고 헌신해야 합니다. 성령의 인도를 받는 삶을 습관화해야 합니다.

셋째, 게으른 영의 지배를 받는 사람은 계시가 열리지 않습니다. 간혹 하나님의 음성을 들었다고 하는데, 그 내용이 너무 어처구니 없고 어리석은 것들입니다. 속사람이 깨어나면 꿈과 환상과 계시가 열려 주님의 음성을 제대로 듣게 됩니다. 그러므로 계시에 대해서 올바른 지식을 얻도록 교육하고 훈련해야 합니다. 성도는 하나님의 음성을 듣는 원리를 알고, 음성 듣는 훈련을 필히 받아야 합니다.

넷째, 영육의 건강을 유지하기(maintaining health: 잠 17:22, 18:14). 속사람이 강건하면 육체적으로도 건강합니다. 게으른 영의 지배를 받는 사람은 운동을 싫어하기 때문에 건강이 나빠집니다. 운동을 하도록 유도하여 게으른 습관에서 벗어나야 합니다. 본인이 의지적인 노력을 해야 합니다. 병든 경우 치유가 **빠르지** 못합니다. 그래서 예방 신앙이 중요합니다. 성령 충만한 생활로 영성을 유지하여 자신에게 역사하고 있는 마귀 귀신의 존재를 찾아서 몰아내는 것입니다. 이를 위하여 성령으로 충만한 생활과 깊은 영의 기도를 해야 합니다. 그런데 게으른 영이 역사하는 사람은 치유를 위한 기도도 게을리 하기 때문에 은혜를 받지 못합니다. 주변에서 자신 안에 게으른 영이 역사한다는 것을 알고 치유 받도록 해야 합니다.

다섯째, 속사람이 깨어 있는 사람은 영감을 받는 것은 상식입니다. 그러므로 창조적인 활동을 할 수 있습니다. 그러나 게으른 영의 지배를 받는 사람은 남의 흉내를 낼 뿐 창조적이고, 독창적인 활동을 제대로 하지 못합니다. 그림을 그리게 하면 그림에서 창조성이 나타나지 않고, 그저 남의 그림을 흉내를 낼 뿐입니다. 창조적인 활동이 무엇인지를 일깨워 줄 필요가 있습니다. 하나님은 창조의 하나님이십니다. 고로 하나님이 자녀는 창조적이어야 합니다.

여섯째, 속사람이 깨어있는 사람은 시간에 대해서 예민합니다. 시기와 타이밍을 잘 파악하여 시기를 놓치지 않습니다. 그리고 미래에 대해서 관심이 많으며 미래를 위한 준비를 합니다. 그러나 게으른 영의 지배를 받는 사람은 과거의 아픈 기억에 매달려 미래를 보려고 하지 않습니다. 결혼한 부부라면 과거의 일로 자주 다툽니다. 지나간 일을 마귀 귀신이 생각나게 하여 말을 함으로 타투게 합니다. 사소한 말다툼이라 해도 항상 과거의 일들을 들먹입니다. 과거에 매여 벗어나지 못합니다. 다가오는 미래에 대한 긍정적인 가치관을 만들어 주어야 합니다.

일곱째, 감정적 교류(empathetic communication). 속사람이 깨어있는 사람은 상대방의 태도나 말을 통해서 그 사람이 가지고 있는 감정을 느낍니다. 말하지 않아도 얼굴빛만 보아도 상대방이 지니고 있는 감정을 읽을 수 있습니다. 이러한 감정적 교류를 통해서 서로 깊어집니다. 그러나 이 영의 지배를 받는 사람은 이기적이어서 상대방에 대한 배려가 없습니다. 그래서 다른 사람들을 힘들게 하고 상처를 많이 줍니다. 이런 사람들을 위해서 대인관계의 기술을 익히도록 교육시켜야 합니다.

여덟째, 건전한 혼인관계(잠 5:15~19, 살전 4:3). 속사람이 깨어 있는 사람은 건전한 결혼 생활을 합니다. 결혼은 하나님과 우리와의 관계를 이 땅에서 상징적으로 보여주시는 제도입니다. 결혼생활을 통해서 우리는 하나님이 우리에게 향하신 사랑을 깨닫게 됩니다. 그러나 게으른 영의 지배를 받는 사람은 결혼을 단순히 남녀의 육체적 결합(physical titillation) 정도로 인식합니다. 그러므로 불륜에 대해서 양심의 가책을 별로 받지 않습니다. 이런 사람들에게 결혼은 주님과의 관계의 예표임을 일깨우고 결혼의 신성함에 대한 이해를 시켜야 합니다.

아홉째, 성숙한 양심(mature conscience: 요일 3:9). 속사람이 깨어 있으면 죄에 대해서 절제할 수 있고, 자신의 행동을 규모 있게 다스릴 수 있지만, 게으른 영의 지배를 받으면 그런 힘이 약화됩니다. 절제된 행동을 하도록 적당히 통제하고, 건전한 의식을 갖도록 경건한 무리와 어울리도록 해야 합니다. 게으른 영의 지배를 받는 사람을 치유하기 위해서는 세 가지 단계를 거쳐야 합니다. 즉 ①양육하고(성령 체험, 영적 원리, 깊은 기도, 말씀 묵상) ②사랑으로 접근하며(주님의 사랑, 성령의 은혜체험), ③부모 된 자격으로 다른 사람을 도울 수 있도록 인도하기 등입니다. 성령님은 마치 물이 흐르듯이(river of flow) 우리 심령으로 스며듭니다. 아주 잔잔히 바람결과 같이 스며들기 때문에 감각이 예민하지 못하면 그 흐름을 느끼지 못할 수도 있습니다. 그러므로 게으른 영의 지배를 받는 사람에게 이 부분에 대해서 가르침을 주고, 그 흐름을 느끼도록 도와주어야 합니다. 성령으로 세례를 받고 선지자적인 사명을 가지고 목회하시는 영성 깊은 지도자에게 성령으로 깨달은 깊은 영의 말씀을 듣고 영성 훈련을 해야 합니다.

부모 또는 영적지도자의 역할은 자녀의 성숙에 필요한 자양분을 제공하는 것입니다. 스스로 모범을 보여서 삶의 가치를 바르게 하도록 이끌어야 합니다. 자녀의 영이 깨어나게 하는 책임은 부모나 지도자에게 있습니다. 영이 깨어나는 일은 스스로는 거의 불가능하기 때문입니다. 전하지 않으면 누가 듣겠고 깨워주지 않으면 누가 일어나겠습니까? 영의 구원은 본질적으로 성령님이 하시지만, 그 수단이 미련한 방법, 즉 전도의 방법이듯이 우리의 영이 깨어나는 일은 영의 부모인 지도자의 몫인 것입니다.

게으른 영의 지배를 받는 사람을 치유하기 위해서는 앞에서 언급한 9가지를 살피고 점검합니다. 그리고 그에 따른 적당한 조치를 취하면서 성령으로 충만한 기도회를 시작합니다. 먼저 게으른 영에 지배된 그 배경에는 부모의 미숙한 지도가 자리를 잡고 있습니다. 그러므로 당사자가 부모를 용서하는 기도를 할 수 있도록 돕습니다. 특히 아버지에 대한 용서를 할 수 있어야 합니다. 자신에게 그런 영향을 준 삶의 스타일에 대해서 초점을 맞추고 기도합니다. 1대1 상담을 통해서 가족의 내력을 알아봅니다. 주변에서 영향을 주고 있는 사람들에 대해서도 알아봅니다. 매일 기도하면서 성령님께서 자신의 영을 깨워주도록 간구합니다. 새로운 삶을 살 것을 각오하고, 게으른 영에게 떠나갈 것을 명령합니다. 자신이 게으른 영으로 자유 하겠다는 각오를 날마다 외칩니다. 자신의 무의식에 잠길 때까지 소리를 내면서 큰 소리로 외칩니다.

게으른 영은 영이 제대로 성장해야 할 시기에 성장을 멈춘 까닭에 생긴 영적 질환입니다. 반드시 성령의 역사가 있어야 치유가 됩니다. 영적 성장은 일생에 걸쳐 이루어지는 일이며, 긴 세월 속에 어떤 시점에서든지 이런 영적 게으름에 빠질 위험은 누구나 가지고 있는 것입니다. 모든 질환이 그러하듯이 스스로 고치기가 쉽지 않고 본인과 지도자가 함께 노력하여야 합니다. 시간도 걸리고 힘도 들지만 반드시 극복해야 합니다.

그리스도인의 90%가 게으른 영의 영향을 받거나 지배를 당하고 있으며, 심하면 사로 잡혀 있다고 합니다. 이처럼 많은 사람이 가지고 있는 이 영적 게으름에서 모두 자유하게 되기를 바랍니다. 지금은 아니라 하더라도 언제든지 이 영의 영향을 받을 수 있다는 점도 이해해야 합니다. 날마다 건강하기 위해서 꾸준히 운동하고 건강에 유의해야 하듯이 언제 어떻게 찾아올지 모르는 이 불청객을 방지하기 위해서 항상 성령님의 인도하심에 예민해야 합니다.

30장 온몸의 느낌으로 신들을 식별하는 능력을 개발

하나님은 예수를 믿는 성도들이 오감을 통하여 영들을 볼 수 있기를 원하십니다. 오감을 통하여 영들을 보고 느끼면서 대처하려면 성령으로 충만해야 합니다. 그럴기 때문에 성령으로 세례를 받지 않으면 아무것도 되지 않습니다. 모든 것이 성령으로 세례를 받으면서 시작이 됩니다. 우리가 신앙생활을 하는 데 있어서 당면하는 어려움은 분별하는 문제입니다. 분별의 문제는 우리의 삶이 다하는 그날까지 배워야 하고 익혀야 하는 과제입니다. 갈수록 어려워지는 것이 이 부분이라고 봅니다. 하나님은 세상의 모든 구조를 이원적으로 구성했는데, 그것은 서로 보완하고(돕고) 견제하기 위해서입니다. 성경 말씀도 잘 보면 짝이 있습니다. 우리는 성경 말씀에서 성령으로 영적인 원리들을 발견하여 적용함으로 영적인 민감성을 개발해야 합니다. 하나님은 사람을 창조하실 때도 남자와 여자로, 우주를 창조하실 때도 빛과 어두움으로, 하늘과 땅으로, 물과 불로, 이렇게 이루 헤아릴 수 없을 정도로 많은 부분에서 이원적인 구조로 유지되도록 창조하신 것입니다. 사람 개인도 육신과 영으로 구성했으며, 하나님의 말씀도 기록된 성경과 살아있는 말씀 레마로 구성하고 있습니다. 성경은 눈으로 보고 머리로 이해하게 하기 위한 것이며, 레마는 몸으로 느끼고 머리로 이해하도록 하기 위한 것입니다.

기록된 성경에 대해서는 우리가 이미 잘 알고 있기에 여기서는 설명을 피하고 보이지 않는 말씀인 레마는 우리의 감성이라는 기관을 통해서 이해되는 부분이므로 이 부분에 대한 설명이 지금까지 충분하지 못했습니다. 기록된 말씀만을 강조하는 사역자들은 감정이란 혼에 속한 것이기 때문에 이것에 치우치지 말라고 주장합니다. 감정은 수시로 변하고 근거가 육신에 속한 것이기 때문에 감정(느낌)에 따라 행동하는 것은 육신을 좇는 행위이며 위험하다고 주장합니다. 영성 사역을 하시는 대부분의 전문 사역자가 영과 혼과 육이라는 삼분설로 인간을 설명합니다. 이렇게 설명을 함으로써 혼란스럽게 만든다고 하시는 분들도 있습니다. 이분들이 이구동성으로 하시는 말이 영과 육 사이에 혼이라는 모호한 영역을 둠으로써 영과 육을 구분하는데 무척 어렵게 만든 다는 것입니다. 우리는 이와 같이 영적인 것을 부정적으로 받아들여서는 안 됩니다. 성령의 역사는 어느 한 곳으로 고정되어 일어나지 않기 때문입니다. 성령의 역사는 그때그때 다르기 때문에 성도는 사고가 한 곳으로 고정되면 성령의 역사와 레마를 받을 수가 없습니다.

저는 영과 육으로 구분하는 이분설을 공부했습니다. 그러나 영, 혼, 육을 적용한다고 잘 못된 것이 아니기 때문에 저는 영, 혼, 육으로 적용하여 설명하고 있습니다. 많은 분들이 영적 분별력을 얻기 위해서 많은 시간을 그 부분에 헌신한 입장에서 볼 때 굳이 영, 혼, 육이라고 복잡하게 구분해서 어렵게 할 필요가 없지 않으냐고 합니다. 이분들이 하는 말은 영과 육 사이에 혼이라는 영역을 정함으로써 더욱 혼란스럽게 되는 까닭은 혼이 때로는 영으로 때로는 육으로 표현되어 두 영역을 넘나들기 때문에 경험이 풍부하지 못한 사람들에게는 많은 혼란을 준다는 것입니다. 저는 여러 영성 전문가들이 주장하는 대로 영, 혼, 육으로 설명을 합니다.

우리 몸은 영과 혼과 육이라는 세 가지 구조로 이루어져있습니다. 자연인이든지 영으로 거듭난 사람이든지, 우리의 삶은 기본적으로 육신이라는 그릇을 공유하여 살아갑니다. 영을 따라 살아가는 사람이라고 해도 먹고 마셔야 하며, 잠자고 활동해야 합니다. 따라서 육신이라는 몸을 벗어나서는 존재 자체가 불가능한 것입니다. 보고 듣고 느끼는 모든 것으로부터 오는 정보는 우리의 뇌에서 식별하게 됩니다. 영에서 오는 것 역시 우리 뇌에서 식별합니다. 따라서 모든 것은 우리 뇌의 작용에 의해서 우리가 깨닫게 되는 것입니다. 뇌의 작용을 이성적으로 깨닫는 사람이 있고, 감성적으로 깨닫는 사람이 있습니다. 이것이 혼의 작용이라는 것입니다. 혼의 훈련은 무엇보다도 중요합니다. 혼이 육에 속하여 있으면 영에서 신호를 보내도 깨닫지를 못합니다. 혼이 성령에게 장악을 당하는 훈련이 되어있으면 영에서 보내는 신호를 혼이 알아차리고 육에게 보냅니다. 육이 혼의 신호를 받아 순종할 때, 기적을 체험하게 되는 것입니다. 그래서 기독교는 체험의 종교라고 하는 것입니다. 그래서 성령 안에서 깊은 기도를 오래 하는 것입니다. 영의 신호를 혼이 알아차리고 육에게 보내니 육이 순종하여 기적을 체험하는 것입니다. 체험하면 할수록 영에서 보내는 신호를 혼과 육이 순종을 잘하여 성령의 사람으로 변화되는 것입니다.

그런데 이성적으로 깨닫는 것은 문제가 없다고 생각하고, 감성적으로 깨닫는 것을 문제로 삼는 것은 편견 때문입니다. 사회구조에서 남성 우월주의가 오랫동안 자리 잡았고, 남성은 이성적인 성향이 강하고, 여성은 감성적인 성향이 강하기 때문에 이런 편견이 진실처럼 오해되어 온 것입니다. 하나님은 이성과 감성을 사용해서 우리에게 말씀하십니다. 기록된 말씀은 주로 좌뇌에 속한 사람들에게 유리하며, 기도로 얻어지는 레마는 우뇌에 속한 사람에게 유리합니다. 그러므로 성경은 남성에게, 기도는 여성에게 더 유리한 것처럼 생각하게 되었으며, 기도를 별로 하지 않고 성경책에만 매달리는 목회자들의 절대 다수가 남성이므로 이런 감성적으로 하나님을 인식하는 것에 대해서 지식이 부족한 것입니다.

다양한 영성적 색깔이 있음을 우리는 이미 알고 있지만 그 모든 것이 결국에는 성경과 느낌이라는 두 가지로 나뉘게 됩니다. 우리는 어느 한 쪽으로 치우치는 것은 바람직하지 못하지만, 그러나 현실적으로 우리는 한 쪽으로 치우치기를 강요받는 구조 속에 살아갑니다. 상당수의 목회자들은 기도가 중요하다고 가르칩니다. 중요하다는 사실만 강조할 뿐 어떻게 왜 중요한 지에 대해서 구체적으로 세밀하게 가르치지 못하기 때문에 초보자들에게 많은 어려움이 생깁니다. 기도하는 것이 중요한 것이 아니라, 식별하는 것이 중요함에도 불구하고 이 부분에 대한 가르침이 부족한 것이 사실입니다. 그래서 주먹구구식으로 스스로 알아서 해야 하는 방임 상태이므로 기도를 오래 했다고 해도, 기도를 통해서 구체적으로 주님과 친밀함을 누리는 데에 이르지 못하는 사람들이 많습니다.

필자는 지금교회에 들어와 믿음 생활하는 성도들이 기도만 정확하게 하면 모두 하나님이 원하시는 영적인 수준으로 변한다고 거의 매일 강조합니다. 기도에 대하여 좀더 깊게 알고 싶으시면 "깊은 기도로 마음 안에서 보물찾는 법"과 "기도 쉽게 바르게 하는 방법"와 "방언기도로 분출되는 카리스마"를 참고하세요.

느낌이란 외부에서 오는 정보를 우리 몸이 파악하는 본능적 작용입니다. 이 기능을 우리 영과 성령과 악령이 이용해서 그 주체가 우리에게 전달하고자 하는 뜻을 나타내는 것입니다. 이것을 저는 "신호"라고 표현하는데 기록된 말씀은 상징을 통해서 의미를 제공하는 것처럼 이 신호는 "이미지"를 통해서 우리에게 뜻을 전하는 것입니다. 신호를 보내는 영의 주체마다 독특한 성향이 있습니다. 우리 영과 성령이 보내는 신호가 다릅니다. 악령은 두 말할 나위가 없습니다. 이는 마치 고급 커피와 싸구려 커피의 향과 맛이 다르듯이 다릅니다. 그러나 처음에는 이것을 잘 구분할 수 없습니다. 우리 모두는 어떤 음식을 먹을 때 겉 맛과 속맛을 구분할 수 있기 위해서는 그 음식을 여러 번 먹어 보아야 합니다. 회를 처음 먹는 사람은 비린내 밖에는 모릅니다. 그러나 자주 먹게 되면 여러 가지 감칠맛과 감촉을 깨닫게 되며, 눈을 감고 먹어도 재료가 무엇인지 알게 되며, 신선한지 어떤지도 알게 됩니다.

이와 같이 우리의 감각기관은 반복적으로 사용해야만 제대로 구분할 수 있는 능력이 생깁니다. 감각기관을 통해서 구분하는 미묘한 차이는 언어로 설명할 수 없는 부분입니다. 이것은 느끼는 것이지 설명해서 구분할 수 있는 것이 아닙니다. 반드시 성령 안에서 체험해야 합니다. 성경을 통해서 알게 되는 하나님은 설명을 통해서 그리고 삶 속에서 나타나는 증거를 통해서 이해할 수 있지만 감성으로 깨닫는 영의 하나님은 몸으로 많이 느껴보아야만 분별할 수 있게 되는 것입니다. 조깅을 처음 하는 사람들은 티셔츠에 반바지에 운동화를 신고 시작합니다. 어느 정도 익숙해지면 조깅화를 신게 되고 런닝 복을 입게 됩니다. 그렇게 달리다 보면 점점 멀리 오래 달리게 되고 그러자면 더 좋은 신발과 옷이 필요하다는 것을 깨닫게 됩니다. 이와 같이 느낌을 중요하게 생각하고 주님과 친밀함을 누리게 되면, 우리의 영적 삶은 더욱 고급화하게 됩니다. 필자가 언제인가 "젖과 꿀"에 대한 설명에서 "더 좋은 것이 있는 곳"이라는 내용을 지닌 말이라는 사실을 제공했습니다. 이처럼 우리의 영적 삶은 더 나은 것을 향해서 달려가는 것입니다. 더 나은 것이란 각종 "신령한 은사"를 의미하는 것입니다. 우리가 그리스도 안에서 누리는 삶이란 결국 "제자가 되는 것"과 "섬기는 것"입니다. 이 신분은 주님으로부터 소명을 얻고 은사를 얻을 때 가능해지며, 이것을 통해서 우리는 한 차원 격이 높은 신앙생활을 하게 되는 것입니다. 요한 계시록은 우리가 "이기는 자"가 될 때 주님으로부터 선물을 받게 됨을 분명히 가르치고 있습니다.

느낌은 우리가 주님을 몸으로 알아가는 중요한 수단입니다. 감성은 이성과 함께 우리에게 주신 두 가지 도구입니다. 이 두 가지를 적절하게 조화시킬 때 우리는 주님을 더욱 세밀히 그리고 구체적으로 알아갈 수 있습니다. 말씀은 우리의 신앙의 기초와 골격을 만드는 것이라면 느낌은 그 집을 아름답게 꾸미는 인테리어와 같습니다. 어떤 면에서 보면, 골격보다는 실내 장식이 집을 더 값지게 할 수 있습니다. 어떤 재료를 썼느냐에 따라서 집이 고급스러워지듯이 우리의 영적 삶에서 우리가 얼마나 느낌을 제대로 개발하느냐에 따라서 풍성한 누림의 삶이 이루어지는 것입니다. 느낌은 우리 육체의 기관 중 하나입니다. 이 기관이 육신의 것이라고 해서 믿을 만한 것이 못된다고 말한다면 머리는 어디에 속한 것입니까? 머리로 성경 공부를 하는 것은 믿을 만하고 몸으로 느끼는 것은 못 믿을 것이라는 주장은 설득력이 없을 뿐만 아니라 스스로 무지함을 드러낼 뿐입니다.

말씀과 레마 두 가지가 다 소중한 것은 주님으로부터 오는 것이기 때문입니다. 지금 살아계신 주님이신 성령께서는 우리의 감각기관을 사용하여 그 뜻을 제공합니다. 자신의 신체 감각기관을 지금 어떤 주체가 사용하고 있는지를 파악하는 일은 말처럼 쉽지 않습니다. 그러나 우리의 감각기관이 커피 향을 정확하게 구분해 내는 것처럼 오랫동안 주님과 친밀한 교제를 가지기만 하면 저절로 그 분위기를 알게 됩니다. 우리가 아직도 이 부분에 대해서 서투르고 두려워하는 까닭은 교회 예배당에서 이 점을 제대로 이해시키지 못했고 가르치지 않았고 체험하지 않았기 때문입니다. 신앙은 이성보다는 감성이 더 중요합니다. 감성은 성령으로 충만해야 배가됩니다. 신앙생활을 하는 대부분이 여성이라는 사실을 보아도 알 수 있지 않습니까? 남성에게는 약한 분위기를 파악하는 능력이 여성에게는 강합니다. 그래서 영성 적인 면에서는 여성이 훨씬 유리할 수 있습니다. 현재의 하나님은 영의 하나님이기 때문입니다.

갈릴리를 다니신 육신의 예수는 지금 우리 곁에는 없습니다. 그분이 다시 오시기까지 우리는 감각으로 주님을 느껴야 합니다. 아니 온몸으로 느껴야 합니다. 영이신 그리스도를 만나기 위해서는 느낌을 소중하게 생각하고 감각을 통해서 주님과 친밀함을 누리는 비결을 깨달아야 합니다. 기분이 좋으면 봉사도 잘 하다가 기분이 나빠지면 모든 것을 내려놓습니다. 이렇게 감정을 따라 신앙생활을 해서는 안 된다고 주장하는 사람들은 감성을 따르는 삶과 지배된 삶을 구분할 줄 모르기 때문입니다. 이성에도 그것을 따르는 삶과 지배되는 삶이 있습니다. 이성에 지배를 받으면 말씀주의가 됩니다. 맹목적으로 말씀만 최고라고 여기고 그 이상의 것들은 모두 배격하게 됩니다. 얼핏 보아 믿음이 좋은 것 같지만 실제는 말씀을 우상으로 만들어 맹목적으로 그것만을 추구하는 것입니다. 이단들이 대부분 이렇습니다. 여호와의 증인들이 이런 면에서 극단에 치우친 자들입니다. 신천지도 마찬가지 입니다.

하나님이 두 가지 기능을 우리에게 주심은 서로 보완하기 위해서라는 점을 모두에서 설명했는데 그러므로 우리는 이것을 어떻게 조화시켜야 할지를 고민해야 합니다. 감성은 모호하며, 설명할 수 없는 부분이 너무도 많기 때문에 이것을 제대로 익히기까지 먼저 깨달은 사람을 중심으로 배워야 합니다. 그래서 체험있는 목회자가 중요한 것입니다. 이것이 히브리식 교육 방법인데 능숙한 사람과 초보가 함께 모여 기도회를 가지고 그 과정에서 얻어진 느낌을 서로 이야기하면서 공통점을 발견함으로써 자신이 느낀 감성이 어떤 의미를 가지고 있고 그 주체가 어디에 속한 것인지를 깨닫게 됩니다. 영으로부터 오는 다양한 느낌을 제대로 구분할 수 있기까지는 많은 시행착오를 각오해야 하며, 서툰 사람의 실수를 너그럽게 이해해 주어야 합니다. 누구든지 다 초보 시절이 있기 때문입니다.

우리가 운전을 할 때 이성으로 하는 것이 아닙니다. 감으로 합니다. 이성적으로 증권투자를 했다고 해서 그런 사람이 다 이익을 얻는 것이 아닙니다. 감을 사용해서 하는 "묻지마 투자"로 성공하는 사람들이 얼마나 많습니까? 이성적인 사람들의 편에서는 자료를 사용해서 하는 투자가 안전하다고 주장합니다. 그런데 그런 사람들만 성공하는 것이 아닙니다. 무지하지만 감 하나로 투자를 결정하고 행동했던 정주영 씨는 우리나라 최고의 재벌이 되었지 않습니까? 느낌을 제대로 구분하지 못하는 것이 문제이지, 감각 기관 그 자체는 아무런 문제가 없는 것입니다.

성령께서는 우리의 감성을 사용하셔서 말씀하신다는 사실을 안다면 우리의 느낌을 제대로 식별할 수 있기 위해서 다양한 방법들을 개발하려는 노력을 해야 합니다. 성경 공부 매뉴얼은 많지만, 기도 공부 매뉴얼은 거의 전무한 것은 이성을 가치 있는 것으로만 여기는 남성 본위에서 온 부작용입니다. 수많은 여성 목회자들이 등장하고 있지만 이들 대부분은 자신들이 가지고 있는 장점은 돌아보려 하지 않고 남성 목회자들을 따라가려고 합니다. 남성들이 만들어 놓은 구조의 모순을 극복하고 여성이 지닌 장점인 감성을 따르는 목회를 여성 목회자들은 발전시켜야 합니다. 지금보다 한 단계 깊은 성령 치유 사역을 발전시켜야 하나님에게 쓰임을 받을 수 있을 것입니다. 한 우물을 파면서 전문성을 개발해야 한다는 말씀입니다. 제가 체험한 바로는 한 분야에서 십 년을 집중해서 하니 전문성이 개발되더라는 것입니다. 그러므로 이것저것 중구 남방으로 하지 말고 한 가지에 집중하여 전문가가 되어야 합니다. 여성 사역자들은 더욱 전문성이 있어야 합니다. 자기가 추구하는 분야에 누구에게 라도 바르게 설명할 수 있는 텍스트가 있어야 합니다. 그래야 하나님에게 쓰임을 받을 수가 있습니다. 지금은 성령이 역사하는 교회 시대입니다. 이제까지 남성들의 이성적인 구조로 인해서 성령은 제한되었고 따라서 역사하심이 위축되었던 것입니다. 이제 여성들이 이 부분에서 분명한 정체성을 드러내야 할 시기가 무르익고 있습니다. 사회가 여성들의 진출을 허용하고 많은 부분에서 여성들이 비중 있게 활동하는 시대가 의미하는 바가 무엇인지를 깨달아야 합니다. 하나님은 하나님의 일을 하시기 전에 사회를 통해서 그 징조를 먼저 나타내 보이시는 것이 원칙입니다. 교회는 이런 사회적 현상을 보면서 영의 일을 깨달아야 합니다.

주님이 "너희는 천기는 분별할 줄 알면서 시대의 표적은 구별할 수 없느냐"(마 16:3)라고 말씀하셨습니다. 여성의 사회적 진출의 증대는 감성의 시대가 왔음을 말하는 것입니다. 감성을 주된 재료로 하는 생명공학과 컴퓨터 프로그램의 개발과 문화 사업이 두각을 드러내기 시작하는 까닭 역시 무엇을 말하는지를 알아야 합니다. 아시아는 감성의 영성을 지닌 사람들이 사는 지역입니다. 철학에 바탕을 둔 이성을 중요하게 여긴 대승불교는 중국과 한국과 일본에서 자라났습니다. 그러나 한국불교는 겉으로는 중국불교의 틀을 유지하지만 속으로는 역시 감성을 중요하게 여기는 원효의 선불교의 교리를 따릅니다. 동남아시아의 모든 나라들은 감성을 따르는 소승불교 국가입니다. 이들을 그리스도의 나라로 바뀌게 할 선교전략은 오로지 감성으로 맞서는 것입니다. 이성 보다는 감성을 앞세우는 동양을 하나님의 나라로 만들기 위해서 감성의 신학이 어서 속히 빨리 정리되어야 할 것입니다. 필자가 신적인 세계와 감성에 대한 글을 정리하여 유튜브설교(치료말씀TV)와 책을 계속 출간하려고 합니다. 수많은 여성들이 기도에 매달리고 있지만 교회는 이들을 제대로 알지 못하는 남성 목회자들로 인해서 바른 가르침을 제공하지 못했음을 깊이 반성해야 합니다. 감성은 하나님이 이성과 조화하기 위해서 주신 다른 축입니다. 우리는 지금까지 이 부분을 멸시한 것은 여성을 멸시했기 때문입니다. 교회가 가부장적인 로고스 위주에서 벗어나 모성적인 영성인 레마를 제대로 이해해야 합니다. 레마란 성령 하나님께서 지금 자신에게 말씀하시는 말씀을 말하는 것입니다. 우리는 이 부분에 대한 거센 도전을 사회로부터 받고 있습니다. 이것은 말로 설명할 수 있는 것이 아니라 행위로 나타내 보이는 것입니다. 따라서 행함이 없는 믿음은 죽은 것처럼 머리로만 알고 몸으로 느끼지 못하면 죽어가게 됩니다.

   저의 개인적인 견해는 전문성 있는 여성 목회자들이 많이 양성되기를 소원하고 있습니다. 정말 많은 여성 목회자들이 영성의 대가들이 되도록 영적인 사역에 몰입을 해야 할 것입니다. 하나님은 사랑입니다. 사랑은 머리로 하는 것이 아니라 몸으로 하는 것입니다. 남성은 육체를 따라 살고자 하지만 여성은 감성을 따라 살고자 합니다. 육체와 감성이 조화를 이루어야 합니다. 그래서 남성과 여성이 조화하는 것이 가정이며, 이것이 교회이며, 이것이 하나님의 나라입니다. 정말 많은 여성 목회자 중에 영성에 깊은 전문 사역자가 많이 양성되기를 바랍니다.

31장 눈으로 점치게 하는 교활한 신들을 찾아내는 기술

하나님은 성도들에게 점치게 하는 영의 미혹에 속지 않기를 소원하십니다. 교회 안에도 점치게 하는 영의 역사가 있기 때문입니다. 무당에게 가서 점치는 것만을 말하는 것이 아닙니다. 교회 안에 예언하며 준(반절) 무당이 있다는 것입니다. 예수 무당이라고 하기도 합니다. 성도에게 점치는 영이 역사하면 예언을 듣는 것을 즐겨합니다. 또 예언의 은사가 있다고 자랑하면서 다른 성도들에게 접근하여 예언하려고 합니다. 우리가 분명하게 알아야 할 것은 하나님은 내일 일을 염려하지 말라고 말씀했습니다. 그리고 예언은 본인이 직접 하나님께 기도하여 들어야 합니다.

무속 인이 되기 위해서는 일정한 절차를 통과하게 됩니다. 가계에 무당이 있으면 많은 경우 후대에 무당이 전수 됩니다. 설명하면 무당을 부리던 귀신이 무당이 늙어서 부리는 데 문제가 생기면 다음 후대에서 무당을 할 사람을 선택하여 집중공격을 합니다. 아니 미리 정해놓고 공격합니다. 이를 숙주라고 합니다. 공격을 무병으로 합니다. 결국 무당이 될 수 밖에 없도록 합니다. 드러면 무당을 했던 사람은 오만가지 문제로 고통을 당하다가 세상을 하직하는 것입니다. 그래서 예수님을 믿고 성령으로 세례를 받으라고 하는 것입니다.

과정을 설명하면 먼저 점치게 하는 영이 자신을 사로잡는 과정을 거치는데, 이 과정을 흔히 '무병'(巫病)이라고 부릅니다. 이름

모를 질병으로 인해서 고통스런 날들을 보내게 되고, 마침내는 무당을 찾게 됩니다. 축사자를 찾는 경우가 있는데, 이 경우 그 사람을 괴롭게 하는 점치게 하는 영을 이길 수 있는 강력한 능력을 가진 사역자가 아니면 감당이 되지 않습니다.

기도원에도 가보고 병원에도 가보았지만, 고침을 받지 못해서 마지막으로 할 수 없이 무당을 찾는 경우가 있습니다. 그렇게 해서 내림굿을 받게 되면 점치는 무당이 되는 것입니다. 이런 사람을 통칭해서 샤먼(Shaman)이라고 부릅니다. 이 샤먼의 영에 잡히면 꼭 무당이 되지 않더라도 무당과 같은 점치는 일을 하게 됩니다. 정식적인 과정을 거쳐서 무당이 되면 무당 세계의 질서와 위계에 따라서 행동하게 됩니다. 무당에 대한 사회적 인식이 좋지 않기 때문에 최근에는 젊고 지식이 있는 샤먼들은 자신들의 품위를 높이려는 노력을 많이 합니다. 그래서 점집을 우중충하고 고립된 분위기에서 벗어나 밝고 격이 있는 분위기로 만들어 "카페"라고 지칭하기도 합니다. 대학가의 젊은이들을 겨냥해서 "사주카페"가 생긴 것이 어제 오늘의 일이 아닙니다. 자신들을 무속인이라고 부르지 않고 "선사"(仙師)라고 부릅니다. 불교의 선사(禪師)와 발음은 같지만 전혀 다른 용어입니다. 이렇게 점치는 영이 들어와 무속인이 되게 하는 경우는 그들의 영역이 정해지지만 낮은 단계의 점치는 영에 휘말리면 어설픈 점쟁이가 됩니다. 이들은 내림굿을 받지 않았기 때문에 정체성이 확보되지 않았습니다. 그리고 정통적인 샤먼이 거치는 무병이나 내림굿을 거치지 않았습니다.

그러나 이들 역시 무당처럼 주문을 외우거나(a charmer), 신접한 사람(a consulter with familiar spirits) 이 되거나 영매(a wizard)가 되거나 죽은 혼을 부르는 일(a necromancer)을 하게 됩니다(신 18:11). 무속인 협회에 속하지 않은 사람을 그들은 "사이비 무속인"이라고 부릅니다. 이런 유형의 사람들이 기독교 안에도 있습니다. 예언의 영을 받아서 오랜 세월 동안 하나님으로부터 훈련받는 힘든 과정을 소화하지 않고, 미숙한 예언자가 되어 예언을 남발하는 사람들이 있는 것입니다. 이들에게는 예언의 영 대신에 점치게 하는 영이 주관하게 되어 아무에게나 예언해 주려고 접근하게 됩니다. 예전에 삼각산에 많은 사람들이 기도하기 위해서 찾을 때 그곳에 그런 사람들이 많았습니다.

그리고 사람들이 많이 몰리는 기도원에도 많이 있기 때문에 기도원에서는 이런 사람들을 각별히 주의할 것을 당부하기도 했습니다. 이들은 교묘한 수단으로 여성 성도들에게 접근해서 예언을 해 줍니다. 이들은 어떤 대가를 바라는 것이 아니라, 다만 예언하고 싶어 하는 것입니다. 미혹하는 영, 속이는 영, 점치게 하는 영은 예언함으로써 말할 수 없는 즐거움을 느끼게 합니다. 점치게 하는 귀신이 점을 칠 때 밥을 먹기 때문입니다.

마약 중독자가 약물에 도취 되었을 때는 황홀하지만 깨고 나면 비참함을 느끼지만, 시간이 지나면 다시 약물을 접하지 않을 수 없는 가혹한 고통을 겪습니다. 흡연자 역시 마찬가지로 흡연하면 머리도 무겁고 가래도 생기지만, 시간이 지나면 다시 충동에 휘말려 견딜 수 없습니다. 이를 "금단현상"이라고 합니다.

이런 현상 때문에 다시 흡연하게 되듯이 점치게 하는 영에 사로

잡히면 점을 치지 않고는 견딜 수 없는 압박을 경험하게 되는 것입니다. 그래서 예언해 줄 사람을 찾아다니는 것입니다.

자신의 눈에 보기에 만만한 여성들을 대상으로 접근해서 예언을 해 주는 것입니다. 이들 안에 있는 영은 점치게 하는 영이므로 샤먼들이 족집게처럼 지나간 일을 알아맞히듯이 그렇게 신통력을 발휘하기 때문에 속아 넘어가는 것입니다. 그들의 입에서 하나님 말씀을 말하고 있는 것 같지만, 실상은 "광명한 천사"로 위장한 것일 뿐입니다. 이런 사람들은 더 많은 기도를 하고 더 많이 신령한 것처럼 보입니다.

이들은 "미치게 하는 영" 즉 귀신 들림과는 전혀 다르기 때문에 분명한 이성을 가지고 있습니다. 그리고 자신이 하는 일에 대해서 자부심을 가지고 있기 때문에 이런 영에 속게 되면 그를 추종하게 되거나 그 일을 옹호하게 됩니다. 이런 영이 교회를 장악하게 되면 거룩한 모습으로 위장하기 때문에 쉽게 드러나지 않습니다. 그러나 이들은 결국 마귀 귀신이 그러하듯이 하나님을 영화롭게 하는 것이 아니라, 목사 자신을 영화롭게 하며, 성도를 유익하게 하기보다는 속박과 올무에 빠지게 합니다. 이것이 "가스라이팅" 입니다.

점을 보는 사람은 마치 연속극에 빠지듯이 계속 점집을 들락거리게 됩니다. 이처럼 이런 점치는 영을 가진 사람과 접촉하게 되면 계속 관계를 맺게 됩니다. 그 영향에서 벗어날 수 없게 되어 속박 당하게 됩니다. 그들에게 얽매여 그리스도 안에서 누릴 수 있는 자유 함이 사라지게 되고, 그들의 지시를 일방적으로 따를 수밖에 없게 되는 상황에 이르게 되는 것입니다. "가스라이팅"이 되었기 때문입니다. "가스라이팅"은 상황을 조작하는 등의 방식으로 타인의 판단력을 잃게 만드는 행위를 말합니다. 국립국어원의 대체어는 '심리 지배'입니다.

목회자라고 해서 여기에서 예외가 없습니다. 목회자가 이런 영에 사로잡히게 되면 성도들을 "해바라기성도"로 만들게 됩니다. 오직 목회자만 바라볼 것을 요구합니다. 그 어떤 곳에도 가지 말고 그 어떤 설교도 듣지 말고, 그 어떤 집회도 참석하지 말고, 오로지 교회 안에만 머물도록 강요합니다. 오로지 자기의 가르침 이외에는 그 어떤 가르침에도 관심을 두지 말 것을 강요하는 것입니다. 이런 태도는 이단의 영이 일반적으로 취하는 태도와 같지 않습니까? 이단의 영은 성도들을 고립되게 만듭니다. 자신들이 주장하는 교리 이외에는 그 어떤 것도 용납하지 않습니다. 성경보다는 교리서가 더 중요합니다. 점치게 하는 영에 사로잡힌 사람을 신실한 예언자와 구분할 수 있어야 하지만 일반 성도들은 이것이 쉽지 않습니다. 점치게 하는 영을 성경에서는 "사술의 영"이라는 말로 표현하기도 합니다. 비전 성경 사전에 의하면 "사술"이란 마술이나 점 등을 이용하여 사람을 현혹시키는 술법을 말하며, 사술, 복술, 점 등을 사용하는 것은 하나님께서 기뻐하시는 방법이 아닙니다(레 20:27; 신 18:10-11)라고 설명하고 있습니다.

사술(sorceries)은 오늘날 교묘한 방법으로 위장하여 우리들 속으로 침투하고 있습니다. 마귀 귀신은 본성적으로 속이는 일에 능하기 때문에 우리들이 쉽게 눈치 채지 못하도록 교묘하게 위장하는 것입니다. 설교자로 예언자로 위장합니다. 발람처럼 선지자의 위치에 있게 되면 많은 사람들이 속아 넘어갑니다. 목회자가 되어 있으면 이단적인 가르침을 주게 됩니다.

박옥수 집단과 같이 그 정체가 드러나는 경우에는 쉽게 구분이 되지만, 그렇지 못한 목회자들이 많이 있습니다. 그래서 이런 영들을 분별하는 능력을 극대화 하기 위하여 말씀과 성령으로 충만해야 하는 것입니다. 미숙한 예언자나 성숙하지 못한 목회자는 이런 영에 휘말릴 위험이 아주 높은 사람들입니다. 이런 사람들은 우리가 흔히 말하는 "양신 역사"의 과정을 거치게 되는데 이 과정에서 마귀 귀신을 쫓아내고 성령으로 충만을 받아 성숙의 과정으로 나간다면 다행입니다. 그러나 그렇지 못하면 결국에는 마귀 귀신에 사로잡혀서 교회에 많은 해를 입히게 되는 것입니다. 교회는 예배당을 말하기도 하지만 성령으로 거듭난 성도들 한사람 한사람을 말하는 것입니다. 이들을 제대로 분별하는 일이 쉽지 않을 뿐만 아니라, 자신 안에 역사하는 마귀 귀신에게 속으면 그 속임수에서 쉽게 빠져나올 수 없게 됩니다.

사울 왕에게 악신이 임하자 그는 자신의 행위를 계속 변명하기에 바빴습니다. 사무엘 선지자의 지적에도 불구하고 그는 계속 자신의 행위를 변명했습니다. 회개하고 축사하는 적극적인 치유가 없으면 그는 그 마귀 귀신으로부터 결코 벗어날 수 없게 됩니다. 미혹의 영에 사로잡힌 사람들의 특징은 변명한다는 것입니다. 핑계를 대는 것입니다. 그리고 광명의 천사로 자신을 위장하고 계속 그 일을 한다는 것입니다. 최근 타락한 교회 지도자들이나 정치 지도자들이 이런 저런 변명으로 자신이 억울하다고 계속 호소하는 모습을 봅니다.

교도소에 들어가면서도 억울하다고 말합니다. 정치적 음해라고 주장합니다. 비록 그것이 음해라고 할지라도 신실한 지도자들은 마치 주님이 그러했듯이 잠잠할 것입니다. 이사야가 주님을 이렇게 설명했습니다. "그가 곤욕을 당하여 괴로울 때에도 그의 입을 열지 아니하였음이여 마치 도수장으로 끌려 가는 어린 양과 털 깎는 자 앞에서 잠잠한 양 같이 그의 입을 열지 아니하였도다."(사 53:7).

억울하기로 따지면 주님보다 더한 사람이 어디에 있겠습니까?

그들 중에는 이미 법원의 판결을 받아 유죄 확정이 되었음에도 불구하고 그 판결이 부당하다고 주장합니다. 세상에 온갖 조롱거리를 만들었고, 그 일로 수많은 교회 지도자들에게 도매금으로 해를 입혔음에도 불구하고 아무런 반성도 없이 계속 자신의 결백만을 주장하는 것은 결코 주님을 닮은 모습이 아닙니다.

정말로 억울하다면 세상을 향해서는 잠잠하고 하나님 앞에 그 문제를 들고 가야 하지 않겠습니까? 우주의 재판장이신 하나님이 그 일을 바로 잡아주실 것입니다. 주님이 겟세마네 동산에서 땀방울이 핏방울처럼 떨어지는 기도를 했듯이 그렇게 주님 앞에서 기도한다면 결코 세상을 향해서 자신의 억울함을 계속 호소하지 않을 것입니다. 신실한 지도자가 오해를 받았을 때 불신자인 정치 지도자들처럼 그렇게 행동하지 않을 수 있는 것은 하나님이 모든 일에 최종 심판자이기 때문입니다. 말씀과 성령으로 충만하여 성령의 사람 하나님의 나라가 되어야 합니다.

32장 눈으로 신적인 가위눌림의 현상을 알고 예방하는 기술

하나님은 자신의 눈으로 자신의 영적인 상태를 분별하여 대처하기를 원하십니다. 영적으로 눌릴 때 느끼는 현상은 이렇습니다. 마음이 어두워지고 평안과 기쁨과 감사를 잃어버립니다. 매사가 짜증스럽습니다. 미운 생각, 세속적 생각, 교만한 생각, 부정적 생각의 사람이 됩니다. 기도하기가 버거워집니다. 몸이 천근만근 무겁습니다. 몸이 피곤합니다. 만사가 귀찮아집니다. 교회에 가는 것이 싫어집니다. 말씀이 믿어지지 않습니다. 차가운 사람, 불순종의 사람, 거짓을 말하고 증오를 합니다. 기도를 하면 조금 시원해지는 것 같은데 돌아서면 똑같은 현상이 일어납니다. 이런 사람은 본인이 인정하고 성령으로 세례를 받고 내적 치유하며 축사하면 정상으로 돌아옵니다. 기도를 하려고 앉았지만 입이 열리지 않고 마음이 무거워 기도가 전혀 되지 않는 경우를 경험하였을 것입니다. 기도가 쉽게 풀리지 않고 힘들고, 지금 이 기도를 주님이 받으시지 않는 것 같은 느낌을 받아 더욱 기도가 어려워집니다. 이러한 현상을 영적 눌림이라고 표현합니다. 이 현상은 "영적 침체"와 비슷한 것이지만, 영적 침체는 영적 눌림 현상이 해결되지 않고, 계속되는 경우 생기는 것입니다. 그러므로 영적 눌림은 영적 침체의 가벼운 증상이라고 생각할 수 있겠습니다. 영적 눌림에 이르면 가슴이 답답하고 기도는 해야 하겠는데 막상 기도하려고 하면 아무런 생각도 나지 않고 힘이 빠져 기도할 마음이 사라집니다. 기도는 해야 하겠는데 기도할 기분이 들지 않아 몇 분을 지나지 못해서 자리에서 일어나게 됩니다. 반대로 기도는 되는데 돌아서면 똑같은 현상이 반복되기도 합니다. 상처로 인하여 영의 만족을 누리지 못한 것입니다. 이러한 영적 눌림이 일어나는 이유가 무엇이겠습니까? 이럴 때 우선적으로 생각해 보아야 할 것이 그릇된 행동의 문제입니다. 주님의 말씀을 어기고 그릇된 행동을 하여 양심에 가책을 받을 때, 이러한 현상을 경험하게 되는 것입니다. 가벼운 죄일 경우 가벼운 눌림 현상이 나타나지만, 죄가 큰 경우 무거운 눌림 현상이 나타납니다. 마음의 상처로 인하여 나타나기도 합니다. 주님이 원하는 것은 하지 아니하고 원하지 않는 것을 행하여 성령을 근심케 하였을 때 이러한 현상을 경험하게 됩니다.

영적 눌림은 자주 경험하는 흔한 일입니다. 이는 우리가 잘못 했을 때마다 주님이 우리에게 주님의 마음을 깨닫게 하시기 위해서 이런 일을 행하시는 것입니다. 주님의 간섭을 통해서 우리는 주님의 마음을 깨닫고 옳고 그른 것이 무엇인지 깨닫게 되는 것입니다. 사람의 생각에는 올바른 것 같을지라도, 하나님의 시각에서는 올바르지 못한 것이 많습니다. 주님이 제동을 걸지 않으면 우리는 자신의 생각이 올바르다고 생각하고 그 행동을 계속하게 됩니다. 그러므로 주님이 영적 눌림을 사용하여 우리에게 말씀하시는 것입니다. 자신의 행동이 아무리 선한 의도로 행하였다 하더라도 주님의 뜻에 어긋날 수 있습니다. 이런 사실들을 일일이 점검 받음으로써 우리는 주님의 마음에 더 가까이 다가가게 되는 것입니다. 그리고 주님의 시각에서 사물을 보고 행동하게 되는 것입니다. 영적 눌림 현상은 자신의 행동을 살펴보고 교정하라고 보내는 신호입니다. 이를 무시하고 교정하지 않으면 서서히 영적 침체에 빠지게 됩니다. 영적 침체는 질병입니다. 그러므로 치유하기가 쉽지 않습니다. 영적 눌림이 영적 침체로 가기 전에 주님 안에서 교정 받아야 합니다. 기도가 되지 않는다고 해서 자리에서 일어나는 것은 오히려 성령을 근심케 하며, 주님을 실망시키는 일이 된다는 사실을 기억하십시오. 이런 경우 억지로 기도를 하려하지 말고 조용히 묵상하십시오. 기도를 시작하면 먼저 말부터 하려는 사람들이 많습니다. 찬양부터 하십시오. 주변 환경 때문에 소리 내어 찬양하기가 어려운 사람들은 굳이 소리 내어 할 필요까지는 없습니다. 조용히 마음속으로 잘 부르는 찬양을 하십시오. 그래도 마음이 답답하다면 교회 예배당으로 가십시오. 그리고 마음껏 소리 내어 찬양하십시오. 찬양하려고 하면 하고 싶은 찬양이 떠오를 것입니다. 그 찬양을 하십시오. 그리고 찬양의 가사를 묵상하십시오. 같은 주제의 찬양을 몇 곡 때로는 한 곡을 계속 찬양하게 되기도 합니다. 찬양이 되지 않는 사람은 호흡을 들이쉬며, 배에서 올라오는 소리로 주여! 호흡을 들이 쉬며, 배에서 올라오는 소리로 주여! 계속적으로 한 5분만 해 보세요. 그러면 마음이 열릴 것입니다. 마음이 열리면 조용히 묵상하십시오. 묵상의 방법은 "깊은기도로 마음 안에서 보물찾는 법"에서 제가 소개한 여러 가지가 있지 않습니까? 자신에게 맞는 묵상하는 방법을 가지고 묵상하십시오. 자신이 최근에 행한 일들을 주님 앞에 내어놓고 주님의 말씀을 듣기를 사모하십시오. 그러면 어떤 일이 생각나고, 그 일의 어떤 부분에서 주님의 뜻에 어긋났는지를 알게 됩니다. 이는 자연적으로 알게 되는 것입니다. 자연스럽게 떠오르는 내용을 마음에 간직하고 기도하기 시작하십시오. 그러면 기도가 자연스럽게 시작되면서 갑갑하던 마음이 풀어지고 기도에 성령의 힘이 들어가게 됩니다. 기분이 상쾌해지고 억눌렸던 기분이 되살아납니다. 기도가 다시 자연스럽게 이어지고 무겁던 마음이 가벼워집니다. 더 상세한 것은 "방언기도로 분출되는 카리스마"을 참고하세요. 이렇게 되면 영적 눌림은 사라진 것입니다. 주님의 가르침을 받아들이게 된 것입니다. 그러면 다음부터는 그런 실수를 하지 말아야겠습니다. 좌우지간 우리는 자신의 영적인 상태를 수시로 분별하여 관리해야 합니다. 관리를 잘하려면 성령이 충만한 신앙생활을 해야 합니다. 성령으로 충만하기 위하여 성령으로 깊은 기도를 해야 하는 것입니다. 우리 모두 성령으로 충만하여 하나님의 원하시는 심령이 되시기를 바랍니다.

자신이 영적으로 눌릴 때 일어나는 현상입니다. ① 믿음이 식어지고 기도가 힘들어지며 봉사가 힘들어 집니다. 교회에 나가가 싫어지고 나가더라도 봉사하기가 싫어집니다. ② 성령(은사)이 소멸되고 심령이 메말라지며 기도가 막히게 됩니다. ③ 감정의 기복이 심하고 변덕이 심해집니다. ④ 다른 사람을 무시하고 자기 자랑이 많아집니다. ⑤ 염려나 근심이 많아지고 낙심이 오고 불안을 느낍니다. 밤잠을 자주 설칩니다. 마음이 답답해집니다. 항상 갈급합니다. ⑥ 이기적인 사람으로 되어가고 의심과 질투가 많아지며 성격이 날카로워집니다. 다른 사람들과 툭하면 다툽니다. 상처를 잘 받고 잘 주는 사람이 됩니다. ⑦ 감사가 없어지고 불평과 매사에 험담이 많아집니다. ⑧ 혈기가 많아지고 악하고 독한 마음으로 욕설을 퍼 붙기도 합니다. ⑨ 고집이 세지고 마음이 굳어지고 교만해지고 심령이 강퍅해집니다. ⑩ 방만하고 나약해지며 나태하며 낭비가 많아지고 무책임해집니다. 빨리 치유하여 탈피해야 할 것입니다.

영적 눌림으로 가위 눌림을 당할 수도 있습니다. 가위눌림은 의학적으로는 수면 마비(Sleep Paralysis)라고 부릅니다. 수면 중 깨어나면서 몸의 마비 상태가 잠시 동안 지속되는 현상입니다. 뇌는 깨어 있는데, 몸은 아직 깊은 수면 상태에 있어 움직일 수 없는 상태를 말합니다. 가위눌림은 보통 REM(급속안구운동) 수면 단계와 관련이 깊습니다. 이 단계에서 우리는 꿈을 꾸고, 동시에 근육이 이완되어 마비된 상태가 됩니다. 그런데 어떤 이유로 인해 뇌는 깨어났는데, 몸은 여전히 마비 상태에 있는 경우, 우리는 가위눌림을 경험하게 됩니다. 그 순간 사람들은 흔히 다음과 같은 증상을 겪습니다. "몸이 전혀 움직이지 않음" "가슴이 눌리는 듯한 느낌" "누군가 방 안에 있거나, 위에 올라타 있는 듯한 압박감" "목소리를 내고 싶어도 나오지 않음" "검은 그림자 또는 형체를 보는 환각" 필자도 가위눌림을 당했는데 위의 현상이 모두 나타나고 실제로 체험했습니다. 이러한 증상은 단순히 신체적인 반응만이 아니라, 때로는 무의식 속 깊은 불안감, 억눌린 감정, 혹은 외부 에너지와의 교류로도 해석될 수 있습니다. 의학적으로 가위눌림은 다음과 같은 원인들로 설명됩니다. 과도한 스트레스와 수면 부족은 수면 주기를 깨뜨려 가위눌림의 위험을 높입니다. 수면 시간과 환경이 일정하지 않으면 뇌와 신체의 리듬이 어긋나면서 수면 마비가 발생할 수 있습니다. 체력의 과다 소진된 상태에서 불안, 우울, 트라우마 등은 뇌의 각성 상태에 영향을 미쳐 가위눌림을 유발하기도 합니다. 일부 수면 관련 질환의 증상으로 나타나기도 합니다.

즉, 뇌와 몸이 동시에 깨어나지 못해 생기는 기능적 불일치가 가위눌림의 가장 핵심적인 이유입니다. 하지만, 그 현상 속에 느껴지는 섬뜩한 기운과 환각적인 존재감은 단순한 신체 이상만으로 설명되기엔 부족하다는 목소리도 많습니다.

신적인 해석으로는 단순한 꿈일까, 다른 세계의 신호일까? 이런 경험들은 때로는 수맥, 터, 영적 기운과도 관련이 있을 수 있으며, 집 안에 머무는 기운, 혹은 과거 인연의 에너지가 영향을 줄 수 있습니다. 특히 예민한 기운을 가진 사람, 혹은 영적 감수성이 높은 사람들은 쉽게 가위눌림을 통해 그 '연결'을 느끼게 됩니다. 때로는, 전달되지 못한 메시지를 전하려는 존재, 혹은 겁을 주려고 귀신이 나타나기도 합니다. 필자가 가위눌릴 때 시커먼 놈들의 형체 2명이 나를 눌렀습니다. 그때 상황을 설명하면 오후에 남묘호랭객교를 믿던 사람을 4시간 이상 축사하고 체력이 소진되어 저녁 식사를 하고 막 잠자리에 들어가 깜박할 때 일어났습니다. 정말 죽는 줄로 알았습니다. 이때는 단순히 무서워하기보다, 그 상황 메시지를 분석하고 받아들일 준비가 되었는지를 스스로 신적인 점검을 해보는 것이 중요합니다. 필자는 그때 이렇게 생각했습니다. 귀신축사는 성령이 충만한 상태에서 저 자신의 체력과 영적 능력을 생각하면서 사역을 하라는 경고로 받아 들였습니다. 그 다음부터 사역할 때 적용하였습니다.

33장 눈으로 자신의 신적인 상태를 보고 치유하라

하나님은 우리가 하나님이 원하시는 심령 수준이 되기를 원하십니다. 말씀과 성령으로 자신의 영적인 상태를 분별하여 자신의 영적인 수준을 높여야 합니다. 그래야 하나님에게 쓰임을 받습니다. 필자는 자신이 자신의 영적인 상태를 보는 눈을 개발하라고 많이 강조를 합니다. 자신이 자신을 바르게 보지 못하면 서서히 영이 파리하여 갈 수 있기 때문입니다. 치유도 자신에게 문제가 있다고 인정하고 사모해야 성령님도 장악하기가 쉽고, 사역자도 치유하기가 쉽습니다. 우리 몸의 질병 가운데 그 증상이 갑자기 나타나는 급성질환이 있고, 서서히 나타나는 만성질환이 있습니다. 이와 마찬가지로 영적 질병에도 급성과 만성이 있습니다. 영적 질병 가운데 가장 극심한 것이 귀신들림인데, 이 질병에도 급성과 만성이 있습니다. 대부분의 영적존재는 강력한 성령의 역사가 일어나면 정체를 폭로하는 것이 보통입니다. 영적인 눈이 열리면 문제가 되지 않는다는 것입니다. 문제는 영적인 무지입니다. 영적인 무지에서 깨어나 영의 눈이 열리기 시작하면 문제가 되지 않습니다.

어느 집사가 상담을 요청했습니다. 어느 부흥 집회에서 자신에게 귀신이 들어와 한동안 고통을 당했다는 것입니다. 왜냐고 물어보니 강사 목사님이 이상했다는 것입니다. 집회 도중에 강사 목사가 불 들어간다. 하고 명령했을 때 자신에게 귀신이 들어왔다는 것입니다. 그래서 어떻게 알았느냐고 물었더니, 순간 두려움이 찾아왔었다는 것입니다. 제가 상세하게 설명을 해주었습니다. 당신이 성령으로 충만했으면 귀신이 틈타지 못하는데 그렇지 못하여 그런 현상이 일어난 것입니다. 앞으로 원망이나 핑계를 대지 말고 성령으로 충만 하려고 노력하세요. 라고 권면했습니다. 이런 경우는 자신이 영육으로 혼탁한 경우와 상처가 많이 있을 경우, 악한 영이 틈을 타고 들어올 수가 있는 것입니다.

반대로 자신 안에 잠복하여 있던 귀신이 성령의 권능으로 드러난 경우입니다. 그러므로 성령이 충만한 가운데 자신의 심령에서 성령의 권능이 나타나도록 뜨겁게 기도하며 안수를 받아야 합니다. 반드시 사역자가 성령으로 세례를 받고 내면이 치유되고, 여러 영적인 체험이 있는 전문적인 사역자에게 안수를 받아야 합니다. 귀신은 우리 몸에 들어오려면 반드시 그에 따른 합법적인 절차와 발판이 있어야 합니다. 아무에게나 무턱대고 들어올 수 있는 것이 아닙니다. 질병 역시 우리 몸에 들어오려면 우리의 면역체계와 건강 상태에 문제가 있어야만 가능한 것처럼, 영적 질병 역시 그런 이유가 있어야 들어오게 되는 것입니다.

그런데 급성질환은 이런 합법적인 것을 무시하고 들어오는 것입니다. 그러므로 이 귀신은 우리 몸에 계속 머무를 수 있는 권리가 없기 때문에 우리가 알아차리고 대항하면 바로 나가게 됩니다. 그래서 대적 기도를 하라는 것입니다.

만성적 질환은 그 증상이 나타나기까지 매우 오랜 기간 동안 잠복해 있다가 시기가 되면 외부로 나타나게 되는 것입니다. 만성적 질환은 고질병이라고 하듯이, 그 치료가 만만치 않습니다. 이와 같이 영적 만성질환 역시 치유가 쉽지 않습니다. 이런 만성적 질환은 그 병증을 조기에 발견하는 것만이 치유의 지름길임은 우리 모두가 다 잘 알고 있습니다. 만성적 질환은 오로지 정기적인 검사를 받는 것이 최상의 치료법이듯이, 영적 만성질환 역시 정기적인 검진을 통해서 질병을 조기에 발견하고, 적절한 치료를 받아야 합니다. 그래서 성도는 성령이 충만한 교회에 다니면서 수시로 자신을 점검해야 하는 것입니다.

마귀 귀신의 가장 심각한 질환인 귀신들림 중에 만성적 귀신 들림은, 그 원인이 되는 귀신이 어떤 이유로 해서, 환자의 몸에 침투해서, 오랫동안 잠복해 있다가 결정적인 때에 외부로 그 증상을 나타내는 것입니다. 귀신 들림의 증상이 외부로 나타났다면 이는 이미 병증이 상당히 진행되어 만성화하였다고 보아야 합니다. 그렇기 때문에 증상이 나타나는 경우에 그 치유가 간단하지 않습니다. 병증의 잠복기에는 몇 가지 증상들이 나타납니다.

이런 증상을 소홀히 하면 만성화되어 치유가 어렵게 됩니다. 마귀와 귀신은 그 속성과 역할이 다르기 때문에 이를 혼동해서는 안 됩니다. 귀신은 우리에게 합법적으로 또는 불법적으로 들어오면 잠복하게 됩니다. 합법적인 경우는 우리의 죄가 처리되지 않은 경우입니다. 죄의 처리가 되지 않으면 그 기간 동안 귀신은 우리를 괴롭힐 수 있는 권리를 취득하게 됩니다. 유전된 죄의 경우도 마찬가지입니다. 불법적인 경우는 우리의 무지에 기인합니다. 영적 관리를 소홀히 하거나 귀신의 존재를 무시하고 행동하는 경우, 또는 축사의 현장에서 부주의로 귀신이 들어오는 경우입니다.

귀신이 들어와 잠복하는 동안, 그 사람은 물론 주변의 사람들도 이 사실을 눈치 채지 못하면 귀신은 그 사람의 영에 서서히 영향을 주기 시작합니다. 그 영을 사로잡기 위해서, 매우 서서히 작업을 진행하는 것입니다. 그 속도가 느리기 때문에 당사자는 물론, 가족들조차 이를 알아차리지 못하는 것입니다. 이 잠복기간에 여러 가지 증상들이 나타납니다. 우선 당사자가 무언가 영적으로 불편한 것을 느낍니다. 성령으로 충만하고 체험이 있는 거듭난 사람이라면 이 증상을 민감하게 느낄 수 있지만, 체험이 없는 성도나 불신자의 경우 거의 그 의미를 알지 못합니다. 영적 충돌을 경험하면서 이것이 단순한 성격이나 감정적인 것으로 여기고 대수롭지 않게 생각합니다. 영적 충돌이란 하나님의 말씀이 싫어지고, 교회에 가기가 싫어지며, 영적인 일에 흥미가 생기지 않는 것을 말합니다. 그리고 부정적인 생각이 자주 생기고, 짜증이 나며, 삶의 의미가 없어지고, 무기력해지기 시작합니다. 의욕이 사라지고 쉽게 실증을 느낍니다. 몸을 움직이기 싫어지고, 게을러지며, 다른 사람들 일에 관심이 없어집니다. 가위눌림이 자주 나타나고 간혹 환상이 보입니다. 환청도 경험하게 됩니다. 말하는 것이 부정적이고, 사람에게 짜증이 나게 만듭니다. 화를 자주 내고 의심이 많아지며 혼자 있는 것을 좋아합니다. 이런 증상들은 마귀의 영향을 받는 사람과 같기 때문에 초기에는 마귀와 혼동하기 쉽습니다.

평소의 모습과 서서히 달라지기 시작하지만, 당사자가 청소년인 경우 부모는 사춘기이거나 입시 압박으로 감정이 예민해져서 그럴 것이라고 생각하고 대수롭지 않게 여기게 됩니다. 상당수 귀신들린 사람이 청소년기에 그 증상이 나타나기 시작했다는 점을 볼 때,

이 시기가 잠복기에 들기 쉬운 기간입니다. 청소년기에 귀신 들림이 시작되어, 수년간의 잠복기를 거쳐 청년기에 또는 성인이 되어서 발병하는 경우가 대부분입니다. 만성적 귀신 들림은 이처럼, 오랜 기간을 거쳐 서서히 진행되기 때문에 주변 사람들이 눈치를 채지 못하는 경우가 대부분입니다. 특히 청소년기는 아직 성장하는 때이므로 자녀의 변화를 성장에 따른 자연적인 현상으로 여기고, 대응하지 않은 경우가 대부분입니다. 자녀의 성장과 귀신의 잠복을 제대로 구분하기란 전문가가 아니면 쉽지 않은 일입니다. 자녀의 성장에 따른 변화와 귀신 들림의 진행을 구분하기 위해서 주기적인 검사를 받을 필요가 있습니다. 주기적인 검사란 성령이 충만한 사역자의 안수를 받는 것입니다. 안수를 받아서 마귀 귀신이 자리를 잡지 못하게 하는 것입니다.

귀신 들림으로 인해서 계속 자살 충동에 시달리다가 마침내 자살하는 청소년들이 점점 늘어가고 있습니다. 어느날 갑자기 찾아온 불행 그 속에는 귀신의 잠복이라는 무서운 질병이 있는 것입니다. 자녀가 일반적인 또래 청소년들과 다른 행동을 한다면, 반드시 영적 검진을 받아야 합니다. 청소년기에 생기는 정체성(identity)의 확립에 따른 변화와 귀신 들림의 증상을 분명하게 구분하기란 쉬운 일이 아닙니다. 사회 과학적인 접근으로는 심리적 변화와 정체성 변화를 진단할 수 있지만, 귀신 들림의 전조는 발견하기란 불가능합니다. 그 증상이 동일하기 때문입니다. 영적 증상은 오로지 영적으로만 구분이 가능합니다. 귀신이 점거하고 있으면 반드시 귀신의 냄새가 납니다. 귀신은 귀신만이 가지고 있는 특별한 냄새를 풍깁니다. 이것은 감출 수 없는 것입니다. 귀신의 냄새는 동물이 썩는 냄새와 같은 악취를 풍깁니다. 귀신은 영적 존재입니다. 그러므로 귀신이 있는 곳에는 영적 에너지의 흐름이 있습니다. 이 기(spirit)의 흐름은 성령의 흐름과 구별됩니다. 소름이 끼치고 갑갑하고 답답하며, 어두운 분위기를 느끼게 하며, 그늘지게 합니다. 당사자의 얼굴에 어두운 그림자가 깔려있고 그늘지게 보입니다. 귀신은 그 존재로 인해서 주변에 영향을 주게 됩니다. 소극적이고 가라앉는 분위기를 만듭니다. 일시적으로 귀신이 자신의 존재를 위장하여 아무런 낌새도 보이지 않으려 하지만 오래 가지 않습니다. 결국에는 자신의 존재를 드러내는 증상들을 보이게 됩니다.

아이가 혼자 방을 쓰는 경우, 방안 공기가 탁하고 방에서 나쁜 냄새가 많이 납니다. 몸을 씻는 것을 싫어합니다. 그래서 악취가 납니다. 아이와 마주 대하면 순간적으로 까닭 모르게 불안해지고, 두려운 생각이 듭니다. 간헐적으로 누군가가 곁에서 자신들을 노려보고 있다는 느낌을 받습니다. 방안에 들어가면 섬뜩한 냉기가 돕니다. 문득 문득 아이의 눈빛에서 이상한 빛을 보거나 느낄 수 있습니다. 말에 가시가 있고 비꼬기도 합니다. 간혹 엉뚱한 소리를 하거나 자주 죽겠다는 말을 합니다. 감정이 극단적으로 변합니다. 감정의 변화폭이 너무 크다는 것을 느낍니다. 허풍을 떨기도 하고 오래 침묵하기도 합니다.

영적 점검은 영분별의 은사를 가진 사람이어야 정확히 진단할 수 있는 일입니다. 목회자라고 해서 모두 분별할 수 있는 일이 아닙니다. 물론 이미 그 증상이 심각하게 나타날 때는 구분할 수 있을 것입니다. 그러나 초기에 나타나는 증상들은 단순한 심리적 변화와 혼동할 수 있기 때문에 실수할 수 있습니다. 모든 질병이 초기에 발견하는 것이 치유의 효과를 높이는 지름길이듯이 귀신들림 역시 초기에 발견하면 쉽게 치료가 되고 후유증도 없습니다. 초기에 발견하기 위하여 성령으로 충만한 곳에서 신앙생활을 하라는 것입니다. 귀신이 성령이 충만한 곳에서는 자신의 정체를 숨기지 못하고 폭로하게 되어있습니다.

귀신들림의 가장 효과적인 치유 시기는 감염 후 3년 이내입니다. 이 기간에 치유를 하면 후유증이 없기 때문에 100% 치유가 가능합니다. 그러나 3년 이상이 되면 귀신에 의해서 몸이 악습에 물들어 버리기 때문에 귀신은 쫓아내고 난 후에도 일정 기간 동안 후유증 치유를 반드시 해야 합니다. 이 치유는 정신과의 몫입니다. 약물과 심리 치유를 통해서 후유증을 없애야 완쾌되는 것입니다. 귀신 들림이 확인되면 전문가의 조치를 받아야 합니다. 경험이 많은 축사자를 통해서 단번에 처리해야 합니다.

서투른 아마추어가 다루면 귀신은 축사를 피하는 요령을 터득하게 됩니다. 축사자를 속이는 기술이 생기게 됩니다. 경험이 부족한 의사가 항생제를 과다하게 투여하면 환자에게 항생제 내성이 생겨 이후에 치유를 더욱 어렵게 만들듯이 초기에 올바르게 대응하는 것이 매우 중요합니다. 섣부른 대응은 많은 후유증을 만들어 내고, 귀신을 더욱 강하게 또는 항생제 내성과 같이 내성이 생기게 만드는 결과를 가져오게 되어 치유가 어려워집니다.

여러 차례 축사에 실패한 환자를 다루어 보면 이런 점을 절실히 느낍니다. 실패한 경험이 많은 환자일수록 축사하기에 매우 힘이 듭니다. 의료 처치에서도 마찬가지로 여러 병원을 전전한 사람의 병은 만성이 되어 치료가 제대로 되지 않는 경우와 같습니다. 이 사람 저 사람에게서 서툰 축사를 해 온, 만성 귀신 들림은 참으로 치유가 힘들고, 여러 날과 많은 노력이 들어가게 됩니다.

영적 질병은 반드시 잠복기를 가지고 있습니다. 이 기간 동안에는 정상적으로 보입니다. 그러나 이 잠복기가 끝나 병증이 표면으로 나타나게 되면 그 때에야 심각함을 깨닫고, 치유를 위해서 동분서주합니다. 심각하게 만성화된 질환을 치유할 수 있는 상당한 능력과 경험을 가진 사역자를 만난다는 것은 매우 힘듭니다. 주변에 온통 능력 사역자가 널려 있는 것 같지만, 정작 자신의 질병을 치유해줄 수 있는 사역자를 찾기란 해변에서 단추 찾기만큼이나 어렵다는 것을 그 때야 절실히 느끼지만 이미 늦었습니다. 우리 몸의 만성적 질병이 걸리면 수많은 병원과 의사들이 있지만, 다 소용이 없어 한숨만 짓듯이 후회해도 소용이 없는 일입니다. 우리의 건강을 위해서 평소에 건강관리에 신경을 쓰고 운동을 해야 하듯이, 영적 건강을 위해서 우리는 평소에 성령의 인도와 하나님의 말씀에 따른 삶을 살아서, 마귀와 귀신에게 빌미를 제고하는 일을 만들지 말아야 하며, 주기적으로 영적 검진을 받아 건강한 영적 삶을 살아야 할 것입니다.

그래서 성도는 주일이 중요합니다. 주일에 성령으로 충만한 예배를 드리면서 자신의 영적 진단과 성령의 충만을 유지하는 것입니다. 스스로 자신의 영을 지켜야 하기 때문입니다.

34장 눈으로 영적 게으름의 마귀 귀신을 보고 쫓아내는 기술

하나님은 게으른 자를 아주 싫어하십니다. 그래서 하나님은 데살로니가 후서 3장 10절에서 "우리가 너희와 함께 있을 때에도 너희에게 명하기를 누구든지 일하기 싫어하거든 먹지도 말게 하라 하였더니"라고 말씀을 하셨습니다. 게으른 사람은 먹지도 말라는 것입니다. 즉, 죽으라는 것입니다. 그렇기 때문에 게으른 사람은 성령이 아닌 다른 마귀 귀신의 영향을 받는 것이 분명해지는 것입니다. 그 사람 속에 있는 게으름의 귀신이 그 사람의 전인격을 사로잡으니 게을러지는 것입니다. 게으른 사람은 게으른 귀신이 자신을 지배하고 있다고 인정하고 나오면 치유는 됩니다. 인정하지 않으면 언제까지고 치유는 불가능합니다. 게으르게 하는 귀신이 떠나가야 부지런한 사람이 될 수 있기 때문입니다. 게으르게 하는 귀신은 환자가 내가 게으름의 귀신에게 지배 당하고 있다고 인정하면 도망을 가지 시작하기 때문입니다.

사람들 가운데 육체적으로 게으른 사람이 있듯이 영적으로도 게으른 사람이 있습니다. 게으른 자체를 두고 좋다 나쁘다고 단정할 수는 없습니다. 그러나 보편적으로 게으르다는 것은 긍정적이기보다는 부정적입니다. 그러나 구체적인 일에서는 이런 단순한 흑백논리가 맞지 않는 경우도 있습니다. 세속적으로는 이와 같은 의미를 가지고 있기 때문에 절대적인 기준이 없지만, 영적인 일에서는 게으르다는 것은 환영할 만한 것이 되지 못합니다. 성경은 게으른 것에 대해서 경고하고 있습니다.

그러므로 영적 게으름(spiritual slothfulness)은 경계해야 할 요소입니다. 특히 사역자에게 있어서 게으름은 용서되지 못합니다. 하나님의 일을 태만히 하는 사람은 저주의 대상입니다(렘 48:10). 영적 게으름은 어느 정도 육신적 게으름과 연관이 있는 것 같습니다. 평소 게으른 사람은 영적인 일에도 게으를 가능성이 높습니다. 영적인 일은 많은 노력을 필요로 합니다.

육신적인 일도 해야 하고 영적인 일도 해야 하기 때문에 더 많은 노력이 필요합니다. 성령으로 충만한 성도는 부지런 합니다. 게으르다는 것은 게으름의 영에게 눌린 것입니다. 그래서 분별이 요구되는 것입니다. 어느 정도 영적 수준에 이르면 몸에 익숙해져서 쉬워지지만, 그러기까지는 힘이 들고 지루하게 느껴집니다. 생소한 일일수록 몸에 익숙해지기까지는 힘이 드는 법입니다. 하지 않던 일을 하면 새로 근육을 사용하여야 하기 때문에 익숙한 사람보다 갑절 힘이 들기 마련입니다. 이렇듯이 영적으로 익숙하지 못한 사람은 어설프고 힘이 들어 조금 해 보고는 곧 싫증을 느끼고 포기하게 됩니다. 영적인 일을 소명으로 확신한 사람들도 역시 어려움을 겪습니다. 특히 부모가 목회자가 되도록 하겠다고 서원하고 낳은 자녀가 그렇게 되는 경우가 많습니다. 공부하는 것을 좋아하는 사람은 성경 공부가 힘이 들지 않고 재미있지만, 기도하는 일은 몸에 익숙한 것이 아니어서 힘이 들어 포기하기 쉽습니다.

필자는 성령 치유와 내면을 치유 받을 때 일 년 동안 다니면서 치유를 받았습니다. 물론 사모도 함께 받았습니다. 이렇게 치유를 받았어도 치유되지 않은 부분이 있었습니다. 그것은 위의 통증입니다. 이 문제를 해결하려고 7개월 정도를 기도했습니다. 하나님! 왜 위의 질병이 치유되지 않습니까? 하면서 주야로 기도를 했습니다. 기도가 깊어졌을 때 하나님의 응답으로 씻은 듯이 치유가 되었습니다. 깊은 기도를 숙달하려고 7개월여를 교회 강단 앞에서 의자 위에서 자면서 기도를 했습니다. 필자는 이렇게 생각을 합니다. 자신을 치유하고 능력을 나타내는 것은 본인의 의지가 대단히 중요하다는 것입니다. 부지런해야 한다는 것입니다.

그런데 지금 우리 교회에 오셔서 치유를 받는 분들은 그런 의지와 부지런함이 없는 것 같습니다. 조금 다니다가 맙니다. 상처나 질병을 자신이 직접 기도해서 치유 받으려고 하지 않습니다. 사역자인 필자의 안수를 받아 치유 받으려고 합니다. 참으로 안타깝기 짝이 없습니다. 영적 지도자가 영육으로 부지런하게 움직이는 것은 기본입니다. 부지런해야 영적으로 고통당하는 성도들을 살릴 수가 있습니다. 부지런 합시다. 하나님의 일꾼으로 세워지기 위해서는 거쳐야 할 단계들이 있습니다. 신학교 과정을 통해서 올바른 교리를 세웠으면 그 다음은 능력을 소유하기 위한 영성 훈련을 받아야 하는 것입니다. 능력 없는 사역은 한 마디로 속 빈 강정과 같습니다. 지도자는 모든 부분에서 기본적인 능력을 최소한도로 갖추어야 합니다. 그리고 자신의 전문 분야에 대해서는 최고의 기술과 능력을 소유해야 하는 것입니다. 그러기 위해서는 누구보다 더 부지런히 기술과 능력을 갈고 닦아야 합니다.

그런데 대부분의 예비 사역자들은 신학교를 마치고 나면 그것으로 다 되었다고 생각합니다. 그래서 목회지를 찾고 목회를 시작합니다. 학교에서 배운 기술을 가지고 목회를 시작합니다. 그런 목회는 기술을 바탕으로 한 목회이지 성령의 인도에 따른 목회와는 거리가 있는 것입니다. 그렇기 때문에 교리 교육에는 만점을 받을 수 있을지 모르지만 성령의 역사에 대한 체험과 성령치유와 내면치유와 회복이라는 부분에서는 거의 낙제 수준입니다. 성경 지식에는 박식하지만 고통 속에서 헤매는 성도들의 문제에는 자연적으로 외면할 수밖에 없습니다.

영적 지식이 부족하기 때문에 그들의 아픔을 치유할 수 없는 것입니다. 그저 피상적인 위로만 할 뿐입니다. 여기서 목회의 한계를 실감하고 양심의 가책도 느끼지만 때는 늦었습니다. 돌아가려 해도 너무나 멀리 왔기 때문에 엄두가 나지 않는 것입니다.

이렇게 고민하고 갈등하는 가운데 우리 교회는 점점 세속화되고 있습니다. 젊은 세대들 가운데 영적인 일을 학문적 기술로 대치하려는 사람들이 많아지고 있습니다. 학위가 능력을 대신하며 학벌과 학연으로 교회를 시무합니다.

교회가 오래 되면서 자리를 잡게 되고, 교회 성장에 대한 기술이 발달해서 인위적인 운영이 가능해졌습니다. 그러므로 더욱 인맥에 의지하게 되는 것입니다. 좋은 학위가 목회 지를 보장합니다. 그래서 더욱 학위에만 매달립니다. 박사 학위 하나로는 위험하기 때문에 가능하면 여러 가지 학위를 얻으려고 노력하고 세월을 거기에 다 쏟아 붓습니다. 성공한 목회자는 자기 아들에게 자리를 물려줍니다. 일종의 가업이 되는 것입니다.

이런 형태의 목회자들이 기존의 교회를 차지하고 그 세력을 과시하기 때문에 새로 사역을 하려는 예비 사역자들은 더욱 공부에 매달리고 학위에만 집착합니다. 그리고 영적인 사역자들은 소수이기 때문에 다수의 세력으로 그들을 교회 밖으로 몰아냅니다. 여러 가지 이유를 붙여서 말입니다. 예비 사역자들은 이런 현실적인 문제 앞에서 그 벽을 넘어서지 못합니다.

목회 지를 얻기 위해서는 기성세대에게 순종하지 않으면 안 됩니다. 그들이 요구하는 것들을 갖추어야 출세할 수 있고 직업이 보장되기 때문입니다. 새로 개척한다는 것은 엄두도 내지 못할 일입니다. 어려움과 고통이 따르고 또한 성공한다는 보장이 없기 때문입니다. 그래서 이미 성장한 교회에 부목으로 있기를 바랍니다. 그러려면 기성세대의 요구를 따라야 하는 것이고 수구적으로 그들의 입장을 옹호해야 하는 것입니다.

이런 일이 우리 교회의 현실입니다. 이렇게 된 까닭은 영적 지도자로 세워질 사람들이 영적인 일에 무지하고 현실적인 성공만을 보기 때문입니다. 그래서 영적인 일을 신비주의로 몰아 자신들의 입장을 옹호하려고 합니다. 한 자리에 앉아 3시간의 기도를 해 보지 못한 사역자는 기도에 대해서 말할 자격이 없습니다. 감기 환자 한 사람 치유해 보지 못한 사역자는 성도의 고통에 접근할 생각조차 가지지 마십시오.

성도들이 가지고 있는 문제는 그런 감기 정도의 단순한 문제가 아닙니다. 얽히고설키고 그 뿌리가 칡뿌리만큼이나 깊고 복잡하게 얽혀 있습니다. 이런 문제를 피상적으로 다룹니다. 이런 사람에 대해서 주님은 "이 백성의 문제를 심상히 다룬다." 라고 지적하지 않았습니까?(렘 6:14, 8:11) 대다수의 세속적인 목회자들은 평소 끈질긴 기도와 훈련을 거치지 않았기 때문에 성도의 문제를 그저 대충 다룹니다. 자기 일이라면 그렇게 하겠습니까? 하나님은 대충 하지 않게 하려고 그 사역자를 혹독하게 다룹니다.

울부짖는 기도는 자신의 문제로 인해서 울부짖는 것이 아닙니다. 자신이 맡아야 할 주의 백성들의 문제를 그처럼 임하게 하시려고 그렇게 가혹하게 다루는 것입니다. 이 가혹한 훈련을 통해서 인내를 배우고 그 과정을 소화함으로써 하나님의 대리자로서의 자격을 얻게 되는 것입니다. 그런 근면하고 부지런한 과정을 거쳐야만 성도들의 문제를 처리할 수 있는 자격이 생기는 것입니다. 그런데 그런 자리를 피합니다. 고난의 광야 학교는 가고 싶어 하지 않고 간다 하더라도 오로지 벗어나려고만 몸부림쳤지 그 과정에서 오는 하나님의 뜻을 제대로 파악하려 하지 않습니다.

부모가 자녀가 병들면 훌륭한 의사에게 자녀를 맡기지 않습니까? 사람도 이러한데 하물며 우리 영의 아버지이신 하나님도 그렇게 하지 않겠습니까? 훌륭한 의사는 병뿐만 아니라, 환자의 마음도 치료합니다. 단순히 환부만 살피고 약만 주는 의사가 아니라 환자의 아픈 마음도 어루만져 줍니다.

그 가족들의 힘든 상황도 위로해 주고 격려해 줍니다. 이런 의사가 진정 인술을 행하는 의사가 아닙니까? 그러나 돈만 생각하는 의사는 더 나은 직장을 얻으려고 자나 깨나 자기 유익만 생각합니다. 환자는 단순히 돈벌이 대상일 뿐입니다. 환자를 위해서 공부하는 것이 아니라 돈을 더 벌고 좋은 직장을 얻기 위해서 공부하는 것입니다. 요즘 의사도 3D업이 있다고 하지요. 힘들고 보수가 적은 마취의나 응급실 의사는 부족하고 돈을 잘 버는 성형 외과의는 늘어난다고 합니다.

지금 어려움을 겪는 사역자들이 있을 것입니다. 하나님은 사역자들에게 왜 고통을 주시는 것입니까? 그 이유는 단 한가지입니다. 주의 백성을 그런 마음으로 다루게 하기 위해서입니다. 그렇기 때문에 고된 훈련 과정을 거쳐야 합니다. 이 과정이 없으면 그의 사역은 교리적이고 피상적이며 인본적일 수밖에 없습니다. 잘 짜여진 제도 속에서 프로그램과 조직으로 얼마든지 성장시킬 수 있습니다. 이런 것은 이방 종교가 행하는 것들입니다.

불교는 탄탄한 조직과 교리로 성장하고 있지 않습니까? 포교술을 개발하고 이벤트를 열고 잘 조직되고 건축된 절들을 사용하여 성장시키고 있습니다. 불교에 생명이 있습니까? 아닙니다. 절대로 생명이 없습니다. 그럼에도 불구하고 성장합니다. 그것은 오로지 인간적인 기술과 마귀 귀신의 능력 때문입니다.

우리 교회도 이렇게 그리스도의 생명에 의지하지 않고 인간적인 기술에 의해서 성장할 수 있습니다. 이런 성장을 주의 생명으로 성장하는 것과 착각해서는 안 되는 것입니다. 주의 음성을 한 번도 들은 적이 없고, 환상 한 번 본적이 없고, 감기 환자 한 사람 치유해 본 경험이 없고, 마귀 귀신을 본 적도 없고, 끈질긴 기도를 해본 경험이 없고, 성령의 세례나 성령의 역사를 체험해 본 적도 없고, 이것도 없고, 저것도 없이, 오로지 성경 공부 한 가지만 한 그런 편향

된 경험으로 다양하고 복잡하고 심각한 영적 세계를 다루겠다고 영적 지도자로 나서는 것이 얼마나 무지하고 어리석은 일입니까?

출세하고 좋은 사역지를 얻는 데 별로 도움이 되지 않는 영적인 훈련보다는 확실하게 성공이 보장되는 박사 학위를 얻는데 더 많은 시간과 정열을 쏟습니다. 그것이 확실한 성공의 길이니까요. 그리고 대다수의 성공한 목회자들이 다 그렇게 했으니까, 그들의 요구에 따라야 하지 않겠습니까? 영적인 일로 성공한 목회자는 아직은 소수이고 다수는 학위를 바탕으로 한 목회자들이기 때문에 자연히 답이 나오는 것입니다. 힘들고 가능성이 적은 능력 사역보다는 확실한 출세와 성공이 보장되는 길로 안전하게 가려는 것입니다. 그러나 하나님께서 원하시는 일을 해야 합니다.

성도들은 자신의 아픔과 고통을 해결해 줄, 치유 사역자를 원하지만, 목회자는 그것을 원하지 않습니다. 성도의 고통이 자신의 출세보다 중요하지 않기 때문입니다. 우선은 내가 살아야 하고 내 교회가 부흥해야 하고 내가 성공한 목회자가 되는 것이 우선입니다. 그다음에 성도의 문제가 있고 하나님의 일이 있는 것이지요. 이런 사역자를 성경은 삯꾼이라고 부르고 있고 그런 사역자가 받게 될 대우가 어떤 것인지는 너무나 명확하게 기록되어 있습니다. 사역자는 자신을 보는 눈이 열려야 합니다.

영적인 일에 관심이 없는 사역자가 어디 있겠습니까? 그런데 그 관심이 순수하지 못합니다. 사역을 준비하는 예비 사역자들은 이 부분에 대해서 분명한 구분이 있어야 합니다. 대부분의 선배 사역자가 능력 사역에서 배제된 까닭 중 하나가 영적 게으름입니다. 하나님이 시키는 훈련을 게을리하고 회피했기 때문입니다. 당사자들은 이렇게 저렇게 자신의 입장을 설명하고 있지만 핑계 없는 무덤이 어디 있습니까? 관심이 곧 그 일을 성취시키는 것이 아닙니다. 반드시 훈련을 과정을 통과해야 합니다. 훈련을 거쳐야 불순물이 제거되는 것입니다. 그것도 주님이 원하시는 과정을 순종으로 통과해야 하는 것입니다.

기도가 시간이 길다고 능력 있는 기도가 되는 것은 아닙니다. 그러나 하나님이 원하시면 그렇게 해야 합니다. 엘리야가 왜 머리를 무릎 사이에 넣고 7번이나 기도했겠습니까? 사역자는 하나님이 원하는 것을 하는 사람입니다. 사람들이 좋아하는 것을 하는 것이 아닙니다. 오로지 부르신 분이 기뻐하시는 일을 하는 것입니다. 그러기 위해서는 절대로 게을러서는 안 됩니다. 게으름은 하나님을 만홀히 여기는 생각에서 나오는 것이며 철저히 이기주의에서 오는 행동입니다. 힘들고 어렵고 출세가 보장되지 않고 더욱이 소수라고 해서 능력 사역을 업신여기고 그 길로 가지 않으려는 사람들은 이 말씀을 기억하십시오.

"하나님의 나라는 말에 있지 않고 오직 능력에 있느니라"

"성령이 너희에게 임하면 능력을 받고 사마리아와 땅 끝까지 내 증인이 되리라" "너희는 좁은 길로 가라 그 길은 좁고 어려워 찾는 사람이 적으니라"

좁은 길을 가고 계시는 치유사역자들은 용기와 희망을 갖으시기를 바랍니다. 이길이 하나님이 원하시는 길이기 때문입니다. 하늘의 상급이 크실 것입니다. 반드시 하나님은 축복하십니다.

35장 눈으로 사람 안에 신들의 역사를 찾아내어 쫓아내는 기술

하나님은 예수를 믿고 성령으로 거듭난 성도들이 영들을 보는 견문을 넓히기를 원하십니다. 광의적으로 영들을 분별하기를 원하십니다. 영들을 보고 대처하는 능력은 성령의 인도하에 말씀을 삶에 적용하면서 체험 함으로 개발이 됩니다. 예수 중심으로 즉, 말씀 중심으로 살아야 영을 보는 눈이 열립니다. 왜냐하면 영들의 접근이 그렇게 단순하지 않기 때문입니다. 성도들은 단순하지만 귀신은 단순하지 않다는 것을 알아야 합니다. 교묘하게 접근하여 침투하는 것이 귀신의 역사입니다. 믿음 생활을 오래한 사람은 더 교활하게 접근을 시도합니다. 반드시 예수 중심으로 즉, 말씀 중심으로 살아야 영들을 보고 대처할 수가 있습니다.

그렇기 때문에 바울은 고린도전서 10장 12절에서 "그런즉 선줄로 생각하는 자는 넘어질까 조심하라" 말씀한 것입니다. 나는 다 되었다라는 자만은 금물이라는 것입니다. 마귀 귀신은 우리가 육체를 가지고 살아가고 있는 한 떠나가지 않고 주변을 맴돈다는 것을 알아야 합니다. 주변을 맴돌다가 틈만 보이면 가차없이 침입을 합니다. 마귀와 귀신은 아주 교묘한 방법으로 우리에게 접근을 합니다. 그래서 우리는 영을 분별하는 견문을 넓혀야 합니다. 그래야 마귀 귀신과 전투에서 승리할 수 가 있습니다. 미리 말하여 두지만 이러한 증세들이 나타난다고 해서 반드시 그것이 귀신 들렸다는 확증은 아닙니다. 다른 이유에서 이러한 증세가 나타날 수도 있습니다. 그러나 아래의 제시한 많은 경우들은 마귀 귀신이 침투했다고 볼 수 있는 징표가 됩니다.

○ "이중인격"(personality)적이다. 이것은 "그 사람은 이중인격자야" 라고 하는 차원이 아니라 자기 외에 다른 인격이 속에서 느껴지고, 속에서 뭔가가 자꾸 말하는 경우를 말합니다.

미국에는 요즘 영매를 통해 옛날의 죽은 사람들과 교감하며 정보를 뽑아내는 channel ring이라는 것이 있습니다. 귀신 들림의 한 예인데 지금 미국과 서구에서는 많이 유행하고 있습니다. 영화 "사랑과 영혼"에서도 등장하여 우리에게도 꽤 친숙합니다.

미국 TV의 한 채널에서 channel ring하는 여자가 나왔습니다. 갑자기 "어-윽" 하더니 지금부터 20만 년 전의 사람이 자기에게 연결되었다고 하면서 어떤 남자 목소리가 나오기 시작했는데 그것은 귀신 들린 현상의 일부였습니다. 수만 명의 시청자들은 그 장면을 보았을 것입니다. 이러한 것이 TV에 등장했다는 사실은 오늘날 사람들이 영적으로 고갈되어 있다는 것을 반증합니다. 신기한 것이라면 무엇이든지 TV라는 미디어의 흥밋거리 소재로 이용되는 것입니다. 특별하게 유튜브에 올라가면 인기가 대단합니다.

○ 두렵고 괴상한 해괴망측한 꿈이나 경험들. 특별히 잠자리에서 이런 꿈들이 다 귀신에 의한 것이라는 얘기는 아니지만 그 중 그런데 많은 경우가 귀신에 의한 것일 수 있습니다.

전에 시화에서 목회할 때 특별히 성현이라는 아이가 밤마다 무서운 꿈을 꿔서 잠을 잘못 잤습니다. 그래서 하루는 아이를 붙잡아 놓고 이 아이에게 악몽을 가져오는 어둠의 세력 귀신은 물러가라고 기도했습니다. 그 다음 부터는 아무 일 없이 잠을 잘 잤습니다. 이러한 경험으로 미루어 무서운 꿈도 귀신의 영향 하에 놓일 수 있다고 볼 수 있습니다. 인정하는 것이 이렇게 고통당하는 성도들을 자유하게 할 수 있는 것입니다.

   ○ 우리의 생각을 혼동시키고 복잡하게 만드는 것. 특별히 어떠한 설교를 들을 때마다 생각이 집중되지 않는 경우가 있습니다. 하나님 말씀만 들으려고 하면 생각이 혼란스럽고, 다른 때는 멀쩡하다가도 기도하려고 하면 생각이 복잡해지고 혼동이 옵니다. 이런 경우는 영적인 억압이 있는 경우로 특별히 가족들에게서 무당이나 우상숭배의 내력이 있을 때 더욱 깊이 진전될 수 있습니다. 이런 경우에는 성령으로 세례를 받고 성령으로 충만한 가운데 예수님의 이름으로 기도하며 그러한 영향력을 끊어줄 때 해결되는 전례가 많았습니다.

   ○ 몸과 혼이 분리되는 것. 속칭 임사상태를 말합니다. 이런 경우는 오랜 시간 동안 기억이 안 날 때도 있다고 합니다. 특별히 귀신 들리면 귀신이 그 속에서 말하게 될 때 본인은 그 사실조차 잘 모른다고 합니다. 그것을 black out(일시적으로 의식을 잃음)이라고 하는데, 말 그대로 기억이 깜깜해지는 것입니다. 하지만 이것이 다 귀신 들린 증상이라고 속단하기에는 이릅니다. 왜냐하면 알코올 중독자도 black out을 하기 때문입니다. 그런데 자신도 모른 채 오랫동안 무의식 가운데 빠져서 몸과 혼이 분리되는 것을 경험한다면, 혹은 그 속에서 귀신이 나타나서 말을 건다면, 그런 경우에는 귀신 들림의 증상이라고 볼 수 있습니다. 인정하고 영적 치유가

필요합니다.

○ 기도를 방해하고 기도회 참석을 가로막는 것. 특히 우리 충만한교회 같이 깊은 기도를 오랫동안 하는 곳에 가지 못하게 하는 것입니다. 어떤 때는 기도할 때 귀신이 집중 공격을 하기도 합니다. 너는 자격 없는 자이며 용서도, 응답도 받을 수 없을 것이라고…. 어떤 때는 매우 음란한 생각을 집어넣을 수도 있습니다.

목회자들 같은 경우에 기도하다 보면 자기가 모르게 매우 음란한 생각이 날 수도 있습니다. 그러면 목사로서 스스로 창피하고 부끄럽기도 해서 기도를 잘 못하게 되는데, 그런 경우에 그것이 귀신의 공격일 수 있습니다. 이때 귀신의 공격으로 인정하고 예수님의 이름으로 대적하고 물리쳐 끊어야 합니다. 대적 기도에 대해서는 "대적기도로 문제 해결하는 비밀"를 참고하세요. 그런데 이보다 훨씬 심각한 상황들을 겪기도 합니다. 어떤 때는 예수라는 말도 못하게 되고, 마치 목을 조르는 것처럼 싸우는 가운데 예수님의 이름으로 쫓아내니 그때 서야 끊어졌다고 하는 분들도 계셨습니다.

○ 통제할 수 없는 환상. 귀신의 일들은 대부분 더럽고 추한 것들입니다. 성적 타락에 대한 환상들, 저주, 어떤 난폭한 생각들, 이러한 것들이 정서적인 병에서 올 수도 있지만 많은 경우에 귀신에 의한 것일 수도 있습니다. 자신을 통제할 수 없을 만큼 몰고 갈 때, 이러한 경우에 악한 영적인 억압이 있습니다. 그럴 경우는 예수님의 이름으로 대적하면 되고, 그래도 되지 않을 때는 기도 받는 것이 좋습니다. 왜냐면 때로는 원인을 밝혀야 할 것이고 그 원인을 해결해야 할 경우가 있기 때문입니다.

○ 하나님의 말씀에 대한 의심. 어떤 사람들의 경우에는 하나님의 말씀에 대한 의심과 지속해서 싸웁니다. 하나님의 말씀들을 신뢰할 수 없는 것입니다. 하나님의 말씀에 집중적으로 불신이 들어 그 의심과 계속해서 싸우는 이 경우는 영적인 방해가 있는 경우가 많습니다.

○ 하나님의 용서에 대한 의심. 많은 사람들이 이러한 의심 때문에 고통을 받고 있는 것 같습니다.

'너는 용서받을 수 없는 죄를 지었어!'

'너는 절대로 용서받을 수 없어!'

그렇게 함으로써 자기의 죄에 얽매이고, 하나님의 그 용서를 받아들이지 못하고 오히려 그 사랑을 불신하게 됩니다.

사탄은 집중적으로 그것을 가지고 공격합니다. 사탄은 너무나 많은 사람들에게 자기가 지은 과거의 죄를 용서하신다는 하나님 말씀을 못 받아들이게 함으로써 억압하는 경우가 많습니다.

○ 진리로 직면하라. 이럴 때는 계속적으로 호흡을 들이쉬고 내쉬면서 성령의 충만을 유지하고 진리로 직면해야 합니다. 예를 들어 당신은 쥐약을 쥐약 인줄 믿든, 믿지 않던 그것을 먹는다면 쥐약을 먹었다는 사실 때문에 죽을 것입니다. 그것이 객관적이고 명확한 사실이기 때문입니다. 이와 같이 성경을 믿든지 안 믿든지 성경은 하나님의 말씀이고 진리입니다. 사탄이 지속적으로 "너는 용서받을 수 없는 죄를 지었습니다. 네 죄는 용서받을 수 없다" 라고 속삭일 때, 성경이 마음에 믿어지건 안 믿어지건 하나님 말씀이고 진리임을 붙잡고 대적해야 합니다. 진리를 가지고 그 의심을 대적

해야 하는 것입니다. 이렇게 할 때 승리하게 되는 복이 있을 줄로 믿습니다.

○ 의지로 통제할 수 없는 감정적인 것들. 어떨 때는 성적인 범죄, 화, 증오, 두려움, 이러한 감정으로 사탄이 우리를 몰고 갈 때가 있습니다. 그러면 우리가 이러한 감정을 일으키는 원인들을 발견해서 물리치면, 하나님이 놀라운 승리를 가져다 주십니다.

○ 다른 사람의 신분으로 가장한다. 다른 사람의 목소리가 나오고, 다른 신분의 사람이 자기 속에 있는 것처럼 행동합니다. 이런 경우 이것이 정신병일 수도 있지만, 귀신에 들린 때도 있습니다. 사람 안에 있는 영적 세력이 밖으로 나타나는 것입니다.

특히 미국에는 영적 사역자와 정신과 의사가 협력함으로써 축귀하는 방법이 널리 시행되고 있는데 우리나라에도 그러한 동참과 시도가 많이 필요하다고 생각합니다. 심리학 부분에 해당하는 것은 의사가 하고, 영적 사역에 해당하는 부분은 영적사역자가 분담한다면 보다 정확하고 뛰어난 치유 효과를 기대할 수 있을 것입니다. 정신적인 문제라면 그것은 영적 사역자의 기도만이 아닌 정신과 의사들의 도움을 받을 필요도 있기 때문입니다. 이런 조화를 잘 갖추는 것이 중요하다고 생각합니다.

○ 권위에 대해 반역하는 강한 충동. 이것은 영적 권위뿐만 아니라 사회적 권위에도 마찬가지로 해당됩니다. 성경에 보면 권위는 하나님께로부터 나왔다고 했습니다. 그러므로 권위에 대해 존중하는 태도가 우리에게는 요구됩니다.

하지만 이와 반대로 많은 경우에 귀신의 영향력으로 인해 권위에 반하는 행동과 생각이 우리에게 나타날 수 있는데 이것은 참으로 심각한 문제입니다. 유다서를 보면 알 수 있지만 거짓 선지자의 특징 중에 하나가 권위에 대한 강한 도전이기 때문입니다. 예를 들어 어떤 사람이 사회적 권위자를 전적으로 무시하고, 기회만 있으면 대적하려 든다면 그것은 매우 문제가 있는 태도라고 볼 수 있습니다. 요즘 경제가 어려우니 예수 믿는 분들이나 사업하는 성도들 중에도 공공연하게 대통령을 욕하고 정치인들을 뒤에서 욕하는데, 하나님은 그것을 원하지 않으십니다. 사는 것이 어렵고 사업이 어려우면 그 문제를 하나님 앞으로 가지고 와서 하나님께 질문하여 문제를 해결할 수 있는 지혜를 받아 해결해야지, 하나님이 세우신 권위와 리더십에 도전하는 자세는 하나님께 도전하는 행위입니다.

○ 폭력에 대한 강한 욕구. 요즘 사회가 심각합니다. 미국에서는 초등학교 1학년 아이가 자기를 기분 나쁘게 했다고 권총으로 다른 아이들을 죽이는 비극적인 사건이 있었습니다. 일부 성도 중에도 가족을 폭행하고 싶다고 하소연하는 분들이 종종 있습니다.

그런데 이러한 폭력에 대한 강한 욕구가 귀신에 의할 수 있음을 알려주는 예화가 있습니다. 미국의 16살 어떤 소녀는 가끔 주먹을 휘두르고자 하는 강한 욕구에 휩싸였다고 합니다. 그래서 병원에 가서 심리 안정제 주사를 맞아도 효과는 그때뿐, 병원을 나오면 폭력에 대한 욕구에 곧장 사로잡혔다고 합니다. 정신과 의사가 계속 그 소녀를 치료하다가 부모에게 어쩌면 귀신 들렸을지도 모르겠다는 진단을 내렸습니다. 그래서 영적인 사역자에게 부탁해서 귀신을 축귀 했더니, 즉각 남자 목소리의 귀신이 드러나서 소녀로부터 귀신을 쫓아낸 후에는 그 강한 폭력에의 욕구가 싹 사라졌다는 일화를 들은 적이 있습니다. 몇 주 후에 정신과 의사가 처음과는 다르게 완전히 치유되었다고 인정했음은 물론입니다. 귀신이 그렇게 하도록 역사했다는 것입니다.

○ 감정의 영역에서의 매우 심한 우울증. 통제할 수 없도록 갑작스럽게 두려움을 느끼거나, 때로는 이유 없이 기뻐지고 슬퍼지는 일이 반복된다면 귀신에 의할 수도 있고 정신적인 문제일 수도 있습니다. 예수로 인한 기쁨과는 달리 그냥 이유도 모르게 기뻤다가 다음 순간에는 슬픈 감정이 드는 등 감정의 기복이 지속된다면 이 또한 귀신의 영향임을 의심해 보아야 합니다.

○ 눈을 마주치지 않는다. 귀신 들린 자는 절대로 눈을 쳐다보지 않으려고 합니다. 그럴 때 저의 경우는 이렇게 합니다. "예수님의 이름으로 명하노니 내 눈을 봐라" 라고 선포할 때 귀신에 의한 것이면 즉각 사역자를 쳐다봅니다. 그런데 귀신이 아니라면 그렇지 않을 수 있습니다. 그래서 어떤 분들은 귀신들린 자를 대할 때는 마음의 창인 눈을 보며 사역해야 한다고 주장합니다. 그러나 성경에는 사역할 때는 반드시 눈을 쳐다보고 사역해야 한다는 말은 없습니다. 필자는 축귀 사역의 경우, 귀신 들린 자들은 사역자와 눈을 서로 맞추지 않으려고 하기 때문에 눈을 감으라고 하고 성령의 임재를 이끌어 내어 귀신의 정체를 폭로합니다. 꼭 축귀 사역할 때에 눈을 똑 바로 쳐다보고 사역을 해야 한다고 단정하기란 어렵습니다. 왜냐하면 눈을 뜨게 되면 사물이 보이므로 그만큼 성령의 임재가 어려워지기 때문입니다. 앞에서 설명을 했지만 귀신은

그 사람의 마음 안에 계신 성령의 권능으로 쫓겨 나갑니다. 외부에서 불러내어 축귀 사역을 하면 금방 재발하게 되니 반드시 본인에게 성령 안에서 기도하게 하여 성령의 역사로 귀신을 몰아내게 해야 합니다.

○ 부자연스러운 초조감, 신경질적인 자세. 우리 모두는 때로 초조감이 들거나 신경질적일 수도 있습니다. 그러나 그 정도가 지나치고 빈번할 경우에는 영적인 원인을 의심해 볼 필요가 있습니다. 특별히 성경을 읽거나 찬양할 때, 기도할 때, 이렇게 하나님을 찾으려고 할 때에 그런 일이 잦다면 많은 경우가 영적인 방해일거라 의심해 보아야 합니다.

결론적으로 자신을 보는 눈을 열어 자신의 영적 상태를 보아야 합니다. 사람의 몸이 눈이 보는 방향으로만 나아갈 수 있듯이 인간의 정신이나 인생도 자기자신에 대해 가지고 있는 안목대로 전개될 수 밖에 없습니다. 그래서 자기가 자기를 보는 눈이 어떠한 지가 중요합니다. 대개는 거울에 자기 얼굴을 비추어 보듯이 다른 사람들이 자기를 평가해 주는 데 따라서 자기를 봅니다.

그런데 남들은 과거에 입은 내 마음 속의 어두운 상처나 미래에 내가 지니고 있는 밝은 꿈을 볼 수 없습니다. 그래서 남들이 나 자신에 대해서 보는 눈은 뚜렷한 한계가 있을 수 밖에 없습니다. 그래서 내가 남몰래 지니고 있는 마음의 상처나 죄에도 불구하고 내가 하나님 앞에서 이미 쌓은 공로나 앞으로 실현될 수 있는 잠재적 가능성까지 포함해서 하나님께서 나를 보시는 눈을 의식해야 제대로 자기를 볼 수 있습니다.

부록: 출판된 강요셉 목사 저서 안내

저자 강요셉 목사가 지난 25년간 출간한 성령, 내면세계, 영적 사역에 대한 저서는 이렇습니다.

1. 신유은사역의 달인이 되자(성령)
2. 기독교인의 인생문제 치유하기 1.2권(성령)
3. 영의통로가 뚫려야 성공한다(성령)
4. 가계가 축복 받는 선포기도문(성령)
5. 하나님의 음성을 쉽게 듣는 비결(성령)
6. 내적 상처를 스스로 치유하는 기도문(성령)
7. 성령의 은사와 사명 감당(성령)
8. 가계의 고통을 끊고 축복받는 비결(성령)
9. 기적치유(성령)
10. 하나님의 복을 전이 받는 법(성령)
11. 깊은 영의기도 숙달하는 비결(성령)
12. 불같은 성령의 기름 부으심(성령)
13. 형통의 복을 받는 법(성령)
14. 말의 권세를 사용하라(성령)
15. 성령의 불로 충만받는 법(성령)
16. 보혈의 권능을 사용하는 법(성령)

17. 영안을 밝게 여는 비결(성령)
18. 성령의 불로 불세례 받는 법(성령)
19. 귀신 축사 차원 높게 하는 법(성령)
20. 영적인 궁금증과 명쾌한 답변(성령)
21. 내적치유 쉽게 하는 법(성령)
22. 신령함과 권능을 개발하는 법(성령)
23. 영적인 눈이 열리는 신비한 비밀(성령)
24. 교회개척 100명 이상 성장하는 법(성령)
25. 예수 이름의 권능을 사용하는 법(성령)
26. 기도 쉽게 바르게 하는 방법(성령)
27. 강력한 성령 치유 핵심요약(성령)
28. 자녀들을 성공시키는 하나님(성령)
29. 우울증 정신 질병 치유 비밀(성령)
30. 방언기도의 오묘한 신비(성령)
31. 구원을 누리며 사는 비밀(성령)
32. 영들을 보는 눈을 개발하라(성령)
33. 대적기도로 문제 해결하는 비밀(성령)
34. 예수님이 만사 형통이신 이유(성령)
35. 현실 문제를 하나님께 해결 받으려면(성령)
36. 강력한 능력을 이끌어내는 영적 비밀(성령)
37. 예언은사가 열리는 비결(성령)

38. 영의 눈이 열리는 영성 개발(성령)

39. 영혼이 만족해야 성공한다(성령)

40. 영안열리면 귀신들이 보이나요(성령)

41. 천국을 눈으로 보며 누리는 비밀(성령)

42. 교회개척 이렇게 자립해요(성령)

43. 가계저주와 영원히 이별하는 길(성령)

44. 기적의 하나님과 동행하는 법(성령)

45. 살아계신 하나님을 증명하라(성령)

46. 백세시대 예수 안에서 장수하는 법(성령)

47. 카리스마로 영적 세계를 장악하는 법(성령)

48. 귀신축사 속전속결(성령)

49. 카리스마 극대화와 탈진극복(성령)

50. 방언기도로 분출되는 카리스마(성령)

51. 결혼 어떡하면 행복할까요(성령)

52. 신유 은사와 고질병 순간 치유(성령)

53. 부흥하는 대중목욕탕 같은 교회(성령)

54. 응답받는 기도 습관 20가지(성령)

55. 자신 안을 능력으로 채우는 법(성령)

56. 예수 믿어도 건강치 못한 원인과 치유(성령)

57. 내적치유 축귀 능력 받는 비결(성령)

58. 천국은 언제 가는 곳일까요(성령)

59. 몸속 독소 배출하면 천국된다(성령)
60. 영혼건강 상태 정밀 검진하는 법(성령)
61. 우울증 순간 치유(성령)
62. 부자 되는 법 예수 안에서(성령)
63. 기도하며 귀신 쫓고 치유 받는 법(성령)
64. 성령의 불 받는 법(성령)
65. 영적피해 방지하기(성령)
66. 안수기도의 희한한 능력(성령)
67. 영의사람 육의사람 구별하는 법(성령)
68. 귀신들을 쫓아내는 군사 되기(성령)
69. 영적지도자 사모하면 될 수 있다(성령)
70. 죽음이후 세계를 준비하는 법(성령)
71. 하나님과 기도하며 대화하기(성령)
72. 가계가 축복받는 선포기도(성령)
73. 행복이란 무엇일까?(성령)
74. 치매예방 건강 장수하는 비결(성령)
75. 영안 열림의 혼동과 구별하는 법(성령)
76. 성령의 불세례에 숨은 비밀(성령)
77. 하나님의 집 성전이 되는 비밀(성령)
78. 방언기도에 숨은 권능(성령)
79. 겨자씨만한 믿음이 산을 옮긴다(성령)

80. 꿈 환상을 말씀으로 해석하기(성령)
81. 코로나19 시대의 신앙생활(성령)
82. 마음상처 투시와 완전치유(성령)
83. 불치질병 이리하면 완치된다(성령)
84. 성령으로 온몸기도 하는 법(성령)
85. 홀로서기 예수님과 동행하며(성령)
86. 성령의 불 받을 때 느낌 체험(성령)
87. 기도 쉽게 바르게 하는 방법(성령)
88. 물질축복 받는 비결(성령)
89. 보물을 어떤 곳에 쌓을까요?(성령)
90. 정신질환 불치병이 아닙니다.(성령)
91. 자기관리 잘하는 법(성령)
92. 혼자서도 잘사는 법(성령)
93. 돈 질버는 잠재력을 깨우는 법(성령)
94. 약한자를 사랑하시는 예수님(성령)
95. 성령으로 기도하는 법(성령)
96. 꼬인 인생을 푸시려면 이리해보세요(성령)
97. 귀신축사 알고 보니 쉽게 되네(성령)
98. 신의 세계를 보고 하나 되야 신답게 산다.(성령)
99. 깊은기도로 마음 안에서 보물을 찾는 법(성령)

이 책을 통해 예수님이 땅끝까지 전파 되기를 소원합니다.
(출판으로 인한 이익금은 문서선교와 개척교회 선교에 사용합니다.)

귀신들을 눈으로 보며 쫓는 사람들

발 행 일 l 2025. 12. 05초판 1쇄 발행

지 은 이 l 강요셉

펴 낸 이 l 강무신

편집담당 l 강무신

디 자 인 l 강요셉

교정담당 l 강무신

펴 낸 곳 l 도서출판 성령

신고번호 l 제22-3134호(2007.5.25)

등록번호 l 114-90-70539

주   소 l 서울 서초구 방배천로 2길 53(방배동)

전   화 l 02)3474-0675/ 3472-0191

E-mail l kangms113@hanmail.net

유   통 l 하늘유통. 031)947-7777

ISBN l 979-11-94999-01-0 부가기호 l 03230

가   격 l 18,000원

이 책의 내용은 저자의 저작물로 복제,복사가 불가합니다.
복제와 복사시 관련법에 의해 처벌을 받게 됩니다.